创新的扩散

（第五版）

[美]E.M.罗杰斯　著

唐兴通　郑常青　张延臣　译

电子工业出版社

Publishing House of Electronics Industry

北京·BEIJING

内 容 简 介

创新扩散理论是传播效果研究的经典理论之一，是由本书作者 E.M.罗杰斯于 20 世纪 60 年代提出的一个关于通过媒介劝服人们接受新观念、新事物、新产品的理论，侧重大众传播对社会和文化的影响。

本书阐述了创新过程中的各个环节，如创新产品产生的过程、创新决策过程、创新产品传播的进程、创新采用者的种类、创新的影响等。本书是对创新扩散理论最权威的阐述，是创新研究领域的一本圣经，几乎适用于任何创新和革新，人们在生产、生活中的创新及产品和推广都与该理论息息相关。

图书在版编目（CIP）数据

创新的扩散：第 5 版 / （美）罗杰斯（Everett,E.M.）著；唐兴通，郑常青，张延臣译. —北京：电子工业出版社，2016.1
书名原文: Diffusion of Innovations, 5th Edition
ISBN 978-7-121-27749-8

Ⅰ. ①创… Ⅱ. ①罗… ②唐… ③郑… ④张… Ⅲ. ①传播学 Ⅳ. ①G206

中国版本图书馆 CIP 数据核字（2015）第 288404 号

策划编辑：齐 岳 特约编辑：刘 凡
责任编辑：徐 静 文字编辑：张 越
印 刷：天津画中画印刷有限公司
装 订：天津画中画印刷有限公司
出版发行：电子工业出版社
　　　　　北京市海淀区万寿路 173 信箱 邮编 100036
开 本：720×1 000 1/16 印张：33 字数：440 千字
版 次：2016 年 1 月第 1 版
印 次：2025 年 6 月第 26 次印刷
定 价：68.00 元

凡所购买电子工业出版社图书有缺损问题，请向购买书店调换。若书店售缺，请与本社发行部联系，联系及邮购电话：（010）88254888，88258888。
质量投诉请发邮件至 zlts@phei.com.cn，盗版侵权举报请发邮件至 dbqq@phei.com.cn。
本书咨询联系方式：（010）88254473、qiyue@phei.com.cn。

译者序

——一本被严重低估的书

　　"一本被严重低估的书。"这句话是豆瓣上一位网友对《创新的扩散》在中国读者中默默无闻而发出的一声真诚的呐喊。确实如这位豆瓣网友所说，《创新的扩散》不仅是国内外新闻传播学领域绝对绕不开的历史丰碑，而且是政策（国家、企业）在人群中渗透领域研究的标杆之作，还是在新产品的市场营销运营中指导我们如何快速引爆社群的方法源泉。在欧美，它是一本畅销几十年的经典作品，并且在政治学、经济学、社会学、传播学、市场营销学等众多领域引领大家去创新。这本书是有关新观念、新产品、新事物等在人群中扩散的集大成之作，我已在多个场合真诚推荐过。

结缘 E.M.罗杰斯

　　我经常和圈内的朋友开玩笑："我是 E.M.罗杰斯在中国的弟子。"简单玩笑的背后，不只是为了脸上贴金，更多的是一种真诚的推崇。谢谢 E.M.罗杰斯！

　　至今我还记得第一次读到 E.M.罗杰斯的《创新的扩散》时那激动的心情，在知识爆炸的时代，许久没有哪一本著作会让我如此狂热。我知道，未来和 E.M.罗杰斯一定有很多交集。

　　在过往的几年中，我先后多次翻阅《创新的扩散》，其中有美国原版、中央编译出版社译本、台湾地区译本，那被摸碎的封面无声讲述着过往阅读的历程。我在一线工作中许多的方法论和思考的角度都源自《创新的扩散》。我的新书《引爆社群——移动互联网时代新 4C 法则》在写作过程中也深受 E.M.罗杰斯的影响，只不过我解读的视角是如何在特定社群中沿着人与人的社交关系图谱进行信息传播。

E.M.罗杰斯不仅影响了我的思考角度，在国外更是拥有一大批忠实的追随者。例如，《引爆点》、《引爆趋势》、《跨越鸿沟》等多本畅销书作者都曾不同程度受到 E.M.罗杰斯先生的影响。

E.M.罗杰斯让人佩服的不只是其坚实的功底，还有他那优美的文字表述能力，将深奥的问题娓娓道来，让人感叹。

《创新的扩散》的背后

2004 年大师驾鹤西去，《创新的扩散》（第五版）也成为最后一版，其一辈子致力于完善创新扩散理论的历程戛然而止。期间，我辗转多个出版社，最终在徐静分社长、齐岳编辑的帮助下，顺利获得该书的海外版权。对这样一本大部头的书，开始许多出版社把它当成纯学术书籍，表现淡淡，没兴趣。在我热情"鼓吹"和真诚感动下，徐静分社长欣然答应不惜一切代价引进这本书。现在想来，我当时应该是怀着对大师的爱和推崇，忘乎所以地推荐了这样一本书。2 年后的今天在推敲这份序言时，仍然不后悔当初傻乎乎的行为，因为我坚信它可以影响更多的人。

《创新的扩散》是本很厚实的书，在郑常青（第一至四章）、张延臣（第五至八章）的鼎力配合下，经过 2 年多的时间才完成初稿翻译工作，后又经过几个月的通读和统稿，最终得以和大家见面。在此谢谢郑常青、张延臣在繁重的工作之余为本书翻译作出的巨大贡献。谢谢齐岳编辑一直以来的辛勤劳动。

这是一本以博士论文为框架改写成的畅销书，在结构上传承了传统学术的严谨规范性，从文献的综述到创新扩散史，再到创新扩散的问题解决。虽然 E.M.罗杰斯的文笔描述娓娓道来生动灵活，但普通读者阅读起来可能还会存在一些不畅顺的地方。我个人建议，读者可以有意识地进行一些筛选，采撷其精华部分阅读。

唐兴通

前　言

　　这本《创新的扩散（第五版）》是于 1962 年第一版中所建立的扩散基本模型的基础上构建的，在过去的 40 多年里，这个创新的扩散基本模型在不同的研究领域和框架下已历经多次修订。第五版将会展示创新的扩散一些新的发展，包括：（1）随着近年来市场营销、公共卫生、通信领域的发展，传统的扩散因素发生的变化；（2）对新通信手段（如互联网、移动电话）应用背景下扩散的研究；（3）通过对"临界大多数"和"个人阈值"的研究，深入剖析扩散的网络；（4）使用"实地实验"（加上调查）的方法测试意见领袖对扩散的影响。本书将引入不少新的案例和数据作为佐证材料。

　　我对创新的扩散研究感兴趣源于对农业的创新的扩散的研究——我留意到，在我的家乡美国爱荷华州卡罗尔市的农民竟然推迟了好几年才接受明显对他们有利的创新方法。这让我感到非常困惑和沮丧，为什么他们不愿意采纳新的方法呢？除了经济因素，这里面一定另有原因。

　　1952 年，我从爱荷华州立大学获得了学士学位，随后在朝鲜战争期间服役于美国空军，服役期间，我学会了运用社会科学研究方法的技巧。退役后，我返回爱荷华州立大学攻读农业社会学，研究农业创新的扩散。在此期间，由于莱恩（Bryce Ryan）和格罗斯（Neal C.Gross，1943）主导的对杂交玉米的研究，爱荷华州立大学成为了扩散研究中心之一。

　　1954 年，爱荷华州立大学的乔治·比尔（George Beal）教授在距离艾姆斯市 20 英里（1 英里=1609 米）的爱荷华州克林斯地区某社区启动了一项扩散研究。此研究得到了爱荷华州农业实验局的支持，该局还资助了杂交玉米种子和其他农业创新项目。我于 1954 年春加入此项研究中，那时我刚退役不到一周，正巧参加了比尔教授一个关于扩散理论的研讨会。研读了莱恩和格罗斯关于杂交玉米种子在爱荷华州两个社区的推广研究后，我开始参与采访克林斯地区148 名农民关于使用 2,4-D 除草剂和其他农业创新产品的使用情况。自此，我成为了一名扩散学者。

1957 年，我开始做博士论文——《克林斯农业社区几个农业创新产品的扩散分析》，做文献综述的时候，我参考了莫特（Mort, 1953）关于幼儿园和驾校的扩散研究，门泽尔和卡茨（Menzel and Katz, 1955）关于抗生药物四环素在医学界的扩散研究。这些文献和我所做的农业扩散研究有着很多不谋而合的地方，例如，接受创新过程的"S"型曲线，创新决策过程中不同阶段信息的来源和渠道，以及创新先驱者（率先接受创新概念的个人）普遍见多识广、阅历丰富。在博士论文的文献综述部分，我主张扩散是一个普遍过程，不应受限于所研究的创新对象、受众、文化、地域等。我相信，创新的扩散是社会变迁的普遍过程。

支撑我这个想法的主要来源是乔治·比尔和乔·波伦（Joe Bohlen）于 1954 年 12 月在艾姆斯市对爱荷华州推广局全体员工发表的题为《农业创新的扩散》的演讲。这次的演讲延续了 1953 年春他们在爱荷华州立大学关于创新的扩散的研讨，主要关注：（1）个人层面创新决策过程的信息来源和渠道；（2）相对早和相对迟地接受创新技术的农民的性格特征。虽然两位教授提出的概念化的内容仅限于农业创新，但已经为构建扩散的模型迈出了重要的一步。同时，两位教授也被邀请给不同行业的人做关于扩散的演讲，如民防系统（建设家庭防爆避难所的创新）和家庭用品行业。可见，人们已经开始讨论更加详尽的扩散模型。

在 1957 年完成了博士论文后，我加入了俄亥俄州立大学的农业社会学院，并着手对该州农民进行基于农业产品创新的扩散的研究。基于建立一个普遍的扩散模型的初衷，我开始创作第一版《创新的扩散》，并于 1962 年发表。该书总结了最新的扩散研究成果，构建了普遍的扩散模型，并主张标准化的受众分类、概念化扩散过程。在 1963—1964 年期间，作为富布赖特讲师，我被委派到哥伦比亚共和国的农业社区进行扩散过程的研究和教学。这个经历使我有机会测试扩散模型的适用性，如在某些发展中国家的农村部落，也就是一些大众媒体比较匮乏、社会变迁比较缓慢的地区。

回国后，我接受了密歇根州立大学大众传媒系的聘请，该系后来成为美国大众传媒研究界的执牛耳者（Rogers，2001）。这个学术地位的变化使我开阔了扩散研究的视野：它是可概括、普遍化的，但必须建立在强大的传播学理论上。因而，对建立普遍化的扩散模型的巨大兴趣使得我跳出了农业社会学和农业创新的范畴，投身传播学领域。我开始研究印度的保健和计划生育创新、泰国中学教育创新的扩散。事实上，由于生产过剩，关于农业创新扩散的研究日渐式微（虽然这几年有点起色），但是扩散的模型已经扩展应用到各行各业了。

这本书所论述的是创新的扩散定律和模式，涵盖不同的文化、创新、受众。创新扩散的学说解释了人类最重要的发展历程——社会变迁。

此书前四版（分别出版于 1962 年、1971 年、1983 年、1995 年）的出版时间基本都是以 10 年为单位，每版都标志扩散学说的新里程碑。在 1962 年第一版面世时，关于此领域的出版物只有 405 种；到 1971 年我和舒马克（F. Floyd Shoemaker）合著第二版（名为《创新的传播：跨文化的研究 Communication of Innovations: A Cross-Cultural Approach》）的时候，相关出版物已经有之前的 4 倍之多，达 1500 多种；12 年之后的 1983 年，第三版《创新的扩散》出版之际，出版物数量又翻了一番，达 3085 种；至 1995 年第四版问世时，有关此领域共有接近 4000 种出版物；现在我估计相关出版物要达到 5200 多种（按每年增长 120 多种出版物的速度计算）。没有任何一个行为科学领域可以吸引这么多国家、学科、学者的共同关注。第五版是建立在如此广阔的研究成果的基础上并超越了前四版。我相信，20 世纪 90 年代互联网的兴起会改变扩散的过程，我也会在本书中阐述我的观点。

此版不仅介绍了理论框架的修正及相关的支撑证据，同时也大胆地探索了新的概念和理论。过去 60 多年来，此领域的学术研究展示了相同的、不同的、连续的、断续的观点，在这本书中将逐一为读者介绍。此书绝不是仅仅综合了过去研究的重要发现，而且批判地思考了过去的研究（包括我自己的研究），并指出未来研究的空间和方向。在此，我再次把本书命名为《创新的扩散》，以此标记过去 40 年关于扩散学说的研究。

在此书第一版（1962 年）出版前，扩散学说的研究集中在美国和欧洲。在第一版和第二版期间，即 20 世纪 60 年代，拉美、非洲、亚洲的一些发展中国家也开始关注此领域，传统的扩散模型被这些视发展为首要任务的国家很好地应用起来。扩散的模型属于实用型的框架，适用于农业发展项目、计划生育、公共卫生、营养标准等方面。不过，随着对扩散模型在发展中国家的应用研究，我和其他学者都发现了原有框架的局限性，在一些案例中，它们跳到框架以外，因此，我对原有的框架做出了相应的调整。

与过去四版相比，第五版采取了更加批判的立场。在过去的 40 多年里，扩散学说的发展取得了长足的进步，被广泛地认可、应用和尊敬，同时也受到建构和解构式批判，主要是对很多学者自行定义的研究方法和范围的局限性及迂腐的批判。从扩散学说的研究人员建立起"无形学院"（Invisible College，即研究人员为了研究某个领域而建立起来的沟通网络）那一刻起，他们就不自觉地限制了创新的扩散学说的研究领域，他们建立起的"标准化"限制了这门学说的进步。

现在世界正在面对着各种社会变迁和社会问题，创新的扩散学说同样受到影响，如互联网、艾滋病、恐怖活动等。互联网的扩张速度超过了人类历史上任何一种创新技术，而互联网的扩散也例证了一些概念，如临界点。"数字鸿沟（信息富有者和信息贫困者之间的鸿沟）"的概念很好地帮助我们了解了创新带来的不平等的后果。在本书中，我将更加详尽地介绍互联网的扩散：我们认为这种交互式的通信手段将改变扩散的某些过程，如消除或缩短了人际交往中的距离。

艾滋病于 1981 年在美国被首次发现，虽然有证据表明在此前几十年该疾病已经存在。第一个成功预防艾滋病蔓延的计划——"终结艾滋病（STOP AIDS）"由旧金山的同性恋组织于 20 世纪 80 年代中期发起，其推广过程就是直接应用了扩散模型。我们将在第二章分析这个"终结艾滋病"计划，以及世界上其他成千上万个基于旧金山经验的艾滋病预防项目。今天,艾滋病疫情主要集中在拉美、非洲、亚洲的发展中国家,全世界 4000 万艾滋病病毒感染者中的 95% 生活在上述地区(Singhal and Rogers,2003),艾滋病已经演变成了世界上最大的社会问题之一。我们将在第九章讨论扩散模型过去、现在、将来如何应用于降低艾滋病的传播速度。

自 2001 年 9 月 11 日恐怖组织袭击美国世界贸易中心和五角大楼后,恐怖活动也成为人类社会必须面对的另外一个社会问题。"9·11"事件后,人们迫切需要了解此类恐怖组织的网络和运作模式。我们将在第八章探讨恐怖组织的网络,值得关注的是,美国的反恐组织并没有完全了解反恐战争与以往所有战争的区别,只认为这些袭击都是正面指向美国本土的。

本书将引入"不确定性"和"信息"这两个重要概念。不确定性指一个事件发生的可能性及其他可能发生的概率。不确定性促使人们去获取更多的信息,因为不确定会让人很不舒服。信息指在可以影响不确定性的众多因素中出现的可供选择的选项(Rogers and Kincaid,1981)。其中有一种不确定性来源于创新,如创新的想法、实践或者其他个人或者团体认为是新的事物。一种创新意味着给个人或者团体带来新的选择或者新的解决问题的思路,同时也使得个人或者团体去寻找更多关于这个创新的信息,以便应付它所带来的不确定性。

一个创新的信息往往来源于同伴,特别是同伴的主观评价,这些崭新信息的传递也是人际交往中的一个节点。创新的扩散本质就是人们对新事物主观评价的交互的社会历程。创新的意义会渐渐在社会发展历程的框架下体现出来。

我个人关于创新的扩散的思维和作品受益于近年来和其他扩散学说的学者的合作,包括一些这个领域的"菜鸟"。经常有年轻学者或学生向我提出一些做扩散研究的建议,正如我在新墨西哥大学给大学生和研究生教授课程一样,我自己也从中获益良多。本书也从这些新鲜的提问中获益,使得扩散的框架更加完善。

本书还受益于很多扩散学说的老前辈们,包括美国密歇根州立大学的吉姆·迪林（Jim Dearing）、马凯特大学的加里·迈耶（Gary Meyer）、科罗拉多州立大学的托德·下田（Todd Shimoda）、俄亥俄大学的阿尔温德·辛格哈尔（Arvind Singhal）、南加州大学的汤姆·瓦伦特（Tom Valente），我一直和他们保持联系并分享讲义及其他出版物。另外，我想感谢为本书校对图表的新墨西哥大学的安德鲁·鲁比（Andrew Rubey），还有为本书建立目录的埃弗雷特·罗杰斯金（Everett Rogers King）。

　　我谨通过此书奉上更加健康的批判性视野。我们不需要同质化的研究，未来学者们的挑战应该跨越已有的研究方法和模型，认识到它们的不足和局限，去扩展创新的扩散理论。希望此书可以成为上述目标的奠基石。

Everett M. Rogers

于阿尔伯克基 新墨西哥大学

目　录

第一章　扩散的要素 …………………………………………………001

　　秘鲁小村落的烧开水计划：失败的扩散 ………………003

一、什么是扩散 ……………………………………………007

　　英国海军控制坏血病的创新扩散 ………………………009

　　德沃夏克键盘的失败扩散 ………………………………010

二、创新扩散的四大要素 …………………………………013

　　爱荷华州杂交水稻的扩散 ………………………………033

小结 …………………………………………………………037

第二章　扩散的研究史 ………………………………………041

一、起源于欧洲 ……………………………………………044

二、扩散研究传统 …………………………………………047

　　巴厘岛的神奇水稻：水神与计算机高度一致 ………053

　　现代数学在匹兹堡地区的扩散 ………………………064

　　幼儿园在全世界的扩散 ………………………………065

　　哥伦比亚大学药物扩散研究 …………………………067

　　台中的田野实验 ………………………………………073

　　旧金山的"遏制艾滋病"运动 …………………………075

　　"9·11"恐怖袭击新闻扩散 …………………………082

　　电动车扩散中意见领袖和专家的作用 ………………089

"自由之夏"的招募网络 …………………… 094

三、扩散研究的类型学 ……………………… 097

小结 ………………………………………… 102

第三章 扩散研究的贡献和批判 …………… 103

一、扩散研究的现状 ………………………… 105

二、对扩散研究的批判 ……………………… 108

埃及村庄饮用纯净水的研究 ……………… 109

印度及中国的重男轻女案例 ……………… 118

小结 ………………………………………… 136

第四章 创新的产生 ………………………… 137

一、创新-发展的过程 ……………………… 139

东芝公司的第一台笔记本电脑 …………… 146

为什么冰箱会嗡嗡响 ……………………… 149

赛格威的分类 ……………………………… 150

探索未来的施乐帕洛阿尔托研究中心 …… 155

探索华法林灭鼠药的意外收获 …………… 160

二、社会经济地位、平等与创新-发展 …… 162

加州的硬西红柿 …………………………… 162

三、追踪创新-发展过程 …………………… 165

四、农业推广模型 …………………………… 168

小结 ………………………………………… 170

第五章 创新-决策的过程 ………………… 173

一、创新-决策过程的一个模式 …………… 175

二、认知阶段 ………………………………… 177

三、说服阶段 ………………………………… 182

四、决策阶段 ………………………………… 184

五、执行阶段 ………………………………… 186

印第安平原人对马文化的再发明 ················ 196

六、确认阶段 ················ 197

吸烟的终止 ················ 200

化肥禁用与有机农业的兴起 ················ 202

七、这些阶段都会出现吗 ················ 203

关于四环素的创新-决策过程中的传播渠道 ········ 210

八、各阶段的传播渠道 ················ 213

九、以采用者类型来看待沟通渠道 ················ 219

小结 ················ 224

第六章　创新的属性及采用率 ················ 227

说唱乐——黑人音乐在美国白人中的扩散 ·········· 229

一、采用率 ················ 231

闭门造车的土壤测试包 ················ 236

二、相对优势 ················ 239

三、兼容性 ················ 251

太阳能发电的成与败 ················ 258

大家都爱"不说话的好媳妇" ················ 259

四、复杂性 ················ 270

五、可试性 ················ 271

六、可观察性 ················ 272

手机和生活形态的改变 ················ 272

小结 ················ 279

第七章　创新性及采用者分类 ················ 281

哥伦比亚农村的农业创新-扩散研究 ················ 283

一、采用者的分类标准 ················ 287

对创新永远都说"不"的人 ················ 301

二、采用者特性的比较 ················ 305

香港手机落后者 ……………………………………… 311

小结 …………………………………………………… 315

第八章 扩散网络 ……………………………………… 317

现代数学教育的意见领袖 ……………………………… 319

一、大众传播流向模型 ………………………………… 322

二、扩散网络中的同质性和异质性 …………………… 325

三、如何找出意见领袖 ………………………………… 328

让电子游戏大卖的"酷小狗" ………………………… 332

抗英行动中最知名的"报马仔" ……………………… 334

新药物扩散网络 ……………………………………… 346

四、扩散网络 …………………………………………… 351

在多米尼加共和国建立光伏扩散网络 ……………… 352

约翰·斯诺博士与伦敦的霍乱蔓延 ………………… 357

五、临界大多数造成的引爆点 ………………………… 364

请问你的传真号码是多少 …………………………… 366

互联网的扩散 ………………………………………… 367

沉睡效应 ……………………………………………… 375

小结 …………………………………………………… 383

第九章 创新推广人员 ………………………………… 387

一、设定目标 …………………………………………… 390

印度尼西亚避孕计划行动 …………………………… 395

可持续性的问题：尼日利亚"鸡博士"的故事 …… 400

二、传播活动 …………………………………………… 402

埃及婴幼儿脱水夭折事件 …………………………… 405

美国巴尔的摩针头交换计划 ………………………… 411

三、创新采纳示范的效果 ……………………………… 413

农业推广服务中心案例 ……………………………… 416

四、"中心化"和"非中心化"扩散系统 ················· 420

小结 ·· 424

第十章　组织内创新 ·· 427

一、决策类型 ·· 429

二、组织的创新性 ·· 434

三、组织的创新过程 ··· 443

采纳新的通信技术的过程 ···································· 444

美国洛杉矶圣地摩尼卡高速公路钻石车道

有效却被喊停的创新 ·· 455

小结 ·· 458

第十一章　创新的结果 ··· 459

北极的雪地摩托车革命 ·· 461

一、结果研究 ·· 464

二、结果的三种方向 ··· 467

ORT：结果引发的结果 ······································· 470

土著人与钢斧 ·· 474

三、创新的形式、功能和意义 ···································· 475

爱尔兰的土豆灾荒 ··· 477

四、动态的平衡 ·· 478

灭蚊计划的故事 ··· 478

五、创新加剧不公平？ ·· 482

六、传播效果的差距 ··· 484

数字鸿沟 ··· 493

小结 ·· 495

创新的扩散大家谈 ··· 497

第一章

扩散的要素

没有什么比创造新规则更加艰难、遥远、凶险的了。无论何时，反对派一旦有机会，就会毫无保留地攻击创新者，而其他人则谨慎地防御着，创新者腹背受敌。

——尼古拉·马基雅维利《君主论》

一个新观念，纵然具备明显优势，但要想让普通大众认可它，也绝非易事。许多创新都是经过数年时间的沉淀，才被大众广泛接受的。因此，很多个人和团体需要面对"如何加速创新的扩散速度"这样一个问题。下面的案例阐述了人们在推广创新的过程中曾经遇到的各种困难。

➡ 案例 1-1 秘鲁小村落的烧开水计划：失败的扩散[1]

秘鲁公共健康组织曾试图向该国部分地区的村民推广一项创新方案以改善他们的健康状况，从而延长村民的人均寿命。该组织鼓励当地村民修建公共厕所、每日焚烧垃圾、消灭室内苍蝇、报告传染病案例、饮用开水。由于村民对公共卫生与疾病之间的关系一无所知，所以这些创新观念的推广必将引起他们思维和行为的变革。其中，饮用开水对村民的健康来说尤其重要，因为有很多村民刚治好的传染病复发都是由于饮用生水而导致的。

在秘鲁沿海地区有个村庄叫洛莫林，大概有 200 户人家。公共健康组织安排当地义工内丽达（Nelida）负责劝说该村的家庭主妇把烧开水作为日常的生活习惯。然而这项饮用开水活动耗时两年之久也仅仅说服了 11 个家庭主妇接受这样的生活方式。就算在医生的帮助下（该医生的公开演讲曾说服了 15 个家庭主妇将煮开水作为日常生活习惯），内丽达的推广计划还是失败的。想知道为什么？让我们一起来了解一下当地的居民、文化背景和居住环境。

大部分洛莫林的村民都是以在庄园务农为生。打水的容器一般

---

[1] 案例来源于 Wellin (1955, pp. 71-103)。

为罐、桶或葫芦；而水源则有三处：靠近村子的季节性灌溉渠，离村子 1 英里远的泉眼，还有个不太讨村民喜欢的水井。这三处水源都已经遭到污染，每次检测都不达标。其中，人们比较喜欢喝灌溉渠的水，一方面是因为灌溉渠离村子较近，另一方面是因为据说这里的水味道好些。

虽然建立净水系统不太现实，但是饮用开水还是可以有效地减少伤寒和其他通过水源传播的疾病。在内丽达两年的推广期间，有 21 户人家被她登门造访 15～25 次，但只有 11 户人家采用了她的建议。

这 11 户人家都代表了哪些人呢？我们将其分成了三类：原来就喝开水的；被说服喝开水的；家庭中大多数人拒绝喝开水的。

A 太太：尊重习俗的采用者

A 太太大概 40 岁，饱受关节炎的困扰，村民们都称她为"病婆"。每天她都会煮一大罐开水，供一天的使用。但 A 太太完全不了解细菌的概念，她煮开水的观念来源于传统的"寒"和"热"的概念：所有的物质都可以划分成寒的或热的，和物质本身的温度无关。而"寒"和"热"可以分别用来预防和解决在怀孕、分娩和患病过程中遇到的不同问题。

在洛莫林，开水和疾病是紧密联系的，只有病人才喝煮过的水。就像生病的人吃猪肉（极寒）或者喝白兰地（极热），都是不可思议的，病人不应该接触这些东西。而水则被认为是极寒的东西，所以病人应该喝开水。

村民从小就养成了不喝开水的习惯，如果非要将水煮开喝，他们一定要加点调料，如糖、柠檬、香草之类。A 太太就喜欢喝加了桂皮的开水。在当地村民的知识体系里面没有细菌和污染的概念，在他们看来，喝开水仅仅是为了消除"寒凉"，而不是消除细菌。A太太喝开水是因为她认为自己是病人，她采用了这个创新，但出发点却是错的。

B 太太：采用创新者

B 太太的家族是上一代从安第斯山脉搬到洛莫林地区的，他们很遵从出生地的习俗。B 太太觉得地势低的地区很容易滋生各种怪病，她的忧虑是内丽达成功说服她煮开水的原因之一。对 B 太太而言，内丽达是非常友善的权威者（其他家庭主妇把内丽达当成"可恶的检察官"），而且还带来了很多可以对抗未知威胁的知识。B 太太不仅采纳了煮开水的建议，还听从建议搭建了简易厕所，并把孩子送到健康中心体检。

B 太太的高地特色发型、不流利的西班牙语为她深深地烙上了外来户的印记，所以在社区交往中她只能处于边缘状态。也正因为如此，B 太太作为社区中的异类，即便采用内丽达的建议对其自身而言也没有任何损失，反而还可以得到更多的健康保障。她非常感激内丽达教会她用开水消毒杀菌，避免不洁水源的威胁。

C 太太：反对者

在秘鲁公共健康组织为期两年的饮用开水推广活动中，C 太太代表了洛莫林地区大部分反对者。尽管内丽达反复解释，C 太太和其他家庭主妇一样，始终无法理解细菌学说。水里的细菌如何能在可以淹死人的水里生存下来呢？它们是鱼吗？如果它们小到看不见摸不着，它们是如何伤害一个大活人的？与其担心这些看不见、摸不着、听不到、闻不到的小东西，还不如担心一下贫穷和饥饿。C太太的传统"寒热"意识和烧开水的生活方式相冲突，她宁愿相信只有病人才喝开水。

为什么饮用开水的观念推广会失败？

面向 200 多户人家推广的"说服家庭主妇饮用开水"的活动历时两年，最后以失败告终。内丽达只能说服 5% 的家庭，也就是 11 户人家采纳这个观念。当地的文化和习俗导致这个活动失败，当地人认为饮用开水只是为了消除"寒性"，只有病人才有这个需求，只有当地的异类才敢冒险否定这个习俗而接受饮用开水的观念。

首先，影响创新推广成败一个很关键的因素是该社会体系下个人的价值观、信仰、生活经验是否和创新兼容，内丽达和她的上司应该了解一下当地关于"寒热"意识的认知体系，因为这是整个秘鲁居民共同的"信仰"（很多拉美、非洲、亚洲国家也有同样的认知）。可以说当地的知识架构导致了饮用开水推广活动的失败。

其次，内丽达实验的失败还说明了个人的社会交际圈也会影响其是否能够接受创新。B 太太虽然在洛莫林地区居住了数年，但还是当地的边缘人物，对她而言，内丽达比那些有意避开她的邻居更有影响力。为了赢得具有更高社会地位的内丽达的认可，B 太太采纳了饮用开水的建议，虽然她并不了解其中的道理。可见，创新的扩散不仅仅是个技术活，还是一个社会化的过程。

再者，如果内丽达希望在洛莫林地区发起一场传播运动，那她明显选错了入手的对象。内丽达把工作侧重点放在 A 太太和 B 太太身上，而这两位一个被认为是"病婆"，另一个是"外来户"，无法构成一个普遍性的社会模型。内丽达忽略了那些意见领袖，而这些意见领袖可以通过自身的社会网络辐射所有人。因此，内丽达的推广无法达到临界状态，而只有跃过这个临界点，扩散的进程才可以实现自我持续发展。

那些潜在采纳者又是如何看待创新推广人员的推广行为呢？在洛莫林地区，中下阶层对内丽达的看法有所不同。大部分底层的主妇认为内丽达是被派到洛莫林地区的"偷窥者"，她会告密而且还会强迫疲惫不堪的家庭主妇打扫卫生。因为底层的家庭主妇自由时间比较少，她们不太乐意和内丽达谈论关于饮用开水的事。她们与外界的接触非常少，所以只能用传统的眼光来看待内丽达这个懂技术的人。按洛莫林地区的标准，内丽达算得上是中产阶级，她可以从那些和她社会地位、经济地位、文化背景接近的家庭主妇那里获得更多的认可。实际上，大多数创新的扩散都有着相同的趋势：和推广人员有着相似背景的人更容易接受创新，而那些希望从推广人员处获得帮助的人则不容易接受创新的观念。

内丽达把推广重点放在以创新为中心而没有以客户为中心。她没有让自己成为这些家庭主妇中的一员，因此，她努力的劝说实际上无法有效传达给客户。因为她没有从客户的实际需求出发。内丽达从一开始就谈及细菌学说，这是村民所不能理解，也不需要理解的。这些都是洛莫林地区难以推广饮用开水计划的原因。当您读完了全书，就更容易理解这个案例了。

一、什么是扩散

扩散指的是创新在特定的时间段内，通过特定的渠道，在特定的社群中传播的过程。它是特殊类型的传播，所包含的信息与新观点有关。传播指的是参与者为了相互理解而发布和分享信息的过程。

这定义意味着传播是一个趋同（或分歧）的过程，因为参与者交换信息的目的是为了对某一特定事情的看法更加一致（或不一致）。我们将传播看成双向趋同的过程，而不是某个人为了达到某种效果进行单向、线性输出的过程（Rogers and Kincaid，1981）。人际交往中的线性概念或许可以准确地描述扩散过程中某些特定的传播行为，如创新推广机构尝试说服客人接受一个创新的理念。但当我们留意此事件前后发生的事情就不难发现，这仅仅是一个完整的双方信息交换过程中的一部分。打个比方，一个客户带着具体的问题到创新推广机构，而机构通过提供解决方案把创新推广出去，这样推广机构与客户之间的沟通可能会反复好几个回合，最终构成信息交换的一个环节。

如上所述，扩散是特殊类型的传播，所包含的信息与创新观点有关。而信息里新奇的创新观点赋予扩散特定的气质，新奇意味着扩散带有不确定性。不确定性指的是针对某事件其他可能的选择，以及这些选择的相对可能性。不确定意味着缺乏预测、结构和信息。信息可以减少不确定性因素，并在有多个选择需要决策的时候展示出区别（Rogers and Kincaid，1981）。一种技术的创新会使得信息更加具体，从而在解决问题的过程中减少因果之间的不确定性。

扩散还是一种社会变革，指的是社会体系的结构和功能发生变化的过程。当新的观念出现后，人们扩散、采用还是拒绝它，皆可带来不同的结果，社会也随之发生变革。当然，这种变革也可能是其他原因造成的，如政治改革、自然事件（如干旱、地震）或者政府颁发的新政策。

很多学者把"扩散"严格定义成新观念自发性、无计划性地蔓延，或者使用"传播"的定义把扩散说成是人为引导的、被操纵的。本书中，"扩散"一词涵盖了有计划性的传播和自发性传播两层含义。

案例 1-2　英国海军控制坏血病的创新扩散[2]

很多技术人员都相信只要是能给用户带来实际利益的新观念，就一定可以被潜在用户广泛采纳并可以自我传播。下面的案例将说明，实际上很多创新在以让人非常失望的速度扩散，至少扩散速度在此项创新的发明者和技术人员看来是非常缓慢的。

海军控制坏血病的案例将说明：一项能带来切身实惠的创新也可能扩散得很慢。在早期的远洋航海中，相比战争、意外和其他原因，坏血病带走了更多士兵的生命。例如，1497 年葡萄牙航海家瓦斯科·达·伽马率领 160 名水手绕好望角航行，100 人死于坏血病。1601 年，一个英国的船长詹姆斯·兰卡斯特进行了一项检验柠檬汁在预防坏血病方面功效的实验。他率领 4 艘船从英国航行到印度，并命令其中一艘船即"实验组"的水手每天都喝 3 茶匙柠檬汁，结果这艘船的所有水手都非常健康。而其他 3 艘船的水手，也就是"控制组"的 278 名水手，因为没有喝柠檬汁，仅航行到一半就有 110 人死于坏血病。兰卡斯特船长不得不从"实验组"调出水手充实到其他 3 艘船上才得以完成余下的航行。

实验结果如此明显，大家都认为英国海军会在所有的船上都采取用柠檬汁预防坏血病这一创新措施。然而，到了近 150 年后的 1747 年，一个名叫詹姆斯·林德的海军医生在获知兰卡斯特船长的实验后才在英国皇家海军索利斯巴利号上进行了第二次实验。他为船上的坏血病患者提供两种治疗方案：第一种是为患者提供 2 个柑橘加

---

[2] 案例来源于 Mosteller (1981)。

1 个柠檬；第二种是让患者在 5 份菜单中任意一份，包括半品脱（1
品脱=568 毫升）海水、6 匙醋、1 夸脱（1 夸脱=1.136 升）苹果汁、
肉豆蔻、75 滴硫酸盐药剂。采用柑橘治疗的患者数天内可以康复而
且还可以帮助林德医生治疗其他坏血病患者。不过遗憾的是，6 天
后柑橘和柠檬就用完了。

随着进一步的证据证明柑橘是坏血病的克星，人们认为英国海
军会让所有远航的船员采用这项创新。事实上直到 48 年后的 1795
年，此项创新才被广泛采用。1865 年，英国贸易局也采用了相似的
措施，遏制了商船上的坏血病。

为什么当局采用柑橘治疗坏血病的创新如此缓慢呢？因为当时
有多种治疗方案都在尝试当中，而且都有各自的拥护者。例如，曾
远航到太平洋的库克船长不支持使用柑橘来治疗坏血病。更重要的
一点，林德医生不是这个行业的权威人物，他的发现没有引起太大
的关注。英国海军虽然抵制预防坏血病的创新，但却能够很快地采
用新船、新枪炮的创新，可见他们并不是抵制所有的创新。

显而易见，即使某项创新具备了相对优势，就算它的好处已经
被充分证实，扩散和被采用也还是需要推广的。也许读者认为如此
缓慢的扩散只会发生在遥远的过去，是发生在科学和实验评估手段
诞生之前的事。那么，下面请大家看看德沃夏克键盘的案例，这是
一例发生在现代却无法成功扩散的创新。

📥 案例 1-3 　德沃夏克键盘的失败扩散[3]

很多人在使用键盘处理文件的时候并不知道我们使用的键盘叫

---

[3] 关于抵制德沃夏克键盘的细节请参详 Dvorak et al (1936), Parkinson (1972), Lessley (1980), and David (1986)。

QWERTY 键盘。这种键盘是通过键盘左上角六个字母来命名的，效率低下且笨拙，相比德沃夏克键盘而言，人们需要花 2 倍的时间学习如何使用它，并且花 20 倍的精力来工作。人们从 1873 年开始使用 QWERTY 键盘，也不觉得有什么不对，更不知道其实还有一种效率更高的键盘。近年来，我和无数人讨论过 QWERTY 键盘，从来没有人知道原来还有其他键盘的选择。

　　QWERTY 键盘从何而来，为什么没有被更加高效的键盘替代？QWERTY 键盘是由美国人克里斯托弗·莱瑟姆·肖尔斯（Christopher Latham Sholes）为了降低打字速度而发明的。在 19 世纪中叶，打字机上的打字杆是放在类似篮子的容器里的，它旋转上去印在纸面上，然后回归原位。如果相邻的两个字母敲击速度过快，它们就会纠结在一起。肖尔斯重新设计键盘就是为了最大限度地减少此类纠结，他使用反向操作的办法，把最常使用的字母分得最远。因此，虽然肖尔斯发明的键盘提升了打字员操作打字机的难度，也降低了打字速度，但是最大限度地减少了字母纠结在一起的状况。他的发明很快就被键盘生产商采用，当时很多客户都被键盘销售人员用第一行字母（QWERTYUIOP）打出 "Typewriter" 这个单词所打动。

　　1900 年以前，大多数打字员都是使用两个指头，看着键盘打字。后来盲打开始流行起来，QWERTY 键盘的缺点也显现了出来。因为打字员打字的速度加快了，QWERTY 键盘也避免不了字母纠结在一起的问题。基于此，华盛顿大学的奥古斯特·德沃夏克教授在 1932 年通过研究工时与动作的方法重新排列了键盘，使之效率提高。德沃夏克教授首先把打字员打字的过程拍摄下来，然后花 10 年的时间研究是什么原因减慢了他们的打字速度，最后他提出把 A、O、E、U、I、D、H、T、N 和 S 放在中间行的设计（图 1-1），而把使用频率不高的字母放在上面和下面一行。这样，70%的打字工作量由中间行完成，上面一行承担 22%，下面一行承担 8%，而分配到各个手指的工作量则与手指的灵活度和力度成正比。此外，德沃夏克教授还把连续敲打的工作分配到两只手上，将主要的元音放在了左手，而右手则主要负责与之相关的辅音。于是当一个手指在敲打一个字母的时候，另一只手的手指就可以放到相应的位置上准备敲打第二个字母，使得打字的节奏更加容易被控制。

德沃夏克教授的设计大大提高了打字的效率。例如，使用QWERTY 键盘，左手的负担过重，大约需要承担 57% 的工作量。而德沃夏克键盘则把 56% 的工作量安排给相对灵活的右手，44% 的工作量安排给左手（这个世界上右撇子占了九成）。QWERTRY 键盘仅把 32% 的工作量安排在中间行，而德沃夏克键盘的中间行承担了70% 的工作量。新设计免去了打字过程中手指的上下移动，而使用QWERRTY 键盘则手指每天需要上下多移动近 20 千米。这些不必要的移动使打字员精神紧张，容易患上腕关节综合征，还容易造成错误，而使用德沃夏克键盘的打字员的打字速度打破了之前的纪录。

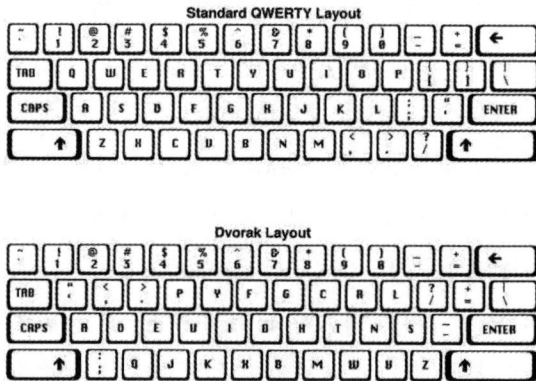

图 1-1　QWERTRY 键盘和德沃夏克键盘的布局对比

前者是 100 多年前为避免早期的打字机故障而设计的，后者的布局使得打字效率大大提高，但是几乎没有人使用它，可见创新并不具备自我传播的能力。

　　人们可能会认为，德沃夏克键盘凭借其压倒性的优势一定会取代效率低下的 QWERTY 键盘。事实上，70 多年过去了，人们普遍还在使用 QWERTY 键盘，就算美国国家标准协会和设备制造协会都核准德沃夏克键盘可以作为替代产品，我们仍几乎没有看到任何打字机和计算机采用这种高效布局的键盘。很多既得利益者拥护旧键盘，包括制造商、销售商、打字教师甚至打字员本人。而很多计算机用户却不知道把 QWERTY 键盘改装成德沃夏克键盘是件轻而易举的事情，并且从使用 QWERTY 键盘过渡到使用德沃夏克键盘仅需要使用者花一周左右的时间来适应。

　　可见，具备明显优势的技术创新不一定能快速地扩散和被采用。和你们想的一样，这本书的文字也是用 QWERTY 键盘敲出来的。

二、创新扩散的四大要素

　　前面我们把扩散定义成一个过程，而这个过程必须满足：某**创新**在某**时间**段内通过特定的**沟通渠道**在某**社会体系**成员里传播。显然，创新扩散的四大要素分别是：创新、沟通渠道、时间和社会体系（如图 1-2 所示）。这些因素可以体现在所有的创新研究、创新推广计划中，如前述秘鲁农村的饮用开水推广计划的案例。

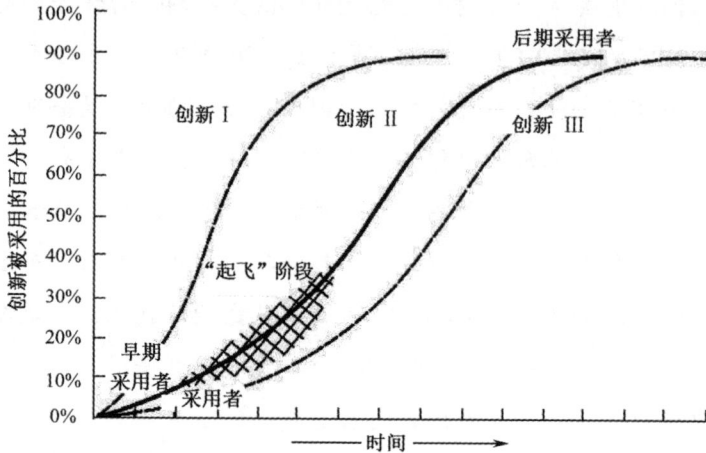

図 1-2　扩散的过程

某创新在某时间段内通过特定的沟通渠道在某社会体系成员里传播。

下面将对创新扩散的四要素做一个简单的描述，并在第二章到第十一章中详细地阐述。

（一）创新

当一个观点、方法或物体被某个人或团体认为是"新的"的时候，它就是一项创新。创新的定义和它是否为客观上的新、是否为第一次使用等关系不大；个体对它的反应决定它是否属于创新，如果人们认为是新颖的，它就是创新。

新颖不代表一定要运用新知识。有些人可能很早就知道某项创新，但是没有表现出喜恶态度，也谈不上拒绝或采用它。一项创新的新颖程度可能由其所包含的知识、说服力和人们是否采用它来决定。

扩散学者所做的重要研究包括：（1）早期和后期采用者的区别（见第七章）；（2）创新的认知属性，如其优点、兼容性等因素是加快还是减慢了人们采用它的速度（见第七章）；（3）为什么在"S"

形曲线采用百分比到达 10%～20%之间，人际网络开始发力后，采用者数量开始"起飞"并迅速扩散至大多数（见第八章）。另外，不应该假设所有创新的扩散和采用都是好事，有些有害的或不经济的创新可能对任何人或社会体系都不利；同一创新可能对某个体在某环境下有利，但对不同环境的其他个人不利。例如，西红柿收摘机器在美国加州规模较大的农场被广泛采用，但对于规模较小的农场来说成本就太高昂了，他们反而被迫停止种植西红柿（见第四章）。相似地，1998 年，美国有一半的家庭拥有个人电脑，另外一半认为他们可能很少需要在家使用电脑，如果有需要，他们可以在办公室或网吧使用。

1．技术创新，信息及不确定性

过去很多关于创新扩散的分析都是基于技术层面的，所以人们经常将"技术"和"创新"视为同义词。发明一项"技术"的目的是为了达到某种结果，并减少在此过程中因果关系的不确定性。一项技术通常由两部分组成：硬件，实现此项技术的物理工具或材料；软件，提供给工具的信息。例如，人们经常提及的计算机硬件，包含半导体、晶体管、电子线路及保护这些电子元件的外壳；计算机软件，包括软件代码、指令、用户手册和其他用来实现指定任务的信息。以上这些例子决定了硬件和软件的关系、工具和使用方法的关系。

一旦提到技术创新，人们往往只想到硬件部分。当然，很多时候硬件是技术的主要组成，但在其他时候，技术创新可能只是由信息构成的。例如，马克思主义的政治哲学、天主教的宗教思想、新闻事件、地方性的禁烟条例，这些软的创新大家也在研究。在研究中有一个方法论方面的问题就是，这些创新的采用不太容易被观察和追踪。这种纯思想的创新可观察性比较低，采用速度也比较慢。

很多创新都是硬件和软件同步进行的，用户首先购买硬件，并用软件来实现相关的功能，如录像机和磁带、CD 机和光盘、个人电脑和电脑软件。很多公司都是以相对低价出售硬件，然后以相对高价出售软件以实现合理的利润。例如游戏机的价格不高，但是游戏却卖得比较贵。这种"剃须刀与刀片"的销售策略经常使用在需要加速扩散的电子产品上面。

虽然软件部分在创新中不那么显眼，我们也应该谨记创新是由软件和硬件组成的。根据我们的定义，技术是用来减少不确定性的，而在因果关系中这往往由信息来完成，这些信息通常是在科学开发、发展的过程中形成的。一般来说，技术创新至少可以给它潜在的用户带来实实在在的利益，但潜在用户并不十分明确个中的利益，他们不太确定这项创新与他们的旧方法相比有什么优势，至少在他们刚接触创新的时候是这样的。

对潜在用户来说，创新所带来的后果是不确定的。这项创新可以解决问题吗？新观念的潜在利益驱使用户去了解它。当信息收集的结果可以降低创新所带来的不确定性，且结果可接受时，用户就会做出选择。采用了某个新理念就可以后续评价其带来的效用，因此，创新决策的过程就是个体信息收集、信息处理的过程，并在此过程中减少创新优劣的不确定性（见第五章）。

关于一项创新，人们问得最多的问题是：这是什么样的创新？它是如何工作的？它为什么这样工作？创新会带来什么东西？对我来说，它有什么优劣势？

2. 技术集群

一个非常重要的概念性和方法论问题是如何定义一项技术创新

的范围，也就是一项创新的终点和另一项创新的起点在哪里。如果一项创新被定义成"新的"，那么它的范围应该由对它进行观察的潜在使用者来回答。事实上，这个方法也被研究扩散学说的学者和在做创新项目"定位"时的市场人员使用（见第六章）。例如，很多循环使用纸的美国家庭也循环使用瓶子和罐头，虽然也有很多家庭仅仅是循环使用纸。可能这两种循环回收技术行为代表两项不同的创新，但它们同属相关的循环利用的技术集群。一种技术集群包含一个或多个可辨识的技术，这些技术密切相关。一些创新推广人员会把这些技术集群打包成一个"创新包"，因为这样更容易推广。例如，亚非拉第三世界的绿色革命就是创新推广人员将大米、玉米种植技术的创新打包推广的结果。这项创新除了所谓的神奇大米、玉米种子外，还有化学肥料、除虫剂、密植法等技术，如果一个农民采用了以上所有的创新，他的收成将增加 2 倍。

过去对扩散的研究一般是对单个创新进行的。这个过度简单化的方法包含一个可疑的假设，因为一个创新采用者的体验会影响他对下一个创新的接受度。现实中，创新在同一时间、同一体系的扩散是相互依赖的。至于单个创新的研究对学者来说更容易，其实是对事实的扭曲。大家应该更加关注技术集群。

3. 创新的认知属性

我们不能和过去一样假设所有创新都是同等重要的，这样的假设过于简单化。例如在美国，手机、录像机等日用消费品创新在几年之内就被广泛接受，但像公制、汽车安全带这样的创新却需要数十年才被广泛采用。创新的属性和用户对它的认知决定了创新被采用的速度。

（1）相对优势，指一项创新被认为优于它所取代的想法。相对优势这个维度一般由经济来衡量，但是也和社会声望、方便性、满意度等因素相关。相对优势和这项创新"客观"的优势关系不太大，而与采用者认为它有多大优势有关。人们认为它的优势越大，它扩散得越快。

（2）兼容性，指一项创新和潜在用户的价值观、过往经验、需求的一致程度。和与社会价值不兼容的创新比起来，那些兼容社会价值的创新的扩散速度要快得多。因为采用不兼容社会价值的创新意味着要建立新的社会价值体系，这一过程本身就非常缓慢。例如，在不鼓励计划生育的天主教国家和穆斯林国家推行避孕器具和避孕方法的创新。在前面的例子中我们也看到饮用开水的创新是如何在有着"寒-热"认知体系的秘鲁农村无法兼容。

（3）复杂度，指一项创新被使用或理解的难度。有些创新对于一个社会体系的成员来说显得非常简单易用，而有些创新却因为本身非常复杂而被采用得很缓慢。例如，秘鲁洛莫林地区的农民不明白义工拼命解说的细菌理论，更别谈用烧开水的方法杀死细菌。简单易用的创新扩散起来比那些需要重新学习某技能才能使用的创新要快很多，如德沃夏克键盘。

（4）可试性，指一项创新在某些程度上可以被试用的可能性。可以被试验的新理念比那些看不见的理念要更容易被采用。莱恩和格罗斯（Ryan and Gross, 1943）发现，很多美国爱荷华州的农民在第一次试验耕种杂交玉米种子后就接受了它。如果这些种子不具备可试性，它的采用程度将要低很多。尽管提供了试验耕种，数年后爱荷华州农民才100%采用杂交玉米种子。提供可试的创新可以让潜在用户减少其不确定性，另外也提供了边做边学的可能。

（5）可见性，指一项创新是否具备可观察性。越容易看到效果的创新，人们越容易采用。其可见性会促使同伴讨论该项创新，因为朋友之间、邻里之间经常需要交换类似创新评估的信息。以太阳能热水器为例，在美国加州经常会看到相邻的家庭都安装太阳能热水器，比如一个街区能看到 3～4 户使用，但在其他城市就看不到太阳能热水器的装置。可见的创新集群印证了可见性的重要性。其他家庭消费品，如个人电脑，由于可见性低，扩散起来就要慢得多。

那些用户感觉有明显优势、可兼容的、可试的、可视的、不复杂的创新就会扩散得比其他的创新快很多。过去的研究也表明，这五个维度是描述创新被采用程度的最重要的特征，特别是前两个因素。

4. 再创新

在创新扩散研究的最初几十年，大家假设创新在扩散的过程中保持不变。记得 1954 年，我在爱荷华州立大学撰写博士论文期间，采访了一个农民并询问其使用 2,4-D 除草剂的情况。他详细描述了很多在农场使用除草剂的独特方式，在长长的采访备注下面，我仅仅记下"采用者"这个信息。在我当时的知识体系中还没有"再创新"这个概念，只能把他提供的其他信息过滤掉以便能将采访放到我已有的知识框架里面。

到了 20 世纪 70 年代，学者们开始关注再创新的概念。再创新是指创新在用户使用及实现过程中发生的改变或修改。一些学者把再创新定义成用户在使用某项创新的过程中产生的新思路和创新推广人员推行的"核心功能"之间的差异（Eveland et al., 1977）。当学者开始认知再创新并对其作出测量时，发现很多创新在实际使用过程中都出现了再创新的现象。有些创新的自由度非常低，不适合再创新，如杂交玉米种子，因为它的排列基因只锁定在第一代产品。

同样，在 21 世纪初，转基因玉米种子开始出售，因为它具备"杀手基因"，可以杀死那些吃了它叶子的昆虫（包括欧洲的玉米螟害虫，但也非常不幸地误杀了黑脉金斑蝶毛虫）。而第二代转基因玉米种子无法发芽，农民只能再次购买第一代种子进行耕种。

当然，很多创新在用户通过各种途径实现其功能的过程中都具备再创新的可能。一项创新没有必要在扩散的过程中保持一成不变，采用者也没有必要坚持实现该创新理念的固定模式。很多用户都希望更加个性化地使用创新，让它适合自己的实际情况。本书后续章节将介绍具备再创新的理念如何更快地持续扩散。

一项创新出现后，如果要扩散开来，沟通是避免不了的，我们来继续看扩散的第二个要素。

（二）沟通渠道

在前面我们把沟通定义为为了达成共识，参与者创造和分享信息的过程。扩散也是一种沟通，不过所传递的内容是关于创新的。扩散的关键是一个用户会把信息和其他用户分享。这种沟通形式包括以下 4 个要素：创新，个体或团体知道并体验过此创新，个体或团体不知道此创新，两者沟通的渠道。沟通渠道很容易理解，就是信息从一方传递到另外一方的手段和方法。信息交换双方关系的本质决定了信息源是否能送达采用者及传递的效果。

大众传播是最有效的创新信息传播渠道——让受众认识创新。大众传播渠道包括一切可以把信息送达受众的方式，如广播、电视、报纸等。另一方面，人际沟通渠道是说服用户采用新观点的最有效途径，特别是具有相似社会地位、经济地位、教育和其他背景的人之间的交流。人际沟通渠道涉及一对一或一对多的面对面交流。此外，通过互联网交互式沟通也是近些年来扩散的重要手段。

针对扩散的研究表明，大多数人不习惯通过科学的、客观的研究来评估一项创新。相反，他们更喜欢通过一些主观的评价信息来评估创新，特别是那些和他们情况相似又采用了此创新的人们。这种对相似经验的同伴依赖表明，扩散过程的核心在于潜在客户的人际关系网络模型。扩散是人际沟通的过程（见第八章）。

1. 异质化与扩散

显而易见，人类沟通最容易发生在有着相同背景或者同气相求、同质化的人身上。同质化交互是指两个或多个具有相同属性的人的交互，这些属性包括信仰、教育背景、社会经济地位等。如果可以自由选择，人们自然会选择那些具有同质化特征的人进行交流。异质化，是相对于同质化而言的，是指两个或多个不具有相同属性的人之间的交互。

同质化交互很容易产生，在相同群体之间经常发生，如住在一起、有共同爱好的人之间的相互交流。物理和社会地位上的接近都让同质化交互比异质化交互更加容易，因为它更加有效、更加有益。当他们使用相同语言、具备相似的个体和社会特征时，对于新理念的沟通很容易就影响到自身的知识获取、态度的形成和改变、行为改变。同质化对于沟通双方都大有裨益。

然而，创新扩散的最大问题是扩散往往都是异质化的沟通。例如，创新推广人员往往比客人更懂技术，这种差异往往造成沟通双方说的不是同一件事，他们对创新技术掌握程度的不同直接导致扩散无法进行，因为他们之间没有信息可以交换。扩散至少需要在某个维度上可以做到同质化沟通，最理想的状况是交互双方在其他变量上同质化，如教育背景、社会经济地位等，虽然他们在对待创新这个问题上属于异质化沟通。但通常，他们在这些问题上都是异质化的，因为社会经济地位和教育程度会直接影响他们对创新的认知和体验。

（三）时间

时间是扩散过程的第三个要素。很多行为科学研究都忽略了时间维度。扩散研究引入时间维度是因为其具有衡量扩散效果的作用，但它的测量方式却只能靠受众的回忆，这因此招致了其他批判（见第三章）。在扩散研究中的时间维度包括：（1）创新决策过程，从接触到采用或拒绝创新的过程；（2）相对体系中其他成员、个体或团体的创新精神，即采用创新的早晚；（3）某体系中对创新的接受程度，通过用某时间段内该体系成员采用某创新的比例来衡量。

1．创新-决策过程

创新-决策过程指的是个人或决策单位从认知创新到对此创新形成态度的过程，包括采用或反对该创新、执行该创新、确认自己的态度。我们总结了创新-决策过程的 5 个阶段：（1）认知；（2）说服；（3）决策；（4）执行；（5）确认。

认知指个人或决策单位接触到某创新并了解其功能；说服指个人或决策单位赞成还是反对该项创新；决策指个人或决策单位拒绝还是采用该项创新；执行指用户使用该项创新，再创新一般也发生在此阶段；确认指用户确定自己所作的决定，在这个环节，如果用户接收到相反的信息，他可能会做出相反的决定。

创新-决策过程是信息搜集和信息处理的行为过程，其目的是减少创新带来的不确定性。认知阶段的主要目的是搜集创新信息，包括创新的技术、因果关系中不确定的信息、创新解决问题的能力等。在这个阶段，个体主要是想了解某创新是什么、它如何工作、为什么工作。这个阶段，大众传播可以很好地完成信息的传递。

后面的说服阶段，特别是在决定阶段，个体会去搜集创新评估的信息，以期减少创新结果的不确定性。这时候，个体会根据自己的实际情况来评价创新的优点和缺点，而同一圈子内的沟通是传递此类评估信息最有效的途径。大众传播在这个阶段作用不是很大，因为个体需要得到更加具体的信息：对我而言，创新能带来好处吗？而在决定阶段，也可能是在确认阶段，从他人处获取到的主观评估对个人的影响非常大。

创新-决策过程会产生2个结果：一是采用创新，并尽量将创新的功效最大化利用；二是拒绝创新，即不采用创新。但创新决策过程可能会发生改变，如出现终止，即开始采用后来拒绝，原因可能是因为人们对创新不满意，或者有更新的替代品。当然，也有可能是刚开始拒绝某创新，后来又开始采用它了。这些都会发生在创新决策过程的确认阶段。

创新-决策的5个阶段（认知、说服、决定、执行、确认）一般是按照时间顺序进行的，当然也有例外，如决定阶段出现在说服阶段前，此类情况的出现一般是由于权力部门强行要求个体采用某创新。

创新-决策时间段指决策过程的耗时长度。有些人需要数年才采用一个创新，而有些人会迅速接纳并执行。

目前讨论的创新决策过程主要基于个体层面，即单个个体的选择，但很多创新决策是由团体进行的。例如，一个单位会根据大多数人或者领导的意愿启用邮件系统，在这个决策过程中，员工话语权相当小，或者没有。当一个创新-决策由系统而不是个人来完成的时候，这个过程将非常复杂，因为会涉及很多个体（见第十章）。因此，创新-决策过程中，时间维度非常重要。

2. 创新精神及受众分类

创新精神是指在特定的体系内，某些个体或团体比其他成员具有更早采用创新的能力。很多个体被描述成"比体系内其他成员创新精神低"，我觉得将其描述成"后期大众"更加贴切，这样的描述也更加简洁明了。扩散研究表明，同一类受众具有很多共性的特质。比如，属于后期大众的个体一般处在相对低的社会经济地位，他们的信息渠道大多数是人际沟通，接触大众传播相对较少。根据创新精神，可以把受众分为五大类：（1）创新先驱者；（2）早期采用者；（3）早期大众；（4）后期大众；（5）落后者。

创新先驱者一般是新观点的搜集者，他们关注大众传播，人际关系网络超出本地圈子。创新先驱者可以处理不确定性高的事物，他们不依赖圈子里其他成员的主观评价。第七章中将详细勾画出每种受众的轮廓。

对创新精神的测量和体系内成员的分类是基于他们采用创新的时间维度进行划分的。

3. 采用率

扩散过程中第 3 个涉及时间维度的概念是采用率，采用率指某创新被体系内成员采用的速度。将体系内采用创新的成员数按照时间维度分布，他们将呈"S"形分布。刚开始的时间段内（一年或一个月），只有少数个体采用创新，他们属于创新者；紧接着，曲线开始爬升，在每个单位时间内，有越来越多的成员采用创新；后来，曲线开始持平，因为大多数人都已经采用了创新；最后，曲线会到达极限的临界点，扩散完成。

绝大多数创新采用的轨迹都呈"S"形分布，但各创新之间的"S"

形有所不同。有些创新扩散得非常快，曲线显得非常陡峭；有些创新扩散得非常缓慢，曲线相对平稳。扩散研究中的一个议题就是为什么有些创新采用速度非常快，而有些却很慢。

采用率通常用体系内成员采用创新的百分比到达某数值所用的时间来衡量。因此，采用率可以体现某创新在某体系中的采用程度，而不是个体的采用程度（这个参数用创新精神来衡量）。这里所说的的体系可能是一个组织、一个社区或者其他结构的圈子。如上所述，如果个体对某个创新的认知是有优势的、兼容的，那么该创新的采用率就高很多。

不同的社会体系会有不同的采用率。扩散的很多因素不能单纯地解释成个人行为，体系中的规则和其他体系层面的特征都会直接影响扩散，同时体系里的个体行为也会间接地影响采用率。

（四）社会体系

社会体系是指一组需要面对同样问题、有着同样目标的团体的集合。一个社会体系的成员或单位可以是个体、不正式的小组、组织或者子体系。扩散研究的体系就如前文所提到的秘鲁乡村的家庭、医院医生、美国的消费者等。一个社会体系里面的成员可能不尽相同，但是他们至少会为了实现某个共同的目标去寻找解决问题的办法，也正是这些共同之处把他们紧密地联系起来。

扩散在一个社会体系里面进行，这个社会结构在不同方面都影响着创新的扩散。这个社会体系也有自己的扩散边界，我们需要关注的是这个社会结构如何影响扩散、社会规则对扩散的影响、意见领袖和创新推广人员的角色、创新决策的类型、创新的结果等。所有这些因素都影响着社会体系和扩散过程。

1．社会结构与扩散

由于一个社会体系里面成员的行为不完全相同，所以会形成不同的结构。我们把社会结构定义为社会体系中各单位按照一定规则的排列。这结构也让这个体系下的个人行为有一定的规则性和稳定性，使他们的行为在很大程度上可以预测。结构代表着某种信息，因为它可以减少不确定性。这种结构的可预测性可以由权力部门，如政府组织来证明。一个成熟的社会结构包含等级制度，处于高等级的个体可以向低等级的个体发布命令，而且一般都可以被顺利执行。这种社会关系形成了社会结构。

除了上述正式的社会结构外，还有一种非正式的社会结构，它存在于社会体系里的人际交往中，追踪在什么情况下谁和谁进行了交流。我们定义"社会结构"为流动在某体系下具有不同可辨特征的群体。前面定义同质化为两个以上背景相近的人之间的沟通。因此，沟通结构很容易理解成同质化成员的组合。在一个完全缺乏沟通结构的社会体系内，每个个体获得沟通的机会均等，这种情况很可能是因为一群完全陌生的人聚在一起。然而，在这个体系的网络下，他们很快就会出现沟通结构，这个结构的出现就可以预测个体成员的行为，包括对创新的采用程度。

社会体系下的结构会促进或阻碍创新的扩散，这种社会结构对扩散的影响广泛地引起了社会学家、社会心理学家的兴趣，而社会体系下的沟通结构如何影响扩散则引起了扩散学者强烈的兴趣。传播学家伊莱休·卡茨（1961）曾说："没有社会结构知识就去研究扩散是不可想象的，就像没有静脉动脉的知识就去研究血液循环一样。"

相对于扩散研究的其他方面，针对某体系下社会结构或沟通结构如何影响扩散和创新采用程度的研究相对较少。探究系统结构对扩散的影响难度非常大，它独立于个体特征对扩散的影响。下面用

一个例子说明系统效应——体系结构或体系组成是如何影响其相应
体系下成员的行为的。在 E.M.罗杰斯和金凯德（Rogers, Kincaid,
1981）对韩国的计划生育扩散的研究中，有 2 个家庭、个人情况相
似的韩国妇女，她们都是 29 岁、文盲、已婚、育有两个孩子，她们
的丈夫都是高中毕业并且家里都有 5 亩农田。我们会认为她们具备
如此接近的属性，应该会同时采用或拒绝某个创新方法。但这 2 个
妇女有着关键的不同点：她们分别住在 A 村和 B 村。A 村有 57%的
适龄夫妇接受了计划生育，而在 B 村这个比例只有 26%。关于避孕，
虽然政府向 2 个村庄推行同样的政策，但 A 村和 B 村的社会和沟通
结构决定了两村的妇女对避孕的接受程度大不相同。不难预测，A
村的妇女比 B 村的妇女更容易接受避孕，因为 A 村妇女的邻居们都
接受了避孕，她们会鼓励 A 村的其他妇女采取避孕措施，A 村的村
长也特别倾向于计划生育，而在 B 村就不会发生类似的事情。

　　这个案例阐述了"体系结构"可以影响创新的扩散和采用程度，
体系结构对创新扩散的影响超过了这个体系中成员特征的影响参
数。个体的创新精神会受个体性格的影响，也会受他所在社会体系
的气质的影响。

2. 体系规则和扩散

　　E.M.罗杰斯和金凯德对韩国的计划生育扩散研究也表明了村子
的规则对创新采用率的影响非常大。他们对 24 个村子进行研究，发
现村和村之间的差异非常大，包括对计划生育的接受程度和避孕方
法的采用状况。例如，某村有 51%的家庭采用子宫内避孕的办法，
只有 1 人采用了输精管结扎的方法；而另一个村子有 23%的家庭采
用输精管结扎的办法；还有一个村子是"药丸村"，所有家庭都采用
服避孕药的方法。这些差异绝对不是因为韩国计划生育政策执行的

差异引起的，他们在 10 年前被就推广完全一致的避孕方法。对这种不同村子间差异，唯一的解释就是村子规则的差异。

规则指的是体系成员之间约定俗成的行为准则。规则定义了可容忍的行为范围、成员的行为指引和标准，还能告诉体系中的成员什么样的个体行为是适当的。

一个体系的规则可能会是创新的壁垒，如之前秘鲁农村推广饮用烧开水的案例。因体系规则而拒绝新观念的情况往往发生在饮食习惯方面，在印度，有超过百万人营养不良，但是被奉为神灵的牛却可以自由自在地到处闲逛；穆斯林和犹太人都不吃猪肉；虽然粗米更加有营养，但是亚洲人和美国人都喜欢食用精米。这些都是文化或宗教原因造成的，而规则可能存在于一个民族、宗教团体、组织甚至本地化的村子里。

3. 意见领袖和创新推广机构

一个体系里最具备创新精神的往往是那些被视为离经叛道的人，但他们的信用值比其他成员平均值要低，因而该个体在创新扩散方面的作用（说服他人采用创新）非常有限。显然，这个体系存在其他意见领袖，他们的意见和咨询对其他成员来说才是重要的。

意见领袖指可以通过非正式的渠道、比较频繁地影响其他人的态度和公开行为的人。意见领袖的地位与他在这个体系的正式身份和地位没有关系，而是由该个体的专业技术、社会亲和力，以及对社会规则的服从获得和维系的。当社会体系发生变革时，意见领袖显得更加具备创新能力，当社会体系拒绝改变时，意见领袖的行为会和这个体系的准则一致，而其自身会成为其他成员的行为楷模。可见，意见领袖是一个体系结构的缩影。

在很多体系里面，会同时存在创新的意见领袖和守旧的意见领袖。有影响力的人可以推进也可以阻止一个理念的展开。与普通成员相比，意见领袖具备以下特征：（1）与外界接触较多，具备世界公民特征；（2）具备较高的社会、经济地位；（3）更具创新精神，虽然他们的创新性局限于所在体系的规则。意见领袖最显著的特征是他们处在人际关系网的中心点。人际关系网是由人和人根据信息交流的模型建立起来的，意见领袖的人际关系网使其成为体系的楷模，其他人都模仿意见领袖的行为。意见领袖一旦偏离了社会准则，其领袖地位将不再存在。同时，在扩散的过程中，意见领袖的地位也可能会被创新推广人员过度开发而削弱。因为在其粉丝看来，这个意见领袖已经沦为创新推广人员，他的公信力也就荡然无存了。

意见领袖属于在体系内部发挥影响力的人，而创新推广机构的技术人员则是在体系外发挥影响力的人。创新推广人员指的是为了实现创新推广机构设定的目标，而通过直接的方式影响用户做出创新决策的人。创新推广人员的工作是让更多人采用创新，或减慢某创新的扩散速度，甚至预防他们不希望见到的创新扩散。创新推广人员通常会收揽体系内的意见领袖作为自己的推广助理。

创新推广人员往往具备很强的专业知识，他们的专业素养、社会地位意味着他们和客户属于异质化沟通，从而对创新的推广起到反作用。这种情况下，创新推广人员会雇用一些助理来辅助推广。这些助理的专业水平没有创新推广人员高，但是他们和客户的频繁接触可以影响客户的创新决策，关键是他们和客户背景大抵相同，可以搭起创新推广人员和客户之间的沟通桥梁。

4．创新-决策的类型

社会体系对新观点的扩散还有另外一个重要影响，创新被采用与否取决于：（1）体系中个体；（2）整个体系（由集中意见或权威人士、部门决定）。

（1）个人决策模式：体系中个体自由独立地决策采用或拒绝某创新。虽然他们的决策会受到体系规则、人际交往网络的影响。例如，秘鲁农村主妇选择是否饮用开水就属于个人决策模式，尽管她们的决定会受传统的"寒-热"知识的影响。这个模式显著的特征就是个人是最主要的决策单位。经典的扩散研究针对的都是个人决策模式，如爱荷华州杂交玉米在农民中的扩散、抗生素在医生中的扩散等。直到近些年，才出现了针对意见收集决策模式、权威决策模式的研究。

（2）意见收集决策模式：由体系中所有成员的意见来决策，一旦决策形成，其成员也将遵守此决策。

（3）权威决策模式：由体系内少数权威来决策是否采用某创新。权威性一般来源于权力、社会地位、专业技能等。个人在此模式中话语权比较小，他们只能执行决策。例如，数年前有一家美国的电脑公司要求所有的男性员工穿黑裤子、白衬衣并打领带上班，所有的雇员只能遵照执行。

个体对这 3 种决策模式的影响分别是：个人决策模式，个人对其负责全部责任；意见收集决策模式，个人有一票话语权；权威决策模式，大多数个体对此说不上话。一般来说，后两者会出现在一些组织或机构中，如学校、工厂、政府组织等。而个人决策模式一般出现在农业、个人消费行为上。

一般来说，最快的扩散模式当然是权威决策模式（当然，也要看这个权威的创新精神如何），个人模式比意见收集模式扩散得快。虽然权威决策模式扩散得最快，但是在实施的过程中，体系成员可能会设法绕开创新。

一个新理念的创新-决策模式也可能随着时间发生改变。例如，汽车安全带最早是由车主自费自由选择安装，到了 1966 年，美国联邦法律要求所有新车都要安装安全带。当个人决策模式发展成了集体意见决策模式（这不是权威决策模式，因为法律是由议会商议达成共识才通过的），这时，系不系安全带是司机或者乘客的自由，还是属于个人决策模式。到了 1974 年，美国联邦法律要求每辆新车都必须安装安全带锁定系统，司机和前排乘客如果不系安全带，汽车将无法启动。也就是说，系安全带从个人决策模式上升到了集体意见决策模式。后来，公众对如此严厉的法律意见很大，法律只能重新修正，系安全带又成了个人决策模式。直到 20 世纪 80 年代晚期，美国很多州的法律都要求使用安全带，如果警察发现驾驶员没有使用安全带将视其为违章。这样，安全带的决策多少有点权威决策的味道了。

吸烟一直都是个人决策，直到 20 世纪 80 年代晚期，科学研究表明二手烟有害健康，美国航空公司规定机舱内需要禁烟。随后，环境保护局宣称，二手烟致癌。1990 年，美国很多社区，特别在加利福尼亚州，都制定了禁烟条例，禁止在大厦、餐厅、酒吧等场所吸烟。禁烟条例在美国迅速扩散，到 2002 年，已有超过 2400 个城市发布了禁烟条例。如果把城市看作个体，对于各个城市而言，它们都做出了创新决策，此时禁烟条例还属于个人决策；但是条例一旦通过议会审议，这个城市的所有成员都要强制遵守（权威决策）。由于禁烟条例的颁布，美国的烟民数量持续下降，到 2002 年，只有25%的成人是烟民。

上述案例描述了第 4 种决策模式，它是前面 2 种或 3 种决策模式的结合体——附属决策模式：在更高级别的决策模式产生后出现的决策模式。在体系决策前，个体对是否采用创新还是自由的。在上述安全带的案例中，当美国立法局于 1966 年通过了相关法律，个人就不再拥有自由决策的权利了；在禁烟条例发布后，个人必须遵守公共场所不能吸烟的政策。

附属决策模式的显著特征是两种或两种以上决策模式混合在一起，社会体系将会直接参与意见收集决策、权威决策、附属决策。

5．创新结果

创新的结果会影响整个社会体系，因为除了影响个人的那些变化外，很多影响是发生在整个体系范围的（见第十一章）。

创新的结果指的是采用或拒绝一项创新对社会体系或个人所造成的影响，可以分成如下 3 类。

(1) 合意与不合意的结果：体现在创新对社会功能建设起到积极还是消极的作用；

(2) 直接和间接的结果：体现在创新产生的结果是否第一时间对个人或社会体系产生作用；

(3) 预期和非预期结果：体现在社会成员是否认可这个创新结果。

创新推广人员在向客户介绍某项创新时，客户一般期望创新的结果是合意的、直接的、可预期的。但创新往往会给这个体系的成员带来不合意的、间接的、不可预期的后果。例如，传教士给澳大利亚的原住民带来钢制斧头的创新，一心想提高他们的生活质量，但人们不曾想到，这项新技术导致当地原住民家庭结构瓦解，滥用斧头的发生频率上升，创新被用到不当的地方。创新推广人员可以预料一项创新的形式、可观察的外观效果甚至是功能，以及对社会

体系成员生活带来的贡献。但是创新推广人员永远无法获知创新的
意义，即客户对创新的主观认知和理解。

➡️ 案例 1-4　爱荷华州杂交水稻的扩散

莱恩和格罗斯（Ryan，Gross，1943）关于杂交玉米种子的扩散
研究是近年来最具影响力的扩散研究作品，虽然在此之前已经有
5200 多种有关扩散的研究了。针对杂交玉米的研究包含了之前提到
的扩散的四要素：创新、沟通渠道、时间、社会体系。

自 1928 年科研人员第一次向爱荷华州农民推广杂交玉米开始，
它就成为了最重要的农业技术创新。20 世纪 30 年代到 50 年代期间，
杂交玉米带来了农业生产的革命，而它的种子是由爱荷华州立大学
和其他公立大学共同研发出来的。杂交玉米的扩散有赖于爱荷华州
农业促进局和种子公司的销售人员。杂交玉米相比依靠天然授粉的
传统玉米种植，增加了 20% 的收成，并且可以有效地预防害虫，还
更加适合机器作业。不过由于杂交玉米种子的基因不能遗传到第二
代，所以农民每年都必须购买新的种子，而以前，他们基本上是在
上一年收获的玉米中选择个大、饱满的玉米粒作为来年的种子。这
意味着杂交玉米新品种对爱荷华州农民来说是很大的创新，他们得
更加依赖农业产品公司，因为需要采购种子、化肥、杀虫剂和其他
农业产品。

当布莱斯·莱恩（Bryce Ryan）刚刚开始在哈佛大学的社会学博
士研究的时候，他于 1939 年来到了爱荷华州立大学，选择了杂交水
稻扩散作为经济决策的一个因素展开研究。对此因素的兴趣促使他
关注爱荷华州农民之间的关系是如何影响他们采用杂交玉米新品种

的。莱恩在哈佛大学已经学习过人类学关于扩散方面的理论知识，所以他把爱荷华州杂交玉米新品种的扩散研究放在扩散学的框架下进行。与其他人类学家对扩散研究所采用的定性研究方法不同，莱恩的研究主要是靠采访爱荷华州农民对杂交玉米新品种的使用情况而得到定性数据。

1941年夏天，尼尔·C·格罗斯（Neal C. Gross）刚从社会学专业毕业，作为研究助理，他参与了杂交玉米新品种扩散研究。莱恩和格罗斯选择了埃姆斯市以西 50 英里左右的 2 个农民社区作为样本，并采访了 2 个体系里面的所有农民。尼尔负责主要的数据收集工作，他使用一份结构化的问卷并访问了每一位受试者，询问他们在哪一年开始采用杂交玉米新品种的创新（在数据分析过程中，受试者采用创新的年份成为主要的因变量），询问他们在每个创新决策环节的沟通渠道和每年杂交玉米的种植面积。除了以上数据，这两位农业社会学家还收集了每位受试者受教育程度、年龄、拥有的农田面积、收入、去其他城市旅游的频率、阅读哪些农业杂志等信息，以及受试者接纳杂交玉米之后其他有关创新精神的变量。

格罗斯来自密尔沃基，从小生活在城市里，采访爱荷华州的农民多少让他觉得有些不舒服。埃姆斯市有人告诉尼尔，这里的农民早上都起得比较早，所以他第一天去收集数据的时候，早上 6 点就到了农民家里，那时候天还没亮。第一天他就采访了 21 名受试者，在整个数据收集期间，他不可思议地平均每天采访 14 名受试者。而在今天，调查人员每天访问 4 名受试者就可以被视为工作非常努力了。有一次，一名接受采访的农民有点狡猾地咨询格罗斯关于如何控制马荨麻的问题，可怜的格罗斯听都没听说过这个词，他只能答应这位农民，他会请来兽医治疗他的马（其实，马荨麻是一种毒草，而不是他的马得了荨麻疹）。

格罗斯一共收集了 345 份数据，其中由于 12 名受试者的耕种面积小于 20 英亩，74 名受试者在杂交玉米已经扩散时才开始耕种，实际上，数据分析是基于 259 份数据进行的。

当所有的数据收集完毕后，莱恩和格罗斯给所有的采访数据编码，利用桌面计算器进行数据运算（计算机数年后才出现）并开始手工制表。一年后（1942 年），格罗斯完成了关于杂交玉米扩散的硕士论文，随后的 1943 年，莱恩和格罗斯在《农业社会》杂志上发表了他们的研究成果（虽然还有其他文章发表，但这篇文章的引用量是最高的）。这篇文章最后成为创新扩散研究的奠基石，虽然之前也有几篇关于农业创新扩散的文章，但是它们没形成研究模型（Valente and Rogers, 1995）。莱恩和格罗斯（1943）的文章为大部分的扩散研究提供了研究方法：回顾式采访法。这种方法会咨询创新采用者什么时候、通过什么渠道采用创新，并了解创新结果是什么。莱恩和格罗斯使"扩散"一词流行起来（以前这个词只被人类学家使用）虽然当时他们没有使用创新的概念，这个概念是后人加上去的。

259 份可用数据显示，除了 2 名农民外，其余 257 名农民都在 1928—1941 年这 13 年间采用了杂交玉米，以年作为单位描绘采用者的分布变化，他们的采用率呈"S"形曲线分布。在前 5 年，也就是 1933 年前，只有 10% 的农民采用杂交玉米，但在 1933—1936 年期间，曲线变得陡峭，采用率达 40%，之后曲线开始平稳，采用者的数量也稳步下降。采用率曲线看起来呈"S"形（见图 1.2）。

将农民采用杂交玉米的时间作为依据对他们进行分类（Gross, 1942）可以发现，创新者普遍受正式教育程度高、收入较高、拥有更大的农场，而且他们眼光普遍比较开阔，去密尔沃基的次数也多很多（爱荷华州最大的城市，离两个受试社区 75 英里左右）。

相比通过自然授粉繁殖的玉米，杂交玉米新品种具有明显的优势，但不少保守的农民从认识它到采用它经历了很多年的时间。受试者的平均创新决策过程差不多要 9 年，可见，创新决策过程是非常谨慎的。受试者平均花 3~4 年试验（通常在一英亩的农田进行）后，才决定将杂交玉米推广到所有的农田上。

沟通渠道在创新决策过程中扮演着另一个重要角色。一般的农民都是先通过销售人员获知杂交玉米新品种，但是邻居的认知对他们更有说服力。因此，销售人员的渠道对早期采用者很重要，而邻居这个渠道却对后期采用者更加重要。莱恩和格罗斯的研究建议重视在一个体系里人际网络对扩散的重要性。农民之间关于杂交玉米新品种看法的交流是整个扩散的核心。当创新先驱者、早期采用者提供了足够多的成功经验，并和社区里面其他农民进行信息交换后，采用者的数量开始快速上升。这个节点发生在 1935 年，自此以后，没有什么能够阻止杂交玉米新品种的扩散了。农民社区作为一个社会体系，在扩散的过程中起到不可替代的作用。

为了了解扩散网络和意见领袖的角色，莱恩和格罗斯应该问一些社会测量学方面的问题，如 "你从谁那里获取到杂交玉米新品种的信息"。整个问卷所有题目的设计都应该好好利用有关 2 个社区内部人际关系网络的问题，但是他们没有这么做，如卡茨（1963）所言，"所有信息的收集都把受试者当成毫不相关的个体"。

虽然缺乏社会测量学方面的数据，莱恩和格罗斯还是能感觉到，新的杂交玉米在 2 个社区的扩散如滚雪球一样，"毫无疑问，在互动的人群中，一部分人的行为会影响他的同伴，因此，某个农场的杂交玉米的成功给其他人带来示范效应。"这两位农业社会学家本能地感觉到（后来的学者也找到更多的证据证明了）：扩散过程的核心包括人际网络的互动及社会示范效应（即采用者对其他人的影响）。扩散很明显是一个社会过程。

格雷恩（Grane，1972）曾对 20 世纪 60 年代中期农业社会学家在扩散研究方面的成果进行综述，希望找出是谁最先提出做扩散研究所要用到的概念或者方法论的。他指出，在农业创新-扩散研究涉及的 18 项创新的理念或方法中，有 15 项是由莱恩和格罗斯提出的。因而，莱恩和格罗斯在扩散研究的形成中发挥着重大的作用，关于杂交玉米新品种的研究也在扩散研究史上留下了不可磨灭的印记。

小结

扩散指的是创新在特定的时间段内，通过特定的渠道，在特定的社会团体成员里传播的过程。它是特殊类型的传播，所含的信息和新观点有关。传播指的是参与者为了相互理解而发布和分享信息的过程。而信息里创新观点的新奇赋予了扩散特定的气质，因而创新会带来不同程度的不确定性和风险。个体可以通过信息搜集降低创新的不确定性。信息与不确定性能量守恒，即在某条件下，信息越多，不确定性越低。

创新扩散的四大要素分别是：创新、沟通渠道、时间、社会体系。

1. 创新

当一个观点、方法或物体被某个人或团体认为是"新的"时，它就是一项创新。本书大部分关于创新的案例都是有关技术方面的。一项"技术"诞生的目的是达到某种结果，并减少在此过程中因果关系的不确定性。一项技术通常由两部分组成：硬件，实现此项技术的物理工具或材料；软件，提供给硬件工具的信息。

社会成员对创新特征的认知直接影响创新被采用的程度，包括五个属性：相对优势、兼容性、复杂度、可试性、可见性。

再创新是指用户在采用和实施一项创新的过程中对创新做出修改和修正。

2．沟通渠道

沟通渠道是指信息从一个人到另一个人的传递方式。大众媒体渠道可以让大家知道某项创新，人际关系渠道可以改变一个人对创新的态度，以及决定是否采用该创新。大多数人对创新的评价都不是来源于科学分析，而是来源于自己身边采用者的主观评价。

创新的传播过程中，异质化的程度是一个重要的因素。异质化指交互的双方在某些属性上存在的差异，如信仰、受教育程度、社会地位等，它的反义词是同质化，指这些属性上的一致。同质化人群的沟通效率更高，异质化则会让创新的扩散异常困难。

3．时间

时间体现在：（1）创新扩散的过程；（2）创新性；（3）创新采用率。创新决策过程指的是个人或决策单位从认知创新到形成对此创新态度的过程，这个过程需要人们明确采用还是反对该创新，如何执行该创新，并确认自己的态度。我们总结了创新决策过程的 5 个阶段：（1）认知；（2）说服；（3）决策；（4）执行；（5）确认。创新决策过程是信息搜集和信息处理行为的过程，目的是减少创新所带来的不确定性。创新决策过程会产生 2 个结果：一是采用创新，并尽量最大化创新的功效；二是拒绝创新，即不采用创新。

创新精神是指在特定的体系内，某些个体或团体比其他成员更早采用创新的能力。根据创新精神，可以把受众分为五大类：（1）创新先驱者；（2）早期采用者；（3）早期大众；（4）后期大众；（5）落后者。

4．社会体系

社会体系是指一组需要面临同样问题、有着同样目标的团体的集合。一个体系必然存在某些规则，这些规则维系着这个体系的稳定和规范。一个体系里面的社会结构和沟通结构可以加速或妨碍创新的扩散。社会结构的一个要素是规则，指某个社会体系下指导成员们的行为准则。

意见领袖是指可以通过非正式的渠道、比较频繁地影响其他人的态度和公开行为的人。创新推广人员是指尝试影响用户创新决策的个人，当然，是按照创新推广机构预设的决策。创新助理的专业水平没有创新推广人员高，但是他们和客户的频繁接触可以影响客户的创新决策。

创新决策的模式有 3 种：（1）个人决策模式：个人可以独立自主地决定是否采用某项创新；（2）意见收集决策模式：由体系里面大部分人意见来决定；（3）权威决策模式：由少数权威人士如高社会地位、高权力、高技术的人为整个体系决策。还有一种模式是混合模式，包含上述 2 到 3 种决策的附属决策模式。在一个优先的创新决策之后，还有个人或团体的决策供我们选择。

社会体系影响扩散的最后一个因素是结果，即采用或拒绝一项创新所带来的变化。

第二章
扩散的研究史

扩散最终形成了独立、完整的概念和规则的框架,虽然其研究是由不同学科的研究人员主导的。

——E.M.罗杰斯与F·弗洛伊德·舒马克合著《创新的传播:跨文化的研究》

在 20 世纪四五十年代，针对扩散的研究在一系列相互独立的学科领域开展着，每个领域都只关注该领域内的创新-扩散，例如，农业社会学家关注农业创新在农民中的扩散，教育研究者关注新的教学理念在学校教工中的扩散。虽然每个领域的扩散研究各具特色，但研究者的发现它们都有着惊人的相似，例如，创新的采用者在扩散的时间过程中呈"S"形曲线分布，早期创新采用者比晚期采用者社会经济地位更高。

我最开始写《创新的扩散》（Rogers, 1962）一书，目的就是描述扩散的一般模型，以使其在不同的研究传统中取得更多的认同。研究传统指在某个相似领域所进行的一系列研究，并且后面的研究会受前人研究的影响。本质上来说，每个研究传统都是一个"无形学院"——空间上分散的学者为了交换研究成果和科技咨询而组成的网络。

到了 20 世纪 60 年代中期，各个领域的扩散研究传统之间的壁垒开始被打破。我和舒马克在 1971 年（Rogers and Shoemaker, 1971）统计了 1968 年所有关于扩散的出版物的跨传统引用指数，该指数指的是每本扩散研究著作在脚注和目录标明的引用其他传统著作的数量。在四五十年代和 60 年代早期扩散研究的平均引用指数在 1.0 以下，即每本扩散研究的著作引用其他传统扩散研究著作的数量少于 1。但是 1965—1968 年之间，这个数字突然翻了一番，各个研究传统之间的高墙被打破。

时至今日，跨学科的扩散研究观点开始趋同，每位扩散学者对其他领域的扩散研究方法和结果都了如指掌。虽然不同的学者在做着针对不同学科的扩散研究，但是一个更大的、更单一的"无形学院"已经形成，尽管这样的"无形学院"并非没有害处。扩散研究现状因而更加千篇一律，研究者倾向于用单一、标准化的方法对少数问题进行研究。早期学者对扩散的狭隘观点已经被所谓的标准化观点取代。

本章的主题是不同扩散研究传统的融合过程，以及由此产生的积极、消极的结果。我们将讨论以下问题：扩散研究从哪里来？它为何变得如此重要，以至于被学者如此重视，并被政策制定者广泛采用？已经被广泛认可和接受的传统扩散模型是怎样限制现在扩散研究者的独创性和适应性的？

一、起源于欧洲

扩散理论最早可以追溯到 19 世纪的欧洲，那时社会学和人类学刚合并成为新的社会科学。关于扩散理论的形成基础，有 3 个重要来源：法国的加布里埃尔·塔尔德（Gabriel Tarde）、德国的格奥尔·齐美尔（Georg Simmel），以及德国、奥地利和英国的扩散学者们。

（一）加布里埃尔·塔尔德的"模仿定律"

扩散研究伴随着欧洲社会科学的兴起而出现。加布里埃尔·塔尔德是社会学和社会心理学的鼻祖之一，在 20 世纪初，他还是法国的一名律师，以分析的眼光透视那些由他亲自代理的案件，并关注其中的社会趋势（Katz, 1999）。他观察到了创新的扩散确实存在，将其命名为"模仿定律"，并以此为书名出版了一部著作。塔尔德在他的书中表示（Tarde, 1903）："我的目的就是弄清楚假如同时出现 100 种创新，包括文字方面的、神学传说方面的、生产工艺上的，为什么只有 10 种能扩散出去，而其他 90 种被遗忘了？"

　　塔尔德的扩散思想远远超越他所在的时代。虽然他所用的概念和今天有点不同（例如，他所定义的"模仿"概念后来被称为创新的"采用"），塔尔德作为社会学的先锋已经涉足研究了几个主要的扩散问题，而这些问题正是数十年后的学者们以更加定量和非直觉的方法不断探究的。正如前面所述，塔尔德在他的研究中将采用或拒绝一项创新作为重要的结果变量，而且他还观察到按照时间顺序，创新的扩散曲线呈"S"形，更加难能可贵的是他发现：当一个体系的意见领袖开始使用某项创新的时候，"S"形曲线会开始飞跃攀升。因此，塔尔德在解释"S"形曲线的时候的确涉及了扩散网络这个现象，虽然他没有使用当前一些概念，如意见领袖、人际网络、同质化、异质化等。塔尔德的关键词"模仿"意味着个体会模仿体系里其他成员是否采用创新的行为，同时他也指出：扩散是有关社会网络的社会进程。塔尔德在他的"模仿法则"（Tarde, 1969）里提到：当一项创新越接近已被接受的创新，它将越容易被大家采用。今天，我们将此定义成：一项创新越具备兼容性则越容易被采用。

　　"正如我们所知道的一样，发明和模仿是最基本的社会行为。"塔尔德认为，创新的扩散是解释人类行为改变的最基本要素。塔尔德毫无疑问是欧洲扩散研究的鼻祖之一，但是他独到的观点并没有马上在实证扩散研究中被应用，直到40年后，莱恩和罗格斯在杂交玉米新品种的扩散研究中才第一次使用。因为在塔尔德所处的时代，进行定量的扩散研究还缺乏合适的工具，直到几十年后美国学者的"无形学院"的出现才让人们认识到塔尔德"模仿法则"的价值并开始采用他的观点。

（二）格奥尔·齐美尔的"陌生人"

另一位和塔尔德同时代的社会学鼻祖是格奥尔·齐美尔，他接受的是哲学教育，但却成为了第一位讲授社会学课程的学者，同时也是第一个可以被称为"社会学家"的大学教授。齐美尔是德国柏林大学十分受欢迎的教授，他的学术研究工作非常高产并富有创新性，其社会学研究话题非常广泛且成果显著，并宣称对任何话题都可以"齐美尔化"。齐美尔最感兴趣的话题是"陌生人"，他将此定义为：在体系内却没有很强烈地依附这个体系的某个体（Simmel, 1908, 1964）。在很多方面，齐美尔自己就是当时社会的一个"陌生人"，正因为此，他才会用非常独到的眼光来观察个体和体系之间的关系。E.M.罗杰斯认为，一个相对孤立的个人，必然会对其所在的体系有独到的见解（Rogers, 1999）。

后来的学者受到齐美尔的启发，发展和延伸了"陌生人"的概念，如社会距离、异质化、世界公民等（见第七章关于创新者的讨论），而且还主张社会科学的研究应该更加客观（Rogers, 1994）。齐美尔还为社会学家指明了研究沟通网络的方向，沟通网络随后也成为了解某体系中创新扩散的重要工具。齐美尔在他的著作中写道：一个个人可依附的团体是和谐的，个人依附这个团体后，他将会明确地成为这个圈子里的人。所以个体的社会关系会影响甚至约束该个体的行为，因此，创新者会因为采用了某种创新而偏离了这个体系的规则，最终成为"陌生人"。

（三）德国、奥地利和英国的扩散学者们

另一个扩散研究的起源可以追溯到早期英格兰和德国、奥地利的人类学家，虽然他们的研究在法国的塔尔德之后，但是他们并没有受到塔尔德的影响。这些人类学家被称为"英国扩散学家"、"德

国、奥地利扩散学家",他们的观点非常接近。扩散是人类学者用来解释特定的社会体系变化的观点:社会的变化是由原始的创新带来的,而且不存在所谓的平行创新(当然,今天我们知道平行创新往往也会出现)。

扩散主义的观点现在不被承认的主要原因是由于它认为社会变革似乎都是扩散带来的。现在主流的观点认为,社会变革是由发明和扩散两者组成的,并且两者通常先后发生。欧洲扩散学家的主要贡献是引起其他社会学家对扩散的重视(Kroeber, 1937)。这些欧洲扩散学家也是第一批使用"扩散"这个概念的。

众所周知,后来最早接手欧洲扩散学家研究工作的,是人类学家,特别是 20 世纪 20 年代研究创新扩散的学者。间接地,人类学家对创新扩散的研究,影响了莱恩和格罗斯对爱荷华州杂交玉米种子扩散的研究。

二、扩散研究传统

人类学家建立了最早的扩散研究传统(见表 2-1)。在本章,我们将追踪九大主要的扩散研究传统,以便让大家更清楚地了解扩散研究的历史。每个研究传统都包含一个学科领域,如人类学、营销学、地理学,或一个子学科领域,如早期社会学、农业社会学。每个传统只关注一种类型的传播,如农业社会学家只关注农业创新。表 2-1 将阐述每个传统所研究的创新类型、数据收集和分析的方法,以及主要的发现。对扩散研究传统的比较和概述将在后面的叙述中加以补充说明。

表 2-1　九大扩散研究传统

研究传统*	文献比例	研究课题	数据收集及分析	分析对象	主要发现
人类学	4%	创新技术（如钢斧、马、煮开水等）	参与观察、非参与观察、个案研究	部落、农村	创新结果、创新推广人的作用
早期社会学	—	市政府、邮票、业余无线电	二手数据和分析结果	社区或个人	"S"形采用者分布、采用者特征分类
农业社会学	20%	农业创新（除草剂、改良品种、肥料）	访谈、数据统计分析	农业社区的个体农民	"S"形采用者分布、采用者特征分类、创新的认知和采用率的关系、创新决策过程中不同阶段的沟通渠道，以及领袖的特征
教育学	8%	教与学的创新（幼儿园、现代数学、教师培训、团体教学）	邮寄问卷、访谈、数据统计分析	学校系统、教学、教学行政部门	"S"形采用者分布、采用者特征分类
公众卫生与医疗社会学	10%	医疗或卫生创新（药物、疫苗、计划生育、艾滋病预防）	访谈、数据统计分析	个人、医疗机构、卫生部门	意见领袖、采用者特征分类、创新决策过程中不同阶段的沟通渠道
传播学	15%	新闻事件、技术创新、新的传播技术	访谈、数据统计分析	个人或组织	创新决策过程中不同阶段的沟通渠道、意见领袖、扩散网络
营销和管理	16%	新产品（咖啡品牌、程控电话、流行服饰、沟通科技）	访谈、田野实验数据统计分析	个体消费者	采用者特征分类、意见领袖
地理学	4%	技术创新	二手数据和分析结果、地图	个人、团体组织	扩散中空间和距离的角色
社会学	9%	各种新理念	访谈、数据统计分析	个人、其他单位	采用者特征分类
其他**	14%	—	—	—	—
合计	100%				

　*由于主要扩散研究传统的数字不定，我们选择列举以下研究传统，它们在研究成果中所占的比例较大（早期社会学所占比例很小，将其列举是因为它对后来其他传统的发展有深远的影响）。

　**涵盖了经济学、公共行政学、政治学、农业经济学、工程学、统计学等科学。

（一）范式和无形学院

任何特定的科学研究领域都是由重大突破和概念重构发展起来的，库恩称之为"革命性范式"——提供范式问题解决方案（Kuhn, 1970）。新典范可以促进该领域科学的发展，并吸引大量年轻有为的学者到这个领域，通过他们的研究优化之前的定论或者反证其不足。随着这个领域的科学逐渐地发展起来，若干年后就会形成一个"无形学院"（针对某一知识范式而进行相同主题研究的学者们建立起来的非正式网络），而随着令人兴奋的发现越来越少，"无形学院"对该项研究的兴趣也会减少，这是科学发展的正常阶段。科学研究是非常社会化的行为，科学家围绕着重要研究思路组织形成的网络直接影响科学研究成果的产出。

关注知识范式的"无形学院"为科学研究人员提供了他们需要的信息，以便他们在研究过程中减少不确定性。一项研究可能会有多个方向，范式的作用就是为研究者构建一般的方法，因此，范式或者遵循该范式的"无形学院"，为从事前沿科学研究的人员提供了稳定的保障。

对于创新的扩散的研究也遵循了这样的波动起伏（Crane, 1972），虽然现在还看不到衰落的开始（除了某些特定的研究传统，如对于农村社会学的研究有所式微）。第一章提到的莱恩和格罗斯主导的杂交玉米种子扩散的研究阐述了扩散的范式，他们的观点很快便被广泛接受并被学者们用于对其他学科的研究（见图 2-1）。一些敏锐的扩散研究观察员曾经指出，"可以说，每个社会学家和人类学家都曾经关注过一个理念和技术是如何从一个地方传递到另外一个地方的"（Katz, 1999）。正如库恩（Kuhn, 1970）科学发展理论期待的一样，60 年前出现的革命性范式使得从事创新扩散研究的学者数量飞跃上升。

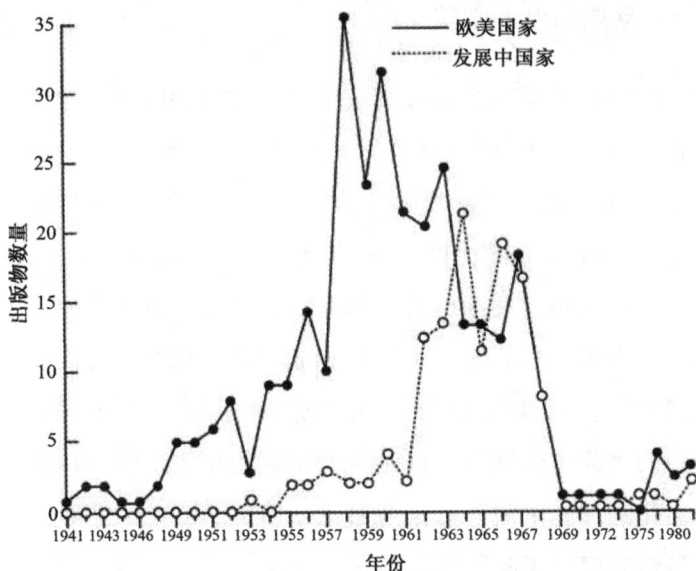

图2-1 欧美国家和发展中国家的农业社会学家关于创新扩散研究的出版物数量对比

　　1941年到1981年间，共涌现出434项针对扩散研究的出版物，欧美占331项，其中欧洲占36项（13%），大洋洲占1项。另外103项来自拉美、非洲、亚洲地区。这里的数字是按照数据收集的地域，而不是出版物的地域来统计的。

资料来源：瓦伦特和E.M.罗杰斯（Valente, Rogers, 1995）

　　扩散研究属于传播研究的一种特殊类型，但它一直游离在传播学学术范围以外。原因非常简单，莱恩和格罗斯（1943）进行的杂交玉米种子扩散的研究，比1960年在大学里才出现的传播学系更早（Rogers, 1994）。大部分扩散学者，不管其隶属于哪个学科，都认为自己研究的是一种特殊类型的传播。很多学科都使用了扩散研究的方法，如教育学、人类学、公共卫生学、市场营销学、地理学、农业社会学、政治科学等，但在20世纪60年代以前，学者们用各自的方式研究扩散，没有和其他的研究传统接触过。

　　下面让我们先来看看20世纪20年代有关人类学的研究。

（二）人类学研究传统

人类学研究传统不仅是本书中最古老的研究传统，还是扩散学中研究方法最具特色的。大部分研究扩散的人类学者都避免使用定量的工具，如个人访谈、随机问卷、电脑数据分析等。

人类学家更加喜欢使用参与观察法直接从受访者身上收集有关扩散的数据（即参与到受访者的日常生活中并从中获取他们的经历）。人类学家一般会在某体系内与受访者共同生活一段时间，如在某个农村部落体会他们的日常生活。很明显，这种办法需要研究人员具有相当高的热情，才可以在长时间的观察中获取相关数据，如扩散的采用行为等。同时，参与观察法也限定了研究人员只能专注于相对小的社会体系进行研究，如一个小村落。大部分的人类学者都是单独行动，因此，他们的数据也仅仅限于自身能观察到的现象。虽然这种观察使人类学者们可以获取到非常详细的数据，但是他们的研究成果却很难形成普及推广。例如，秘鲁的公共健康组织的管理者多大程度上可以将韦兰（Wellin, 1955）关于饮用开水的扩散研究应用到秘鲁其他地区？洛莫林地区是否存在独特的风俗影响着人们采用或拒绝饮用开水？单纯从人类学家的研究成果上看，我们不得而知。

人类学家的研究方法也有着一些独特的优势，他们在扩散的研究过程中与受试者打成一片，确保他们可以从受试者的角度看问题，还能获知受试者是如何看待创新推广机构和推广人员的。这些认知可以帮助人类学家克服"创新的偏见（Pro-innovation Bias）"。通过完全融入当地的体系，人类学家还可以获知当地人的生活方式、世界观、社会关系网、风土人情等，这些信息与他们收集的数据紧密相关，因此，他们对创新结果有着非常独到的见解。第十一章大部分的创新结果都来源于人类学家，如佩尔蒂·佩尔顿教授（Pertti

Pelto）关于芬兰北部拉普地区使用雪地摩托车所带来结果的调研。

除了可以很好地了解到创新结果外，人类学研究还能洞悉文化与创新采用之间的关系。创新规划者、官员往往因为不了解当地人的文化、心理预期而导致计划失败或无法达到预期。

相对其他的研究传统，人类学更多关注技术创新如何从一个社会体系传播到另外一个体系。与在一个体系内研究新理念如何扩散相比，这种侧重于跨文化扩散的做法与他们最感兴趣的文化话题是一致的，这也是他们重要的工具。最早从文化的观点出发研究创新的是威斯勒（Wissler, 1914, 1923），他研究西班牙马种在美国西部的印第安部落的扩散（见第五章）、印第安部落的玉米品种在欧洲移民者之间的扩散。当代关于跨文化扩散的研究主要集中在西方的技术如何传播到亚非拉发展中国家。和官方的发展项目相比，人类学家会注意到当地的风土文化对人们接受或拒绝技术创新举足轻重。

人类学家是扩散研究领域的先行者，这也是其他研究传统（早期社会学、农业社会学）受到人类学家研究影响的部分原因。其他研究传统较少采用参与观察法进行数据收集，他们更多地是采用定量的方法，但其所采用的理论框架很多都来源于早期的人类学家，如在解释采用率的时候创新兼容性就具有重要意义。现在，人类学研究只能占据扩散研究的很小一部分了，其出版物数量只占整个扩散研究的4%左右（见表2-1）。

案例 2-1　巴厘岛的神奇水稻：水神与计算机高度一致[1]

你可能会想象人类学家的形象：穿戴着当地居民的服饰，流利地使用着当地的方言。亚利桑那大学的人类学家史蒂芬·兰辛也不例外，他穿着巴厘岛传统的莎笼裙，彻底融入了这个太平洋南部印度尼西亚的小岛。兰辛关注本土知识体系是如何影响新技术扩散的，这些内在的关系连当地的政府都未必清楚，但人类学家长时间关注一个小体系，他们的深刻理解正是来源于此。兰辛教授利用计算机技术研究神奇水稻品种在巴厘岛的推广和结果，要了解这个推广为什么失败，首先要了解巴厘岛的灌溉系统。

水稻种植是巴厘岛居民生活的重心。当地由火山灰形成的陡坡，从云山雾罩的高山延伸到海边，当地农民在过去 8 个世纪里辛勤劳作，把它修成一块块梯田，因此，山顶上火山湖的水源就可以沿着梯田拾级而下最终汇入大海，也就完成了灌溉的过程。过去的几个世纪，巴厘岛的农民几乎没有使用什么化肥，依然可以做到每亩年产上吨。由于水稻的产量很高，所以小小的巴厘岛可以承担起数百万人口的粮食供给。高产的水稻依赖一套非常复杂的灌溉系统，这套系统由印度教祭司和水神庙掌管及协调。金字塔的顶端是大祭司杰罗·杰德（Jero Gde），他居住在巴图尔山顶附近的火山湖的水神庙里。这个水神庙供奉的是女神丹罗，当地居民相信她就居住在这个火山湖里。

杰德大祭司是整个灌溉系统的最高管理人，他掌管着一系列的水坝，每个水坝都有一个水神庙和一个祭司，水坝的事务由祭司掌

---

[1] 案例来源于 Lansing (1987, 1991) 和 Bardini (1994)。

管。底层的灌溉系统由众多水堰组成，每个水堰由小型水神庙掌管。在当地，有 1300 多个耕种单位，一个耕种单位约有 100 名农民协同合作，每个耕种单位都有自己的神龛及小祭司。这样等级森严的社会体系对巴厘岛的灌溉系统来说是有益的，因为当地的水资源非常宝贵，一套行之有效且公平的体系对当地来说非常必要。

然而，巴厘岛水神庙的系统不仅仅应用于灌溉，因为每块小小的梯田都是一个微生态系统，杰德大祭司还需要和他的印度教祭司同事们一起小心地平衡着这个微生态系统的各种因素。例如，单个农民不能在自己小小的梯田上和害虫抗争，除非他和邻居们一起协同作战，否则老鼠、褐叶虫以及其他害虫会从一块梯田转移到另外一块梯田上去。唯一的办法就是让几个相邻耕种单位的几百个农民同时播种、灌溉、收割，然后让梯田休耕几周。这样的协同行动随处可见：山坡上数以千计的梯田同时变绿、变黄。在人类学家兰辛到达以前，没有人知道他们是怎么协调的，那些水稻专家虽然知道当地的灌溉系统，但他们认为这些不重要。兰辛指出（Lansing，1991），"现代的灌溉专家认为古老的水神庙灌溉系统仅仅是出于宗教原因"。放眼世界，科学家们往往都对土著民族的知识体系不屑一顾（见第六章）。

巴厘岛的生态系统极其复杂，杰德大祭司必须权衡各种因素，找到最佳的耕种方案。如果所有的耕种单位都同时耕种，虫害影响可以减到最低，但是水资源可能不足，因为大家都同时需要灌溉庄稼；如果错开时间耕种，水资源的问题解决了，但是虫害的问题又严重了，同样会造成减产。所以大祭司必须权衡虫害和灌溉之间的利弊，还要考虑降雨量、每块耕种单位的虫害程度等，他影响着整个灌溉系统和灌溉系统下的水稻生长系统。兰辛（Lansing，1987）描述了一个当地鼠疫蔓延的案例："鼠疫开始后，大祭司下令每个耕种单位都必须在水源入口处建起一座神龛，并马上供奉……一下子，数以千计的神龛同时被建立起来。"由此可见，杰德大祭司掌管着整个水稻生态系统，不仅仅是水源的供给。

印度尼西亚官方从 20 世纪 70 年代开始在巴厘岛推行"绿色革命"，为当地农民引进新的水稻品种。这个品种与巴厘岛现有水稻品种相比，能获得 3 倍的产量，创新推广机构希望借此提高巴厘岛的水稻产能。当地农民被告知每年要种植三季水稻，而不是两季，并要使用杀虫剂和其他化学农药，因而当地几百年来由水神掌管的灌溉系统正式被农民所抛弃。兰辛指出，"采用新方法后，水稻的病菌和虫害增长速度更快了，化学剂确实可以杀死害虫，但同时也杀死了鳗鱼等，个别农民也因为农药中毒死亡"。水稻的产量也因此降低了，最终农民放弃了新品种水稻而重新使用旧的水神系统（Lansing，1994），"绿色革命"也因此终结。

兰辛花了大量的精力研究巴厘岛的文化并了解到印度教思想是如何影响居民的日常生活。首先，他用参与观察法在一个种植水稻的村庄里进行研究，并同他所在的耕种单位的居民一起朝拜了火山湖水神庙中的杰德大祭司。逐渐地，由于"绿色革命"的失败，他开始着迷于巴厘岛的水稻种植生态系统。

在生态生物学家的帮助下，兰辛设计了一套电脑程序，以此计算降雨量、种植计划、虫害对每个耕种系统的影响，并将其命名为"水神与计算机"。他带着电脑和这套仿真模型从大学来到了火山湖边水神庙，大祭司杰德热情地接待了他，并在兰辛的电脑程序上模拟各种场景，最后他指出，这套仿真模型计算出的水稻产量和八百年来巴厘岛农民所遵循的规律非常接近。

最后，当兰辛教授问杰德大祭司怎样看待这套程序对当地水源管理系统的分析的时候，大祭司神秘地笑着回答："你总不会认为这一切都是巧合吧？"

（三）早期社会学

早期社会学的研究传统可以追溯到法国的社会学家加布里埃尔·塔尔德，但是大部分公开发表的研究成果出现在 20 世纪 20 年代后期到 40 年代初期（大约和人类学的扩散研究处于同一时代）。早期社会学研究传统的重要性不在于其出版文献的数量（事实上只有 10 种），也不在于其成熟的研究方法，而是早期社会学学者对后来扩散学者有着重要的影响。

典型的早期社会学家只关注一个区域如一个州、一个部落的创新扩散，他们的目的是研究社会变革。除了鲍韦尔斯（Bowers，1937，1938）曾进行过关于业余无线电扩散的研究，其他学者并不关注创新决策过程，也不关注意见领袖在一个体系中如何影响人们采用或拒绝某项创新。

鲍韦尔斯（Bowers，1937，1938）是第一个采用受试者的一手数据和政府发布的二手数据进行研究的人。他向美国 312 个无线电采用者邮寄调查问卷，调查是什么因素促成这些人最终采用无线电传讯。鲍韦尔斯（Bowers，1938）还是最早留意到对于后期创新采用者来说人际关系网络的作用大于大众传播（见第五章）的学者。美国业余无线电人员从 1914 年的 3000 人迅速上升到 1935 年的 64000 人。鲍韦尔斯发现如果按年份来统计，采用者的数量呈"S"形曲线分布。鲍韦尔斯还针对其他生态学的参数如美国的城市大小、族群等与业余无线电的采用率做了相关性研究。和其他早期社会学研究传统一样，鲍韦尔斯认为生态参数和创新精神相关。

汇集了早期社会学研究成果的 10 篇论文有别于其他类似的人类学扩散研究报告，早期社会学使用了定量的方法，大部分后来的研究传统都采用了这个研究方法。但是他们的研究范式还是无法被其他扩散研究学者广泛采用，直到后来的农业社会学家采用了类似范式。

（四）农业社会学

农业社会学是研究报告最多的研究传统，同时也为创新扩散提供了基本的研究范式。从农村社会学家完成的扩散研究报告与所有扩散研究文献中被引用指数的百分比来看，农村社会学所占的比例有所下降，因为其他研究更加快速地发展起来。直至1964 年，在 950 份扩散研究报告中有 423 份来源于农业社会学家，占 45%，这个比例在接下来的 10 年中逐年下降。然而，农业社会学虽然在过去的十多年间没有怎么发展，但是表 2-1 显示农业社会学依然在扩散研究中占据非常重要的位置（20%）。如科尔施（Korsching, 2001）所言，"农业社会学中关于创新扩散的研究一直都在减少，但是还没有消失"。

农业社会学是社会学的一个分支，关注农村生活的问题。很多农业社会学家受雇于公立大学的农学院，这些农业学家的作用主要有：（1）培养学生；（2）就农业问题进行研究，如帮助农民和开拓农业生意；（3）为政府推广农业创新（来源于研究成果），特别是针对农民的扩散。美国州立大学的农学院和下辖的研究分支、农业实验站、农业推广局，都为农业产能的提升做出了相当大的贡献。在一个以提高产能为己任的组织中，农业社会学家的扩散研究显得举足轻重。莱恩和格罗斯（Ryan, Gross, 1943）关于杂交玉米种子在爱荷华州的扩散研究在几十年后依然具有很高的学术价值。

扩散研究很大的作用就是让农业研究者了解到他们的创新是如何应用到农民中的。扩散研究成果特别受推广人员的欢迎，他们可以使用扩散模型作为理论指导推广他们的创新成果。因此，农业扩散研究非常符合农学院对产能关注的需求。近几十年来，农业产能过剩的问题困扰着全世界，很多农民不再从事农业工作，农业社会学家对扩散研究的兴趣也开始减退。此外，扩散模型也被大量商业机构用来销售化肥、杀虫剂和其他的农业产品。由于商业利益的主导，扩散模型往往被不正当地使用，让农业社会学家声誉受损（Korsching, 2001）。今天，农业扩散研究对于农业社会学家来说已经过时了。

1. 杂交玉米种子和扩散范式的兴起

虽然20世纪20年代至30年代之间已经出现了半成品的研究范式，莱恩和格罗斯（Ryan, Gross, 1943）关于杂交玉米种子的扩散研究奠定了扩散研究的方法、理论框架，并影响了后来的人类学研究传统和其他研究传统。如第一章阐述的，莱恩是美国爱荷华州立大学的教授，在1941年接受了爱荷华州农业实验站（农学院的下辖单位）的资助，进行杂交玉米种子的扩散研究。

爱荷华州的农业实验站资助莱恩教授的研究，以期他的扩散研究成果可以应用到其他农业创新产品的推广上，因为官方对具备明显优势的杂交玉米缓慢的扩散速度感到很困惑。有些农民其身边的邻居早已经采用了杂交玉米进行种植，但为什么他们在数年后才决定改变？后来我们才明白，是杂交玉米带来的风险性和不确定性造成了这些农民延迟接受。

关于杂交玉米的研究请见第一章，这里我们不再赘述。但这个经典的案例启发了学者对以下问题进行研究：创新精神和哪些参数有关？创新的采用率随时间变化发生了哪些改变？什么因素（如对创新属性的认知）可以解释这些改变？在创新决策的不同阶段，沟通渠道扮演着什么样的角色？这些问题自1943年后，成为创新扩散学者的主要研究方向。杂交玉米的研究案例在扩散理论上的影响远远超过了它在农业社会学上的影响。由莱恩和格罗斯建立的研究传统成为了范式，被后来的农业扩散学者和其他传统的扩散学的学者所模仿。

2. 农业社会扩散学者的"无形学院"

在 1943 年莱恩和格罗斯建立扩散学研究范式 10 年后，农业社会学家对扩散的研究呈井喷式发展。来自美国威斯康星大学、密苏里大学、爱荷华州立大学及其他政府赠地大学（Land-grant University）的先锋学者们继承了莱恩和格罗斯的扩散研究传统。20世纪 50 年代，麦迪逊、哥伦比亚、埃姆斯等地的农业社会学博士们在毕业后到其他大学任教，继续扩散学的研究，我就是其中一员，1957 年在爱荷华州立大学取得博士学位后，到俄亥俄州立大学进行扩散学的研究。

农业社会学的"无形学院"在 1973 年，由一群联系非常密切的学者组建起来，起因是克瑞恩（Crane）在 1972 年向 221 名从事农业社会学研究的学者们邮寄了一份问卷收集农业社会学的数据。他们形成了 2 个主要的派系（派系指其内部成员联系相对紧密）：其中一个派系由 27 名学者组成，另一个派系由 32 名学者组成。这些派系延伸到早期的博士生，以及这些博士生的学生们。另外还有 3 个小派系分别由 13 人、12 人、7 人组成，他们都和那 2 个大派系有紧密的联系。

前面 4 个派系囊括了 8 名高产者（高产者指有 10 项以上研究成果出版的学者），而这些高产者所在派系的成员大部分都是他们的实验室同事或者学生。这 8 名高产者相互之间会非常密切地沟通各自的最新研究成果，和以前所有"无形学院"的研究一样，最高产的学者是领头羊，他们之间的联系形成这个派系的研究网络。当然，这 221 名学者里面有 101 名和研究网络的关系不太紧密，他们的成果一般都是自己的博士论文，之后就没有更多的科研产出了。

农业社会扩散学者们组成的网络可以让该学科的研究传统非常一致且连贯。他们之间使用共同的研究框架，并不断吸收网络里其他成员的最新研究成果。"无形学院"使得扩散的研究可以朝着同一个目标推进，并引导着学者们不断地在前人的研究积累中继续前进。因此，有些扩散行为学的因素会被忽略掉，因为它们属于不可接受的研究范式，如再创新，因为它不是一个被认同的概念，所以大家都忽略了。

除了无形网络之间的紧密联系，20 世纪 50 年代农业扩散研究传统的爆发还有另外一个因素——大量的研究资助。在那个年代，州立的农业研究站连同美国农业部资助了大量的研究，使农业创新层出不穷，如除草剂、化肥、新品种、禽畜饲料、农业机器，等等。"农业革命"让美国人均衣食消费指数从 1950 年的 14 上升到 1960 年的 26，再升到 1970 年的 47，持续增长。农产品的快速增长有赖于创新在美国农民中的扩散。

农业社会学家的扩散研究能帮助农业促进局的工作人员更有效地和农民沟通，并且更加快速地推动扩散的进程。感谢莱恩和格罗斯（Ryan, Gross, 1943）让农业社会学家有现成的研究范式进行创新的扩散工作。感谢 20 世纪 50 年代的农业革命，让公立大学和农学院的学者们在合适的时间做了合适的事情，使得 20 世纪 60 年的农业社会学研究传统可以延续下去。然而，从 60 年代开始，有关农业社会学研究传统的文献数量开始慢慢下降。（见表 2-1）[2]

3. 发展中国家的农业社会学扩散研究

在 20 世纪 60 年代早期，美国农业社会学家走向全球。在此期间，美国公立大学和农业推广服务组织把研究成果推向发展中国家，如拉丁美洲、非洲和亚洲。在美国国家发展机构（USAID）及私人基金的帮助下，公立大学开始发展大量海外合作机构，并开展教学、农业研究、顾问及其他发展项目。农业社会学家是这些项目的中坚

---

[2] 截至 1960 年共 185 项，1970 年共 648 项，1981 年 791 项，1994 年 845 项。

力量，他们连同在自己实验室工作的来自发展中国家的学生们一起，在发展中国家的农村地区开展扩散研究。这些海外研究的主旨是推动农业发展，所以这些扩散研究的主题都是有关农业的。此外，农业社会学家还研究了营养、卫生及计划生育等创新在农民中的扩散。

20 世纪 60 年代早期，发展中国家针对扩散研究的数量开始飞速发展（见表 2-1）。孟加拉的赛尔德·拉希姆（1961），哥伦比亚的保罗·多伊奇曼和奥兰多·博尔特是从事该领域研究的先驱者，他们通过研究认为新思想在村落农民中的扩散模式与媒体发达地区（如欧美地区）相似。扩散过程、概念、模型也表现出跨文化的一致性。但是后来，由美国引进到发展中国家的扩散范式在实用性上就出现了些问题。

20 世纪 60 年代，第三世界国家在扩散研究方面飞速发展的重要原因是他们认为技术是发展的核心，至少当时这些国家对发展是这么定义的。因此，在发展中国家，在微观层面上技术创新扩散的研究和政府的发展规划相关。虽然并非所有的扩散研究都是农业社会学家主导的，但这个研究传统却在发展中国家进行的扩散研究中起到了先锋作用。

4．农业社会学扩散的减少

1958 年后，美国出版的关于农业社会扩散研究的著作数量急剧下降，发展中国家的情况自 1967 年起也是如此，同时，农业社会学家发表的著作数量也逐年减少，关键原因在于主要的研究问题已经得到解决，而 20 世纪 60 年代末至 70 年代初，关于异常现象的批判开始增多。20 世纪四五十年代由美国中西部大学发展起来的扩散范式开始向全世界的农业社会学家扩散，同时在其他领域开始衰落。不过，在农业社会学家研究式微之时，扩散研究却没有衰落。

农业社会学家对创新扩散的研究兴趣下降，是由于研究范式已经成功地解决了主要问题。克莱恩（Crane, 1972）总结说："在 1960 年左右，虽然有大量的新成员加入农业社会学领域，其实在那个时候，大部分的创新工作已经完成了。"没有太多吸引人的话题，"无形学院"的新成员开始减少，几个主要的研究成员也陆续离开了这个领域。

在 1941—1966 年的 25 年间，每 5 年中关于创新研究的成果有 40 项左右。而在这 25 年间，关于扩散的著作则由 6 本发展到 187 本，尤其在莱恩和格罗斯从事扩散研究之后的 10 年间，著作数量呈飞速发展之势。此后，农业社会学的研究比例开始下降，在后 2 个 5 年中，几乎降为 0。这种减少意味着在研究前沿及可参考的书目中，其研究成果越来越多地在重复前人的研究问题。当一个范式面对这样的威胁，研究活动的数量就会飞速下降（Price, 1963; Kuhn, 1962, 1970）。在这个特殊的案例中，研究范式没有受到质疑是因为主要问题得到了解决。有别于库恩和其他学者描述的一般案例，莱恩和格罗斯提出的范式却一直没有被取代。

另外，美国农民的粮食生产过剩问题让政策制定者重新思考通过农业创新扩散提升农业产能的政策是否得当，而农业社会学家却开始研究如何解决生产过剩带来的问题。农业方面的政策制定者，包括农业社会学家本身，发现此时扩散研究的需求发生了改变。1975 年后，一些农业社会学家开始把目光转向环境保护以及与生态创新相关的扩散研究，因为国家开始关注环境恶化所带来的问题。其他学者则把目光转向其他研究领域，如性别在扩散中的角色、非洲农业创新的可持续性（David, 1998）。最后，还有些学者去研究决定一项农业创新成败的关键因素（Kremer et al., 2001）。

在 20 世纪 70 年代，很多美国的农业社会学家和农业社会科学家一样，开始质疑农业创新的扩散研究是否还有意义。这个观点由詹姆斯·海托华提出，他在 1972 写了一本激进的著作——《坚实的西红柿，困难的时期：美国公立大学综合体的失败》，以州立农业学校学者研究的采摘机器和坚硬品种的西红柿为批判案例。机械化的西红柿采摘机器需要在采摘的时候西红柿还非常坚硬，然而，人们还是喜欢老品种西红柿的成熟、柔软、鲜红，并且新品种西红柿的维生素含量也比不上老品种；加之，机械化采摘西红柿造成了成千上万的劳动力失业，数以百计的小农场由于买不起采摘机器而被迫停止耕种（关于此案例请见第四章），而造成了项目失败。

海托华还指出，州立农业学院必须为此负责，因为他们只关注农业产品的创新和扩散，忽略了该创新所带来的后果。他认为农学院技术上不负责任的行为直接导致了研究项目的失败。那一时期，美国的州立大学几乎所有的专业资源都被运用到技术创新和扩散上，然而关于创新后果的社会科学研究却非常有限。由于近十年来发生的农业危机，这种资源配置的比例近年来在某些方面得到了一定的调整。

农业社会学家质疑农业学院对农业产品技术过于重视的意义：如果美国农业产品的增长带来的结果是更多农民需要离开家园，那么这些创新对农民的意义何在？

（五）师范学院的扩散研究

早期教育的扩散研究几乎都来自一位名叫保罗·莫特的教授，他来自哥伦比亚大学师范学院。教育扩散研究传统最早可以追溯到 20 世纪 20 年代。莫特等人研究学校的财政拨款是否会影响学校的创新（Mort, 1957; Ross, 1958）。莫特认为，财政拨款直接影响了学校的创新精神（莫特认为创新精神是一所学校的首要品质）。

研究数据的收集工作主要通过向学校领导人邮寄调查问卷的方式开展，数据分析也是以学校为单位。研究表明，创新精神最佳的衡量指标是每位学生的教育经费，而财政拨款为先决条件。早期的师范学院研究还表明，美国郊区的贵族学校更富有创新精神。莫特和他的学生们还发现，美国的学校对教育创新的采用比较滞后，"平均要滞后 25 年的时间"（Mort, 1953）。

事实上，创新采用率的区别比较大。例如，幼儿园教育大约历经 50 年的时间（1910 年至 1960 年）才被美国的学校完全接受（Mort, 1953）；但驾驶培训只用了 18 年（1935 年至 1953 年）就被广泛接受（Kellen, 1956）；而现代数学被广泛接受仅仅用了 5 年的时间（1958 年至 1963 年）。驾驶培训和现代数学的扩散都是由创新推广机构推动的：保险公司使汽车制造商积极促进驾驶培训，而国家科学基金和美国教育部则推动了现代数学的扩散。

随着莫特于 1959 年去世，哥伦比亚大学也失去了教育扩散研究的龙头位置，近年来的教育扩散研究主要着眼于：（1）把教师作为扩散对象，而非教育行政人员；（2）侧重校内扩散而非校际扩散。有些研究由政府机构主导，重点关注如何评估不同扩散的意义（Berman, Pauly, 1975; Berman, McLauchlin, 1974, 1975, 1978; Berman et al., 1975, 1977），而其他的研究大都来源于博士论文。

案例 2-2　现代数学在匹兹堡地区的扩散[3]

最出色的教育扩散研究来自理查德·O·卡尔森（Richard.O. Carlson, 1965），他分析了美国宾夕法尼亚州和西弗吉尼亚州的学校行政管理人员对现代数学的扩散所起的作用。他研究了人际网络中的意见领袖对现代数学的扩散的作用，包括与创新相关的变量，创新的外部特性与它们被采用的程度，教育创新的结果，即项目指导。

---

[3] 案例来源于 Carlson (1965)。

卡尔森的研究非常出彩，因为他在宾夕法尼亚的阿勒格尼（匹兹堡中心地区）进行了深入调研，研究了现代数学在该地区不同学校间的传播。卡尔森对该地区 38 所学校的负责人进行了访谈，调查他们接触现代数学的时间、其他哪位负责人是他们的好朋友和其他必要的问题。现代数学在 1958 年首次进入阿勒格尼地区，当时该地区的一名学校负责人接受了它。这位创新先驱者在匹兹堡以外的地方游历甚广，但在当地却和其他学校负责人没有交集，处在人际网络中相对孤立的位置。直到 1959—1960 年之间，在 6 位学校的负责人采用后，扩散的"S"形曲线才开始"起飞"（见图 8-1，38 名负责人的社会关系网），这 6 名负责人中包含了 3 位意见领袖。之后，现代数学的采用率稳步上升：1958 年 1 位（先驱者），1959 年 5 位，1960 年 15 位，1961 年 27 位，1962 年 35 位，1962 年年底达到 38 位。现代数学仅仅用了 5 年的时间就达到了 100%的采用率，相比幼儿教育的 50 年，堪称神速（Mort, 1959）。

第一位采用者由于太具备创新精神而无法成为其他学校负责人的楷模，直到上述 6 位负责人中的意见领袖采用后，其他人才跟进。卡尔森侧重人际关系的扩散研究比莱恩和格罗斯关于杂交玉米种子的扩散研究更进一步，因为后者并没有收集社会学方面的数据，关于外科医生使用新型药物的扩散研究将在第三章讨论。

案例 2-3　幼儿园在全世界的扩散[4]

你是否好奇在你的求学生涯第一站的幼儿园（Kindergarten）为什么来源于德文？是否好奇在这里，为什么假山、音乐、游戏比读书更重要？"孩子的乐园"这个概念最早由弗里德里希 · 福禄贝尔

---

[4] 案例基于 Wollons (2000a, 2000b)。

于约 1850 年创立，他是一名德国的教育家，以独到的眼光认为，小孩有必要离开父母的影响，在欢乐的游戏中学习。福禄贝尔被政府宣判为社会主义运动者——有些创新者在家乡可能并不受待见。

与此同时，幼儿园的创新却在全球范围内扩散，19 世纪 70 年代，第一所福禄贝尔式的幼儿园在西欧和美国出现。在第一次世界大战期间，也就是 1910 年左右，全世界各处都设立了幼儿园，包括非洲、亚洲等地区也受殖民者或军队的影响而建立了幼儿园。这当中，有些扩散是直接从德国来的——教师们在德国柏林接受培训，然后将福禄贝尔的观点扩散到全世界；有些扩散却是间接的，即通过中间媒介，如日本的教师是在芝加哥的福禄贝尔学院进行学习，中国引进了日式的幼儿园，并教育小孩要忠于帝王、家庭、长者等。

"在每个个案中，地方教育者都重构了幼儿园"，再创新的发生源于教育必须适合当地的价值观。例如，福禄贝尔最早的幼儿园强调记忆技能和服从权力；美国的幼儿园注重民谣、传说，并强调个人主义而非集体主义；日本的幼儿园虽以美国作蓝本，但所教授的内容却相去甚远；由于当时的波兰正在殖民统治下，波兰幼儿园被家长当成传承波兰语及其本土文化的地方；在以色列，幼儿园主要用来讲授犹太主义和希伯来语。除此之外，在美国，幼儿园一般由女人管理，但在中国和日本却是由男人来管理较多。

（六）公共卫生及医疗社会学

该领域的扩散传统始于 20 世纪 50 年代，并得到持续不断的发展。创新的研究包括：（1）医生或保健人士所采用的创新药物或医疗理念；（2）计划生育方法、艾滋病预防及其他保健创新，采用者主要是病人或公众。该扩散传统的成果持续增长，自 1961 年的 36 项（占扩散研究总数的 7%）、1968 年的 76 项（7%），到 1981 年的 226 项（7%）、1994 年的 227 项（7%），2002 年则达到 10%。

近十年来，美国的公共卫生状况发生了巨大变化。例如，关于检测乳腺癌胸部肿瘤的 X 射线透视法是过去 30 年的 3 倍之多，同时烟民的比例也在逐年下降。这些公共卫生的进步都源于很多创新项目，如"停止吸烟"项目、关注乳腺的宣传、禁毒宣传等。过去十年，49 项全国性的健康宣传项目共花费了 14 亿美元。健康生活方式的持续推广，使得公众卫生健康水平不断提高。当一个烟民身边的圈子都不抽烟时，他在朋友面前抽烟时也会感到不舒服——这是"引爆点"的最好案例（Gladwell，2000）：一个小改变，如一个圈子里少数几个人戒烟了，很可能触动了扳机，使该圈子更多的人也会戒烟。在本书中，我们称这个过程为创新扩散过程中的临界大多数。

扩散的模型主要包括公共卫生领域自发的扩散和预期人工干预的扩散。

➥ 案例 2-4　哥伦比亚大学药物扩散研究[5]

这个研究传统主要由 3 名社会学家主导，他们分别是：伊莱休·卡茨（Elihu Katz）、赫伯特·门泽尔（Herbert Menzel）、詹姆斯·S·科尔曼，都来自于美国哥伦比亚大学应用社会学研究中心（后成为美国最著名的社会科学研究院）（Rogers，1994）。药物扩散研究对于扩散范式的贡献仅次于莱恩和格罗斯关于杂交玉米种子的扩散研究，其最杰出的贡献莫过于让后来的扩散研究转向对人际关系的研究、转向关注一个体系中个体对创新的主观评估。药物的扩

---

[5] 案例主要来源于 Burt（1980，1987），Burt and Janicik（1996），Menzel 等（1959），Menzel and Katz（1955），Coleman 等（1957，1959，1966），Katz（1956，1957，1961），Katz 等（1963），Menzel（1957，1959，1960），Valente（1993，1995，1996），Van den Buelte and Lilien（2001）。

散研究还阐明了人际扩散网络的本质，阐明了意见领袖在扩散"S"形曲线中对采用率"起飞"这一变化的作用。哥伦比亚大学的研究清晰地表明了扩散是一项社会进程。

辉瑞医药公司（Charles Pfizer）的市场部门于 1954 年为这 3 位哥伦比亚大学的社会学专家提供了 4 万美元的资助，让其进行药物扩散研究。该公司的初衷只是想了解其刊登在医学期刊上的广告对推销公司的新药物是否起作用。但这乏味的市场研究被哥伦比亚的社会学家们换成了一项重要的扩散研究——人际网络在扩散中所起的作用。

试点研究放在新英格兰镇上的 33 名医生中进行（Menzel and Katz, 1955）。主体研究随后于 1954 年在伊利诺伊州的 4 个主要城市进行，分别是：皮奥里亚市（Peoria）、布卢明顿市（Bloomington）、昆西市（Quincy）及盖尔斯伯格市（Galesberg）。研究分析了 1953 年年末出现的新抗生素四环素的扩散。这项药物创新在大部分哥伦比亚大学的社会学家发表的研究成果中都用了假名"Gammanym"。伊利诺伊州至少 87% 的医生使用过此药物，因为他们一直在使用 2 种同公司被称为"神秘药物"的抗生素。新药物取代了旧药物，就像杂交玉米种子取代了自然授粉种子一样。对比四环素，早期的抗生素的最大优势是副作用比较小（Van den Buelte and Lilien, 2001）。

虽然新药物的采用决策者是医生，但为此付费的却是病人。哥伦比亚大学社会学家采访了 125 名全科医生、内科医生和儿科医生，他们中 85% 的人认为该药物具有潜在意义，且该 125 名医生还建议圈子里另外 103 名医生使用该药物，哥伦比亚大学的团队同样采访了这 103 名医生。228 名医生的样本数已占伊利诺伊州 4 个城市医生总数的 64%（Coleman 等, 1957）。

关于医生采用 Gammanym 情况的测量手段是非常客观的，都以医生的处方为准，因为这些处方都保留在药房。因而，研究不需要像其他扩散研究一样通过问卷的形式让医生回忆他们什么时候开始使用此药物，但是也有许多医生说他们采用该药物的时间早于报告里的时间，那是因为研究中只采用了10%的抽样记录作为样本。

哥伦比亚大学的团队实际上不知道当他们在收集 Gammanym 使用数据的时候，已经有其他的扩散研究传统存在。当获知杂交玉米的扩散研究时，他们觉得非常惊讶，如卡茨（Katz, 1961）所言，"药物扩散研究竟然和15年前我们一无所知的杂交玉米种子的扩散研究有那么多共同之处"。即便考虑到医生和农民之间的区别，两项研究仍有很多平行的研究成果让人印象非常深刻。例如，具有创新精神的医生经常参加外地的学术会议，而爱荷华州具有世界公民特征的农民则较其他农民更多地到第蒙（爱荷华州的首府）地区参观过，后来的扩散研究也发现创新者一般具有与外地接触的朋友圈。另外，如具有大农场的农民收入比较高一样，具有创新精神的医生一般常帮富人看病且收费比较高。所以，在这2项研究中，社会经济地位都是和创新精神呈正相关的。让我们试想一下，当哥伦比亚大学的社会学专家们发现1943年的杂交玉米扩散研究与他们自己的研究有如此多的相同之处，他们该是怎样的欣喜若狂。

哥伦比亚大学药物研究的最大贡献是其探索了人际扩散网络。科尔曼和他的同事们（Coleman, 1966）发现，意见领袖们（被3个以上的医生认为是朋友的人）在第8个月接受了新药物 Gammanym（整个扩散周期一共17个月），在这个时间点上，采用此药物的医生数量在"S"形曲线上开始"起飞"。其中一个重要的原因是，一名医生采用了此药物后，他会做出主观的评价，进而影响他身边的朋友们跟着采用（Valente, 1995）。这是一个临界点，之后，大量的医生会采用，"S"形曲线"起飞"，这也是扩散进程中至关重要的点（见第八章）。

一个社会体系实际就是一个集体学习的系统。在此系统中，早期采用者通过自己的社会关系网络，传递对创新的主观看法，直接影响后来者及最后的创新采用率。在一个社会体系下，这样的学习对效果不佳的创新来说，是有负面作用的，假如新药物的效果不是特别明显，前期采用者马上向同伴们表示对该药物的不满，随后，呈现在"S"形曲线上的采用率将上升得非常缓慢，甚至可能在保持一段时间的水平后，出现下降的趋势。因此，在某社会体系下，创新的扩散有点像民主社会的选举体系——每个采用者都手握一张选票，他们将决定该创新是否能扩散。

一名医生的创新精神和他在圈子里的地位密不可分。一名孤立的医生（即和其他医生没有交流）平均需要 9.5 个月才能接受四环素，而非孤立的医生则平均需要 7.9 个月（Valente, 1995）。从这个意义上看，与人交往意味着创新。

在哥伦比亚大学的药物扩散研究中，医生对该新药物都有充分的了解。因为医药大学的教授和药物公司是对四环素做了大量的临床试验之后才交付医院使用的，而临床试验的报告也已经通过两个渠道送到了医生的手中：（1）医药期刊的论文；（2）医药代表们平时联系医生，将新药物的信息传递给医生，并把医药期刊上的论文复印给医生。这些推广活动确保了医生们对新药物有足够多的认识，但这些认识并不足以使创新采用率达到平均水平。而来自同行对该药物的主观评价才是关键因素。让我们想象一下，当你的同事和你说："看，我给病人用了四环素后，效果比其他的抗生素都要好。"这将比什么渠道的推广都管用。

人际关系网络对 Gammanym 扩散的重要性使得科尔曼和他的同事们开始调查医生中谁和谁进行对话，为什么受访者会在数百个医生中选择 1 个、2 个、3 个作为自己最好的朋友。在对其人际关系进行二元分析后发现，宗教和年龄是决定朋友关系的重要因素，而同乡和校友这种关系也同样重要。在医生圈子里，发生联系的决定性因素则是职业上的联系，如隶属同一家医院或同一部门。

总而言之，哥伦比亚大学的新药物扩散研究表明了在扩散过程中，人际关系网络的重要性。对创新扩散而言，同行之间关于创新效果的谈话所带来的社会力量比其他任何因素都重要。

1. 第三世界国家计划生育的扩散

继经典的药物扩散研究之后，公共卫生扩散传统出现了许多研究。其中有少数研究关注新药物的扩散，大部分研究关注健康及计划生育在公众，尤其在第三世界的传播。自 20 世纪 80 年代早期起，很多公共卫生的研究开始关注预防艾滋病的扩散。

扩散领域国际化的一个重要的例子是在第三世界国家（如拉丁美洲、亚洲、非洲的国家）"KAP 调查"的兴起。KAP 调查主要关心所调查的样本对计划生育创新的了解（K，Knowledge）、态度（A，Attitude）及行为（P，Practice）。K、A 和 P 是评估计划生育项目及其他公共卫生项目的 3 个主要的因变量。由于计划生育政策是近 10 年来拉美亚非国家为了控制人口激增而推行的，所以大量的 KAP 调查涌现出来也理所当然。

除了中国台湾地区的台中研究（Freeman and Takeshita, 1969），其他的 KAP 研究在学术上对"科学地了解人类的行为改变的作用非常有限"（Rogers, 1973）。虽然这些调查对研究扩散模型的贡献不大，但至少证明：（1）大部分的家长认为自己的孩子还是太多了，觉得孩子少点更好；（2）公众期望政府出台计划生育政策。KAP 调查给政策制定者带来了两方面的信息：一是计划生育政策可行，二是评估推行计划生育效果的方法。

从学术上而言，计划生育扩散研究的结果是让人失望的，虽然其对经典扩散模型做了些许修正，如增加对推广避孕的物质激励措施、使用非专业的推广机构、使用各种渠道和措施克服计划生育方法的禁忌。第三世界国家发现传统的扩散模型不包括预防性创新的扩散，对计划生育扩散的研究把此维度加入到扩散模型中（Rogers，1973）。

预防性创新，是指在某个时间点上采用某方法以降低在未来出现非预期事件的可能性（见第六章）。也就是说，就算目前不采用预防性措施，未来的非预期事件也不一定会出现，所以在当前预防性创新的效果对个体而言就显得不太清晰，特别是在公共卫生项目中。同样，因为所预防的事件尚未发生，它们也就不可观察和测量。由于上述理由，预防性创新，如艾滋病预防、计划生育的采用率就相对比较低。

在对很多国家的计划生育项目调研中发现，向听众传授避孕方法及取得他们的肯定态度很容易，但是让他们实践就难得多，这就是所谓的"KAP 鸿沟"——相对较高的知识（K）、比较肯定的态度（A），但是采用率（P）相对较低。KAP 鸿沟和效果层次结构影响模型一致，将在第五章讨论。

在拉美、亚、非地区的第三世界国家，政策制定者认识到控制人口数量的迫切性和必要性，否则，将难以给这些爆炸性增长的孩子们生产足够的粮食和提供足够的学校。所以这些政府利用大众媒体进行计划生育宣传，很容易就达到了 K 和 A 的大规模传播，但是绝大部分家长的反应却不如政府期待的那样，他们很少会选择主动降低人口出生率。公众希望拥有更多的孩子，特别是男孩，以获得更廉价的农村劳动力、养儿防老、传宗接代，结果就产生了 KAP 鸿沟。同样，KAP 鸿沟也常出现在其他公共卫生预防性创新上。

案例 2-5　台中的田野实验[6]

　　"台中研究"是由美国社会学家伯纳德·贝雷尔森及罗纳尔多·弗里德曼在中国台湾地区台中市进行的实验，是最早及最重要的 KAP 计划生育研究。与其他 KAP 研究不同，台中研究属于田野实验（指在真实环境下进行实验，通常通过调查获得干预前和干预后的数据）。在田野实验中，一般通过对样本受试的 2 个时间点的调查获得数据，一个是基准调查，另一个是后续调查。在基准调查后，马上进行一个或多个实验，实验的效果通过检测因变量在基准时间和后续时间的变化获得（如创新的采用率）。田野实验的一个设计优势就是研究人员可以根据时间顺序针对因变量设计自变量（实验）。因此，田野实验是相对理想的扩散干预研究方法。贝雷尔森及弗里德曼的台中研究是最大规模和最优秀的田野实验之一，正如他们所言，"此项成就……是在真实环境下进行的最大规模和最精细的社会科学实验（Berelson, Freedman, 1964）"。

　　研究人员在台中大约 2400 个街道（每个街道由 20～30 个家庭组成）实施了 4 种不同的传播干预手段：（1）召开关于计划生育的街道会议；（2）召开街道会议，并向本地计划生育采用者邮寄资料；（3）召开街道会议，并由女性计划生育推广人员以个人名义上门拜访潜在的女性计划生育采用者；（4）召开街道会议，并由推广人员上门拜访可能会采用计划生育的潜在家庭的男女主人。另外，台中所有的街道都贴满了计划生育的宣传海报。

　　此项研究的成果非常壮观，台中大概 10000 名适龄妇女中的

---

[6]　案例来源于 Berelson and Freedman（1964）及 Freedman and Takeshita（1969）。

40%采取了计划生育方法，怀孕率马上下降了20%。78%的避孕创新采用者使用 IUDs（宫内节育器）方法，这是由实验推广的一种新的避孕手段。台中实验显示，由推广人员上门访谈是创新扩散成功的关键。大众传播（即海报）让公众获取到避孕知识，而通过人际关系的沟通促进了避孕创新的采用。研究人员还惊讶地发现，相当可观的人际关系扩散发生在进行实验的 2400 个街道与其他街道（即控制组）之间。这意料之外的扩散破坏了他们原本的实验设计，但这可能也是他们实验中最重要的发现。这一发现再次证明，邻里之间的人际网络加强了扩散的进程，在本案例中，甚至有些不被寄予期望的人员也会进行扩散。

台中公布的计划生育实验项目的官方乐观结果让很多发展中国家开始启动此项政策，最先是亚洲地区，后来扩展到拉美、非洲地区。不过，在弗里德曼实验后 10 年的实践证明，后来的计划生育推广都无法达到中国台湾地区的效果，或许是这里的实验描绘了一个不现实的美好，当其他国家开始跟进的时候，肥皂泡破灭了。实际上，到目前为止，避孕的扩散属于异常困难的创新扩散（Rogers, 1973），具体原因第六章会讨论。

台中的计划生育扩散实验研究在方法论上为扩散研究提供了新的观点：扩散研究不应该局限在某个时间点进行数据收集，如在一个新观点刚开始扩散的时候。田野实验的设计可以让扩散研究者在基准调查和后续调查中间进行多次访问，以便分析 K、A、P 变量之间的不同。例如，在第八章将会讨论意见领袖是如何加速创新的扩散进程的。田野实验可以让我们深入了解扩散行为，帮助政策制定者设计和实施新的扩散计划。到目前为止，只有少数扩散研究使用田野实验的方法，一方面是由于经费过于昂贵，另一方面是由于此类实验需要花费数年的时间才能完成。

▶案例 2-6　旧金山的"遏制艾滋病"运动

20 世纪 80 年代中期，美国旧金山的"遏制艾滋病"运动及其他预防 HIV 病毒的模型表明，合理有效地利用扩散模型可以挽救很多人的性命。"遏制艾滋病"运动是由旧金山一些男同性恋者发起的，基于扩散模型和社会学家柯特·勒温（Kurt Lewin）的小团体策略，即改变团体内人类行为的预防项目（Rogers, 1994）。"遏制艾滋病"运动首先雇用了很多男同性恋者，他们中很多都是 HIV 病毒携带者，然后通过他们召集 10～12 个人，召开一些小型会议。这些小型会议一般在卡斯特罗街道或者旧金山附近男同性恋者聚居的街道附近的民居里举行。每次会议都是由男同性恋者主持，通常主持也是 HIV 病毒携带者，由他们来介绍 HIV 的传播和安全性爱等知识。每次会议结束的时候，都会要求每个与会人员举手表决对安全性爱的态度以及是否愿意主持下一次的会议（Singhal and Rogers, 2002）。

"遏制艾滋病"运动的组织者假设，如果旧金山某个社区的同性恋者的意见领袖能达到临界大多数，那么预防 HIV 的观念就能持续不断地通过他们的人际关系网络对目标人群扩散出去。"遏制艾滋病"项目不断地通过小型团队来招募意见领袖，并由意见领袖组织召开更多的小型会议，扩散进程就这样通过小型会议持续进行。

"遏制艾滋病"运动一共通过小型会议培训了超过 7000 名个人，并通过他们影响到旧金山 142000 名同性恋者中的 30000 名个人（Wolfeiler, 1998）。随后，到 20 世纪 80 年代后期，参加小型会议的人数不断下降，最后"遏制艾滋病"运动结束。后来，旧金山每年新增 HIV 感染者从 1983 年的 8000 人下降到 1985 年 650 人（虽然并非所有效果都来自于"遏制艾滋病"运动）；不采取保护措施的肛交行为（HIV 传播的主要途径之一）从 1983 年的 71%下降到 1987 年的 27%；艾滋病相关病例的死亡人数也相应地从 20 世纪 80 年代中期的每年 1600 人下降到 250 人（当然，90 年代中后期的下降主要是由于抗病毒药物的问世）。"遏制艾滋病"运动使用扩散理论，结合勒温派的小组社会心理学，有效地遏制了传染病的扩散。不过令人遗憾的是，这个运动启动时过半的旧金山同性恋者已经感染了 HIV。

笔者从 20 世纪 90 年代早期就开始关注"遏制艾滋病"运动，并看到发展中国家不断地有人复制这个运动（Singhal, Rogers, 2003）。美国也有复制的案例，杰弗里·A·凯莉和她的同事们受到旧金山案例的鼓舞，去同性恋酒吧找到意见领袖，并培训他们如何预防艾滋病传染（后面详述），意见领袖的战略作用在 5 个发展中国家都有评估。

（七）传播学

扩散学的传播学传统在今天是出版物数量最多的研究传统之一，也是发展最快的传统之一，占所有扩散学出版物的 15%。在 1962 年第一版《创新的扩散》出版的时候，几乎没有什么传播学方面的研究（1% 左右），所以我没有把它当成一个研究传统来对待。也是在那个时候，美国的大学开始设立传播系，现在全美有 2000 多个传播系，大约和其他国家传播系的总和持平。而每年，全美共授予学生 50000 个传播学学士学位（占所有学士的 5%）、2000 个硕士学位、250 个博士学位。

扩散的研究源于 1943 年，而传播学对扩散的研究大约开始于 1960 年。但作为一门学科，人类传播学却一直没有引起足够的重视，直到美国数学家、信息论的创始人克劳德·E·香农和沃伦·韦弗（Claude E. Shannon, Warren Weaver, 1949）出版了《传播的数学理论》后才有所改观。香农定义了信息的主要概念，并提出了传播的基本模型，随后，传播学研究领域开始集中关注大众传播的作用。而早在 20 世纪三四十年代，美国的政治学、社会学、社会心理学的科学家们，如哈罗德·拉斯维尔（Harold Lasswell）、保罗·拉扎斯菲尔德（Paul Lazarsfeld）、柯特·勒温（Kurt Lewin）及卡尔·霍夫兰（Carl Hovland）等就开始研究传播学，接着，很多大学都设立了传播学系，并培养出传播学的博士。后来这些学者大都受聘为大学的新闻系和演讲系的教授，但他们反对把传播学研究的观点带到现有的课程体系里面（Rogers, 1994）。虽然传播学的教授和学生们也认为，扩散是人类传播学的一部分，但只是涉及信息作为一种新观点时的传播而已。

早期的传播学学者感兴趣的话题之一就是新事物的扩散。现在可以找到的类似的研究超过 60 项，都是关于头条新闻事件的，如1997 年戴安娜的死、1963 年肯尼迪总统被刺杀、1986 年挑战者号灾难性事件、2001 年"9·11"事件的传播。与技术创新不同的是，新闻事件不需要物理材料。但无论有哪些不同，新闻事件的扩散也都遵循扩散的一些框架：知情者的数量会随着时间呈"S"形曲线分布、人际关系网络和大众媒体也将同时扮演着平行的角色等。只是有一点比较重要的区别，就是新闻事件传播速度比其他创新要快很多。例如，92%的美国成年人能在 1 个小时内获知肯尼迪总统在达拉斯被刺杀；挑战者号的悲剧发生几个小时后，投资机构就马上作出了反应，莫顿公司的股价直跌 20%；"9·11"恐怖袭击事件发生后的 3 个小时内，从阿尔伯克基州、新墨西哥州抽样调查的 127 名成人都已经获悉该消息（Rogers and Siedel, 2003）。

新闻事件之所以扩散得很快，是因为个人只需要获知该消息，而技术创新涉及认知、说服、决策、执行等步骤。关于新闻事件的扩散研究，其最大的贡献就是确认了大众媒体的扩散作用比人际网络渠道要有效。

1. 新闻事件的扩散

虽然保罗·道彻尔曼（Paul Deutschmann）及韦恩·丹尼尔森（Wayne Danielson）1960 年的研究不是首个关于新闻事件扩散的研究，但他们的研究被引用最多，其影响最为深远，为后人的新闻事件扩散研究奠定了框架。他们还是最早获得传播学博士学位的人，师从斯坦福大学的威尔伯·施拉姆——传播学领域的先驱（Rogers, 1994）。由于在攻读博士学位前他们都干过新闻主播，所以，他们把新闻事件的扩散看成传播的进程，这样的经历也帮助他们构建了新闻事件扩散的研究范式。虽然道彻尔曼也曾了解过农业社会学关于扩散的研究，这也或多或少影响了他的观点，但他们的研究中（1960）并没有引用任何扩散研究的文献。

新闻事件扩散研究主要着眼于追踪特大事件的传播，如美国总统被刺杀、挪威总理被刺杀、挑战者号灾难及其他像"9·11"恐怖袭击这样的世界性事件。这个时候，所有的媒体都因受到新闻事件的刺激而变得兴奋，大街上的陌生人也在相互讨论这些事件。正如道彻尔曼和丹尼尔森的描述那样，"通常在重大的新闻事件发生的几分钟后，新闻记者便获悉事件的主要信息并通过不同的渠道播送出去……电台和电视台会中断正常的节目而插入相关播报，报社也会撤下正在印制的报纸，新闻消息通过一阵阵印刷声和广播声传播出去了"。

在新闻事件向大众广播，人们相互传播后，接着会发生什么呢？这也是新闻扩散学者们所关心的。他们想知道电视、广播、报纸和人际关系网络中哪个渠道更加重要，以及它们的传播速度得有多快。根据道彻尔曼及丹尼尔森的研究，得到的结果是"非常快"。例如艾森豪威尔心脏病发作、探索者号升空、阿拉斯加州成立等重大新闻事件，只需要半天的时间，70%～90%的公众就获知了这些消息。而1986年的挑战者号灾难发生后仅半小时，受访样本中已有一半人得知了该消息。

2. 消防站研究法

由于新闻事件扩散得如此迅速，采用一般的传播研究方法很难调查其过程。按照一般的套路，学者先申请立项、设计调查问卷、培训数据收集人员，然后接触样本进行数据收集，这过程往往需要数月乃至数年，而对于新闻事件扩散研究的受访者来说，这时候往往就已经忘记新闻发生时的详细情况了。因而，道彻尔曼及丹尼尔森采用了"消防站研究法"。在研究的3个新闻事件中，他们事先设计好调查问卷，并培训他们的研究生如何通过电话进行采访。这种方式的成本非常低廉，因为几百个受访者来源于密歇根州兰辛市、威斯康辛州麦迪逊市（道彻尔曼是密歇根州立大学的教授，而丹尼尔森是威斯康辛大学的教授）、加州帕罗奥多市（2位学者读博的城市）。得益于该方法的便捷性，2位学者可以在新闻发生24小时后启动电话采访进行数据收集的工作。类似的消防站研究法也被其他新闻扩散研究人员采用。新闻事件对传播学者而言，同果蝇对遗传学家的意义一样：新时代到来了！（Roger, 2000）

道彻尔曼及丹尼尔森（1960）的研究发现，大部分的受访者借助广播、电视、报纸等渠道获悉新闻事件的概率，远远超过人际网络渠道。大众媒体，特别是报纸，往往可以提供比新闻事件本身更加丰富的内容。"2/3的受访者表示他们的日常谈话都会涉及新闻事件"（Deutschmann, Danielson, 1960），然后他们从媒体，特别是电视上，确认新闻真实发生并获取更多信息。

总而言之，这2位学者指出了新闻事件扩散的快速性，相比农业、教育、医疗上创新的扩散，前者只需要数小时，后者往往需要数月或数年。研究也发现早期获知新闻的人往往接受过正式教育，而且从事社会地位相对高的工作（详见第五章）。

道彻尔曼及丹尼尔森（1960）根据对 3 个新闻事件的研究，总结道："新闻扩散比我们想象的要更有规律。"这个结论被后来的新闻扩散学传统的其他学者所采用。

3. 重大性

新闻扩散的快速性赋予了新闻事件极高的价值，如 1963 年肯尼迪总统被刺、1981 年教皇保罗二世被枪击。大众媒体，特别是广播和电视，给公众带来了这些消息，然后新闻消息再通过人们的口口相传迅速扩散出去。而受关注程度相对较低的新闻，如昨晚市议会通过开挖一条新的下水道的决议，在媒体播出后，主要通过部分关心此事的人的人际网络渠道传播出去（Greenberg, 1964）。

重大性指个体认为该新闻的重要程度。是什么因素决定了一则新闻的重大性？是新闻媒体人员对一则新闻事件的价值做出的专业判断后，给受众带来关于它的信息的重要程度，主要通过以下方式传递重要程度的线索：优先插播（即打破正常节目秩序）、报纸的头版头条、新闻播报的时间长度。个体评估新闻的重大性主要基于是否和"名人"相关（如美国总统、教皇）、是否和他本人相关、是否和本地有关。

个体对重大性新闻事件的反应有：（1）寻找更多的信息；（2）告诉其他人此事，经常会在陌生人之间传播。当一个人接触到类似戴安娜过世、肯迪尼被刺杀、空难或者恐怖袭击等重大性新闻时，他们会放下其他顾虑而和陌生人分享此消息。人类通过与陌生人交谈而进行的自发性地趋同启蒙本性，可以解释为什么重大性程度越高的新闻越容易通过人际关系网络渠道传播（Rogers, 2000）。

重大性的程度决定了每则新闻的质量。新闻事件的重大性对受众也因人而异。例如，天主教徒比非天主教徒认为教皇被刺的重大性程度要高；在印度，当一个印度教徒看到他们的神喝牛奶的雕塑，他们很乐意和其他用牛奶供奉神的人分享这则新闻（Singhal et al., 1999）。又如，戴安娜的死让很多观众外显行为发生了改变，超过百万哀悼者挤满了伦敦 3 英里长的葬礼通道；数以千万计的观众通过电视关注此事；人们在戴安娜死后数周，抢购了超过百万本关于戴安娜的书，成就了多本畅销书；埃尔顿·约翰的歌曲"风中的蜡烛（Candle in the Wind）"由于和该事件沾边，瞬间成为最畅销单曲（Brown et al., 1998）。是什么原因让戴安娜的死带来如此巨大的悲痛？有一种解释是"类社会交互"——观众认为自己可以和媒体上的名人有某种个人联系（Singhal, Rogers, 1999）。年轻女士的这类社会交互程度更高，她们尤其热衷观看戴妃的葬礼（Brown et al., 1998）。

4．情景参数和新闻事件人际间扩散

除了重大性外，还有一个参数影响新闻在人际网络间的扩散，即情景（新闻发生的时间、个体的状态——在家休息或在工作）。迈尔和他的同事（Mayer, 1990）发现，挑战者号灾难发生的时候（当地时间早上 9:40），通过电视获知该新闻的人数对比，在家的人数是上班人数的 3 倍之多。在家的人虽然处在沟通的状态，但是他们和别人沟通的可能性比上班的人要小很多。所以说，虽然家庭主妇白天可能待在家里，但她们要获知挑战者号新闻，就往往只能通过大众媒体而不是人际网络了。

➡️ 案例 2-7   "9·11" 恐怖袭击新闻扩散[7]

"我父亲当时正在世贸，我叔叔正在五角大楼。"

"让我明白机场的安检简直是笑话。"

"天啊，我们卷入战争了。"

以上说法来源于 2001 年 9 月 11 日华盛顿和世贸中心的恐怖袭击后，学者对 127 名受访者进行新闻扩散研究收集回来的数据。"9·11 事件"比以往任何新闻事件都让人感触，恐怖分子妄想制造恐怖，我们在阿尔伯克基、新墨西哥的调查发现，恐怖分子是成功的。但是其恐怖行为同样激起了民众的爱国情绪，人们在家里、车上、工作的地方都悬挂上了国旗。

"9·11" 恐怖袭击事件属于非常特殊的新闻，美国民众认为其程度极为重大，并且扩散得非常快。大众传播不断地播放这则新闻，同时，大众也不知疲倦地持续关心此事件，包括后续的新闻，如阿富汗爆炸、炭疽威胁、本·拉登的录像讲话、在阿富汗的军事力量等。因此，在"9·11"数月后，持续性的报道一直没有终止过。

第一波袭击发生在当地时间早上 6:46（阿尔伯克基州事件，与纽约、华盛顿时间相差 2 小时），第一架飞机撞向了世界贸易中心。127 名受访者获悉该新闻事件的时间段有所不同，7%的人在早上 6 点到 7 点之间获悉，34%的人在 7 点到 8 点之间获悉，在 8 点和 9 点之间达到 70%，9 点到 10 点的时候达到 92%，到了中午时间 99%（121 份有效回复中有 120 名受访者获悉，另外 6 名受访者没有回复）的人均已获悉该新闻。究其原因：第一，个体对该新闻的重大性的

---

[7] 案例来源于 Rogers and Siedel（2002）。

认识；第二，大众传播持续不断的报道。

在早期（早上 7 点）短暂的扩散后，扩散曲线开始"起飞"。人们想和其他人分享该信息，特别是对那些在早上稍晚才接触到该消息的人，人际之间的传播占了主要位置。关于世贸组织的新闻和图片太让人震惊了，人们忍不住要和其他人分享该信息和自己的感受。127 名受访者中的 69%（合计 88 人）曾经告诉别人该袭击事件，这 88 人共计向 418 人传递了该信息；而该 88 名受访者中的 80% 告诉了 1~4 个人，其中还有 2 人告诉了超过 50 人。

大众媒体在大概早上 8:38 的时候首次播出了该新闻，人际关系渠道大约在 10:03 的时候开始发挥作用，约半小时后。大众媒体让一部分人了解到该事件，随后他们告诉了其他人。

127 名受访者中 59% 的人表示他们不同程度地受到了恐怖袭击的影响，他们说：

"我感到非常的沮丧、悲伤和愤怒。"

"我再也不想搬到纽约去了。"

"坚定了我的爱国主义。"

"我在军队服役，随时准备开打。"

"我的叔叔差点死掉（在世界贸易中心），好在他上班迟到了。"

127 名受访者中的 86% 参与了不同的关于"9·11 袭击"的活动，2/3 为死难者祈祷，21% 参加了悼念活动，16% 进行了捐款，8% 献血（这个数字还可以扩大的，由于血液中心人满为患了），还有超过 1/3 的人在家里或汽车上悬挂国旗，其他人或者成为支援纽约的志愿者，或者在教室、会议上发表过关于恐怖袭击的言论。

5. 新闻事件扩散研究的贡献

在道彻尔曼及丹尼尔森 1960 年研究后的 10 年内，关于新闻事件扩散研究的出版物，呈飞快发展的趋势，后来日渐式微，到 20 世纪 70 年代，基本是每年一种（Rogers, 2000）。用梅尔文（Melvin Defleur, 1987）的话说就是：“该传统走到尽头了。”经过了 20 世纪六七十年代的蓬勃发展，学术上关于新闻扩散的兴趣开始降低，因为大量的主要问题都已经解决了；也可能是因为和道彻尔曼及丹尼尔森（1960）的研究范式走得太近了，新闻事件扩散研究卡壳了。无论如何，某研究前沿的兴衰并不是历史的必然，一个科学领域可以再适应时代的发展，重新找到发展的方向。而该研究的最大贡献就是引起传播学者对扩散研究范式的重视。

新闻事件的扩散研究有助于阐明媒体的交互作用——大众媒体刺激人际网络的沟通，而后者导致了个体的态度及外显行为的改变。为什么个体会向其他人传递新闻信息，就算对方完全是个陌生人？有些新闻本身就是一个谜，很适合成为同伴之间聊天的话题。例如，戴安娜的死是否和狗仔队的追逐有关？这个故事性的谜团促进了持续的新闻报道和更多的讨论。在世贸中心的恐怖袭击发生后，人们不知道谁才是真正的凶手，虽然本·拉登和他的基地组织是最大的嫌疑者。个体向别人讨论此类新闻，某种程度上是一种炫耀，同时也是一种声望寻求行为。以后的新闻事件扩散研究应该从这些方面入手。

在道彻尔曼和丹尼尔森以后，新闻事件扩散研究传统会继续萎缩还是调整方向、卷土重来呢？

6. 后期传播学扩散研究

在 20 世纪 60 年代，传播学学者开始研究发展中国家一些新观念的扩散，特别是技术、农业、卫生、教育、计划生育的创新。道彻尔曼针对哥伦比亚共和国某村落农业技术创新的研究[8]是一个里

---

[8] 相关文献包括 Deutschmann (1963), Detuschmann and Fals Borda (1962a, 1962b), Deutschmann and Haven (1965)。

程碑性的事件，并影响其他传播学学者从 60 年代开始关注农业人口。在 70 年代，传播学学者开始研究美国技术创新的扩散，有些创新的采用者属于单位或者社区（见第十章）。从 1990 年开始，传播学学者关于扩散的研究呈爆炸性增长，特别关注技术创新，如互联网和其他的新型沟通手段（如：Lin, 1998, 1999, 2001, 2002; Lin, Atkin, 2002; Leung, 1998, 2000; Leung, Wei, 1998, 1999, 2000; Wei, 2001; Wei, Leung, 1998; Lee, Leung, Soo, 2003; Lievrouw, 2002）。

传播学研究传统的独特贡献在于其可以分析任何类型的创新。其他的研究传统大多有一定的局限性，如教育学关注教育创新，农业社会学家关注农业理念，卫生保健传统主要关注计划生育、艾滋病预防等。由于其缺少对场景的要求使得传播学学者可以只关注扩散过程本身，并提供了很多有用的概念和研究方法，如可信性、类社会交互、网络分析、语义差等。

（八）营销学

营销学、管理学的扩散研究传统在 20 世纪 60 年代初开始兴起，并持续发展壮大，近年来主要表现为新型沟通技术在组织中的扩散和采用，通过互联网进行市场营销行为。今天，营销学传统的扩散研究文献已占到全部扩散文献的 16%（见表 2-1）。

近年来，营销学传统的重头研究主要集中在通信服务（如手机）的扩散上。营销学教授弗兰克·贝斯（Frank Bass）所提出的 Bass 预测模型——用于估算一个新产品的采用率（Bass, 1969），吸引了大量的营销学学者（详见第五章）。最初，Bass 模型只用于预测耐用消费品（如洗碗机、空调）的采用率，但是它后来被用到各种商品和服务中（关于 Bass 模型的综述可以参考 Mahajan, Muller, Wind, 2001）。Bass 模型被喻为营销学的灯塔，指引着营销学学者。如 Marnick Dekimpe 教授所言，"Bass 模型是营销学中最受欢迎的模型"。无数学者借助 Bass 模型预测一款创新通过广告和推销带来的采用率，通常也加上价格变量。

民营企业的销售经理一般只关注如何把产品卖出去（Rosen, 2000），因为很多消费品最后会在市场上铩羽而归。企业在扩散新产品时承担的风险非常巨大，所以毫无疑问，他们都做了大量的研究。但是大部分此类成果一般只出现在资助研究的企业机要文件里。私营企业资助的市场扩散研究是为了在市场上占得先机，所以要严格限制在学术上的讨论。尽管如此，营销学传统的扩散研究的数量还是非常可观的。

市场扩散文献主要关注预测新产品的采用率，一项创新的感官属性，还有广告和推销结合的营销如何影响购买率。营销学学者不仅关注卖出去多少产品，还关注一段时间内产品的使用率。例如，手机的销量非常重要，但是更加重要的是（特别对运营商来说）用户每个月有多少分钟的通话。因为运营商通常会免费送手机给用户，然后靠话费赢利。

近年来，营销扩散学学者以探索新产品（如手机）全球化市场为主导，很大程度上因为这些创新产品面对的是全球市场。营销学学者试图分析文化、当地法规及其他影响产品扩散的因素。例如，在 1979 年，日本开始提供手机服务，比其他国家足足早了 10 年。为什么？为什么在芬兰、日耳曼语系国家手机的采用率发展更加迅速？营销学扩散学者在尝试回答这些问题，如：Dekimpe, Parker, Sarvay, 1998, 2000, 2000; Grüber, Verboven, 2001, 2001; Shermesh, Tellis, 2002。

大多时候，"营销学"在学术范围内会被看成负面的，被片面地认为营销是为了追求商业利润而操纵个人的购买行为。毫无疑问，营销很多时候就是为了把产品销售给并不是真正需要它们的人，如把冰箱卖给爱斯基摩人。不过，反过来看，某商品可以长期取得成功，正是因为该产品或服务满足了用户的需求，所以营销学学者或从业人员认为他们为社会做出了一定的贡献——定义了用户的需求，并提供价格适宜、功能齐全的商业产品。

1．社会营销学

我们可以强制用户采用某创新，如政府可以强制骑摩托车者戴头盔、驾车者系安全带、限速等；美国的禁烟条例明确禁止在国内航班、公众场所、餐厅等地抽烟。在这些案例中，社会把一些行为准则强加给个人。这种强制行为明显会引起一部分人的不满。社会营销学可以理解成推广那些可以提高卫生水平、文化水平、寿命等创新的行为，就是使用商业策略进行非营利产品和服务的推广。

社会营销学在 50 多年前就有了，它提出了个反问："为什么我们不能像卖肥皂那样出卖兄弟关系呢？"在近些年，社会营销学被广泛应用到节能、戒烟、安全驾驶、降低婴儿死亡率、艾滋病预防、计划生育、改善营养等方面。社会营销学通常试图说服人们做一些让人不悦的事情。例如，很多美国人都想减肥、戒烟、运动、用牙线清洁牙齿，但他们往往没有这些健康的习惯，而社会营销学往往就是让人们改变那些由于习惯或其他因素造成的不健康行为。

通过对社会营销学的实验进行评估，福克斯和科勒特（Fox, Kotler, 1980）总结道："大多数的社会营销比商业营销难度要大很多。"最成功的社会营销学案例莫过于在第三世界国家的计划生育方案中应用此理论进行避孕套和口服避孕药的推广。例如，印度在 20 世纪 70 年代进行避孕套宣传时，把避孕套重命名为"Nirodh"（在梵文里有"保护"的意思），Condom（避孕套）是个法文名字，起名的时候考虑了禁忌（禁忌创新涉及非常隐私和个人的新理念）。在印度关于 Nirodh 的大众媒体的宣传活动非常成功，每个街角的茶馆和烟店都提供避孕套的销售，同时，通过政府补贴让每个避孕套只需要 2

分钱就能买到。在整个 Nirodh 宣传的每一个环节都开展市场调查，以便为策划者提供足够的反馈，比如在众多候选名中选择 Nirodh 进行命名、选择合适的茶馆和烟店进行布点以期方便潜在用户、如何向男人进行避孕套使用方法的说明等。Nirodh 的宣传展示了市场营销学如何在计划生育社会营销宣传中应用。

社会营销学宣传需要具备哪些特征呢？

（1）受众分割。把潜在用户进行身份识别分类，并向不同类型的受众传递不同的信息中。例如，在笔者参与的 20 世纪 80 年代斯坦福心脏病预防项目中，把超过 45 岁且体重超标的烟民作为最重要的受众进行信息传递。同样，印度的 Nirodh 宣传也把新婚夫妇作为主要的受众，某器官捐赠的宣传则瞄准了美国年轻的骑摩托车的男性。

（2）形成性研究。在宣传开展前，通过研究建立更加有效的信息：先建立多种信息，对小样本进行测试，收集反馈，找出最有效的信息。例如，20 世纪 90 年代中期，印度"健康高速行"项目启动，旨在向长途货车司机传递安全性交的信息，因为他们往往会在高速公路的休息区招嫖。但是这个 HIV 预防项目失败了，直到后来的形成性研究才让公共卫生的专家们明白，他们需要用低阶层的货车司机的思维进行思考（Singhal, Rogers, 2003）。这样，有效的信息才能创建。

（3）定位。这是指采用最接近潜在受众的方式，以强调创新的主要作用。有些时候，定位涉及给创新命名。例如，避孕套在印度叫"Nirodh"，在牙买加叫"Panther"（美洲豹的意思，传递阳性的威猛的信息），在斯里兰卡叫"Preethi"（美丽的意思），在圣卢西亚岛叫"Catapult"（弓弩的意思）。有些时候，商标也可以用来象征创新的作用，特别是当该创新太敏感或让人难为情时。打个比方，在斯里兰卡，"Preethi（避孕套）"的商标是拇指和食指围成一个圈（和美国人的 OK 手势一样）。这样，进入药房的人就可以安静地通过一个手势表明需要购买避孕套。这个非常显眼和颜色悦目（经过前测研究）的商标被永久印在避孕套的包装上。有时符号学也会被应用到创新的定位上，有个例子就是美国的一个公益广告——一个长柄平底锅里有一个煎蛋，配字"吸毒者的脑袋就是这样的"。

（4）价格。社会营销学的主要作用是改变行为而不是赢利，所以创新的定价应该相对较低。虽然有些产品可以免费发放，但是比较明智的办法还是收取一定的费用。另外，对于采用者来说，获取该创新必须非常方便。在泰国曼谷的红灯区，作为社会营销宣传"Cops and Rubbers"项目的一部分，警察会免费发放避孕套（Singhal, Rogers, 2003）。幽默让泰国人克服了避孕套的禁忌。

（5）沟通渠道。社会化营销应该尽量利用各种沟通渠道，甚至使用付费广告的形式，因为对策划者来说，免费的渠道，如公益广告等都在非黄金时间段播出，效果不佳。

第九章将讨论埃及的 ORT（Oral Rehydration Therapy，口服补液疗法）的社会化营销案例，其拯救了无数埃及婴儿的性命。

案例 2-8　电动车扩散中意见领袖和专家的作用

在 20 世纪 90 年代早期，美国加利福尼亚州和亚利桑那州政府强制汽车公司生产的汽车中至少有 10% 是无污染的环保车型，这意味着汽车公司必须生产电力驱动或者混合动力的汽车。此政策的目的是为了减少大城市（如洛杉矶、菲尼克斯等地）的雾霾天。通用公司投资了 20 亿美元进行电动汽车的设计、生产和营销，他们这么做的目的是促使美国公众改变观念，将通用公司定位为创新型的企业。

在底特律，通用汽车研发部门的自动化工程师制造出了完全以电池电力驱动的汽车。由于当时电池技术的限制，IMPACT（电动车雏形的名字）只能续航 100 英里，然后必须通过 220 伏的电压充电 3～4 小时才能再继续行驶 100 英里。由于车身大部分材料是铝，IMPACT 驾驶起来非常轻便，也非常安静。作为空气动力学电动汽车，它提速很快。可以说，在美国的高速公路上，IMPACT 还是个新鲜事物。

在最初的 150 台 IMPACT 投放市场的时候，通用公司的销售总监在扩散学家的帮助下，对加州和亚利桑那州 18 个城市进行了宣传。通用公司和当地电力部门一起，在报纸上刊登了广告，邀请公众参与申请试驾的机会，收到非常强烈的反响。加州首府萨克拉门托市的人口将近 50 万，有 7000 人申请试驾。而每个申请者在申请试驾时填写的一份调查问卷，将作为判断他们是否具有创新精神和作为意见领袖的能力的依据。后来，在受试者中有几百名具有创新精神及意见领袖特质的个人被挑选出来进行了 30 分钟的试驾。

我们一般把这些人称为"发烧友"，从营销的角度来说，他们属于专家型客户——对某类产品具有一定的知识和兴趣。由于他们具备相对专业的知识，一般都会成为大众眼里的意见领袖。试驾者希望了解 IMPACT 的性能，比如：提速到 90 英里/小时需要多长时间？一台 IMPACT 有多重？轴距多少？动力如何？价格怎么样？电池在冬天的表现如何？等等。试驾后，每个试驾者可以有 30 分钟的时间与通用的工程师对话，咨询有关 IMPACT 的各种情况，实际上所有的试驾者都认为 30 分钟太短了，他们希望了解更多的信息。

没过多久，通用公司的市场研究者又联系了这批试驾者，并向他们每人发送一张 8×10 英寸的海报，上面印有红色的 IMPACT 图片，并要求他们在自己工作的地方或其他醒目的地方张贴。此外，每位试驾者都可以拿到50张2×3英寸（1英寸=2.5厘米）的卡片，正面是IMPACT的图片，反面是IMPACT的各种参数。每张卡片上都有一个序列号和免费电话，营销人员告诉这批试驾者，他们的朋友可以通过序列号和免费电话申请试驾的机会。很快他们就派发完了50张卡片并希望拿到更多。通过首批试驾者的口口相传，在上述18个城市中，扩散进程悄悄地进行着。

通过营销宣传测试，学者们首先学到的第一堂课是——IMPACT是个可怕的名字（译者注：impact是作用力的意思，很容易让人联想到外来力，如撞击）。试驾者们担心这么轻的车在被重车撞击后的后果。所以这款电动车后来命名为EV一代（作为第一代电动车），随后的研发产品也命名为EV二代、EV三代。通过反馈分析，该车最大的缺点是只有100英里的电池续航能力，这使得该车的使用群体限制在了送孩子去踢球的妈妈们，或者地勤人员中间。而220伏的电压一般只能在加油站、汽车旅馆、办公室和购物商场找到，因而EV一代的使用效果非常有限。

尽管如此，很多试驾的人员都疯狂地想抢购一台EV一代。因为其无污染、电力的低费用（相对汽油）、流线型设计、新车的马路驾驶地位等，都非常能打动消费者。在1997年的秋季，EV一代正式上市，在洛杉矶、圣地亚哥和菲尼克斯的经销商处都有销售，其销量比较中规中矩。后来因为政府推迟了限制生产的法令，公众和汽车公司对电动车慢慢失去了兴趣，直到2000年，几家汽车企业才开始研发"混合动力"汽车。

经过此役，通用公司虽然付出了高昂的学费，但是学到了扩散学家如何通过人际网络来推广新车的方法。因此，后来他们在推广车载GPS（卫星定位系统，帮助驾车人士导航）的时候取得了事半功倍的效果。

2. 营销学传统的利弊

和其他研究传统相比，营销学扩散研究传统具有某些优点，同时也存在一些弊端。由于营销学的研究往往是有商业资助的，至少是和新产品的卖家有合作关系，所以研究人员可以进行实验干预（通常是有益的扩散类型设计）。除了营销学，其他扩散学者很难掌控干预策略（创新就是通过这些干预策略介绍给用户的），所以基本上不可能开展田野实验（如前面提到的台中计划生育实验，以及第五章将会介绍的坦桑尼亚工程。）

但是，和创新源（即生产商）联系过于紧密会导致学术和道德方面的问题。例如，销售人员以用户需求为主导；创新源更加希望知道他们该如何影响用户的行为。而与之相对的却是用户想避开这些影响，客观地评价新产品。由于营销学扩散研究偏爱从创新源的角度出发，就导致了高度干预的应用型研究。虽然这些研究从方法论上来说非常复杂，但从理论的高度来看，反而是在处理一些非常琐碎的事情。

因此，这些研究的结果往往是：消费者对除臭剂的喜好、受欢迎的啤酒味道，而不是关于如何完善和修正扩散学的理论。

（九）地理学

虽然地理学是占比最小的扩散研究传统之一（其研究占总扩散学总文献的 4%），但它也有自己的独特之处：强调空间是影响扩散的因素之一。到 1961 年，地理学的扩散研究刊物只有 3 项，全部来源于瑞典隆德大学的托尔斯滕·海格斯特兰德（Torsten Hagerstrand）博士（Rogers, 1962）。到 1995 年，地理学家共发表了 160 项研究成果，占所有扩散学文献的 4%。自此以后，很少有关此传统的成果出现。

地图是地理学家最爱的工具。而空间对他们而言是至关重要的，他们关注空间距离是如何影响人类行为的其他因素的。海格斯特兰德教授（1952, 1953）首创用模拟方法研究空间距离如何影响扩散。首先，海格斯特兰德教授按照扩散理论中关于时间和空间的关系设计了一个扩散过程的数学模型，其中提出了一个理论——"近邻效应"，描述了在一个单位时间内，创新在近邻传播的可能性比远距离的 2 个采用者之间传播的可能性要大很多。在海格斯特兰德近邻效应的计算机扩散模型中，距离越远，采用的概率越低。接着，海格斯特兰德在他的计算机中输入了瑞典农村的地图，然后从第一个某农业创新的采用者的坐标开始计算，模拟出随后的扩散进程。最后，他把模拟扩散过程的数据和创新的实际采用率、创新的实际地理扩散进行了对比。

扩散模拟是尝试模拟真实的扩散。如果模拟进程和真实的数据不一致，扩散学者应该考虑更多的现实因素，并修正扩散理论。最后的研究结果是从扩散进程中抽象出一系列的规则，形成模型。地理学研究传统非常清晰地显示，空间因素对创新的采用起着非常重要的作用。社会学、营销学、政治科学等扩散学者都在研究空间因素对扩散的影响。

（十）一般社会学

一般社会学传统是指在社会学范畴内，除了早期社会学、农业社会学、公共卫生与健康社会学以外的其他社会学家的研究。在 20 世纪 60 年代后，一般社会学家关于扩散的研究激增，到 2002 年，这一比例约占所有扩散研究文献中的 9%（见表2-1）。一般社会学研究传统的发展说明，在农业、医药、公共卫生领域以外，还有更多的社会学家关注扩散的方法。社会学家研究了非常广阔的各种新理念，例如，在大学校园里建立供学生抗议使用的简易棚户（Soule,

1999）；美国 50 个州仇视性犯罪法律的扩散（Grattet, Jennss, and Curry, 1998）；劫机行为的感染性（Holden, 1986）；很多种族任命女人成为领袖（Chaves, 1996）；"自由之夏（Freedom Summer）"招募网络的发展（MacAdam, 1986, 1988；MacAdam and Paulson, 1993）等。社会学范畴的扩散研究主要关注于新理念在社会关系网络中口口相传的过程。

⬇ 案例 2-9　"自由之夏"的招募网络[9]

"圣雄"甘地用非暴力不合作的策略，把他们的前殖民者英国人赶出了印度。当时，英国的殖民者掌握了强大的军队，而甘地能召集的只是数以百万计渴望独立的非武装人民。甘地非常睿智地使用了"食盐进军"的策略，获取了全世界的同情，同时也让英国当局为自己对待印度民众的行为感到罪恶。马丁·路德·金刻苦地学习了甘地的策略后，把它应用到美国南部争取种族平等的运动中。比如，金组织了游行示威以制造新闻事件，这些新闻事件在晚间新闻事件播出，向美国民众展示了当局是如何残忍地阻止黑人行使自己合法的权利。南方人通过电视了解到全世界是怎么看自己的，但是他们不喜欢这样。

参加抗议活动、示威、社会运动或者其他激进活动相当于采用一个创新，在这个意义上，创新是某种意识形态而不是技术（McAdam, Rucht, 1993）。道格·麦可亚当（1962）教授通过大学生参加密西西比州"自由之夏"计划的案例进行阐述。数以百计的大学生志愿者集结到密西西比州，注册成为黑人选民，并通过戏剧的

---

[9] 案例来源于 MacAdam (1986, 1988)、MacAdam and Rucht (1993)、MacAdam and Paulson (1993)。

形式表达他们对民事权利的不满。这些学生们放弃了暑假工作，去推进南方的民权运动。他们和黑人家庭一起生活，感受他们的贫穷和惶恐。3个"自由之夏"的积极分子被种族隔离主义者杀害，其中包括密西西比州执法机关的官员。志愿者们忍受着来自警察和权力当局的拘捕、殴打乃至轰炸。大部分去密西西比的学生都受到严重的恐吓、受轻伤并遭受各种蔑视。参加1964年密西西比"自由之夏"运动无疑是一个重要决定，大部分招募的志愿者都来自于大学校园里激进分子的演讲听众。随后，申请者需要填写一份5页的申请表，然后有招募人员对他们进行面试。

20年后，一位名叫道格·麦可亚当的社会学家主导了一项历史研究。他通过查阅档案获取了720份志愿者的申请表，其中239名志愿者通过申请但又退出了1964年密西西比的运动。麦可亚当还对80名参与者及退出者进行了深度的采访。这些数据让麦可亚当清晰地了解到这些学生的人际网络——和参与者及退出者的关系；麦可亚当可以更进一步地了解到间接人际网络关系。例如，一名学生可能没有被直接指出名字，而是通过另外一位受访者指出，这种间接的网络连接就叫"弱连接"（详见第八章）。

弱连接不能解释一名学生是否加入或退出密西西比运动，其他参数，如激进主义、种族、离密西西比的距离、大学的专业或其他的个人特征，也同样不能说明这个问题。而男性、高年级、校园社团的活跃分子等参数和参加"自由之夏"活动有所关联。但到目前为止，关于个人是否参加密西西比活动的预测，最有效的是其是否和其他参与活动者、"自由之夏"的活跃分子联系紧密。有一个亲密的朋友退出了活动，其他人也会受到其退出行为的影响，也有些人的退出是因为父母或其他长辈的反对。其中一个例子就是一名大一的女生说："我在校园听过一名 SNCC（Student

Non-violent Coordinating Committee，学生非暴力协调委员会）成员的演讲，并被迷住了，就像我的生活被赋予了使命一样。我记得我填写了表格，跑回宿舍致电我的父母，我想他们一定会为我的'使命'感到骄傲。"但她的母亲开始哭泣，她的父亲以停止对她的抚养来威胁她。面对这么强烈的反对，这名学生最后退出了"自由之夏"的活动。

和采用一项技术创新一样，意识形态思想的扩散也是一种社会进程。个人的人际网络关系，比任何变量都重要，能直接决定一名学生是否参加了 1964 年密西西比的"自由之夏"运动。相比于技术创新，由于意识形态的创新不需要物理硬件支撑，人际网络沟通就显得特别重要。

"自由之夏"运动非常激进的经验对后来影响巨大。反越战运动、女权主义运动、环境保护运动的发起人都是参加过"自由之夏"运动的"老兵"。所以，1964 年密西西比的夏天，可以视为学习抗议和组织技术的非正式学校。

（十一）扩散研究传统的趋势

表 2-1 显示，所有的行为科学学科都在创新的扩散中有所涉及。扩散研究在莱恩和格罗斯（1943）扩散范式形成后发展得很快，在随后的每 10 年，扩散研究的文献都在不断增长，而自 20 世纪 80 年代起，增长率有所下降。长期以来，因为更多的学科会被牵涉，也因为研究范式被应用到更多的创新中，扩散研究的领域越来越宽广。有些研究传统，如农村社会学，在早期对扩散学做了很大的贡献，但慢慢地学术兴趣也逐渐缩小了；地理学传统对扩散研究的兴趣很大，但在 20 世纪 90 年代中期后日渐式微；在其他研究传统如通信、市场营销、公共卫生，学生的兴趣还是非常浓的，一方面受互联网

兴起的刺激，另一方面艾滋病的流行也是重要的因素。世界性的大
事，在某种程度上决定了什么样的创新是最重要的，因此该领域的
扩散研究也会跟着兴旺起来。

三、扩散研究的类型学

　　本节将对扩散研究的类型做一个综述，在后续章节中会详细的
阐述。有别于前面提到的扩散研究的历史，现在关注的是研究的类
型，而不是研究传统。

　　表 2-2 显示了八大不同类型的扩散分析及其相关文献的数量。
到目前为止，最热门的研究话题是有关个体创新精神的参数研究（表
2-2 中的类型 3）。扩散研究成果中约 2/3 的实证研究是关于创新精神
的。在这八大研究类型中，每种类型我都会提供 1 到 2 项研究成果，
以便清晰地阐述该类型的本质。

表 2-2　扩散学研究的八大类型

类型	主要因变量	自变量	分析单位	约占所有扩散研究成果的百分比	在本书的章节	代表作
1	某社会体系中各成员对某项创新的早期认知	成员的特征（如世界公民性、沟通渠道行为）	一个社会体系中的成员（以个体为主）	5%	第五章 创新-决策的过程	Greenberg (1964)
2	同一社会体中不同创新的扩散速度	各成员对创新属性（如复杂性、兼容性等）的认知	创新	1%	第六章 创新的属性及采用率	Fliegel, Kivlin (1966b)

续表

类型	主要因变量	自变量	分析单位	约占所有扩散研究成果的百分比	在本书的章节	代表作
3	某社会体系中各成员（个体或组织）的创新精神	成员的特征（如世界公民性、沟通渠道行为、资源、社会地位、与推广机构的接触）；系统层面的变量	体系中各成员（个体或组织）	58%	第七章 创新性及采用者分类；第十章 组织内创新	Deutschmann and Fals Borda(1962b);Mohr(1969)
4	意见领袖对创新的扩散作用	成员的特征（如世界公民性）；系统规则及其他系统变量；沟通渠道行为	体系中各成员（通常是个体）	3%	第八章 扩散网络	Kelly et al.(1991, 1997)
5	扩散网络	体系中各成员的网络联系模式	体系中个体（或组织）二元网络链接	少于1%	第八章 扩散网络	Coleman et al.(1966)
6	不同社会体系对创新的采用率	体系规则；社会体系的特征（如意见领袖的集中程度）；推广机构变量（如推广策略）；创新决策的类型	社会体系	2%	第八章及第九章皆有陈述	Rogers, Kinkaid(1981)
7	沟通渠道的使用（大众媒体或个人社会网络）	社会体系中成员的创新精神和其他特征（如世界公民性）；体系规则；创新的属性	体系中的成员（或创新决策）	7%	第九章 创新推广人员；第五章 创新-决策的过程	Ryan, Gross(1943)
8	创新结果	成员特征；社会体系的本质；创新的使用	成员、社会体系、创新	0.2%	第十一章 创新的结果	Sharp (1952)

（1）创新的早期认知。迈克尔·E·迈尔（Michael E.Mayer, 1990）定义了最早获悉 1986 年挑战者号灾难的人们的时间、方式、内容。数据来源于对亚利桑那州菲尼克斯市成年人的抽样电话采访。这些最早获悉新闻的人被定义成了"先知者"，相对"后知者"而言。这则新闻扩散的速度非常快，在航天飞机起飞爆炸后半个小时，一半的受访者已经获知了该新闻。大部分的先知者是通过广播或电视获悉该新闻，而后知者一般是从人际关系网络渠道获得该信息（与其他新闻扩散研究的结果一致）。大部分从大众媒体渠道获悉该新闻的人们都会告知其他人关于挑战者号灾难事件。而从人际关系网络渠道获悉该新闻的人则会转向大众媒体，确认新闻真实和获取更多相关资讯。

（2）社会体系内不同创新的采纳率。弗拉德里希·弗利格尔（Frederich Fliegel)和约瑟夫·基弗林(Joseph Kivlin, 1996)在美国宾夕法尼亚州对 229 名奶农进行采访，调查他们对 33 项乳业创新中，每项创新的 15 种属性的认知，以获知他们对创新的采纳率：优点越明显（高收益低风险）的创新被采纳得越快；创新的可观察性、可试性和创新的采纳率相关程度不是很高；但是和奶农价值观兼容性越强的创新采纳得越快（见第六章）。

（3）创新精神。保罗·J·道彻尔曼和奥兰多·法尔斯·博尔达（Orlando Fals Borda, 1962)在哥伦比亚共和国的一个村庄进行一项扩散研究，测试美国扩散研究中创新精神的跨文化相关程度。结果显示哥伦比亚的研究和 E.M.罗杰斯对美国俄亥俄州农民的研究（Rogers, 1961）结论惊人地相似：不管在哥伦比亚还是俄亥俄州，具有创新精神的人都有着很多共性——更高的教育程度、拥有更大的农场。

另外一个关于创新精神相关性的研究由罗伦斯·莫尔（Lawrence Mohr, 1969）主导，对美国密歇根州、俄亥俄州及加拿大安大略省各郡的卫生部门的负责人进行创新精神的调查。共有 120 个卫生部门参与了调查，测量的标准是他们对公共卫生的新理念（如新项目、新程序）的采纳程度。最具备创新精神的组织特征非常明显：有更大的财政经济来源、规模更大、负责人更具备创新精神。

（4）意见领袖。扩散项目的成功或失败很大程度上依赖于意见领袖。在密尔沃基的威斯康辛药学院里杰弗里·凯利和他的团队在美国男同性恋酒吧主导的一系列田野试验以及在五个发展中国家开展的艾滋病预防项目，测试了意见领袖的作用。他们招募酒保帮助定位意见领袖，然后对这些意见领袖进行关于 HIV 传播的知识、安全性爱的实践及如何与他们的粉丝沟通等方面的培训。同时在男同性恋酒吧免费发放安全套。结果表明，在这些意见领袖所在的城市，HIV 的感染率比控制城市（即没有进行干预的城市）要低(Kelly et al., 1991, 1997)。目前凯利及很多国际合作者一起，正在测试意见领袖的策略，包括：印度陈奈的 30 个贫民窟、中国福建的营销中心、俄罗斯圣彼得堡的大型公寓、津巴布韦 32 个自然村、秘鲁的几个城市。

（5）扩散网络。在詹姆斯·S·科尔曼和他的同事们（1966）进行的药物扩散研究中，要求每个受试者都写出自己最好的医生朋友。科尔曼和他的同事决定把主要的变量设置成人际网络中谁和谁进行了对话。研究发现，年龄接近、宗教信仰相同、老乡、校友等都是影响人际网络的主要变量。但影响人际网络链接的最重要变量是同一诊所、医院、科室的同事关系——一起工作的医生们特别乐意和同事们讨论新药物。

（6）不同社会体系的创新采用率。E.M.罗杰斯及 D·罗伦斯·金凯德（1981）研究了 24 个韩国村落对计划生育创新的采用率。有别于类型 2 的"为什么有些创新扩散速度比其他的更快"，类型 6 是研究"为什么同一个创新在一个社会体系中的扩散速度比其他系统要快"。采用避孕方法最快的村庄被媒体曝光更多，村庄领导者和外界接触更多，有更多的推广机构和他们接触。而经济资助的多少则不能解释各村庄的采用速度不同的问题。

（7）沟通渠道的使用。莱恩及格罗斯（1943）对爱荷华州杂交玉米种子的扩散研究发现，农民一般从销售人员那里第一次听说杂交玉米种子，但一般都是被自己的邻里说服而采用它（后来的研究表明，销售人员在扩散的第一个阶段和认知阶段，都不是最重要的渠道）。虽然关于个体创新决策步骤的见解已经存在了一段时间，但莱恩和格罗斯首次提出了个体采用创新的步骤（如认知、说服等）。销售人员对早期采用者而言，是比较重要的渠道，但是对于后期采用者来说，人际网络关系更加重要。他们的研究结果表明，不同采用者类别的沟通行为也有所不同，这个结论也被后来的学者所证明。

（8）创新的结果。正如第十一章提到的一样，人类学家劳瑞斯通·夏普（1952）对原始部落使用钢斧头进行研究。由于被隔离在澳大利亚的丛林里，伊尔容特人没有受到现代文明的影响，后来一些传教士搬到了附近，情况发生了改变，传教士们把钢斧头作为礼物及工作酬劳给了当地土著人。在此以前，石斧是当地人的主要工具，同时也是男性和尊贵的象征，只有男人才可以拥有石斧。虽然妇女和孩子是石斧的主要使用者，但他们只能向男人借用。传教士却向每个人都分发钢斧，这在当地造成了极大的混乱，乃至引起了社会风俗体系的崩溃，引发了年龄和性别的混乱。以前，老人是备受尊重的，但现在他们却要依赖妇女和青壮年男子。钢斧的扩散结果是破坏性的、不可预料的（详见第十一章）。

小结

本章说明了虽然扩散研究开始时是不同学科的交叉，但后来形成了独立的、完整的概念及理论体系，尽管这些研究是由不同学科的学者主导开展的。研究传统是指有着相似话题的一系列研究，且前面的研究成果能影响到后来的研究。本章提及的研究传统包括：人类学、早期社会学、农业社会学、教育、公共卫生及医药社会学、营销、地理学及一般社会学。

扩散研究的八大类型为：

      1. 创新的早期认知；

      2. 同一社会体系不同创新的采用率；

      3. 创新；

      4. 意见领袖；

      5. 扩散网络；

      6. 不同社会体系创新的采用率；

      7. 沟通渠道的使用；

      8. 创新的结果。

当学者们遵循某一学术范式，该范式可以提供连贯的研究方向，但同时由于已经形成和标准化的一系列假设和概念偏见，让后来者很难逾越，这也是下一代扩散研究学者面临的挑战。在我第一本关于扩散的书（Rogers, 1962）里，我曾经说过，"本书表明了过去的学者一直在表面工作，后来的学者要扩展研究的领域及寻找更高的目标，可能需要在理论方向的指导下走得更深更远"。

第三章

扩散研究的贡献和批判

在过去十年，创新是社会科学领域最流行的元素。

——乔治·W·道斯与罗伦斯·B·莫尔合著《创新研究的概念问题》

本章主要回顾扩散研究的批评，并阐明某些不足之处及可改良的方向。扩散研究中的假设和偏见是什么？传统扩散模型如何扼杀了扩散研究的创造性和适应性？从 20 世纪 70 年代开始，某些观察家对扩散理论提出了批判性意见，这些意见应该受到重视，因为其为该领域指明了前进的方向。尽管存在着各种批判的声音，但我们还是要认识到扩散研究的成果已经得到了高度认可，不管是在帮助我们更系统深入地了解人类行为改变方面，还是在全世界范围内更加高效地推动一些项目上。

一、扩散研究的现状

目前，扩散研究的成果是非常引人注目的。近 10 年来，扩散研究的成果被写进各个领域的教科书里面，包括：社会心理学、通信、公共关系学、广告学、营销学、消费者行为学、公共健康、农业社会学等。在每个学科的顶级期刊上都刊登过关于扩散研究的文章。实践者（如推广机构）及理论学家都认为扩散学是社会科学中最有用的领域。多个美国政府机关都设立分支机构，负责向公众或本地政府推广技术创新的成果；这些联邦政府机构也会以基金会的形式资助一些扩散研究；美国联邦研发实验室依法必须向私人企业转让技术，由后者进行商业化改进后再进入市场；大多数公司都设立了负责扩散新产品的市场部，还有专门从事扩散研究以及帮助公司提高营销效能的市场研究部门。由于现代社会的创新层出不穷，所以扩散研究也遍地开花。

虽然在业界扩散研究今天已经达到了非常高的认可地位，但以前并不是这样的。大约在 40 年以前，两位扩散研究者，弗拉德里希·弗利格尔（Frederich Fliegel）和约瑟夫·基弗林（Joseph Kivlin, 1966)抱怨道："创新的扩散的地位就像私生子一样，虽然不能无视，但也得不到应有的认可，因为父母更加关注社会与文化的变迁。"在这两位仁兄之后，学者们对扩散的看法有所改善。如本章开始引用的那样，道斯和莫尔（1976）说："创新在过去的 10 年间在社会科学领域变得非常流行，这并不奇怪，创新的研究调查了关于个人、组织、政治团体的公开行为，已经带来了显著的效果。这些研究中即便最模糊的结论也具有高度的概括性，而这种概括性在日益专业化的社会科学中已经很少见了。"

对使用扩散研究结果的学者、赞助商、学生、实践者、政策制定者而言，其吸引力在哪里呢？为什么有这么多的出版物问世？

长时间跟踪一个影响社会体系结构的观念的扩散有助于更加准确地了解社会变革的过程。由于其显著性，创新往往可以在个体意识中留下深刻的印记，这些印记可唤起个体的回忆，方便研究。在扩散研究领域，行为的改变可以明确区分，特别是通过一些定义，如信息、不确定性等（见第一章）。扩散研究关注创新在一个社会体系内时间、空间的传播，以此赋予了行为改变进程的"生命"，通过把时间作为基础因素来加强对人类行为改变的概念化总结和分析。

扩散研究有益于社会科学的方方面面。经济学家关心经济增长，而技术创新是社会经济增长的重要变量；组织内的学生关心的是机构内变异的进程，以及组织结构如何由于新技术而发生改变；社会心理学家关心人类行为的改变，特别是个体所在的群体及人际网络是如何影响个体的；社会学家和人类学家虽然使用不同的研究方法，但是他们的共同兴趣都是社会变革；政治学家关心政策改变，如禁烟令和其他政策是如何被议会所接受的；传播学家关注为了降低不确定性而进行的信息交换。因而，扩散研究确实对社会科学各方面都有所裨益。

（1）扩散模型是多个学科融合的概念范式，其跨学科性的本质使得它可以成为连接多个学科的桥梁，并为不同科学的研究提供基础概念及方法论。如第二章所说，扩散研究没有学科限制。大多数的社会科学家都对社会变革比较感兴趣，而扩散研究可以深入了解这些变革，因为创新带来的结果对社会变革的影响很容易拿出来独立观察。因此，扩散研究就像使用放射跟踪器观察植物的生长一样：帮助了解其过程。

（2）扩散研究对如何更好地利用科研成果提供了很多帮助。扩散方法可以为下述情况提供帮助：①资助某项研究并试图利用研究成果的个人或组织；②致力于利用别人的研究成果来解决某一个社会问题或满足某需求的人。扩散的方法在知识利用的过程中还有助于把基于研究的创新和潜在用户连接起来（Rogers et al., in press）。

（3）如前面引用所述，道斯和莫尔（1976）指出，扩散的研究范式可以帮助学者把他们的经验性结论更加理论化地高度概括起来，因为扩散领域中有序增长的进程可以让经验性证据积累起来。如果不是扩散研究范式为很多研究提供了一般性指导，那么关于扩散研究的关注将会少很多。如果没有扩散模型，相关研究成果的广度和深度都要小很多。扩散研究范式为不同的案例提供了可以连贯的概括手段。实际上，在莱恩和格罗斯关于杂交玉米种子扩散的研究以前，也有很多出色的研究，但因为缺乏研究范式的支持，它们都走得不太远。

（4）经典的扩散模型所提供的方法论非常清晰且易于使用，数据收集及分析方法也不太难。扩散学者关心个体的创新精神特征，通过跨学科的数据分析方法实现。虽然扩散研究为学者们提供了如此直观的方法论，但它也限制了学者们的理论创新。

二、对扩散研究的批判

扩散研究为了解人类行为如何改变作出了巨大的贡献，如果没有下面描述的缺陷和偏见，其潜力将更大。如果说 20 世纪 40 年代扩散研究范式开始兴起，50 年代在美国壮大，60 年代在第三世界国家发展（见第二章），那么 70 年代就开始了对扩散研究的批判和反省。70 年代以前几乎没有对扩散领域的批判，批评观点的缺失实际上是扩散研究的最大弊端。

每个科学研究领域都对其研究的复杂现实进行了一些简单化的假设，并形成研究范式来指导该领域的研究。但科学家们往往意识不到这些自己所遵循的假设的存在，即便这些假设对现实的影响很大，如研究什么、忽视什么、用何种方法等。所以一旦一个科学家采用了某种范式，就不可避免地产生了一些研究的盲点。正如卡普兰（Kaplan, 1964）所言，"扩散研究的偏见性培训其实就是某种意义上的'无能培训'——对于做成某件事情，你了解的方法越多，你就越难有不同的方法去完成它"。但是，此类"无能培训"很多时候是必需的，否则，学者们很难处理该领域中大量的未知变量。可以说，所有的研究人员、所有的研究领域其实都存在盲点，因为他们必须遵循某一支配性的研究范式。

科学研究的本质是逐渐解开某些已经存在的重要疑难问题，这是发展和进步的过程，此过程正是对某科学领域的假设、偏见、缺点的认识。这种自我认识在很大程度上来源于理性的批判，这就是扩散学必须直面这些批判才能更加健康地发展的原因。

（一）扩散研究过度重视创新

扩散研究中一个显著的弊端就是过度重视创新。这是扩散研究中首个被提出来的研究偏见（Rogers, Shoemaker, 1971），目前还没有被纠正过来。什么是过度重视创新的偏见？为什么存在于扩散研究中？有什么办法可以回避这个问题？

过度重视创新偏见是指在扩散研究中，研究学者认为，创新就应该被某社会体系内的成员接受，就应该快速传播，不应该被拒绝或再创新。过去的研究文献中没有明确该偏见的存在，但已经被假定和存在于研究过程中。从理性的角度来讲，缺乏对该偏见的认知是非常麻烦和危险的。此偏见会导致扩散研究学者忽视创新的愚昧性、不重视创新被终止和拒绝、忽略再创新（虽然近年来有些研究涉及该领域）、无法研究对创新的反扩散（指不良的创新，如可卡因或香烟）。所以，过度重视创新的偏见让人们忽视了扩散研究中一些重要的因素，局限于人们对扩散的认知。

🡇 案例 3-1　埃及村庄饮用纯净水的研究[1]

当第三世界国家的村民被问及"什么是你生命中最重要的东西"时，他们的回答往往是"水"。水源问题一直严重困扰着分布在尼罗河三角洲的埃及村民。在这里，水源一般由静止、污浊的小水渠提供，这些水渠交错地分布在人口密集的农业区域。但这些污浊的小水渠对健康而言是极大的威胁，因为人们在那里洗衣服、洗碗，甚至小便、排污，然后饮用。在炎热的夏天，这些静止的小水渠里到

---

[1] 案例来源于 Belasco (1989)。

处漂浮着一层绿色的水藻。

这些沟渠中繁衍着大量的蜗牛，而蜗牛是各种寄生虫的宿主，这些寄生虫可以导致一种尼罗河三角洲地方性疾病——血吸虫病（也称为"蜗牛热"或"住血吸虫病"）。染病的孩子就会变得像"活僵尸"一样，身体的重要器官如肝、肺、脑等都逐渐被寄生虫吸尽，很多孩子因此丧命。沟渠中的水还会导致婴儿患痢疾，患病婴儿会在数小时内脱水而亡（详见第九章）。

虽然这些沟渠的水极度威胁健康，但这却是尼罗河三角洲地区重要的饮用水源。一位名叫大卫·贝拉斯科（David Belasco, 1989）的扩散学者尝试了解这个现象。有一次，他看到一名妇女正在打饮用水，而旁边就有一个人往水渠里小便，水渠里还漂浮着一头死驴，这样明显被污染的水源怎么还有人饮用呢？

为了改善当地饮用水源的卫生状况，在美国国际发展组织（USAID）的资金资助下，埃及卫生部为村民建了一套净水系统：在尼罗河三角洲地域建立氯化消毒过的水源，并通过泵、水管将净水输送到这些村里的公用水龙头。但实际情况是仍有过半的村民更加喜欢水渠里的水，没有人只喝净水。虽然绝大部分的村民已经通过电视、广播上政府的宣传获知水渠里的水中存在微生物且可致病致死，但他们还是热衷于使用水渠里的水源。

贝拉斯科对 3 个村庄里取水的女性进行访谈，并通过观察法、民族志分析法收集补充数据（在众多扩散研究中，此案例比较特殊，同时使用了定性和定量数据）。贝拉斯科发现，对埃及的村民而言，管道纯净水并不是一项特别合适的创新，这有别于卫生专家、环卫工程师宣称的情况。他其实已经克服了在很多扩散研究中存在的过度重视创新的问题。

埃及的政客们承诺所有尼罗河三角洲的村民都能用上纯净水，实际上在现有的资源基础上，这样宏大的目标使得净水系统严重超负荷；另外，也使更多的水资源被浪费掉。本来每个水龙头都配有一个弹簧阀门，以便在不用水的时候关闭。然而，频繁地使用这个阀门常会造成弹簧的损坏，有时这些弹簧还会被村民人为破坏，因为他们更加喜欢源源不断的流水。夜以继日的水流一方面造成了龙头周围泥泞不堪，另外一方面也让净水系统的水压变低。

很明显，为尼罗河三角洲的村民提供净水技术的举措没有经过很好的论证和计划，其对埃及村民的行为和文化考虑不周。和很多其他技术体系一样，建造净水系统的水力工程师们没有全面地考虑用户行为，技术创新无法满足用户需求，此类创新缺乏兼容性。

贝拉斯科访谈的对象还表示他们不喜欢净水系统流出来的水带有"化学品"、"医药品"的味道，他们还偏信净水还会削弱他们的性欲。因为在当地，政府推行的计划生育政策很不受待见，因此关于在净水中加入药物以控制埃及人口增长的谣言满天飞。

大部分的村民使用一种叫 Zir 的容器储存水，这种容器用陶土制作，类似瓶子，它的蒸发作用能使水冷却分层。脏物、泥土等杂质会在 Zir 底沉淀，表面的水看起来很干净，但其实细菌、血吸虫等依然存在；然而村民迷信 Zir 可以起到净化水的作用。更加严重的是，很多 Zir 没有盖子，尘土昆虫等还会再次污染里面的水。

另外，社交因素也能解释为什么很多取水的妇女更加喜欢去沟渠打水。家庭主妇们集中在河堤边上洗衣服、洗碗、取水的时候还可以传传新闻和八卦。相反，在净水系统的龙头边上排队让人不太愉快。这些妇女们一大清早就去排队，由于水流量很小，队伍越来越长，争执、推搡也时常有发生，还会把这些妇女家中的男性牵涉进来。更加严重的是，在用水需求较大的炎热夏天，净水系统的供给经常不能满足村民的需求，停水几个小时乃至几天很平常。净水系统的不可靠让村民更加喜欢沟渠里的水，有些妇女把从水龙头打回来的净水倒入盛有沟渠水的 Zir 里面，严重削弱了净水对健康的帮助。

这些受试者都是虔诚的穆斯林，他们每天礼拜五次，而每次都需要净手净脚，宗教的信仰让他们相信需要净水来洗手脚。让人难以置信的是，很多穆斯林用净水来洗手脚却喝沟渠里面的脏水。村庄里面的宗教领袖本来可以很好地扮演意见领袖的角色，但是由于推广机构的错误策略，意见领袖没有被很好地利用起来。

不管是喝净水的还是喝沟渠水的村民，都不像人们起初看起来那么非理性。贝拉斯科的研究最大的贡献就是阐明了个体对创新认知的复杂性，对这些复杂性的认识有助于技术专家的继续进步。毕竟，创新的扩散由认知说了算。关注个体对创新的认知而不是专家的认知，有助于克服过度重视创新。

1. 过度重视创新的原因

为什么过度重视创新的偏见会成为扩散研究的一部分？其中一个原因是研究传统造成的：在莱恩和格罗斯（1943）的研究中，杂交玉米种子为爱荷华州的每个农民都带来利益。但大部分的其他创新相对来说，利益没有这么明显，有些人并不能接受某些创新。如果扩散研究不是由 20 世纪 40 年代的杂交玉米种子开始，这种过度重视创新的偏见或许不会发生，至少会被认识到并作其他处理。

20 世纪 70 年代，一些批评家开始认识到扩散研究中过度重视创新的偏见，如道斯和莫尔（1976）曾经指出，"创新目前还是被赋予过重的正面价值，就像效率一样，我们还是希望生物都具备创新的特质。人们已经在有意识地排斥'发展与增长'的观念，但是创新，人们往往认为不仅是纯技术改变，而且和进步相关"。所以"创新"是现代社会的一个正面词汇，类似于"母爱"、"爱国主义"。

到底是什么造成了过度重视创新的偏见呢？

（1）很多扩散研究由推广机构主导——他们本身就过度重视自己的创新产品（这不难理解，他们的目标是推广这个产品），而他们所资助的扩散研究人员、咨询人员、雇员也接受了这个观点。

（2）扩散研究人员只能对"成功"的创新进行追溯研究，而"失败"的创新无迹可寻，研究素材也有限；同时，拒绝或终止采用某创新的人也不太乐意配合有关此创新的研究。出于类似的原因，对某创新的再创新也让传统的扩散学者无所适从，不知道该如何归类这种"采用"行为（详见第五章）。扩散学者所采用的传统研究方法也让他们更加关注成功的扩散。所以，过度重视创新的偏见不可避免地存在了。

还有一个造成过度重视创新的偏见蔓延到众多扩散研究中的原因，是对创新对象的盲目选择，这是非常危险的，因为这种盲目是无意识的、潜在的、非蓄意的。我们来看看在一般的扩散研究中，创新对象是如何选择的。

首先，研究的资助者指定了某创新或创新系列。例如，一个手机或手持电子设备制造商可能会要求扩散学者确保研究成果是关于该产品是如何扩散的，以及该如何加速扩散进程；或者，政府机构可能为扩散学者提供资金，让他们研究如何向公众扩散某项新技术、新观念。比如，美国联邦政府推广机构曾经赞助笔者研究"每天五顿"（每天吃五次水果或素菜）预防癌症营养项目、万维网及互联网、制定城市禁烟条例等。虽然关于这些项目的缺点、对于某些人的弊端在一些研究中已经非常明确地指出了，但是这些项目看起来仍都具有非常明显的优势。比如，当你采用了互联网，就必须面对孩子可能接触到黄色图片的威胁。

还有很多案例，在选择创新对象的时候，虽然没有受到资助者的影响，但是这些创新必须是能吸引研究人员理性兴趣的，故他们经常会选择扩散得非常快的创新，而这些创新往往都是引人关注和充满活力的，还很可能是涉及政策制定的。遗憾的是，这样的选择就在扩散研究中不可避免地注入了过度重视创新的偏见。

关于过度重视创新的偏见，我们现在了解到的创新：（1）扩散速度快的产品比慢的多；（2）采纳的比拒绝的多；（3）持续使用的比终止使用的多。基于经济、后勤保障、方法论、政策等方面的原因，出现以上的情况是可以理解的。但问题是我们了解成功的创新比失败的创新多得多；而从理性的角度来说，后者或许更加具价值。

将来我们需要探究一些过去没有接触到的话题，以期抛弃过度注重创新的偏见。例如，为了纠正过去的偏见，需要一些学者从事"反创新偏见"的研究。

2．克服过度重视创新的偏见

如何才能克服过度重视创新的偏见呢？

　　　　　（1）探讨有别于过去的事后数据收集法这一扩散研究方法。过去的扩散研究需要等到某一创新在某社会体系下完全扩散后才进行（见图3-1），但是这样研究对象容易倾向已经成功扩散的创新。

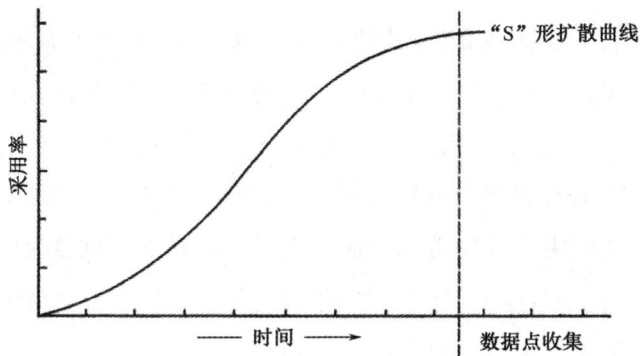

图 3-1　数据收集法

　　常见的扩散研究一般在某创新被广泛采用后再去采访受试者，故此类研究多选用成功的扩散案例，过度重视创新的偏见就不可避免地发生了。

在扩散的过程中进行研究是完全有可能的（见图 3-2）。可以在扩散过程中的两个或多个点进行数据收集而不是等到扩散完成后（目前很多研究都是这样做的）。这种方法有些像田野实验——在干预前后进行数据收集，如贝雷尔森及弗里德曼（1964）在中国台湾地区做的计划生育研究（见第二章）、第五章将要讨论的坦桑尼亚项目（计划生育和艾滋病预防）（Rogers et al., 1999; Vaughan and Rogers, 2000）。

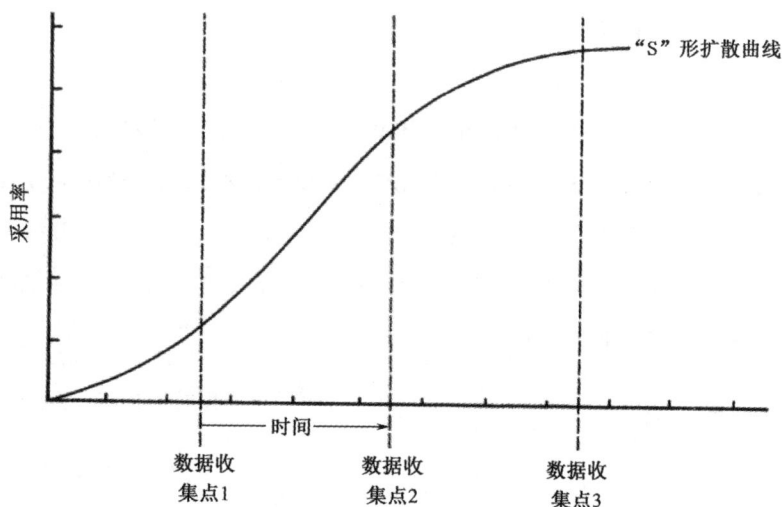

图 3-2 选择研究法

应该设计跟踪研究，在扩散过程中的几个时间点进行数据收集，可以避免让受试者需要通过记忆来回答采用该创新的日期。

（2）扩散学者必须非常小心谨慎地选择研究的创新对象。如果选择了某个成功扩散的创新，也应尽量选择在同一个社会体系下同一个时间段某个没有广泛扩散的失败的创新进行研究。这样的对比分析有助于阐明过度注重创新偏见的严重性。一句话，想办法克服过度重视创新的偏见。

（3）应该认识到，反对、终止、再创新是创新的扩散过程中最常见的事情。如果创新学者从使用者的认知和实际情况出发，这些行为看起来就是理性且合理的。例如，采用者认为自己很熟悉当地的情况，推广机构却未必了解这些情况。本土的知识体系，如秘鲁洛莫林地区农村关于水的"寒-热"知识（见第一章）会影响一个创新理念的推广。再例如，近些年，农业学家建议墨西哥的农场主停止当地传统的玉米和豆子间植，后来，农业研究表明，玉米和豆子间植更加高产而且还有其他好处（比如，即便某一作物歉收也不至于全军覆没）。这个案例表明，墨西哥的农民比农业学家懂的更多。

（4）研究者应该从广义语境调查创新的扩散，例如：一开始创新是决定向哪个社会体系的成员扩散的？这个决定是怎么做出来的？它和它所取代的创新、实践是怎么联系起来的？从研发开始到最后是如何产生该创新的（见图3-3）？这样，扩散研究就可以从更加广阔的系统中阐述扩散发生的过程，且避免发生过度重视创新的偏见。

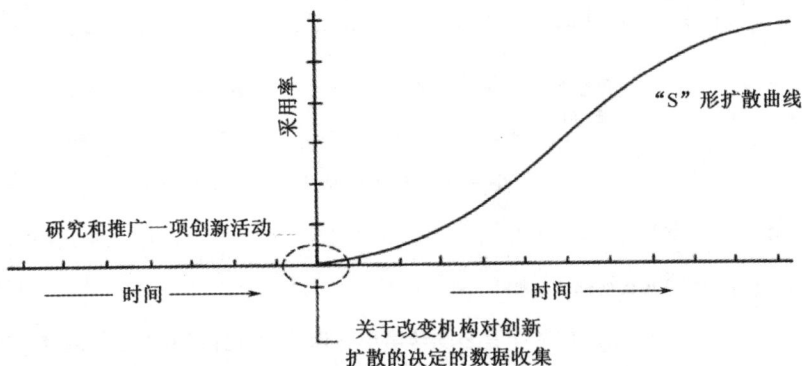

图 3-3　避免过度重视创新的偏见

避免过度重视创新的一种手段就是调查扩散的广义语境，如通过推广机构的扩散。扩散学者同样应该研究创新的研发部门的最初设计及后来的成品。

（5）人们采用某创新的动机是什么？我们必须增加对这一问题的认识。这个"为什么"的话题一直没有被扩散研究学者探讨过。不可否认的是，这个话题比较难调查，因为一些采用者可能无法告诉你他们采用某创新的动机，而有些采用者可能不乐意告诉你。简单地通过调查问卷里面的一个直接的问题不足以揭开采用某项创新的理由，虽然我们无法通过常规的方法来收集用户的动机数据，但还是应该坚持去问"为什么"采用了某项创新。同样，我们还要调查用户为什么拒绝或终止某项创新，就像大卫·贝拉斯科调查为什么埃及村民不喝管道自来水一样。

人们通常认为，经济上的动机是人们是否会采用某项创新的主要原因，特别是比较昂贵的创新。毫无疑问，经济因素非常重要，但是采用某项创新获取到的声望可能也同样重要。例如，贝克（Beck, 1970）的研究发现，声望动机对于城市和农村卫生部门采用某项创新来说非常重要。摩尔（Mohr, 1969）解释说："很多大型、成功的卫生组织对创新的反应是比较迟钝的，他们决定采用新技术或项目的动机是对社会声望的追求，而不是对效率和利益的追求。"不同于贝克和摩尔研究的公立机构，对于私人机构来说，声望动机比不上利益动机。而我们决定采用某项创新（如时装、新款汽车、轻薄笔记本电脑）则说明对于声望的渴求的重视，我们不知道这一动机，是因为很少有扩散学者评估采用者的动机。

再创新是使某创新适应使用者实际情况的一种途径。在扩散研究的前几十年，学者们并没有意识到再创新的存在，他们一直把创新当成扩散过程中的不变量来研究。虽然姗姗来迟，但学者们还是认识到了每个采用者对创新的认知都可能不同，而且会因地制宜地使用它。因此，学者们不再假设某创新对所有用户都是"完美"地解决问题和满足需求。

如果扩散学者可以从受试者的角度来审视某项创新，如为何采用、拒绝，将有利于摆脱过度重视创新的偏见。过度重视创新是非常危险的，因为这过于从研究人员对创新的认知出发。

一位敏感的扩散学者，JD·埃夫兰（J.D.Eveland, 1979）指出，"过度重视创新的价值体系其实没什么错，因为目前市场上大部分的创新都是有益于社会的各种价值体系，推广它们可以视为公共责任。"但是，就算是一项非常具有优势的创新，在潜在用户看来，也可能有别于推广机构和学者对其的认知。简单地把采用创新视为理性（在此定义为采用正确的方法达到既定目的），把拒绝创新视为愚蠢，是有失偏颇的，至少否认了个体对创新决策的认知是个性化的。他们对创新的采用与否是基于对创新的认知。不管试图客观评价创新决策的学者认可与否，个体在采用或拒绝某项创新的时候，都认为自己是正确的（至少在做决定的那刻是正确的）。扩散学者应该牢记个体的认知在创新行为中的重要性。

过去，创新学者总是过分依赖过度理性的扩散模型，这带来了不幸的后果——我们总是假设用户和我们一样认可某项创新。我们需要质疑创新是否对所有人都是有益的并收集数据分析个体对创新的真实看法，一如大卫·贝拉斯科在埃及研究当地农民拒绝使用自来水一样。

当然，避免过度重视创新的偏见，首要的事情就是承认它确实存在。

案例 3-2　印度及中国的重男轻女案例[2]

一般来说，大部分国家和地区所推广的大部分创新及其扩散行为，对大部分采用者来说都是有益的。因此，从某种程度来说，过度重视创新的偏见是可以理解的。但在一些案例中，某些有明显益

---

[2] 案例来源于多部文献，包括 Luthra (1994)，Dugger (2001)及 Wiseman (2002)。

处的创新对某些采用者和社会而言，可能是不适合的；更有些广泛扩散的创新会给社会带来灾难性的后果。

其中一个案例就是在印度和中国农村地区推广医学的性别鉴别技术，特别是超声波检测技术。这两个国家的父母强烈偏好男婴，表现在研究各种判别婴儿性别的传统学问（如普遍认为胎位比较靠下的一般都是男婴）、杀害女婴、忽视女婴的成长（如营养供给不足）等方面（Luthra, 1984）。因为在过去印度和中国没有政府主导的社会保险体系，男孩可以延续家庭姓氏并承担赡养服务的责任；也有女儿出嫁的时候，家里还要陪送嫁妆等原因。如印度一则超声波性别鉴定的广告上说的那样，"现在付出鉴别和堕胎的费用，比日后付出嫁妆要划算"（Luthra, 1984）。在印度，重男轻女的思想严重到如果有人问一个家庭有多少个孩子的时候，他们一般只算男孩的数量。

性别鉴定设备在20世纪80年代初引入印度，在1984年虽被视为不合法设备，但是没有强制执行禁令。紧凑型的超声波机器在农村和小城镇迅速扩散，因为这些地区重男轻女思想更加严重。很多农村小诊所可以通过各种办法巧妙地传递性别鉴别的结果，如医生在检测后皱眉头表示女婴，微笑表示男婴。性别鉴别的费用大概是11美元，因此在印度经济情况较好的北部城市如旁遮普对这项技术的需求最大。在1991年，那里的男女出生比率是114:100；而在2001年，达到了126:100。在美国和世界上的大部分地区，这个比率大概是105:100到107:100之间（Dugger, 2001）。

在中国，政府在1979年开始执行的计划生育政策（一个家庭只允许生一胎孩子）无意间加剧了这种重男轻女的思想，男女出生比率从1982年的108:100增长到1990年的111:100，到2000年为117:100。在情况最严重的湖北省，男女出生比率达到了130:100[3]。

---

[3] 译者注：具体数据请查阅国家统计局年度公报。

估计到 2020 年，由于女婴的低出生率，导致未来适龄的女性不足，中国会有 3000 万～4000 万的适龄男青年找不到老婆。在中国，讨不到老婆的男人被称为"光棍"，他们是女人日益短缺的社会竞争下的失败者。农村受教育程度低、没有稳定工作的男青年往往很难找到伴侣。

拉西米·卢特拉（Lashmi Luthra, 1984）教授提出超声波性别鉴别带来的问题，引起了社会对男女比率失调问题的关注，他认为研究对有害于社会的技术的扩散，与研究那些有益于社会的技术的扩散同样重要。

（二）扩散研究中个体指责的偏见

来源偏差指的是扩散研究中视角集中在推广机构而非潜在用户的趋势。此来源偏差很有可能来自我们的研究对象——"扩散"，否则，它有可能叫"解决问题"、"寻找创新"、"创新的评估"等从使用者视角出发的词汇。我们很好奇，如果莱恩和格罗斯（1943）关于杂交玉米种子的扩散研究的资助者是爱荷华州农业联合会（一个农民组织）而不是爱荷华州农业试验站，其研究的结果又将会有怎样的不同呢？如果哥伦比亚药物研究的资助者是美国政府而不是辉瑞医药公司呢？早期扩散研究的资金来源不仅赋予它过度重视创新的偏见，还形成了一些其他的重要框架。

1. 个体指责与体系指责

在扩散研究中，由于资助者的不同及其他来源偏差，人们很容易发现对个体指责，而忽略了对体系指责。个体指责倾向于个体对问题负责，而不是个体所组成的体系对此负责。个体指责隐含的意思是"如果鞋子不合适，那肯定是你的脚出问题了"。与之对立的体系指责，隐含的意思刚好相反，如果鞋子不合适，鞋厂或市场体制应该对此负责，因为他们做出了不合适的鞋子。

很多社会问题可能本质上确实是由个人因素引起，有效的解决方法可能是需要改变这些个人因素。但在很多个案中，造成社会问题的根源可能是由个体组成的广阔的背景和社会体系。针对改变个体的改良政策可能对解决体系层面的问题无效。如何定义一个社会问题，是决定解决方案的重要因素，同时也决定着解决方案的效果。最常见的错误就是定义社会问题的时候过度重视个体指责，而轻视了体系指责。因为体系指责倾向于让社会体系对问题负责。

以下案例中，对社会问题的最初定义都是依照个人指责进行的：

（1）公益宣传海报标题上的"误吃铅涂料可致命"，是警示有些低收入家庭的父母允许孩子吃旧墙体上剥落的涂料的行为有害。实际上，这海报指责的对象是父母，而不是涂料制造商或房东。不过，20世纪90年代，联邦立法局颁发法令，要求房东确认出租的房子都是使用无铅涂料的。

（2）机动车事故是美国35岁以下人群死亡的主要原因。在20世纪60年代以前，人们都把高速路安全问题归咎于超速、鲁莽驾驶、醉驾（见第四章），所以公益宣传也是针对个人的，如"不要醉驾"、"系好安全带"、"为生命减速"等。不幸的是，高速公路交通事故的发生率还是持续上升。拉尔夫·纳德的书《没有安全的速度》中，重新定义了交通事故的原因，从原来的个人指责——"手握方向盘的人"，转向了后来的体系指责——汽车和高速公路的设计。当安全问题从个体指责和体系指责两方面重新定义后，联邦立法机构马上出台有关高速公路和汽车安全设计的法例，交通事故率才降下来（Walker，1976，1977）。例如，安全法例要求在汽车生产时为仪表盘增加更多内容、加固保险杠，同时要在高架桥的水泥支柱上增加撞击减震器等。重新定义安全问题没有否认个人因素，而且也为安全驾驶做出了贡献。在80年代和 90 年代，MADD（Mother Against Drunk Driving，妈妈反对醉驾）运动促进了对醉酒驾驶行为的重罚，有助于高速公路上交通事故的死亡人数减少。

（3）芝加哥一个大型培训项目尝试提高市中心黑人的就业能力。培训课程强调工作中守时的重要性，但这样的个体指责方法没有奏效。一项研究表明，只有 1/4 的受训人员有手表或闹钟，所以他们中大部分人都必须依赖别人叫早才能醒来。另外，这些接受再培训的人员需要从市中心赶到郊区的工作场所，还要依赖不太可靠的公共交通工具并面临交通拥堵的问题。尽管如此，培训机构还是不愿意花一美元为他们购买闹钟。

在上述案例中可以看出，如果一个社会问题单纯地被定义成个人指责，扩散项目的效果不会很理想，除非引入了体系指责。

2. 个人指责与创新的扩散

"（为了预测创新性）在扩散模型中使用的各种参数，都被概括为对体系中个体的成功与失败的预测，而不适合用来预测体系的成功与失败"（Havens, 1975）。在过去的扩散研究中，学者总把个体指责变量与创新精神（包括受教育程度、业务规模、收入、世界公民性等）进行相关性分析（见第七章）。另外，在过去的研究中，个体的创新精神变量中还包含了应该划入体系指责的变量，如推广机构与用户的接触、推广机构的援助力度（如购买优惠）。但没有文献研究创新推广机构是否为用户提供足够的信息，是否在推广一项不恰当的创新，是否无法接触到那些受教育程度较低、特别需要机构支持的用户。

在过去的研究中，后期采用者及后知后觉者一般都会受到个体指责——因为他们太迟地采用某项创新，或者在其所在的体系中比其他成员落后。推广机构认为这些落伍者没有虚心地接受专家的指导意见去使用某项创新。这些人会被视为"守旧者"、"非理性者"。不过，通过更加详细的分析，我们发现这些创新可能由于他们的业务规模、有限的资源等，未必适用于这些用户。实际上，对他们而言，不采用才是理性的。如果从体系指责的角度出发，我们就会审视研发部门是否懂得满足用户的真实需求，推广机构是否了解后期采用者的真实情况。思考一下本章前面提到的埃及自来水供应系统，是不是真正为用户的潜在需求设计的。

对推广机构而言，后期采用者一般都是传统、无知、保守的形象。推广机构为了达到推广的效果，一般不会和具有这些形象特征的人接触太多，这样，在没有推广机构的信息输入及帮助下，他们就更加不愿意采用某项创新了。因此，后期采用者的形象变成了现实。其实，任何人都会对个体指责更感兴趣，除非这个指责是针对自己的。

加拿大埃德蒙顿及卡尔加里的垃圾回收利用行为案例，可以很好地阐述个体指责偏见是如何影响我们了解扩散进程的。在 20 世纪 90 年代初，环境保护问题比较突出。不过，德克森及加特尔（Derksen, Gartell, 1993）发现，只有靠近路边垃圾回收利用站的人们才比较关心空罐头、瓶子、报纸的回收利用。埃德蒙顿的垃圾回收利用程度比卡尔加里要高，因为后者没有在城中的路边建立起垃圾回收利用站。"垃圾回收利用被认为是个人行为"——垃圾回收利用站及政府机构的这种个体指责的态度实际上是错误的。在个体对环境问题的态度转化成回收利用行为前，社区层面应该决定采取何种垃圾回收利用计划。扩散研究应该侧重于一些城市如埃德蒙顿及卡尔加里的垃圾回收利用率如何，而不是关注这些城市中个体的回收采用。现在我们可以看到，体系指责的观点是如何把研究的单位从个人上升到一个城市（至少是包含了城市体系及城市里的个人，并把采用垃圾回收利用看成偶然的创新决策）。

3. 造成个体指责的原因

专业的创新机构在考虑用户拒绝某项创新的时候陷入个体指责的思路是可以理解的。但是扩散研究是为何又如何体现出这种个体指责倾向的呢？

（1）如前所述，学者往往接受了研究资助者设定的一些预置定义。如果研究的资助方存在个体指责的偏见，学者也不可避免地具有这类倾向，后续的研究很可能就沿袭了创新机构的个体指责的框架。"此类研究最擅长形成证据链证明'可怜之人必有可恨之处'"（Caplan, Nelson, 1973）。

过去的扩散学者最常犯的错误就是不自觉地把造成某事件或条件的原因与对其的指责画等号；其实前者应该通过科学及经验的验证，后者应该是建立在某种信仰及价值观上形成的观点和解读（Caplan, Nelson, 1973）。原因和指责应该是两码事。过去的扩散研究中，个体指责偏见往往来源于研究者不加批判地接受了来自其他人的定义，并将其视为科学的。研究者应该倾向于在科学和经验的基础上对"原因"进行论证和分析，而不是全盘接受他人的价值观和信仰。尽管社会科学家的研究是客观的，但是在选择和制订研究问题的时候不可能不受其他人的影响。

在制订研究及干预设计前，准确地定义问题及了解个体的认知是关键的第一步。举例说明，事故预防专家为小朋友制作了一条家庭枪支安全的宣传片，重点强调小朋友们不要在家玩枪。宣传片在芝加哥的一所市内学校进行前测评估，专家们展示了一幅图片——梳妆台抽屉里有一支左轮手枪，并询问孩子们应该怎么做，孩子们异口同声地回答："不要碰枪。"测试者询问："为什么呢？"孩子们却回答："当心留下指纹。"这回答让测试者非常惊讶，最后他们反馈给专家，让专家重新思考枪支安全如何宣传的问题。

有一位来自约翰霍金斯大学的卫生学者访问非洲西部的科特迪瓦，从事关于降低青少年怀孕率项目的扩散顾问工作。之前的研究表明当地青少年关于避孕的知识匮乏，而且很难从药店或诊所买到避孕套。关于避孕的宣传主要是通过大学生和老师以戏剧的形式进行。在某个喜剧工作坊，当地的小女孩告诉这位来自约翰霍金斯大学的顾问，造成科特迪瓦青少年怀孕的真正原因是"甜爹"（那些利用食物、金钱、珠宝引诱小女孩进行性交活动的老男人）。甜爹们包括学校的老师、校长乃至来访的教育部官员。了解了这个情况以后，大学顾问建议学生在戏剧中考虑重新定义青少年的性问题。最终，该戏剧赢得了国家戏剧大赛并通过电视在科特迪瓦乃至整个非洲地区播放。在这个案例中，关于体系指责的重定义有助于扩散干预。

另一个例子是瑞典拖拉机的重设计案例。生产商的拖拉机销售不太景气，于是他们委托市场调查人员研究农民对拖拉机内部配置的需求。机械设计师一心只想提高拖拉机的马力和操作性能，但是却在形成性评估的结果中发现，更多的农民希望改进拖拉机的音响系统（现在大部分的拖拉机都配有收音机）。相应地，再次设计时拖拉机驾驶室的隔音系统也得到了改善并安装了更加高端的 CD 播放机。于是当新品上市的时候，销量飞涨。所以，一旦问题由用户进行定义或重定义时，拖拉机设计者就明白了为什么自己的产品会滞销。引用农民的话就是，"你不是在卖拖拉机的动力，而是在销售舒适的拖拉机"。

（2）另一个可能造成扩散研究中个体指责倾向的原因是研究人员感觉很难改变体系指责的变量，而个体指责变量相对容易操作。体系级别的变量，特别是涉及体系内社会系统的，的确比较难改变。但系统改变的第一步要准确地定义或重定义问题，然后才有可能找到有效的方式。

（3）相对体系而言，个体更加容易接近，而大部分扩散研究的测量工具也引导学者们把个体作为测量单位。扩散研究范式也引导着学者们侧重对个体的研究。例如，莱恩和格罗斯研究爱荷华州个体农民。而推广机构（如销售人员及农业服务站）的创新扩散行为、创新的研发组织（如爱荷华州农业实验站）等不属于该研究的范畴。在第四章，我们将描述为何要将加州的西红柿收摘机器设计成大型并昂贵的。毫无疑问，采用该机器的都是大型种植园，小农场主也因此被逼出市场。

大部分进行扩散研究的社会科学家都是收集潜在采用者数据的专家，特殊的研究方法也让他们在创新扩散的问题上表现出了个体指责的倾向，而忽视了体系指责的观点。人类学扩散研究传统一向采用定性的分析方法，此方法的个体指责倾向较小且喜欢体系指责的观点（见第十一章）。

扩散研究中过度侧重将个体作为分析对象的现实（严重地忽视了个人网络的重要性），往往是因为收集数据的对象是个体，于是把分析对象也定位为个体。扩散研究的方法倾向使用"解构"人类行为"使用抽样个体数据的方法，就像社会学绞肉机，把个体从他的社会背景中硬生生地撕下来，假设在这个社会里每个人都是独立的、不和别人交互的。这有点像生物学家把研究的动物放进汉堡包机器里面绞了一遍后再用显微镜观察抽样的几百个细胞没有了解剖心理学，没有了结构和功能，只剩下细胞学。"(Barton, 1968)

就算个体是作为数据收集的单位，网络关系还是可以作为分析单位的。沟通网络分析法就是用来定义某体系的网络结构的，此法可根据沟通过程的相关数据流进行以人际关系网络为单位的分析（见第八章）。网络分析法可以帮助学者了解创新扩散过程中进行信息输送的沟通结构。

具有重大影响力的莱恩和格罗斯关于杂交玉米种子的扩散研究没有收集来自扩散网络的数据，扩散学者的目光只能聚焦在后续的研究中，特别是科尔曼和同事们（Coleman, 1966）关于药物扩散的研究。今天，扩散学者通常都会向受试者询问此类社会测量学的问题："关于接受这项创新，你有从这个体系中的其他人那里得到过什么信息吗？"现在，社会网络而非个体成为了分析的单位，扩散学者在抛弃个体指责方面迈出了第一步。

4．克服个体指责

在研究的过程中，不恰当的个体指责倾向该如何克服？

（1）扩散学者应该寻找可以作为个体分析单位的替代。

（2）研究人员应该广开言路，至少在得到支撑数据前，不应该相信来自推广机构的扩散定义，这些都会带来个体指责的倾向。

（3）在定义扩散问题的时候，所有的参与者都应该被考虑进去，包括采纳者、拒绝者，而不仅仅是那些寻找解决问题的人（如推广机构）。

（4）在扩散研究中必须考虑社会及传播的结构变量、个体内部变量。过去的研究大量关注听众研究，而严重忽视了来源研究。未来的扩散研究应该广泛地侧重创新生产者、创新推广者、创新受益者。

与如何克服过度重视创新偏见的道理一样，要克服个人指责，首要的问题是先承认它的存在。虽然个人指责偏见并非任何时候都不合适，也许在某项特定的研究中，个体层面的变量可能是合适的，但在过去大部分的研究中，像以个体变量为中心的心理分析法，都不能全面地阐释其研究的扩散行为。

（三）扩散研究中记忆唤醒问题

在过程研究（如扩散研究）中，时间是方法论的最大敌人。由前面的定义可知，创新的扩散是一个时间过程。关于受试者何时采用某项创新的数据收集，看起来很简单，事实却并非如此。

1. 测量采用某项创新时间的问题

扩散研究与大部分社会科学研究的区别在于时间变量不可忽略。时间是扩散的 4 个要素之一。扩散是随时间发展的进程，所以扩散研究中没有办法回避时间的问题。虽然在扩散研究中加入时间变量看起来非常美好（如创新跟踪研究的质量），但从方法论上来讲，这是有缺陷的。

扩散研究中的一个弱点就是依赖受访者的回忆来确定他采用某项创新的时间。从本质上来讲，为了重构他们的创新体验，受试等于需要回顾过去。这种"往回看"的办法并不完全可靠，创新对个体的显著性、回忆的时间长度、个体受教育程度、记忆力的差异等因素都会威胁研究的可靠性。在第二章，我们讨论过防火站研究法，也就是在新闻事件发生后很短的时间内收集公众数据。学者们担心一旦时间过长，受试者将忘记他们是如何获知该新闻、如何收集更多的信息，以及他们当时的反应等。相比之下，迈尔和他的同事们（Mayer, 1990）发现在挑战者号灾难发生几个星期后，受访者的回忆数据还是非常精确的。这个研究在某种程度上肯定了回忆数据，但学者们还是持担心的态度。

在扩散研究的设计中，大部分是对从受访者（通常是采用者及潜在采用者）那里一次性收集到的横截面数据进行相关性分析，这些方法都来源于莱恩和格罗斯杂交玉米种子的扩散研究。由于创新是在一个社会体系中扩散的，为了追踪其顺序流，研究应该依赖"移动的片段"而不是"快照"。然而，扩散学者往往依赖对受访者的一次性调查进行分析，从方法论的角度来看，这种"瞬时摄影技术"把时间上持续的进程定格在某个画面上，从而使得扩散失去了"时间"维度。如果关于扩散"进程"的要素数据只在一个时间点进行收集，研究者只能通过受试者的回忆估量时间变量，对于时间这个重要的变量来说，此方法是令人怀疑的。

扩散研究中关于时间维度的替代研究方法有：（1）田野实验；（2）纵向跟踪研究；（3）档案法；（4）创新进程的个案研究，从多个受试者处收集数据，相互进行有效的验证。上述方法可以很好地估量时间维度。不幸的是，它们没有被广泛应用到过去的扩散研究中（近年来个案研究和实验研究有所增长）。除了能告诉我们可以从受访者的回忆数据中重构什么信息外，扩散研究的实验研究并没有很好地解释时间维度。

2. 因果关系的问题

横截面数据无法解释扩散研究中很多"为什么"的问题。正如莫尔（Mohr, 1996）所言，"这些因素（如财富、规模、世界公民性）可能是创新的原因，可能是创新精神的结果，也可能在创新的循环中相互作用，还有可能是因为人们采用某项创新的原因来自于我们研究中没有考虑到的外来因素"。一次性研究不能说明时间顺序，或者关于因果的诸多问题。

不过，过度重视创新的偏见、过度依赖调查数据的相关性分析，常常让我们忽略或回避了参数之间的因果关系。在扩散研究中，我们经常讲"自变量"、"因变量"，学者们主要感兴趣的参数就是因变量，而在60%的扩散研究中因变量就是创新精神（见表2-2）。扩散研究往往暗示自变量"造就"了创新精神，但也确实是因为没有非常清晰的证据表明这些因变量会"造就"创新精神。如果参数 X"造就或导致"了变量 Y，那么必须满足如下条件：（1）X 发生在 Y 之前；（2）X 与 Y 必须相关或共变；（3）X 对 Y 有一定的"促成"作用，也就是说必须有理论支撑 X 是可以影响 Y 的。

我们又一次看到在研究设计中从时间角度深入了解扩散因素的重要性。田野实验可以很好地研究自变量（如干预或处置）对因变量（如采用创新）的影响，它是在真实环境下测量对研究对象干预前后的结果的方法。在典型的扩散田野实验中，干预项往往是加速扩散速度的传播策略。例如，在实验地区播放关于计划生育或预防艾滋病的肥皂剧，而在控制地区则不播放（Rogers et al., 1999）；或者，在实验社会体系采用意见领袖的扩散策略，而控制体系则不采用（见第八章）。我们建议，田野实验应该被大量地应用到扩散研究中，评估不同的扩散策略，以便克服回忆问题。

3．扩散研究的备选方法

社会科学的数据收集技术并不一定完全可靠，如个人访谈的方法，特别是当研究人员问及受试者很长时间前的心态的时候。可以想象一下，当研究人员去询问一名受试者 10 年前采用某项创新的沟通渠道和信息来源，即便受试者非常努力地配合研究，由此而得到的数据也不一定完全可靠。

除了田野实验以外，在扩散进程的多个时间点进行数据收集也是很好的手段。不是等到某项创新全面铺开后才对受试者进行回忆式的数据收集，而是在扩散进程的几个不同时间点进行收集（见图3-2）。在每个数据收集点，都记录下受试者是否采用创新及创新决策的详细信息。从本质上来讲，建立多点数据收集等于把回忆的周期分割成多个片段，以期收集到的数据准确性更高。

　　克服回忆问题还有个方法就是"采用点"研究——在受试者采用某项创新的时间点进行数据收集，如人们到医院（计划生育或艾滋病预防案例）、到经销商仓库（农业创新案例）、到便利店（购买创新消费品）等时间点。这种数据收集方法可以避免回忆问题，因为收集数据的时候就是采用发生的时候。例如，在坦桑尼亚，为了验证娱乐教育广播剧对说服人们采用计划生育的作用，研究人员在79 家医院进行数据收集，用来对比通过受试者回忆收集到的访谈数据（Rogers et al., 1999）。

　　多种研究策略都有可能可以把扩散研究中回忆问题带来的错误降到最低：

　　　　（1）选择最近扩散速度快且对采用者重要性很高的创新（不过，这样可能会造成过度重视创新的偏见）。

　　　　（2）通过多种来源收集用户采用某项创新的数据，如用户回忆、档案记录等。科尔曼（1966）的药物扩散研究就采用此方法，他收集了医生的回忆数据，与药房的处方进行对比（在此案例中，两组数据大体上相同，虽然医生的回忆记录显示四环素的采用时间要比处方记录的时间稍微早一点）。

　　　　（3）调查问题需要经过谨慎的前测，采访人员需要训练有素以保证高质量的访谈，并在访谈中尽最大的可能保证收集回来的回忆数据可靠。

　　　　（4）目前有些创新产品及服务通过互联网扩散、电脑记录或者可以提供采用时间等线索，我们应该尝试利用这些线索。

（四）创新-扩散中的平等问题

第十一章将详细讨论目前创新学者们并没有足够重视创新的后果这一问题。具体来说，他们严重忽视了创新所带来的社会经济利益在某社会体系中不同个体之间的分配问题。目前表现出来的问题是，创新的扩散往往是更大程度地分化了某社会体系中高、低阶层之间的社会经济地位。这种趋势存在于所有的创新扩散案例中，但是在发展中国家，此现象更加受到重视。因此，我们讨论一下在拉丁美洲、非洲、亚洲地区由创新的扩散所带来的平等问题。

1. 扩散研究范式在发展中国家的发展

第二章中曾经介绍，创新的扩散研究最早出现在美国，于 20 世纪 60 年代在拉丁美洲、非洲、亚洲等地兴起，所遵循的研究范式非常接近，在这些地方的很多研究都是由旅居当地的欧美学者完成，或者由有着美国扩散研究学习经历的本土研究者完成，故这些研究都被深深刻上了"美国出品"的烙印。最开始的时候（20 世纪 60 年代），扩散的研究方法和理论概括好像都是跨文化的、有效的，即使是在工业化程度较高的欧美发达国家的扩散进程也与发展中国家相似（Rogers, Shoemaker, 1971）。就连在缺乏财政支持、教育程度低、大众媒体缺乏的小山村，创新的扩散进程也与美国的情况大体相同。例如，采用率都会随着时间推移呈"S"形曲线分布。和美国的情况一样，哥伦比亚农民中创新者的特征也很明显——更高的受教育程度、更开阔的眼界，以及对不确定事物更高的接纳程度（Deutschmann, Fals Borda, 1962），在孟加拉的情况也一样（Rahim, 1961）。

但在 20 世纪 70 年代，发展中国家扩散研究范式开始质疑文化的重要性。一些来自欧美国家、在发展中国家做过扩散研究的批评家，以及一些来自本土的批评家（特别是拉丁美洲），对在发展中国家进行的扩散研究及结果感到忧虑。核心的问题在于社会科学的文化适用性。因为扩散研究最早是在美国发展起来的，而现在被应用到了社会文化条件大不相同的发展中国家。在发展中国家的扩散研究备受批判的一个原因，是相对其他行为科学的研究，扩散研究在拉丁美洲、非洲、亚洲受到了太多的关注，约 16% 的扩散研究来自上述地区。

在 20 世纪 70 年代，学术关注点转移到发展的基本概念，提出发展的主要研究范式的 4 个要素（Rogers, 1976）：

（1）工业化及城市化带来的经济增长；

（2）资本密集、人力节约的技术主要来源于工业国家；

（3）政府经济学家及银行家的集中规划加速了发展的进程；

（4）欠发达的主要原因来自发展中国家内部，而不是由工业国家的关系及贸易造成的。

传统的扩散模型非常适合这个研究范式，该范式表明由发展机构推广到顾客的技术创新是发展的核心。20 世纪六七十年代，拉丁美洲、非洲及亚洲的扩散研究激增，故发展研究的概念发生了很大的变化。今天，发展的定义为：为一个社会体系中大部分民众带来社会及物质进步，并加强对环境控制的广泛的参与式进程（Singhal, Rogers, 2001）。

70 年代以后，人们更加关注发展的质量，发展项目把农民、城市贫民、妇女当成主要的受益群体进行考虑。对妇女的授权受到重视，过去在某些社会体系中她们被看成男人的从属品，然而，某些创新技术的引入却加剧了这种情况（Davis, 1998; Shefner-Rogers et al.,

1998）。

2. 扩散范式对发展中国家的适用性

拉丁美洲一位名叫祖安·迪亚斯·博尔德纳夫（Juan Diaz Bordenave, 1976）的杰出传播学者，主要从事拉丁美洲大陆的扩散研究，声称拉丁美洲学者的扩散研究问题没有涉及影响发展的问题。这些典型的研究问题包括：

（1）技术创新如何在某个社会体系下扩散？

（2）创新先驱者、早期采用者、其他人分别具备哪些特征？

（3）人际关系网络中的意见领袖在新观念传播的过程中发挥何种作用，如在农民中？

博尔德纳夫（1976）认为，如果是为了建立一个更加公平的社会结构，以下研究问题可能更加合适：

（1）选择创新进行扩散的标准是什么：提高公共福利？增加商品出口？维持低水平的城市消费？增加社会精英（如大地主、大企业家）的收入？

（2）社会结构对个体创新决策有什么影响？

（3）已经扩散的技术创新是否适用、有效、有利于整个国家的社会经济提升？

（4）技术创新对于就业、农业人口向拥挤的城市迁移、公平分配方面有什么样的后果？

（5）创新是扩大还是缩小了社会经济差距？

考虑上述问题将有利于学者克服过度重视创新的偏见、个体指责假设。与过去的扩散研究相比，最重要的是考虑公平问题。拉丁美洲、非洲及亚洲的社会结构与欧美国家的差别非常鲜明。打个比方，在笔者曾进行创新扩散研究的哥伦比亚共和国的乡村，一名地主占有全村将近一半的土地，他是最具创新精神的农民（Rogers with Svenning, 1969）。在那里，权力、财富、信息都高度集中在少数人手中，这种社会结构不仅干预了创新的扩散，还决定了技术变革会让谁受益、让谁受损。经典的扩散模型所考虑的社会结构实质上不同于拉丁美洲、非洲及亚洲的情况。博尔德纳夫（1976）指出，如果不带批判性地使用扩散模型，是不能解决类似发展中国家社会结构这种基础问题的。

3. 扩散与社会经济差距

发展中国家的社会结构是能否让个体接触技术创新的决定性因素。发展机构更乐意协助那些具备创新精神、富有、教育程度高、善于寻求信息的客人，这样的技术创新会造成公平性低的后果。例如，进步农民渴望采用新观念并有这样的实力；他们拥有采用创新的资本——因为他们拥有大农场，采用某项创新后对产出的影响将是非常巨大的。由于推广结构并不能接触到所有的客户，所以他们更加乐意接触那些有响应的客户。这样的话，反而扩大了客户之间的社会经济差距。

创新的扩散一定会扩大某社会体系的社会经济差距吗？目前有两项发展中国家的田野实验对此持肯定的态度。印度的希格和莫迪（Shingi, Mody, 1976）、肯尼亚的罗林等人（Roling, colleague, 1976）设计并评估了一套扩散方法，可以缩小社会经济差距。从本质上来看，此方法在很大程度上克服了常见扩散项目的不公平性。上述研究（详见第十一章）指出，如果传播的策略可以有效地缩小社会经济差距，社会经济结构将不再是弱势人群接受创新扩散的壁垒。因此，合理的扩散策略可以带来更高的公平性。

小结

本章评述了扩散研究的四大缺陷。我们认为早期的扩散研究在设计、概念、方法、假设等方面刻上了不可磨灭的印记。我们从前辈那里继承过来的偏见已经不适应今天重要的扩散研究任务。非常讽刺的是，今天创新的研究已经自成传统。

本章中对扩散研究的四大批判是：

1. 过度重视创新偏见。该偏见认为创新必然会扩散；一个社会体系的所有成员都应该采用该创新；扩散的速度应该很快；创新在扩散的过程中不应该出现再创新或被拒绝。

2. 个体指责偏见。该偏见把问题集中到个体身上，而不是个体所构成的社会体系身上。

3. 回忆问题。在扩散研究中，受试者关于采用某创新的时间的回忆可能会不准确。

4. 公平性问题。由于社会成员之间已有社会经济地位的差距，创新的扩散可能会造成该差距的扩大。

本章还提供了备选方法以克服常规扩散研究中存在的以上 4 种缺陷。

第四章

创新的产生

建立及维持资本主义引擎运作的动力来源于消费品、新的生产及运输方式、新的市场及资本创造的新工业组织形式。

——约瑟夫·A·熊彼得《资本主义、社会主义与民主》

设计一只更好的捕鼠器，你将门庭若市。

——拉尔夫·瓦尔多·爱默生（美国作家）

创新来自哪里？创新的起点是如何影响它后来的扩散进程的？如第三章描述的那样，过去的扩散研究通常都是从"S"形曲线左下角的第一点开始，即从某项创新的第一个采用者开始。然而，在此之前所发生的事情和决策对后来的进程也有着重大的影响。从创新-发展进程的广阔视野来看，扩散是一个长期的过程，从决策到开始研究存在的问题，最后也会影响到创新的结果。

以往的扩散研究忽视了一个事实——相关的活动及决策实际上在扩散发生前就存在了：从发现问题、决定投入资金进行研究、创新的产生、商业化，到扩散的决策、向推广机构转让创新、与潜在用户的沟通及交流，随后才是第一宗创新的采用案例。上述扩散前置的决策及活动是创新-发展的重要组成部分，而后续的扩散阶段是另外一部分。

一、创新-发展的过程

在第一章定义了创新：当一个观点、方法或物体被某个人或团体认为是"新的"时候，它就是一项创新。而创新-发展过程则包括各种决策与行为，以及从发现问题及需求、创新的扩散、采用到结果。现在让我们一一道来。

（一）意识到问题及需求

创新-发展一般都源于意识到问题或需求，因为它最能触动研发创新、解决问题及满足需求（见图 4-1）。在某些时候，科学家们预见到未来可能产生的问题并开始研究解决方案。其中一个案例是美国加州大学一位农业科学家预见，随着墨西哥短期劳工引进政策的结束，当地会出现劳动力短缺的情况，从而开发了可用机器采摘的硬西红柿品种（案例的详细内容后面会介绍）。

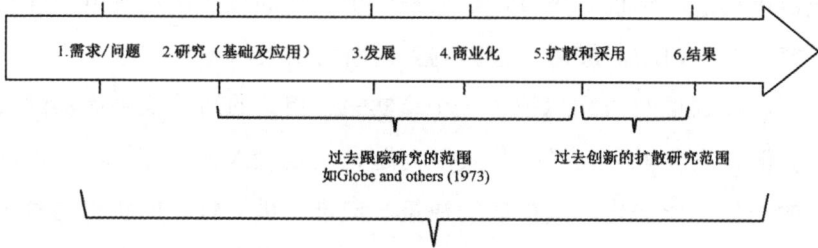

图 4-1　创新–决策过程中六大主要步骤，显示过去追踪研究范围及扩散研究范围

这六个步骤稍微有点武断，不同的案例可能有不同的顺序，同样，有些步骤在某项创新中可能没有出现。

在其他案例中，一些问题和需求是通过议事程序提出并上升到体系层面的。比如安全驾驶的问题就是最好的案例：关于设计及生产高安全系数汽车的研究已经进行了数年，但是研究结果一直没有应用到现实中。直到 20 世纪 60 年代，对美国国会听证会材料的一系列大规模宣传及拉尔夫·纳德的书《任何速度都不安全》才引起了民众对交通事故死亡率的关注。60 年代初，美国每年死于交通事故的人数高达 50000 人，关于安全驾驶的问题才终于上升到国家的高度。通过议事程序，危险驾驶上升到政治层面经历了好几年的时间（Dearing, Rogers, 1996）。

哈夫洛克（Havelock, 1972）的研究指出：（1）数百名研究人员专注于驾驶安全问题；（2）数百名政策制定者隶属国家道路安全组织。一方面，政策决策者的观点一般都可以代表普通民众的观点，他们认为，威胁安全驾驶的最大问题是"车轮后面的疯子"（个体指责观点）；另一方面，科研人员却反对此观点，他们认为必须重构汽车及道路设计（体系指责观点）。安全研究的"无形学院"一般由大学教授们组成，他们往往遵循前人的权威研究。因此，关于交通安全问题的起因逐渐从个体指责转移到体系指责。安全研究的重新定位直接影响到国家政策的调整——关注安全系数更高的汽车和道路。最后美国联邦法律通过：（1）要求汽车生产商必须提高汽车的安全系数，例如，配备安全气囊及牢固的防撞杠；（2）强制高速公路承建商建造安全系数更高的道路，例如，在高架桥的桥墩上安装碰撞衰减器。

上述案例可以解释，现行的研究是如何把安全问题从个体指责观点调整到体系指责观点并最终影响政策制定的。安全问题的社会建构既包括了科学研究力量，也包括了政治力量，因为议事程序在形成的过程中逐步决定了创新-需求的进化。

（二）基础及应用研究

在扩散研究中，大部分创新都是技术创新，所以在大多数时候，"技术"成了创新的同义词。什么是技术？技术是可达到既定目标的手段或工具，并可减小在此因果关系过程中的不确定性。此定义意味着如果某工具能满足某需求，则此工具必须具有：（1）硬件属性，由不同的材料及产品组成；（2）软件属性，由知识、技能、流程及基于工具使用的原则等组成。几乎所有的技术都具备软件属性，虽然它们没有硬件属性那么显而易见。

大部分技术创新都来源于科学研究，尽管它们往往是科研和实践相互作用产生的。关于某项技术的知识一般来源于基础研究，此类研究一般只致力于科技的进步，没有具体的应用方向或针对某个特定问题的解决方法。创新则是科学知识的应用，旨在满足某种需求或解决某个特定问题。应用研究人员是基本研究的使用者。因此，某项发明（指发现或发明某种事物）会遵循以下步骤：（1）基础研究；（2）应用研究；（3）发展。

衡量某项研究的成功与否往往在于其是否获得专利，政府通过专利保障发明者在一段时期内的利益。美国专利保护的相关法律保障了发明者在商业化过程（指最终形成可销售的产品）中的利益。为获得专利，发明者必须向美国专利局证明其发明是原创的，并没有和现有的知识重复。通常来说，发明者会出售其专利，并以此获得转让费及专利税（一般是产品销售额的一定比例）。

研发人员在研究某项发现的时候，偶尔会有其他意外的收获。英文中"Serendipity"原意指意外发现奇珍异宝的能力，在科研中可以称之为意外收获。有一个关于意外收获的著名案例来自3M公司，该公司以生产透明胶带产品而著称。数十年前，3M公司的研究人员发现了一种黏合剂，但是被认为价值不大，因为其黏合纸张的能力非常有限。幸运的是，这一失败的发现很快被转化成了另外一种产品——便签贴（贴在文件上面的彩色小纸条）。当研究人员把这种产品提交给3M总裁行政秘书的时候，他们发现这种产品非常好用。后来，3M公司向全球500强企业的总裁行政秘书分别邮寄了一盒便签贴，随后引爆了这一产品的疯狂销售。现在便签贴已成为3M公司的主要收入来源，每年赢利数百万美元。

另外一个关于意外收获的案例是美国厄普约翰公司的生发剂产品——落健。在20世纪90年代中期，厄普约翰公司的研发人员发现一种叫米诺地尔的药物，它可以扩张血管并降低血压。让研发人员无比惊讶的是，他们在自己的前臂进行实验后发现毛发开始茂盛地生长起来，因为血管得到了扩张，毛发的根部养分变得更加充足，刺激毛发疯狂地生长。最开始的时候厄普约翰公司高层认为生发剂不太适合公司的产品线和声誉，但最后研发人员说服公司投放该产品，并取得了食品及药物监督局的许可。不过，该产品也有副作用，一旦用户停止使用它，秃顶的情况将加剧，所以该创新具备鼓励用户持续使用的特性。

很多技术创新都来源于意外收获，一个著名的案例就是青霉素（也称盘尼西林），是由亚历山大·弗莱明先生意外发现的。他一直非常疑惑，在皮氏培养皿中培育的生物材料偶尔会莫名其妙地死掉，经过研究发现，原来罪魁祸首是一种叫盘尼西林的抗生素。亚历山大·弗莱明先生因为发现了盘尼西林而获得诺贝尔奖。类似的案例还有 DDT。在 20 世纪 30 年代，瑞士化学家保罗·穆勒在给毛衣寻找防飞蛾的材料时意外发现了 DDT，随后在第二次世界大战期间，DDT 被广泛作为杀蚊剂使用。

意外收获不仅来自科学家，还可以来自普通民众。例如，手机短信（SMS，Short Message Service，指通过移动电话传输的短信息）最早由日本的青少年发明。现在，所有的手机生产商都为手机配备了发送和接收短信的功能。每天，世界上有过亿条短信在传输。

1. 领先用户

关于创新-发展进程，人们一般认为，创新是随着生产商生产和销售而产生的。美国麻省理工学院的埃里克·希佩尔教授的研究（1988）发现，这是人们的错觉。他指出，在生产商制造和销售某种创新产品前，领先用户首先开发了创新，并往往提供了模型，在此之后生产商才被说服进行生产和销售（见图 4-2）。

很明显，领先用户在某新产品上市前就存在该需求，在扩散"S"形曲线之前，领先用户已经开发了某项创新。他们首先遇到了某个问题，寻找解决方案，通常会创造出新的产品模型。随后他们会游说生产商生产该产品并投放到市场。冯·希普尔（1998）发现，在科学仪器领域中，77%的创新是由领先用户开发出来的，而在半导体和印刷电路板领域，这个比例也达到了67%。

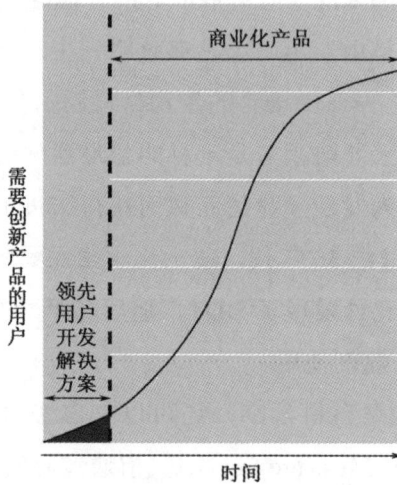

图 4-2　创新扩散进程中领先用户的角色

领先用户对创新的需求先于市场，并在创新-决策过程中扮演非常重要的角色。领先用户首先开发了创新，并建立起产品的模型后，才去说服生产商投产和销售。

资料来源：基于冯·希普尔等（1999）

关于领先用户的一则案例是阿诺德·贝克曼。他是加州理工学院的化学教授，负责研发用于化学实验的实验室设备。他的化学专业的同事们经常请他帮忙提供一款电子测量设备，这样的请求太多，以至于让他无法专心自己的研究。因此，他兼职创建了一家设计与制造实验设备的公司，而他的本职工作依然还是加州理工学院的化学教授。后来，这家公司取得巨大的成功，贝克曼也因此变得非常富有。在这个案例中，贝克曼就属于领先用户。

为某个产品提供组件或原材料的公司可能会创造出技术创新，这些创新最后再由生产商投放到市场。反过来说，生产商也同样会对供应商提出技术需求，这样也会促成创新。在 20 世纪 60 年代末，日本一家名叫比吉康的日用电子消费品公司联系到在美国加州硅谷的英特尔公司，提出需要一块可以搭载 12 块半导体芯片的设备来制作新的计算器。比吉康的 Masatoshi Shima 博士从日本东京飞到加州，会见了英特尔的研发人员泰德·霍夫博士，提出了他们的需求。霍夫博士由此产生了把 12 块芯片集成到一块半导体芯片的想法，后来他想到了把中央处理单元集成到一块半导体芯片上，这就是微处理器的雏形，也使得微型计算机（个人电脑）成为可能。Shima 博士与霍夫博士联手合作几个月后，开发出了新的微型处理器，比吉康公司用它来做新的计算器，而此处理器日后也成为英特尔公司的主打产品（Noyce, Hoff, 1981）。在此案例中，创新来自供应商及生产商之间的密切合作，同时，生产商也扮演了领先用户的角色。

在某些领域，例如，牵引式铲车、工程塑料、塑料添加剂等，大部分的创新来自生产商自己，随后投产及上市（Von Hippel, 1988）。在这种情况下，领先用户并没有太大贡献。

沟通产生创新-发展，因为需求将可能的解决方案摆到一起讨论。通常来说，用户的意见对创新-发展尤其重要。有时一项创新的源动力来自领先用户，有时来自生产商。领先用户的思想非常重要，所以一些类似 3M 的大公司都会利用领先用户的策略进行新产品的开发（Von Hippel et al., 1999）。3M 公司通过社会经济学调查问卷找到技术领域潜在的领先用户，并邀请他们参加为期 2 天的技术方案讨论工作。有些公司会通过互联网与领先用户取得联系。例如，20

世纪 90 年代后期，索尼公司建立起专门的网站与黑客们联系，这些黑客一直都专注为索尼的 Playstation 开发新游戏（Von Hippel et al., 1999）。令人惊讶的是，有过万名黑客通过网站对索尼公司给予了回复。

🡒 案例 4-1　东芝公司的第一台笔记本电脑

在笔记本电脑问世前，所有个人电脑都是台式机。1986 年，一家日本的电子公司发明了第一台笔记本电脑，投放市场后得到消费者空前热烈的欢迎。由于办公场所拥挤，笔记本电脑的应用在日本尤其重要。因为在日本，往往是数名员工共用一张办公桌，并"簇拥"在一打工人中间。一方面，办公室没有足够的空间安装台式电脑。另一方面，日本的职员常常要把工作带回家去完成，但是他们的家里并没有个人电脑。

虽然上述原因都表明了笔记本电脑的重要性，但是东芝公司发明此创新却违背了他们执行总监的意愿。企业总部曾两次否决了笔记本电脑项目，它的成功问世得益于该项目富有远见的支持者沟口哲也（Tetsuya Mizoguchi）。"他是一名杰出的工程师，充满各种新的点子，从不怕得罪人，是团队的鞭策者，从不会错过任何机会；在那个时候，他非常受下属的景仰，但是没有人喜欢他。"（Abetti, 1997）沟口哲也频繁地到美国出差，在 1983 年他和另外一个来自东芝的研发人员访问美国的时候，提出了便携式个人电脑的设想，并断言该电脑必将兼容当时的行业巨头 IBM 的台式机。

要说服东芝的领导层接受沟口哲也的设想是异常困难的。东芝公司当时在个人电脑市场上遭受重创，正准备放弃个人电脑业务。

他们拒绝向沟口哲也提供资助，也不派遣任何有经验的工程师支持笔记本电脑的开发。公司的态度使得沟口哲也的笔记本电脑项目研发转到了"地下"——在一个距离东京总部 25 英里外的 OME 工厂里进行。他从一个军事项目里挪用了研究经费并抽调了 10 名工程师过来进行笔记本电脑项目的研发。24 个月后，他们完成了笔记本电脑的样机，这段时间对每个人来说都是艰苦卓绝的。这里有件小事可以说明当年的艰苦：在一个周五的下午，筋疲力尽的工程师无法在拥挤不堪的样机里再安装下一个元件，正在大家一筹莫展的时候，沟口哲也撕开笔记本电脑模型机的外壳，把一杯水倒进去（这意味着里面的电子元件全部被毁了），随后他把笔记本电脑里面的水倒出来，对着已震惊的工程师说："看，这不是还有空间吗？还得做得更精细点。"（Abetti, 1997）

　　最后，在 1985 年，沟口哲也在东芝的总部扬眉吐气地展示了他的笔记本电脑。但令他失望的是，公司的执行总监认为这个产品仅仅是满足小众需求的时尚产品，并责令沟口哲也不得在日本销售此产品，因为当时东芝在个人电脑市场上正节节败退。与此同时，沟口哲也找到了另外一个同盟——东芝（欧洲）的副总裁西田厚聪，他对新产品非常感兴趣，说："给我 7 部样机，我带到欧洲去，年内给你销售 10000 台。"（引自 Abetti, 1997）7 台样机很快就做好了，东芝的金牌销售西田（Nishida）开始出面。14 个月后，第 10000 台笔记本电脑真的卖出去了。西田随后把得来的利润转投入美国市场。到 1998 年，东芝的笔记本电脑占领了 38% 的欧洲市场，同时占领了 21% 的美国市场；1 年后，占领了 46% 的日本市场，虽然在此期间其他的竞争对手也快速地成长了起来。OME 工厂笔记本电脑的产量也从 1986 年的每月 5000 台激增到 1989 年的每月 100000 台。（Abetti, 1997）沟口哲也在 1996 年晋升成为东芝董事，而金牌销售西田则被提升为企业的第一把手。

东芝的要员在当时抵制笔记本电脑，是因为在当时这是全新的创新。所以它的发展是来源于"臭鼬工程"——OME 工厂，目的是为了避免引起公司的不悦。因此，笔记本电脑的"臭鼬工程"非常不同寻常，因为它必须躲开公司的视线。而一般的"臭鼬工程"都是经过公司领导的同意，甚至直接听令于最高领导人，例如，苹果公司的领导者史蒂夫·乔布斯主导的 Mac 电脑的"臭鼬工程"（详见后文）。沟口哲也是个不寻常的日本技术人员，他敢于违背公司的命令并且用自己的职业生涯做赌注进行创新-发展。由此也可以看出创新-发展的一般法则是：在组织结构越底层的人员，创造力越强。（Day, 1994）所幸在笔记本电脑取得成功后，沟口哲也获得了应有的回报，他个人也成为了公司的英雄。

（三）发展

缩写"R&D"（研究与发展）与它所代表的概念是紧密相关的：R（研究）优先于 D（发展），也就是说，发展基于研究。实际上，研究和发展很难分开，这也就是为什么"R&D"会那么常见。但是在这里，我们认为至少在创新-发展的概念层面，研究和发展还是能分开的。

发展的定义是：把新理念包装成可以满足潜在需求的过程。这个步骤作为创新的一部分，通常发生在研究之后。在机器采摘西红柿的案例中（后面详述），此创新来源于加州大学的研究。他们设计了自动采摘西红柿的机器，并制造了样机，最后与农业机械生产商签订合约，批量生产。而最后一步，也被称为"商业化"。

1．R&D（研发）中的不确定性

发明者必须可以预见产品潜在的个人或组织用户，还要能预见

研发组织里人员的行为、对手、政策制定者及其他可能影响新理念最终成败的因素。因此在创新-发展进程中,技术创新的信息交换也成为最关键的部分。研发人员费尽心思获取和利用信息,包括他们已经投产并已上市的创新产品的表现、生产创新产品所需要的材料、竞争对手的创新、与他们创新有关的专利、影响他们创新的政策、潜在消费者所面临的问题及如何解决这些问题等。

所以,创新-发展过程是被技术信息交换驱动的,特别是面临高层次不确定性的时候。

▶ **案例 4-2 为什么冰箱会嗡嗡响**[1]

家用冰箱里有一个压缩机,通过压缩机内液体变成气体的过程吸收热量,并排放到箱体外的环境中。比压缩机工作原理更具优势的是气体冰箱,其工作原理是通过加热将氨制冷剂汽化,并将其溶于水以起到冷却箱体的效果。由于气体冰箱没有活动的工作部分,故不太可能产生故障,并且不会产生噪声。在 20 世纪 30 年代,两种冰箱的原型都已经被生产了出来,大家肯定认为气体冰箱优势明显,会成为消费者的首选,不过,事实上并不是这样。

这主要是因为研发中大量的投资都是给电冰箱投入的公司,包括通用电气、通用汽车、开尔文、西屋电器等,认为电冰箱的利润更高,故大力投资电冰箱的研发,还侵略性地推广该产品。几家推广气体冰箱的小公司因而无法与这些巨头抗衡。类似通用电气这样的大公司为了保证自己的利益,在研发阶段的倾向性意见已经决定

---

[1] 案例来源于 Cowan (1985)。

了技术的走向，而不是由消费者的需求决定市场。所以，今天生产出来的家用冰箱都是带有嗡嗡声的。

2．技术的社会建构

技术至上主义者信奉技术改变社会。这种观点暗示了技术存在于社会以外，而且是自治的。很明显，事实并不是这样。与之相反的观点，亦称为社会至上主义或技术的社会建构，声称技术由社会因素决定，技术是社会的产物，而且受社会体系的规则和价值影响。例如，上述"为什么冰箱会嗡嗡地响"的案例可以很好地阐明这个观点——技术的选择来自于大企业的利益而不是消费者的利益。很多重要的技术应用都因为军事需求而改变，如核能、喷气式飞机、互联网。也有许多其他技术受到政府健康与安全、环境污染、反垄断等规则的影响。

案例 4-3　赛格威的分类[2]

美国人迪恩·卡门是一名大学辍学者，现年 55 岁，他曾经发明了便携式胰岛素泵，供坐在轮椅上的糖尿病患者爬楼梯的时候使用。在 2001 年年底，他又发明了一种名叫赛格威的颠覆性产品。该产品类似于小轮电动车，内置由计算机驱动的陀螺仪，可以模仿骑行者的方式移动。骑行者持手把站在上面，身体前倾或后倾时赛格威可以做出相应的移动。赛格威没有刹车或加速器，因为骑行者垂直站立的时候，它自动停止。赛格威高 4 英尺（1 英尺 = 0.305 米）、重

---

[2] 案例来源于 Armstrong and Guidera (2002)。

65 磅（1 磅 = 0.454 千克），最高时速可达 12 英里。2001 年年底，赛格威在美国的新闻节目《早安美国》及杰·雷诺的脱口秀节目《今夜》中推出。卡门估计2002 年，可以以3000 美元/台的价格销售出50,000 到 1,000,000 台赛格威。

然而该如何给赛格威分类呢？它到底是小型机动化的滑行车还是机动车辆？如果是后者，它将禁止在人行道通行。如果它被限制在机动车道上行驶，骑行者又会担心人身安全问题。联邦政府对该产品的采用率突然变得非常重要。卡门开始花费大量的时间在华盛顿游说政府部门。美国国家公路交通安全管理局最后认定赛格威属于机动轮椅一类，不适用于机动车管理规则。卡门在多个城市说服警察和邮政人员试骑他的产品，州长及议员也对赛格威给予高度的评价。美国消费者产品安全委员会也将赛格威定义成"消费者用品"。然而，安全专家要求政府对赛格威骑行者进行年龄、骑行执照的限制，并要求在赛格威上安装后视镜及灯光。

这一案例的关键问题在于赛格威该如何分类，问题最终由政策制定者通过社会建构的过程解决，并最终决定了赛格威这项创新未来的市场采用率。

3. 臭鼬工厂

常规的组织架构不利于创造性技术创新，"臭鼬工厂"的重要作用就是最好的证据。"臭鼬工厂"是大型机构内具有颠覆性的小单位，他们是创新的先锋。"臭鼬工厂"代指可以帮助小型团队不按常规组织进程进行创新的环境。"臭鼬工厂"的研发人员经过精心挑选，被给予特殊资源，进行不破不立的创新研发工作。

"臭鼬工厂"这一富有特色的名字最早出现在第二次世界大战期间，来源于制造P-80 战斗机的美国洛克希德马丁公司在加州伯班克的高级项目开发部。该部门建立在一个守卫森严的原型帐篷里，紧邻伯班克的一个塑料厂。来自塑料厂的恶臭让研发的工程师想起了艾尔·凯普的连环画《Li'l Abner》中的臭鼬工厂，并以此戏称他们的工作环境。从此以后，"臭鼬工厂"就被沿用为大型企业中特殊的研发机构的代称。

苹果公司前总裁史蒂芬·乔布斯于 20 世纪 80 年代曾建立了一个著名的"臭鼬工厂"，用于研发 Mac 电脑。这个秘密的实验室建立在库珀蒂诺（加州北部的硅谷）大地餐厅的后面。在乔布斯狂热的领导下，约 50 名年轻的技术工程师夜以继日地工作着。在这个案例中，是公司领导人主导了"臭鼬工厂"。Mac 电脑自发布后，数次被推迟上市，最终于 1984 年 1 月在苹果年度股东大会上亮相，受到极大的关注（数百万人在产品发布第 2 天就涌入苹果商店观摩这款新机器）。在苹果"臭鼬工厂"辛苦工作的 50 名年轻人突然发现自己成了名人，其中几个人一夜之间变成了百万富翁。

为什么需要建立"臭鼬工厂"进行研发呢？如洛克希德马丁的 P-80 战斗机、东芝笔记本电脑、苹果的 Mac 电脑。这是因为大部分的研发组织都比较教条主义，意在稳定和持续发展，因而对于孵化创新而言，灵活度不够。"臭鼬工厂"可以很好地平衡两者之间的关系。

4. 技术转让

技术转让是指令创新投入使用（Rogers, 2002b）。通俗来说，技术转让就是基础和应用研究被受众接受并使用的过程。这种观点认为技术转让是单向的，是由学院派将基础研究推向企业，并由其对创新进行商业化。这种关于技术转让传统及局限的观点主要关注硬件创新。

如果人们很明确地认识到技术应该包含硬件和软件两部分，并且技术应该是由信息（在决策阶段影响个体选择的物质和能量）组成的，就应该清楚技术转让其实是一个沟通的过程（Eveland，1986）。很多学者都认识到技术转让应该是个双向的过程。虽然技术转让往往是单向的，如从联邦实验室或者大学走向企业，但是双方或多方都会参与到信息交换中去，因为大家都在努力建立对该技术的相互认知。来自潜在用户的问题不断地反馈给研发人员，技术创新又不断反馈给提问题的用户。因而，技术转让通常是双向的、往返沟通的过程。

在过去数十年，技术转让成为美国政府的一个非常重要的政策性问题。在各行各业，从汽车到录像机，再到半导体芯片，日本的高科技公司从美国的竞争对手手上抢夺了很多市场份额，导致日本对美国的贸易顺差持续增长。虽然美国在技术创新方面的研发实力比日本要强，但是日本公司在技术转让方面却非常高效，可以以很低的价格制造出高质量的产品。美国公司在技术转让问题上需要向日本好好学习。

录像机案例就可以说明美式技术转让过程中存在不足。录像机由总部位于美国旧金山南部的加州雷德伍德城的安派克公司发明，最先他们是把录像机卖给电视台，用来替代传统的胶片。这些录像机大约有家用冰箱般大小，使用 1 英寸的录像带，售价 50000 美元，由于当年销售火爆，安派克公司也因此而声名鹊起。公司的研发人员建议公司考虑家庭用户的市场，并开发迷你版本的录像机，而公司管理层却认为家庭用户市场太小，并把录像机技术卖给了日本的索尼公司，后者最终开辟了家用录像机的商业化市场。

索尼和其他日本电子公司通过家庭录像机产品每年赢利数十亿美元，美国的创新技术最终反而由日本厂商完成了商业化、生产及销售。

在 1989 年冷战结束后，联邦研发实验室，特别是那些位于洛斯阿拉莫斯、桑迪亚、橡树岭等地的武器实验室，力图把他们的军事技术转让给企业，用于生产和平时期的产品。不过，这种类型的技术转让异常困难。在过去 50 多年中，联邦武器研发实验室都是戒备森严的秘密基地，组织文化也侧重于技术保密。而到了 1989 年年底，政府突然要求他们侧重技术转让，难度可想而知。这让他们无所适从，数年后，他们才学会该如何把技术创新转让给企业。

美国的国际竞争力也因技术转让的短板而受到威胁。美国政府通过了数部法律及政策鼓励技术转让，最著名的莫过于 1980 年的《贝赫-多尔法案》，该法案鼓励大学研究成果对外转让。第二年，很多大学都成立了技术转让办公室，也因而每年获得数百万美元的技术版税（Rogers, Yin, Hoffman, 2000）。

是什么导致转让如此困难？核心问题是这项技术是什么，该如何衡量它。因此，技术转让的 3 个可能的层面分别是：

（1）知识。让受让方了解该项技术创新。

（2）使用。让受让方在他们的组织中使用该项技术，这个层面比知识要复杂很多；在创新-决策过程中，使用相当于执行阶段。

（3）商业化。受让方把该项技术转化为现实产品，并投放市场。为达到商业化的目的，受让方需要投入大量的资源和时间，在特定时间内还需要人际传播的力量。

上述 3 个层面在技术转让中往往不容易被想到，从而导致技术转让失败。技术转让的困难，还有一部分原因是人们低估了技术转让所要付出的努力。

（四）商业化

很多创新来自于研究活动（也有部分来源于实践），因而创新被认为是可以让用户采用的科学研究结果数据包。公司打包这些研究成果的过程称为"商业化"。商业化即生产、包装、销售、分化一项创新。商业化也可以被认为是把一项研究转化为市场上的一项产品或者服务。

并不是所有的创新都来源于科学研究，还有部分来自于实践，因为实践者需要通过更新的手段来满足需求或解决问题。如前所述，"领先用户"的创新行为就是最好的例子（Von Hippel, 1988）。

为了达到加速创新扩散的目的，两项或多项创新会被包装到一起，一方面因为它们之间有着某种关系；另一方面对于潜在用户而言，它们更加具备感知性。技术束（第五章中也称为"技术包"）就是多种被认为相互关联的不同技术元素。打包技术束的出发点一般都是为了更加有效地扩散。

➤ 案例 4-4　探索未来的施乐帕洛阿尔托研究中心

个人电脑的技术转让是最著名的技术转让失败的案例。它最早由施乐公司的帕洛阿尔托研究中心（PARC, Palo Alto Research Center）研制而成，该中心成立于 1970 年，位于斯坦福校园的一个研究园区。在成立后的 5 年内，该中心研发了一系列引人瞩目的计算机技术：

> （1）世界第一台个人电脑（为个人使用而设计，命名为"奥托"）；

（2）鼠标，个人与电脑交互的工具；

（3）图标及下拉菜单；

（4）激光打印机；

（5）局域网。

施乐公司是全世界最著名的复印机生产商，在此前 14 年间为帕洛阿尔托研究中心投入了 1.5 亿美元（Uttal, 1983），然而令人遗憾的是，除了激光打印机，施乐没有把任何一项个人电脑技术商业化成有用的产品。有本书名叫《探索未来：第一台电脑是如何在设计出来后被无视掉的》（Smith, Alexander, 1988），详细地描述了施乐公司与帕洛阿尔托研究中心技术转化的失败过程。

施乐帕洛阿尔托研究中心成立于 1970 年，致力于创造"未来办公室"。施乐的总裁只给帕洛阿尔托研究中心一个模糊的任务——"信息的架构"，没有人知道它真正的含义。该中心吸引了无数充满天赋的青年研发人员。"在 20 世纪 70 年代中期，世界顶尖的 100 名计算机科学家中，一大半都在帕洛阿尔托研究中心工作"（Perry, Wallich, 1985）。帕洛阿尔托研究中心在技术创新上取得了瞩目的成就，特别是在卡米洛特年代（1970—1975 年）。是什么让施乐帕洛阿尔托研究中心取得了如此巨大的成就呢？

（1）出色的研发人员。几名核心的研发人员从斯坦福国际研究中心来到了帕洛阿尔中心，他们都是出色的计算机研发人员，包括道格拉斯·C·恩格尔巴特（Douglas C. Engelbert），他曾经发明了代替键盘与计算机交互的鼠标。在 20 世纪 60 年代，他已经创造出了可以与大型计算机交互的鼠标，他的几名同事也和他一起来到了帕洛阿尔中心，并带来了鼠标（Bardini, 2001）。

（2）罗伯特·泰勒博士的管理风格。罗伯特是施乐的计算机科学家们的领导者，他认为宽松的管理体系有利于技术创新。

他鼓励帕洛阿尔中心的研究人员自由地进行技术信息交换。他们的会议室里放着舒适的豆袋椅（译者注：以小球填充的椅子），墙上钉着中国的木条。长发、拖鞋、T恤、牛仔裤是研究人员的标志性装束，标志着他们的自由宽松。研究中心里等级制度不明显，资源却非常丰富。

（3）帕洛阿尔中心的研究人员使用他们自己创造的产品，如奥托电脑、计算机语言、鼠标、图标等。

（4）在70年代早期，个人电脑的技术创新趋向成熟。英特尔公司发明的微处理器让一切成为了可能（Noyce, Hoff, 1981）。微处理器是独立的电脑芯片，是电脑的中心处理单元。半导体的小型化、计算机存储器价格的降低也同时发生在70年代早期，价格的降低意味着个人电脑可以面向大众消费者。到2002年，一半的美国家庭都拥有了个人电脑。

为什么施乐帕洛阿尔中心无法将鼠标或其他个人电脑技术转化成市场上的产品呢？

（1）施乐公司是70年代复印机行业的龙头老大，他们把自己生意定位在办公复印业务上，而不是个人电脑。施乐帕洛阿尔中心的激光打印机产品由于和公司的产品线关系密切，成为了该中心唯一的也是商业化最好的产品。

（2）没有建立起有效的技术转让机制，让个人电脑技术无法从帕洛阿尔中心传达到生产商或者施乐公司的销售部门。帕洛阿尔中心位于加州的帕洛阿尔托，虽然非常适合进行个人电脑研发工作，但是距离公司在康涅狄格州斯坦福城的总部太遥远，物理上的距离使人际交往减少，同时也减少了技术转让的机会（Gibson, Rogers, 1994）。

（3）施乐公司金字塔式的组织文化和帕洛阿尔中心的宽松自

由的文化氛围之间的冲突。当东岸的公司领导人访问帕洛阿尔中心的时候，非常不满布袋椅、无休止的排球赛等泰勒闲散的管理风格。因此施乐总裁拒绝了帕洛阿尔中心提供的个人电脑技术，同时还对该中心的工作和生活风格提出反对。

苹果公司的史蒂芬·乔布斯在 1979 年 11 月参观了帕洛阿尔中心后，被其个人电脑技术深深地震撼到了。不久，他从帕洛阿尔中心挖了几名核心的研发人员过来，并成立了"臭鼬工厂"，最终在 1984 年发布了热销的 Mac 电脑。苹果电脑是首家开展个人电脑业务的公司，所以他们非常熟悉个人电脑市场。

从斯坦福到帕洛阿尔中心的鼠标技术转让，从帕洛阿尔中心到苹果公司的个人电脑技术转让都发生得很快。但是让这些技术商业化成为真正的产品研发（Mac 电脑）却花了整整 5 年时间（从 1979 年到 1984 年）。施乐公司在个人电脑商业化的最后一步功败垂成。

（五）扩散和采用

"看门人"控制着沟通渠道中信息流的传递。在整个创新-发展的过程中，决定向潜在用户扩散创新是异常重要的。一方面，创新所能满足的需求及所能解决的问题的重要程度，是快速扩散创新的压力和动力；另一方面，推广机构的名誉和可信度会在很大程度上影响客户对创新的接受。当把研究成果推向市场的时候，科学家们也显得非常谨慎。

创新"看门人"会通过各种途径出现在创新-扩散的过程中，直接影响创新是否能有效地传递到受众或潜在用户手上。在美国，农业实验站负责农业创新，而推广工作却由相应的农业推广服务站完成。当某项创新被证明可以扩散的时候，农业推广机构会向农民进行推荐。这些创新可能会获得全面认可，可能会被向特定的气候区或地域推荐。某项创新一旦被认可，在技术转让的过程中（从农业实验站到农业推广服务站），组织机构将会介入扩散工作中。研发部门和推广机构之间也有着相似的组织机构，而决策则是由各方面因素决定的。

在医药扩散方面，对拟向患者扩散的创新进行"质量控制"引起了极大的关注。这种关注是可以理解的，毕竟不安全的医药创新会对使用者的生命构成威胁。美国国家健康委员会（NIH）实施专家共识计划，组织科学家、执业医师、消费者及其他相关人员共同研究决定某项创新是否安全及有效（Lowe, 1980; Ash, Lowe, 1984; Larson, Rogers, 1984）。医药创新包括器械、药物、内外科的治疗方法。国家健康委员会专家共识会议结束后，一般会达成一些简短的共识，这些共识将会由美国政府发布，并通过医药期刊等方式传递给每一位医生。

在专家共识计划实施前，医药领域缺乏有效的"看门人"，医药研究及发现无法被科学地进行评估，无法确定该研究是否可以临床使用。如果某项没有经过评估的技术广泛地扩散，或经过严谨论证的创新却扩散得太慢的话，都是件恐怖的事情。对此，美国其他联邦政府部门也会启动专家共识理事会机制，如美国医学协会，还有私营企业，如药店。实际上，目前各种实践指南数不胜数，执业医师经常会被湮没在信息的海洋中（Shaneyfette, Mayer, Rothwang, 1999; Grille et al., 2000）。

临床试验作为创新（如新药物）科学实验的方法，用来检验创新预期的效力、安全及其他因素。临床试验的目的是基于真实条件（非试验室）下检测某项创新的效果，作为决定是否扩散该创新的依据。联邦药物管理局在审批某项新药物前，要求该新药物具有大量的临床试验结果。如果针对某项创新的数个临床试验已经完成（可能在国家安全委员会的资助下完成），其结果将会被提交到专家共识理事会。

专家共识计划在药物创新从研究走向实践的过程中，扮演着非常重要的"看门人"作用。

（六）结果

创新–发展进程中最后一个阶段便是"结果"，即采用或拒绝某项创新给个人或社会体系带来的改变（详见第十一章）。

前面已经提到创新–发展过程的 6 个阶段是按线性顺序发生的，但是在很多的案例中，有些阶段是没有出现的，或者有些时间顺序不是那么准确。但不管怎样，熟悉创新–发展进程中各阶段的概念对了解创新是如何产生的是非常有帮助的。

案例 4-5 探索华法林灭鼠药的意外收获[3]

华法林是当今世界上应用最广泛的灭鼠药，它的故事可以很好地阐释某项科学研究是如何带来意外的技术创新，并解决了原本与之毫不相关的问题。"意外收获"指的是新点子的意外发现，在创新–发展的过程中，作为研发的结果，"意外收获"常常非常重要。

1934 年，来自威斯康辛大学的 K·P·林克教授和他的同伴们努力寻找变质的苜蓿干草中导致牲口内出血的化学成分。在 20 世纪 30 年代，因为农学家建议农民种植苜蓿以减轻土壤的酸性及减少水土流失，很多农民都用苜蓿干草饲养牲口。但是当农民用这些东西

---

[3] 案例来源于 Lowe(1981)及对 WARF 官员的采访。

喂养牲口的时候，时常会导致牲口内出血而死亡，他们称这种导致牲口死亡的情况为苜蓿病。

有一天，一个农民冲进林克教授的实验室，提供了一整桶从他家奶牛胃中流出的血，并请求林克教授调查导致苜蓿病的原因。后来，林克教授在变质苜蓿中分离出了一种叫香豆素的抗凝剂。棒状的苜蓿草茎会划伤牛胃的内壁，然后香豆素又导致牛大出血而死亡。生物学研究人员马上将香豆素应用到某些心脏治疗的外科手术上，以测试它的效果。但是关于香豆素最重要的应用是十年后林克教授把它研制成了灭鼠药。他非常惊讶地发现，抗凝剂也是很有效的老鼠杀手。

林克教授指定威斯康辛大学的技术转让办公室——威斯康辛校友研究基金会（WARF）为香豆素灭鼠药申请专利。从香豆素衍生出来的化学药品华法林（Warfarin）最后通过 WARF 向生产商授权生产。今天，来自华法林的版税收入用于资助麦迪逊教授们的研究项目，并为博士生提供研究经费以及进行其他研究投入。

华法林对老鼠而言是高致命因子，它会造成老鼠内出血而死亡，且中毒的啮齿动物常会因为口渴而出来找水喝，所以它们往往不会死在洞穴里。农民和屋主很容易就观察到鼠药的效果，而这种可观察性也进一步扩大了其采用率（详见第六章）。重要的是，华法林对猫、狗、人类无害。今天，每年大概会销售 350 万吨华法林。

林克教授因寻找苜蓿病致病原因而意外发明了鼠药。华法林的创新-发展过程是不确定和不可预测的，"意外收获"非常重要。所以，我们现在所说的创新-发展过程的 6 个阶段模型应该只视为一般指导，因为很多创新本来就是偏离了原来轨道的。

二、社会经济地位、平等与创新–发展

过去的扩散研究一致认为个体的社会经济地位和其与推广机构的密切程度高度相关，而与推广机构的密切程度又与个体的创新精神高度相关（详见第九章）。因此，推广机构往往在扩散行为中造成了受众社会经济地位的不平等（详见第一章）。

其次，个体采用者的社会经济地位与创新–发展过程密切相关。例如，新款汽车如混合动力汽车到底要设计成低端还是高端型号，决定了中产阶级或富人是否会买它；一个研究课题让大众还是小众受益，决定了最终采用该研究结果的人群数量（Hightower, 1972）。

技术的发展和扩散有没有为社会经济带来平等（而非不平等）？答案来自社会经济地位在创新–发展的过程中将如何影响它的每一个阶段。请看下面关于西红柿收摘的研究。

案例 4-6 加州的硬西红柿[4]

一项创新的扩散及结果的性质往往在研发的过程中就有些定论了。下面以美国加州西红柿采摘机器的案例阐释扩散的结果是如何在采用前就被决定的。

---

[4] 案例来源于 Friedland and Barton (1975)。

加州是美国的第一农业大州，西红柿则是加州最主要的农产品。在 1962 年机械化采摘前，加州约有 4000 名农民从事西红柿种植工作，而 9 年后却只有 600 名农民从事同样的工作。在机器采摘出现前，加州约有 50,000 名西红柿采摘工人，他们绝大部分是来自墨西哥的移民，后来他们中绝大多数被 1152 台采摘机器取代（每台价值 65,000 美元），仅尚存 18,000 名工人来操作采摘机器，采摘条件受损的不成熟的西红柿。他们中间 80%都是妇女，而墨西哥移民仅仅占少数。

机械化采摘同样也让加州的西红柿产地从圣·华金郡（San Joaquin County）转移到了土壤和气候更加适合种植机械化采摘西红柿的永乐郡（Yolo County）及弗雷斯诺郡（Fresno County）。为了适合机器采摘，农业科学家研制了不容易被采摘机器损伤的硬西红柿品种，但对于美国民众来说，大家还是喜欢软西红柿。硬西红柿味道与软西红柿无异，但是所含的维生素要少一些。

所以，西红柿采摘机器这项创新的影响非常深远，包括对人力、种植地点、消费者行为等方面的影响。这些影响都是当初加州大学戴维斯分校的采摘机器研发者能预料的吗？弗里德兰和巴顿给出的答案是——完全不能（Friedland, Barton, 1975），而且他们还把这些农业科学家比喻成"社会的梦游者"。西红柿采摘机的发明初衷是由于担心 1964 年墨西哥短期工人合法入境项目终止后，因劳工短缺而损害当地的西红柿种植业。但是科学家们却对技术创新所带来的社会影响缺乏考虑，詹姆斯·海托华的一本关于讨论政府增地大学研发体系的书就以此命名为《硬西红柿，硬伤》（*Hard Tomatoes, Hard Time*）。

西红柿采摘机械的研发由加州大学戴维斯分校的农业教授主导，共花费了 100 万美元的公共基金（Schmitz, Seckler, 1970）。首席研究员为杰克·汉纳教授，是一位研究蔬菜作物的教授，他培养了适合机器采摘的西红柿品种，而对他的研究持反对意见的同事们却认为机器采摘是件非常荒谬的事情。汉纳的团队及另外一位加州大学戴维斯分校的农业工程师科比·洛伦岑（Loby Lorenzen）共同设计了这款自动采摘机器——它可以从田地里把西红柿株剪出来，摘出西红柿果实，并通过传输带把果实送到小型农用车里，以方便直接运到市场上。洛伦岑设计出来的采摘机由汉纳的朋友，一个与加州大学有合约在身、名叫欧内斯特·布莱克韦尔德的农业机械生产商制造。[5]

1964年，224台西红柿采摘机共完成了25%的采摘工作。这个应用数量的突然增长是因为美国国会终止了墨西哥劳工合法入境项目，也就意味着没有更多的劳动力进入加州，因此，西红柿业界当时把汉纳誉为"拯救加州西红柿业"的个人英雄。6年后，已有1521台采摘机完成了99.9%的采摘工作，同时有32000名采摘工人因此失业。

回顾过去，有人可能会思考，如果研发人员在1962年还有4000名西红柿农民的时候设计出小型的采摘机，其扩散与采用的情况又会有什么不同呢？假如1964年劳动力短缺的现状没有迫使汉纳、洛伦岑及布莱克韦尔德把采摘机的模型投产，情况又会怎样呢？假如加州大学戴维斯分校的社会经济研究可以准确预测采摘机器对就业、消费者满意度的影响，那情况又将如何呢？

研发阶段的决定和行为会直接影响后续的扩散阶段。与加州西红柿案例类似的还有美国近年来的精确耕种。精确耕种使用昂贵的全球定位设备及计算机板载程序来提高播种、施肥、除虫、除草的效率。此技术可以加载到农民的播种或收割机器上，只要农民驾驶播种机经过田间，这些程序就可以计算出每块地的相关数据，精细

---

[5] 至1969年，为了使用西红柿采摘机技术，布莱克韦尔德共支付加州大学225000美元的技术专利税 (Schmitz, Secker,1970)。

到每平方米。在 80 亩以上的土地，精确耕种系统比传统的计划耕种管理技术效率要高得多。

不过，精确耕种系统设备非常昂贵，每台设备的价格一般在 50,000 到 70,000 美元之间，只有大型的农场主才能承受。那么，机械公司还会生产适应小型农场的精确耕种设备吗？

三、追踪创新-发展过程

已经有不少研究关注创新-发展过程中的研究、发展、商业化各阶段（见图 4-1），这种回顾性追踪研究并重构了创新-发展过程中的主要事件和作出决定的顺序。而研究的数据往往来源于对核心研究人员及相关人员的采访、研究刊物、授权研究档案、模型、推广机构的记录。

首个也是最有名的关于创新-发展进程中发展阶段的回顾性追踪研究为《后见之明》（Isenson, 1969）。该项目研究了 R&D 进程如何带来了 20 种不同的武器，包括民兵导弹、北极星潜水艇、M-61 核弹头等。其结论是，平均有 35%的核心问题及决定在创造技术创新的时候就已经明确了。《后见之明》指出，为这 20 种创新做出过贡献的研究者，都曾经接受过来自军工方面的资助；同时还指出，相比基础研究，应用研究更加直接地助力于技术创新（这个似乎不算新鲜）。

《后见之明》引导了后来更多的创新追踪研究。1968 年，伊利诺理工学院主持了《追踪》项目（科学领域重大事件及技术回顾），后来巴特尔-哥伦布实验室完成了《追踪 2》（Globe et al., 1971），和《追踪 3》（1976）。另外，英国的 Sappho 项目（Achilladelis et al., 1971）与上述项目一样，进一步完善了回顾性追踪研究的方法，并拓宽了技术创新的领域，从军事武器到生物医学、农业、消费及其他领域。明尼苏达州的《创新》是较新的追踪研究项目，研究了口服避孕药、杂交谷物种子、3M 的便签贴（Van de Ven, Angle, Poole, 1989）。

上述研究表明，某一领域如军用武器的技术改进一般需要一系列的技术创新，有时达到数十个。例如，心脏起搏器就是一系列创新的结果，如晶体管、小型电池等（Globe et al., 1973）。扩散学者往往会忽视这些创新在功能上的相互依赖，而把它们当成独立的创新进行研究（详见第六章）。

其次，上述研究表明，基础研究成果发展到相关应用（如武器或医疗创新）的周期非常漫长，常有 20 年之久。基础研究的成果要等待"一段时间"后才能包装成产品。例如，口服避孕药从概念到实现花了 9 年（从 1951 年到 1960 年）（Globe et al., 1973）；农业创新周期相对会更长，杂交玉米种子从 1908 年到 1933 年经过了整整 25 年，杀虫剂从 1934 年到 1947 年花了 13 年。《追踪 2》中对十项创新的研究表明，这些创新的平均实现时长为 9 年（Globe et al., 1973）。

上述追踪研究还表明，很多研究并不是由实际应用和社会问题主导的。这个观点由科姆罗（Comroe, 1977）提出，他追踪了与心肺医疗有关的 10 项最重要创新技术的创新-发展阶段，发现造就这些创新的 500 多篇文章中，41%的研究在开始的时候并没有预计会用来治疗这些疾病。由此可知，创新-发展进程不是从一开始就可以确定其能解决的问题及能满足的需求的，许多创新在一定程度上是意外收获。

本章的几个案例，如案例 4-4"探索未来的施乐帕洛阿尔托研究中心"、案例 4-5"探索华法林灭鼠药的意外收获"、案例 4-6"加州的硬西红柿"都属于追踪研究。

（一）追踪研究的缺陷

在未来的研究中，几个关于追踪研究的缺陷应该要克服。追踪研究都是回顾性研究——回顾创新-发展的进程，而关于创新-发展进程的前瞻性研究应该有所裨益。此外，过去的追踪研究都关注比较重大的创新，如心脏起搏器、口服避孕药、民兵导弹等，我们并不知道一些意义没有那么显著的创新是否也是一样的。

还有，追踪研究的数据来源也显得非常局限，原因有 3 点：

(1)追踪研究很大程度上依赖公开的技术文献才能重构创新-发展进程的研发阶段。

(2) 由于"(1)"，追踪研究很少关注扩散及采用阶段，基本没有关注结果阶段，而创新-发展进程的整个流程都应该受到相同的关注。

(3) 追踪研究暗指研究和发展阶段都是相对合理及有计划性的，因为创新发明者公开发表的文献中很少会提及创新-发展进程中的意外收获及意外因素。

（二）将来创新-发展进程的研究

在未来的研究中，哪些研究问题有助于我们更好地理解创新-发展进程呢？

(1) 如何在日程中设置科学领域研究事务的先后次序？用户是如何与研发人员沟通他们的需求和问题的？将用户需求送达研

发部政策制订者的过程中，推广机构应该扮演什么样的角色？

（2）如果一个推广机构关于某项创新的政策发生了逆变，这对机构在用户中的可靠度将产生什么样的影响？例如，建议用户终止使用某项之前推广的创新。我在 1954 年写的博士论文中所研究的 2, 4-D 除草剂，当时被爱荷华州农民广泛使用，后来因为该除草剂被发现含有致癌物而被禁止在农作物上使用。最初推荐农民使用它的爱荷华农业推广服务站，则必须向农民解释它为什么被禁止使用。那么，以后当爱荷华农业服务站再向农民推广其他创新的时候，农民们的心里会不会犯嘀咕呢？

（3）技术创新在多大程度上是依赖领先用户而不是研发专家呢？如冯·希佩尔（Von Hippel, 1998）的发现，终端用户对创新的创造是否普遍存在？

（4）技术创新给社会经济不平等问题带来了哪些后果？如果这些后果受其规模及价格影响，那么哪些又是在创新-发展和商业化阶段就已经决定的？

（5）创新-发展进程中诸多机构的中间人是谁？研发人员和推广机构是如何沟通的？尤其是决定扩散某项创新的时候。

四、农业推广模型

为了让更多用户采用科研成果，美国政府成立了很多推广机构，农业推广服务是目前最成功的。虽然整个体系被称为"农业推广模型"，实际上由 3 个主要部分组成：（1）研发子系统，由美国 50 个州的农业实验站及农业部资助的教授组成；（2）县级推广机构，主要工作是和当地农民打交道；（3）国家推广专员，负责联系农业研究人员与县级推广机构。研究人员与专员大部分都在大学里工作，也具备同等的专业水平（如农业博士）。因此，农业推广模型是创新-发展进程的一个整体系统（Roger, 1988a）。

早在 1862 年，美国每个州的赠地大学都建立起了农业推广模型的教学模块，俄亥俄州立大学、墨西哥州立大学、内布拉斯加州立大学等都是很好的例子。一所赠地大学就是一个独立的单位，类似于教育学院、药学院等，所以现在还很多学生管赠地大学叫"农学院"（Cow College，直译为奶牛学院）。这可不是一个恭维的称呼，只是说明了它在农业技术转让方面确实是楷模。

最初，赠地大学一般都教授农业及机械课程，但 1887 年美国联邦政府通过了《哈奇法案》，并开始为这些大学提供农业研究资助。现在，农业研究人员专心钻研，而农业服务站则应用这些研究成果；同时，农业教授们也希望自己的研究可以让农民受益。1914 年，美国联邦政府通过了《史密夫-利弗法》，成立州立农业推广服务站，旨在"帮助扩散与农业及国内经济有关的信息及学科，鼓励相关应用"。推广服务应该是美国最古老的扩散体系，同样，它的名气也是最大的。

推广服务的经费来源于联邦政府、州政府及县政府，投入了大约与农业研究持平的费用。这种经费分配方式为农业推广服务站扩散行为的成功提供了保障。也再没有其他政府机构在扩散上投入这么高比例的经费（详见第九章）。

其他政府推广机构曾尝试复制农业推广模型，但都不太成功；这些尝试都忽略了模型中一个或多个重要因素（Rogers et al., 1982）。有些推广机构也配备了推广专员，但是在当地却没有可以面向用户的推广代理（相当于县级的推广机构）；有些推广机构忽略了农业推广服务站拥有通过多年建立起来的信誉，在那里，农业研究成果可以大范围地被应用到实际问题上。

这些复制农业推广模型的机构包括教育、公共交通、再就业、能源保护、计划生育等，但都不太成功。

小结

过去的扩散研究一般从创新的第一个采用者那里开始，也就是扩散"S"形曲线的左下方开始，但在此之前所发生的事情及所采取的决定对扩散的进程也有很大的影响。未来的研究范围必须扩大到创新是如何被发明出来的整个进程。

创新-发展进程包含对问题或需求认知后的决策、行为，研究、发展、商业化一项创新，扩散及用户采用一项创新，以及后来的结果。对问题及需求的认知往往发生在某一社会问题上升到社会议程并值得进行研究的时候。

很大一部分的技术创新都来自于研究。基础研究一般被认为是为了充实科学知识的，而不是为了应用到某个指定的实际问题中。而基础研究的成果往往会在应用研究中得到体现，应用研究往往是为了解决某个现实的问题。领先用户往往会创作出某项创新，通常建立出模型，然后说服生产商投产及销售。下一个阶段是发展，即将一个新理念向潜在用户投放，并期待可以满足实际的需求。技术至上主义信奉技术改变社会，相反的观点是社会至上主义，声称技术由社会因素决定。下一个阶段是商业化，即产品化、生产、包装、销售、分发一项创新。商业化一般由企业完成。

创新-发展进程中一个非常重要的问题是何时开始向潜在用户扩散创新，如何评价一项创新的功效、安全及其他因素。

最后，一项创新可能会扩散、被采用、产生某些结果。

上述 6 个阶段不一定都会发生，而且也有可能不完全按照这个次序出现。

第五章

创新-决策的过程

人必须在实践中学习，因为尽管你自以为很明白，但只有在尝试之后才能确定。

——索福克勒斯（Sophocles）

创新-决策的过程就是个人(或其他决策单位)经历的 5 个阶段:
(1)对某项创新有初次认识;(2)对这一创新形成一种态度;(3)决
定是接受还是拒绝;(4)执行这个新想法;(5)确定这一决策。这
一过程包含了一系列的选择和行动,个人或系统对创新进行评估后,
决定是否将这一创新应用到实践中去。这个行为本质上包含了用新
方法取代已经存在的观念时,必须面对一些不确定性。与其他类型
的决策相比,创新-决策独特的一面在于一项创新中可见的新意和与
之相随的不确定性。

本章讲述了创新-决策过程中的一个模式,以及这个过程的 5 个
阶段,并简要说明了这 5 个阶段存在的研究依据。我们关注的焦点
在于个人所做的取舍决定,其中很多内容是我们后面将要讨论的组
织创新-决策或其他创新-决策过程的基础。

一、创新-决策过程的一个模式

研究扩散问题的学者早就意识到,个人对创新做出决策并不是
一瞬间的行为,它是在一段时间内发生的一系列的行为和动作。莱
恩(Ryan)和格罗斯(Gross)在 1943 年发表的玉米新品种扩散研
究中就使用了这个概念,虽然在那个时候他们所提出的几个阶段与
现在传播学者所说的 5 个阶段有所不同,然而这些农业社会学学者
也明白,爱荷华州的农民不会冲动地做出采用新品种的决定。事实
上,一般农民都会先从特定来源或传播渠道了解某创新,然后寻求
进一步的信息(通常是通过多种来源或渠道),接着会利用一小片土

地来试种，最终在几年以后，农民才会完全接受这项农业创新。大部分研究创新-决策过程的传播学者也都总结出了相似的阶段特征。

创新-决策过程中各个阶段的特征是什么呢？图 5-1 列出了创新-决策过程的模式，它分为 5 个主要阶段：

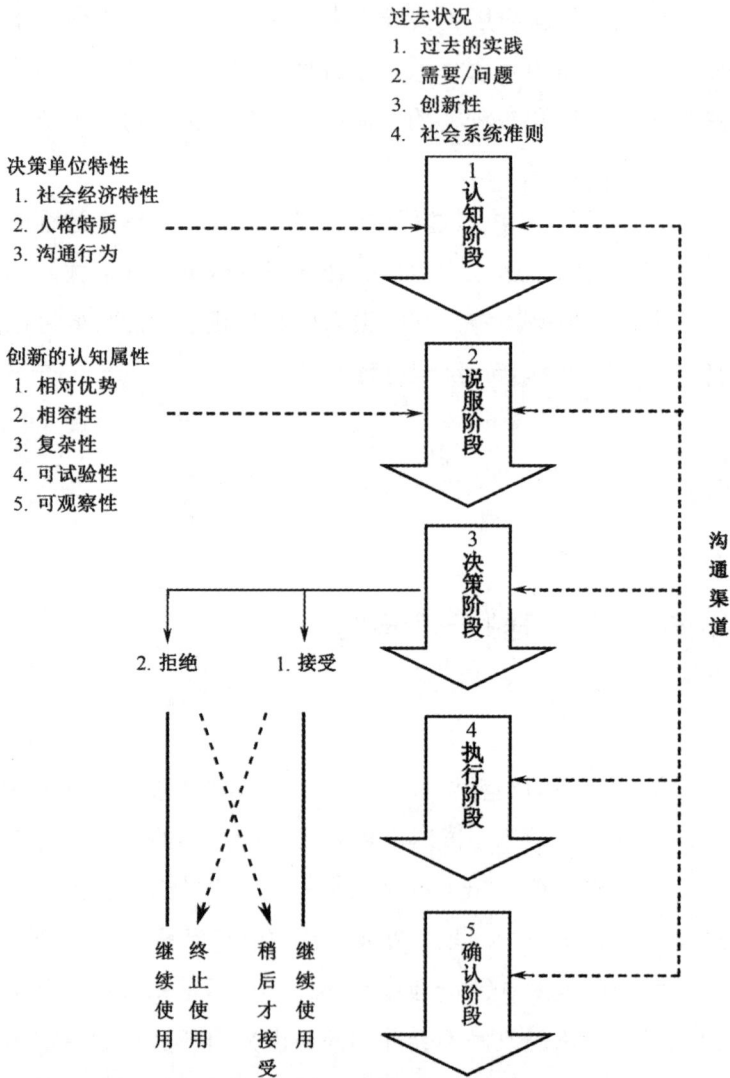

图 5-1　创新-决策过程的 5 个主要阶段

（1）**认知阶段**：个人（或其他决策单位）知道了创新的存在，并了解到它的功能；

（2）**说服阶段**：个人（或其他决策单位）对创新形成喜欢或不喜欢的态度；

（3）**决策阶段**：个人（或其他决策单位）做出接受或拒绝创新的选择；

（4）**执行阶段**：个人（或其他决策单位）将创新投入使用；

（5）**确认阶段**：个人（或其他决策单位）对此前采用的创新-决策寻求进一步的确认，如果出现与先前矛盾的信息，他可能会更改之前的决策。

二、认知阶段

创新-决策过程是从认知阶段开始的，当个人或其他决策单位面对一项创新并理解了其功能时，认知阶段就开始了。

（一）需要和创新的意识哪一个先出现

一些观察者认为：个人在面对一项创新时，扮演着被动的角色。当个人是在偶然情形下得知某项创新时，他一般不会主动去寻求进一步的信息。例如，科尔曼（Coleman）及其同事 1966 年在其新药物的扩散研究报告中认为，医生第一次得知新药的发明，主要是通过各种传播渠道及报道信息（如推销人员和医学期刊上的广告等），而他们通常不会主动寻求这类创新信息。但是到了创新-决策过程较后面的阶段，医生们在寻求信息方面开始变得活跃，他们通常会从沟通网络中的同伴那里获得信息。

有些人获知创新的信息是来自于他们主动的寻求，所以他们的认知过程不是被动的。就这些主动认知者而言，个人特质影响着他们的沟通行为以及这些信息传播所带来的效果。事实上，每个人都倾向于接触符合自己兴趣、需求和现有态度的观念。个人会有意无意地忽略那些与自己既有特质相冲突的信息。我们把这种情形称为"选择性接触"（Selective Exposure），也就是说，人们沟通的信息往往与他们的心态和理念相一致。

海辛格（Hassinger, 1959）曾提出，个人很少主动接触一项创新的信息，除非他们首先感到对该项创新有需求。即使个人接触到了创新信息，但如果这项创新与他们的需求无关或与他们的态度和看法相矛盾，那么这项创新对他们的影响也几乎为零。这个过程称为"选择性认知"（Selective Perception），就是用个人的心态和信念去诠释沟通信息的倾向。例如，一个农民可能驾车沿着爱荷华州的杂交玉米田行驶 100 英里，却没有"看见"这项创新。一位加利福尼亚州的居民经过一个屋顶上装有电视卫星接收器的人家时，完全没有意识到这项创新。选择性接触和选择性认知好像关闭了我们的心灵之窗，让我们被隔绝在创新信息之外；因为这些创新都是新的，我们无法对以前从未遇到的想法表现出一致或赞同的态度。所以，选择性接触和选择性认知的概念在很大程度上支持了海辛阁的观点，一般而言，对创新的需求要先于对创新的认识和了解。

那么需求是如何产生的呢？需求是指当个人的期望超过了现实状态时，所产生的一种不满意或挫败的状态。当一个人得知一项创新的存在时，可能会由此而产生需求。因此，创新可以带动需求，反之亦然。推广人员可以告诉扩散对象一项令人期待的创新，从而为他们创造出需求。这样能激励他们去了解更多，进而接受这项创新。

然而认知的需求或问题并不能完全解释个人为什么开始创新-决策的过程，因为很多个体并不总是能意识到他们的问题，而个人认知的需求也并非总和专家所预想的一致。正如美国俄亥俄州立大学教授埃德加·戴尔（Edgar Dale）常说的："我们可能经常想吃一些食物但是本身并没有进食需求，而对身体可能需要补充的维生素和矿物质，也许我们却并不想吃。"

到底是先有个人需求，然后才认知了创新观念，还是对创新的认知促使我们产生了对它的需求？对于这个谁先谁后的问题，研究报告也没有给出明确的答案。对某些特定创新来说是需求在先，如对付一种破坏农作物的新害虫的杀虫剂。但对其他许多新想法而言，则是创新产生需求，这一次序可能尤其适用于消费品创新，如流行服饰和电子产品（CD、DVD、手机等）。人们首先接触到某个消费品，然后被它吸引，最后决定要拥有它。

（二）关于创新的三种知识类型

创新-决策过程实质上是一种信息搜集和信息处理的行为，是个体用来降低创新利弊所带来的不确定性的一种手段。一项创新一般都会伴随着如下问题：这项创新是什么？它如何运作？为什么会有这个效果？第一个问题的答案代表了一项创新的 3 种知识类型中的一种，即"知晓性知识（Awareness-Knowledge）"，也就是关于创新存在的信息。知晓性知识可能激励个体去寻求第 2 种和第 3 种知识类型：即"如何使用的知识（How-to Knowledge）"以及创新的"原理性知识（Principles Knowledge）"。这种信息寻求集中发生在创新-决策过程中的创新认知阶段，但也可能出现在说服和决策阶段。

"如何使用的知识"包含了如何恰当使用创新的必要信息。采用者必须明白一项创新能保证实施多少、怎样正确使用它，等等。就创新而言，它越是复杂，所需要正确采纳的有关"如何使用的知识"就越多（参见第六章）。如果在试验和采纳一项创新之前，人们没有获得足够的有关"如何使用的知识"，就可能导致拒绝和终止情况的发生。直到今天，也很少有传播调研能处理"如何使用的知识"，尽管它是创新-决策过程中的一个基础变量。

"原理性知识"包含创新发生作用的机制、原理等信息。举例来说，微生物理论就属于"原理性知识"，它解释了烧开水、接种疫苗、在农村广设公共厕所等创新扩散的原因；人类生育的知识则是家庭避孕的理论基础；农作物的生物学理论使农民接受了化学肥料；微电子理论决定了电脑、互联网络以及消费电子类产品的功能。通常来说，没有对"原理性知识"的认知也可能会接受一项创新，但是这可能会造成误用创新的严重后果，同时也可能使已经接受的创新停止。所以，人们对创新"原理性知识"的理解程度，影响着他们对创新有效性的判断。

在传递这 3 种创新知识类型的过程中，创新推广人员扮演了什么样的角色呢？大多数创新推广人员把精力用在对"知晓性知识"的介绍上，尽管这个目标通过大众传播渠道来传递更为有效。如果创新推广人员能够专注于"如何使用的知识"，或许他们在创新-决策过程中会扮演一个更特别也更重要的角色，因为这对那些在创新-决策过程中试用创新阶段的客户来说是最基本的。不过，大部分创新推广人员认为，灌输"原理性知识"这一工作超出了自己的职责范围，这更像是正规学校教育的任务。对于创新推广人员来说，教授"原理性知识"通常太复杂了。但是如果采用者缺乏这种知识时，创新推广人员的长期任务常常会变得更加难以完成。

（三）对创新认知较早的人与较晚的人的对比

以下是对创新认知早晚的研究总结出来的规律：

（1）对创新认知较早的人比认知较晚的人受过更多的正规教育；

（2）对创新认知较早的人比认知较晚的人有更高的社会经济地位；

（3）对创新认知较早的人比认知较晚的人接触的大众传播渠道更多；

（4）对创新认知较早的人比认知较晚的人接触的人际关系渠道更多；

（5）对创新认知较早的人比认知较晚的人与创新推广人员的联系更多；

（6）对创新认知较早的人比认知较晚的人有更多的社会参与机会；

（7）对创新认知较早的人比认知较晚的人眼界更开阔。

对创新认知较早的人的特性与创新先驱者的特性以及早期采用者的特性很相似：受过较高的正规教育、有较高的社会经济地位等。不过，对创新认知较早的人未必就是最早接受创新的人。知道一项创新和采用一项创新是不同的。大多数人知道很多创新，但并没有采纳。原因之一就是他们虽然知道某种创新，但是认为它与自己的状况无关或者该项创新并不实用。对于创新的态度时常让潜在采用者卡在创新-决策过程中的认知阶段和决策阶段之间。如果个人的创新观念无法跨越认知阶段，并且认为这个创新和自己的状况无关，或者无法进一步获得足够的信息，那么他们就不足以过渡到说服阶段，他们对创新的考虑也就只能止步在认知阶段。

三、说服阶段

在创新-决策过程中的说服阶段，个人对创新形成赞同或不赞同的态度。如果说在认知阶段，心理活动主要是认知上的，那么在说服阶段的主要思考方式则是感觉上的。当然，个人只有在了解了一种新观念之后才会形成对它的态度。

关于"说服"的定义，我们与其他学者的观点不太一样。他们认为说服是某些机构试图使信息接收者的态度发生改变，变成他们期望的状态。而我们所说的说服只是指个人态度的形成或改变，而这种改变未必是特定机构（如创新推广人员）预设的结果。

在说服阶段，创新对个人的影响主要是心理层面的。他或她会主动寻找有关创新的信息，并确定哪些信息是可信的，同时进一步决定要如何诠释手中的信息。因此，"选择性认知"非常重要，它决定了个人在说服阶段的行为。也正是在该阶段，发展出了对创新的一般性认知。而这些创新认知的属性，如相对优势、兼容性和复杂度，在这个阶段会变得特别重要（见图5-1）。

在个人对某项创新产生好恶的态度以及决定是否接受它之前，都会先在心里把这项创新放到目前或将来的状况下加以衡量。这涉及假设性、反省思考以及规划未来的能力：如果我接收了这项创新，将会怎样？因此，未来规划也是影响说服阶段的重要因素之一。

所有的创新对个人而言都带有某种程度的不确定性，个人通常对这种想法的结果没有十足的把握，于是感到需要他人来支持其对新想法的态度。个人想要知道，与同伴们的观点相比，其思考是否处在正确的轨道上。因为来自大众媒体的信息都太宽泛了，无法为个人提供针对创新看法的具体参考依据。

在说服和决策这两个阶段，个人会寻求对创新的评估信息，以此降低对创新后果的不确定性。这时人们通常都想知道以下这些问题的答案：创新对我而言，将会带来哪些有利和不利的后果？这类信息可以通过对创新的科学评估而得到，但是大多数个人通常都从他们的同伴处寻找，而他们的同伴对创新的主观看法（建立在其个人对新想法的接受经验的基础上）最能说服他们，因为对他们来说，这是最方便而又可靠的做法。

在创新-决策过程的说服阶段，最主要的结果是对创新形成赞同或不赞同的态度，人们设想这种说服将带来与所持态度一致的行为上的明显改变（即采纳或不采纳）。但是在很多情况下，态度和行为是不相同的。这种内心态度和实际行为之间的矛盾，最常见于预防性的公共卫生创新领域，如发展中国家的避孕计划。例如，针对生育年龄的人口所做的调查显示，他们大都知道避孕常识，而且也都有乐意采用的心态，但是实际上只有 15%～20%的育龄夫妻接受避孕措施（Rogers, 1999）。我们通常把这种态度与行为之间的不一致称为"KAP 差距"（KAP 指认知、态度、实践）。因此，对创新形成的赞同或不赞同的态度，未必会直接或间接带来接受或拒绝的决策。

预防性创新是指个人为了避免将来可能发生的事情，而接受的创新。但是，如果不接受这项创新，不希望发生的事情可能会发生，也可能不会发生。因此，预防性创新的后果是不确定的。在这种情况下，个人接受预防性创新的意愿也是比较弱的。所以预防性创新的采用率，要比非预防性创新的采用率要低。例如，一位性行为活跃的男性生活在南非，这个国家超过 22%的成人都是艾滋病毒携带者，如果进行无防护的异性性行为，感染艾滋病的概率就是千分之一（Singhal, Rogers, 2003）。在这种情况下，个人会不会接受安全的性行为，比如使用安全套？

预防性创新中说服与接受的矛盾，即 KAP 差距，有时可以用"行动暗示"来缩小。"行动暗示"指发生在某时刻，会使赞同的态度转化为明显行为的变化。有些"行动暗示"是自然发生的，例如，很多妇女在经历了怀孕的恐慌或堕胎的痛苦之后接受了避孕药具（Rogers, 1973）；在另外一些情况下，"行动暗示"也可能由创新推广人员制造出来，例如，有些全国性的计划生育项目以会提供奖金给潜在采用者作为"行动暗示"。对于个人来说，具有创新正面经验的同伴，也会给他们带来"行动暗示"，不少美国人因为他们的家人死于肺癌而开始戒烟。因此，"行动暗示"可以有不同的形式。

四、决策阶段

个人（或其他决策单位）所进行的活动将导致选择接受或拒绝某项创新，这就是创新-决策过程中的决策阶段。"接受"就是决定把某项创新作为最有可能实行的行动方针来充分利用；"拒绝"就是决定不采纳某项创新。

处理创新后果不确定性的一种方法，是在局部基础上进行试验。大部分人都会根据自己实际情况试用创新后，才会去接受创新。通常这种小规模的局部试验，是创新-决策中相当重要的部分。但是，有些创新并不能分割开来做局部试验，因此对它只能完全接受或者完全拒绝。不过若是创新能够分割开做局部试验的话，其被接受的速度就会相当快（参见第六章）。大部分人在试用之后，只要它能证明有某种程度上的相对优势，试用者就会做出接受的决定。免费提供试用品是促进创新快速扩散的方法之一。例如，1930 年左右，美国爱荷华州玉米新品种的推广人员会给进入决策阶段的农民免费提供一小包新种子。这包免费种子足够在 1 英亩（1 英亩=4047 平方米）的土地上试种。这个试验足以说服农民在数年内进一步接受新品种。

对某些个人和某些创新来说，由同伴进行的对新想法的试验能够替代本人的试验，至少可以部分地替代。这种"他人进行的试验"为个人提供了某种替代性的试验。创新推广人员经常通过在社会体系中发起对新想法的示范，来努力加速创新过程。这些示范能相当有效地影响个人的接受程度，如果示范者是意见领袖时，示范的影响力会更为显著（参见第九章）。

创新-决策过程会产生接受决策，同样也会产生拒绝决策。事实上，创新-决策过程的每个阶段都有可能出现拒绝决策。例如，在认知阶段，人们很有可能在获得最初的意识认知后不久便把它忘记了。当然，即使在最初做出接受决策之后，拒绝仍可能发生。这就是终止现象，通常发生在创新-决策过程中的认可阶段。下面是两种不同类型的拒绝：

（1）主动拒绝。虽然曾考虑过接受创新（包括试用），但最后还是做出了拒绝的决定。

（2）被动拒绝（也被称为"不接受"）。这是指从来未认真考虑过要接受某项创新事物。

很显然，这两种拒绝的类型代表了不同的行为。然而，在过去的传播研究中，人们并没有对此作过区分。也许由于很多传播调研充斥了赞成创新的偏见（第三章），对各种类型的拒绝行为的调查还未受到太多学术上的关注。

许多人都假设，创新-决策过程的前 3 个阶段，即认知、说服和决策阶段，是线性的、连续出现的。其实在有些个案中，前 3 个阶段也可能呈现认知、决策和说服的顺序。例如，我做过一个关于朝鲜农村妇女避孕计划扩散的研究，在为已婚妇女举办的避孕计划说明会上，由政府作为创新推广人员介绍在子宫内装设避孕器的方式，接着就有 18 名妇女举手表示愿意接受这个新的避孕方法（Rogers, Chen, 1980），随后她们很快前往附近的诊所装设子宫内避孕器。在这个案例中，应该是属于个人抉择式的决策，但却因为团体的压力，几乎成为一项集体式创新-决策。在印度尼西亚的村落，也有类似运用团体影响力的策略来推广家庭避孕计划的案例，在执行时显示，当采用率增加时，村民的接受决策会变得不甚可靠。因此，需要创新推广人员与村民进行更多的接触和交流。

以上这些案例是在强大的团体压力下接受创新的做法，和个人主义文化特质里的价值观相违背，但这种情况却常在强调集体主义的朝鲜、中国和印度尼西亚出现。个人主义文化指个人目标永远优先于集体目标；而集体主义文化特质则正好相反，集体目标在个人目标之上（Rogers, Steinfatt, 1999）。

所以，我们所说的创新-决策过程中的认识-说服-决策的顺序，也许会受到文化层面的限制。在一些特殊社会文化的国度里，认识-决策-说服的顺序也许是常态。

五、执行阶段

执行阶段是指个人（或其他决策单位）把创新付诸行动。在这个阶段之前，创新-决策过程都只是心理活动。但是执行阶段涉及明显的行为上的改变。个人决定接受创新，和实际应用创新是完全不同的。到了执行阶段，如何使用创新的问题显得特别突出。通常执行阶段紧随在决策阶段之后，除非遇到一些实际的问题，如市面上暂时没有该项商品，等等。例如在 2001 年，美国的消费者购买混合动力轿车时，由于汽车制造商现货供应不足，必须要等上 6 个月才能买到新车。

　　对个人而言，即使在执行阶段，创新后果也依然存在某种程度上的不确定性，在此阶段常见的问题有："我在哪里可以买到这种创新产品"、"我该如何使用它"、"我将会遇到哪些使用上的问题，我又该如何解决"。因此，在执行阶段也会出现主动寻求信息的行为，正是在这种情况下，当个人开始使用产品时，创新推广人员的角色就变成了提供技术上的支持。

　　如果创新采用者是团体组织而非个人，执行上的问题通常会变得更棘手。因为在团体组织里，通常有许多人参与创新-决策过程，而实施者与决策者通常不会是同一群人。组织结构会为一个组织的稳定和持续运营提供保障，但也可能成为一项创新在实施中的阻碍力量（参见第十章）。

　　根据创新的性质，执行阶段可能会持续相当长的一段时间，直到这个新观念内化为个人日常生活的一部分，这个阶段才宣告结束。对大部分人来说，等到创新失去了它作为创新的特点时，执行阶段才算结束。而对另一小部分人而言，则跨入了第 5 个阶段：确认阶段（后文将进行介绍）。首先，来探讨一下"再发明"这个概念，它在执行阶段通常是一个比较重要的现象。

（一）再发明

　　在早期的传播研究中，对创新的接受意味着完全复制或者模仿早期采用者经验的行为。有时候，接受一项创新的确代表将要实施完全相同的行为。例如，1931 年加州颁布了公平交易法，作为这一类法律中第一个出台的法令，它先后被其他 10 个州原封不动地照搬过去，甚至包括 3 处严重的印刷错误（Walker, 1971）。然而在许多其他案例中，在创新得到传播时，它并不是一成不变的。在传播的过程中，创新会不断得到改变和演化。

所以，传播研究学者意识到了"再发明"这一概念，并把它定义为：在创新的接受和实施过程中，使用者改变和改良这项创新的程度。在 20 世纪 70 年代之前，再发明是被完全忽略的，或者被认为是非常罕见的行为。在传播调查中，被调查者对新想法的再发明会被视为一种异常行为，并被当作是传播研究中的"噪声"。这样的采用者会被认为是一项创新的被动采用者，而不是新想法的改良者和改编者。一旦传播研究学者突破头脑中的陈规，意识到再发明有可能发生，他们就开始发现：有相当多的再发明已经发生了。

过去大多数学者已经区分开了发明和创新。"发明"是发现和创造一个新想法的过程，而采纳是决定充分应用一项创新。所以对创新的采纳是一种应用现有想法的过程，而该想法可能已经被人们发明出来了。然而，一旦我们意识到"创新"在社会系统中传播时并不一定是一个固定不变的实体，那么发明与创新之间在研究与应用上的差异也就不那么泾渭分明了。"再发明"似乎是用来描述创新在被采纳和实施过程中的改变或改良的程度的专有名词。

1．再发明出现的机会有多大

查特斯和佩勒格宁（Charters, Pellegrin, 1972）是第一批认识到再发明存在的学者（虽然他们没有使用"再发明"这个词）。这些学者用了一年多的时间，在 4 所学校里跟踪了一项"区分性配备教员"的教育创新项目，并观察其接受和实施情况。他们总结说："区分性配备教员只不过是给大多数教师和管理者的一句话，并未考虑到参与者履行职责时的具体因素……这句话将（而且已经）意味着对全体教员来说事情会大为不同，这项创新是在内部发明出来的，而不是从外部引入的。"这些学者指出，这项创新在他们所研究的 4 所学校里的实施情况有所不同。为什么这些扩散学者会发现再发明的现象，而过去的学者都忽略了这点？主要是因为前者研究了执行阶段。

如果在这些发明形成之初，心态上就认为再发明是可能出现的，就会鼓励再发明的出现。比方说，过去研究"组织如何接受创新"时，会假设一个来自外界的新技术观念在进入该体系后会被接受（相对而言，只有极少的修正）和执行，并成为组织的行为规范。他们假设，对于这项创新，个人 A 或组织 A 的接受度会非常相似于个人 B 或组织 B。最近的研究对这种假定提出了严重疑问。有一些例子如下：

（1）对一项由美国国家传播网络（National Diffusion Network）推广的教育创新计划所进行的全国性调查显示，有56%的学校仅选择性地执行了部分创新。虽然其中的再发明相对不多，但也有 20%的学校对原创新做出了部分重大修改或修正（Emrick et al., 1977）。

（2）冯·希佩尔（Von Hippel, 1976）对 111 项科学仪器领域的创新做了调查，发现在大约80%的情况下，创新过程由领先使用者（即早期的用户）主导。领先使用者先制造出产品的原型，然后再转给制造商生产销售。因此这些"早期采用者"在对这些专业创新的设计和重新设计上扮演着相当重要的角色。

（3）在加州，精神健康机构研究了 104 个采纳创新的案例。他们发现"再发明"发生的比例（55 个案例）高于没有改动、全盘接纳创新的比例（49 个案例）（Larsen, Agarwala - Rogers, 1977）。

（4）一个联邦机构研究了 53 个地方政府采用一个以计算机为基础的规划工具（被称为 GBF/DIME）的情况并发现，大约有一半的"采纳"在某种程度上体现了"再发明"（Eveland et al., 1977）。

（5）一项针对防止校园内滥用毒品的 DARE（反对滥用毒品的教育）快速传播的研究发现，当地学校再发明的概率非常高。DARE 于 1983 年在洛杉矶开始实施，10 年之后，有超过 500 万的 5～6 年级学生在课堂上听过警察讲授的 19 节 DARE 课程。对这一项目的迅速采纳是因为 20 世纪 80 年代后期，毒品问题成为公共议程的首要问题（Dearing, Rogers, 1966）；另一个原因则是有大量再发明的出现（Rogers, 1993）。例如，19 节的 DARE 课程中有一节内容是鼓励小学生远离犯罪团伙，但没有犯罪团伙问题的学校就没有讲授这一节课。然而，所有学校都遵循了 DARE 的基本思想，即由警察在课堂上讲授预防毒品课程。另外，据有关评估结果显示，推动这项 DARE 对降低学生吸毒比例的长期效果并不显著（Ennett et al., 1994; Lyman et al., 1999），所以近年来有很多学校终止了这项教育计划，有些学校则完全再发明了这项计划，由校方警卫人员讲授 DARE 中一些跟戒毒相关的课程，弃用其他和这个议题无关的课程。

因此，传播研究者得出了关于再发明的结论：许多创新采用者都会在创新执行阶段出现再发明行为。再发明的概念被提出后，在大部分的传播项目中都有再发明的现象。传播学者开始重点关注再发明，并且在过去的 10 年中，关于该议题的研究成果也不断积累。

很多再发明都会带来更快的创新采用率。其背后的逻辑是：更灵活的创新以及更容易被再发明的创新可以被更多采用者采用。因此这些创新的被接受速度会更快（Backer, 2000）。

较高程度的再发明会导致创新具有较高程度的持续性。持续性是指当传播计划结束之后，创新被持续使用的时间。大部分创新研究会随着创新的被接受和执行而告一段落。然而，很多创新只有被持续使用时才会显示出其重要性。例如，使用安全套预防艾滋病毒传播时，只有持续使用才有预防效果。因此，对许多创新而言，持续使用是一种底线。

古德曼和施特勒（Goodman, Steckler, 1989）调查了维吉尼亚州的 10 个公共卫生项目的延续性。研究发现，延续性的关键在于创新符合目标的程度以及当地卫生项目的其他特质（即兼容性）。另一个在新墨西哥州进行的 8 个公共卫生创新项目的持续性调查也得到类似的结论：再发明确实可以提高创新的持续性。

另一项针对再发明以及它是如何加快创新接受速度和增强持续性的研究，是由雷伊·考昆蓝（1997）等人主导的，他们对法国一家癌症治疗中心的 80 位医生进行乳腺癌和结肠癌临床指导的推广加以探讨。研究报告指出，在过去 2 年间，使用临床指导上推荐的新疗法来治疗乳腺癌患者的医生由 19%增加到 54%，而用新疗法治疗结肠癌的医生也由 50%增加到 70%。这种治疗行为的改变是相当惊人的，其他类似的临床指导推广都没有出现这么显著的成果。而关于这种现象的一个解释是，医生在使用临床指导时对其进行了再发明。此外，在癌症治疗中心的医生也参与了临床指导的编纂工作，所以临床指导的内容与他们的实际情况也更相符合。

2. 再发明不一定都是坏事

对再发明的褒贬依个人观点而定。不过，研究与发展机构通常不看好再发明，因为他们认为再发明扭曲了他们的研究成果。因此有些创新研发者会设计一个无法再发明的创新，他们认为"防止再发明"才能保证发明的品质。传播机构对再发明也没什么好感，他们认为自己最了解传播对象乐意接受的方式。传播机构认为，如果一项创新会不时做出改变或修正，同时在不同的传播对象身上出现不同的版本，就很难去评估创新传播的绩效。另外，当很高程度的再发明发生时，他们平常用来评估创新采用率的方法将会变得模棱两可。因为对某些极端的再发明来说，早已辨认不出原来的创新了。

有一个测量再发明程度的方法，就是去确认在创新执行中哪些要素跟创新推广人员传播的创新主干或核心架构相同，哪些要素不同（克利夫兰，1977）。大部分创新都可以被分解成一些要素，可以衡量这些要素与核心架构的差异，从而测量再发明的程度。而创新的核心要素是指影响创新效果的特征（Kelly et al., 2000）。

例如，一项关于室内空气环保法令传播的研究报告发现，所有城市都有在公共场所禁烟的条例，但每一个城市的禁烟方式却有很大不同。有的城市禁烟条例中规定的禁烟区域相当广泛，明确规定不得在政府办公大楼、餐厅、酒吧、保龄球馆和宾馆、游戏馆内吸烟。而有的城市只是针对一个或多个场所禁烟（因为这比较容易被市议会通过）。此外，也有其他禁烟条例禁止在公共场所以及这些场所门外的 50 米内吸烟。在上述这些禁烟条例里，都含有防止二手烟这个核心要素，但是其详细规定却五花八门。一般来说，美国西南部各州虽是较晚实施禁烟条例的地区，但大都采用了较为严格的规定。

而另一方面，采用者通常认为再发明是很可取的。他们会强调（甚至过分强调）自己已完成的再发明数量（Rice, Rogers, 1980）。潜在采用者可获得的机会不仅仅是接受或拒绝，他们也可以选择去改良这项创新或拒绝这项创新中的某些部分（如 DARE 的案例和禁烟条例案例）。个人或组织遇到的某些实施问题是不可预测的，所以应该在最初计划好创新需要做哪些改动，以更适应他们的实际情况。

再发明经常对创新的采用者有利。在接受一项创新的过程中，灵活性可能会减少错误的发生。鼓励对创新做改动将更适应具体情况和不断变化的条件。再发明的结果是，创新可能会更好地与采用者的现存问题相统一，并能更好地处理创新-决策过程中出现的新问题。在一次对全国公立学校进行的创新调查中，人们发现：当某项教育创新被某个学校进行了再发明时，它的接受就可能更具有连续性，而不太会发生"终止"现象（Berman, Pauly, 1975）；因为经过再发明的创新会更适用于该校的情况，所以"终止"情况出现较少。这项调查表明，相当高程度的再发明已经发生：创新和学校之间产生了一种互动，互相影响，互相作用（Berman, McLaughlin, 1974, 1975, 1978; Berman et al., 1975, 1977）。一般而言，学校改变得很少，而创新被改变了很多。

3. 为什么会发生再发明

再发明产生的一部分原因存在于创新本身，而其他原因则存在于接受这个新想法的个人或组织。

（1）再发明的对象更倾向于相对复杂和不易理解的创新（Larsen, Agarwala Rogers, 1977）。其目的只是简化创新，或者解释其中难以理解的部分。

（2）再发明的出现可能是因为采用者对创新缺乏足够的了解，比如采用者和创新推广人员之间，或采用者与以前的采用者之间很少有直接接触（Eveland et al., 1977; Larsen, Agarwala Rogers, 1977; Kelly et al., 2000）。比如，一项以地理位置为基础的计算机系统（GBF/DIME），当创新推广人员只介绍了该创新的知晓性知识时，再发明就发生得比较频繁；而在执行阶段，当采纳组织得到咨询服务时，再发明就发生得很少。所以，再发明的发生有时是由于无知和了解不足。

（3）如果创新是一种抽象概念创新，或是一种可以多应用的工具（就像一种计算机软件程序），那它就更容易被"再发明"。组成一项创新的要素之间的联系可能是紧密的或松散的。那些联系紧密的创新，其组成成分之间具有高度的相互依赖性；很难对它们只采用一些元素而丢弃其他部分。那些联系松散的创新所包含的因素不是紧密相关的，这种创新可以由采用者根据自己的情况灵活使用。所以创新的设计者或制造者可以通过特定的设计使创新更易于或更难于被再发明，从而影响再发明的发生。

（4）当一项创新的应用是为了解决使用者范围较广的各类问题时，再发明就更有可能发生。因为每个人或组织想解决的问题不同，从而会影响个人使用创新的方式。最初刺激个人去寻求某项创新的问题，只是导致该项创新的使用方式的部分原因。所以当个人和组织本身的差异性越大时，再发明出现的可能性就越高。

（5）把创新据为己有的"偏狭的自傲"也可能是再发明的一个原因。在这里，只需对创新稍作修饰或较小改动，便可以使它看上去更像本地产品。有时候，这些"伪再发明"并没有做出任何实质上的改变，只是换了一个新名称而已。这种本地化的做法，一方面可能是为了满足当地采用者追求地位或认同的需求；另一方面，也可能只是为了使创新更能被当地社会体系所接受。哈夫洛克（Havelock, 1974）在针对353位美国学校主管的调查中发现，通常他们都会要求这项创新必须被当地人认为是当地的产物。也许正像一位观察者说的那样，创新就像一把牙刷，任何人都不喜欢借用别人的。至少，他们都希望在原创新上按照自己的想法再加以装饰一番，以使其有别于其他人接受的创新。

　　（6）再发明的发生，也可能是由于创新推广人员鼓励其客户对原始创新做出修正或调整。虽然大部分创新推广人员通常反对再发明，但非集中性的传播系统可能会鼓励他们的客户对创新进行重新发明。例如，之前曾提到的"反毒教育"，就不是由联邦政府来统一指挥的，每个学校都有自行修改的空间。

　　（7）创新在适应团体组织的架构时，也会出现再发明(Westphal, Gulati, Shortell, 1997; Majchrzak et al., 2000)。

　　（8）再发明可能经常发生在创新扩散过程中较后面的阶段，即较晚的采用者会从较早采用者的成败中吸取经验，并对原创新做出适当的修正（Hays, 1996）。例如，当某个州的法律扩及其他州时，原有的漏洞可能已经被修正了，因此，有关规定就会更完善（Hays, 1996）。

　　认识到了再发明的存在，人们就会以一种不同的观点去看待接受行为：不再把一项创新看作固定不变的思想而简单地接受或拒绝它；在很多情况下，潜在采用者会更积极地参与接受和推广过程；当创新应用于他们各自的环境中时，他们会努力将自己的独特思想加入创新之中。所以，接受一项创新是一个社会建设的过程。包括再发明在内的这种接受行为的概念，与某些在传播研究中被调查者多年来努力要告诉研究者的东西较为一致。

　　再发明研究呈现出的一个普遍现象是，创新不是一成不变的实体。使用创新的人在学习运用新观念的过程中，赋予创新新的诠释，塑造了创新本身。正如波斯考斯基说的：手工艺品不只是由设计者设计的，使用者也在一定程度上重塑了它们。例如，电话本来只被认为是具有商业用途的工具，但最早的电话使用者，尤其是妇女却为打电话的过程赋予了社交意义。同样的，法国的米尼提尔系统，原本只是一个一对多的影像通信系统，但是很快就发展为多对多的系统。因此，创新会因为使用者的参与而变成有活力、有弹性的新观念。

案例 5-1 　印第安平原人对马文化的再发明

当欧洲殖民者在密西西比河西岸的广阔草原上遇到印第安平原人时，马是印第安文化的主要部分。印第安人在马背上杀死美洲野牛，和其他部落作战，利用马把他们的小棚屋从一处搬到另一处。但是马却并非印第安平原人所固有的。大约在 1650 年左右，西班牙探险家把马引进了印第安部落。在一二十年之后，法国皮货商人发现印第安平原人无论男女老少都骑在了马背上。印第安人还从西班牙人那里学会了制造马鞍、马镫、兜在马尾下的皮带和套索，而西班牙人的技艺又来自"摩尔人"（从北方移民来的阿拉伯人，他们早期占领了西班牙 500 年之久）。总之，印第安平原人"把马文化完完全全复制了下来"（Wissler, 1923）。马最初是随着西班牙骑士一起出现的，经过与西班牙人的广泛接触之后，印第安平原人很容易就学会了怎样驾驭这种新动物。于是，马文化在美洲草原迅速传播开来。

但是印第安平原人传承马文化的一个重要方面就是再发明，即北美印第安人的雪橇。在有马之前，印第安平原人用狗做负重动物。他们用雪橇运送帐篷完成游牧行为，而雪橇是一种拖拉式的结构，所以当印第安人第一次看到马时，就把它叫作狗。美国的许多印第安部落至今仍然称马为狗。他们把雪橇扩大，套在马上。后来，印第安平原人才开始骑上马背。

六、确认阶段

多位研究者通过实证研究发现，接受或拒绝创新的决定，通常不是创新-决策过程的最后阶段。例如，梅森（1962）发现，美国俄勒冈州的农民在决定接受创新之前会寻找信息，而在接受之后仍在寻找信息。在确认阶段，个人（或某些其他决策单位）如果接触到与该项创新相冲突的信息，他会通过寻求信息来对已作出的创新决策给予肯定，或者会转变先前已接受或拒绝的决定。

在确认阶段，个人会努力避免一种不调和的状况；如果发生不调和，他会努力使其减小。

（一）不和谐

人类行为的改变，某种程度上是内在不均衡或不和谐造成的，每个人都想消除或减少这种精神上不舒服的感觉。一个内心不和谐的人会通过改变自己的认知、态度和行为，来改善这种情形。在创新的行为中，解决这种不和谐的做法有：

（1）当个人意识到自己有某项需求时，就会寻求切合这个需求的创新信息。在这里，采用者对需求的认知，促成了寻求信息的行动，这种行为会出现在创新-决策过程中的认知阶段。

（2）当个人知道某项创新，虽然对它有好感，但并没有接受（即 KAP 差距）。这种由于认知与实际行为不符而产生的不和谐感，会促使个人接受创新。这种行为会出现在决策和执行阶段。

（3）在创新-决策之后开始实施创新时，个人会获得更多创新的信息，这些信息在说服他们不接受这一创新。这种不调和可能会因终止这项创新而消除。相反，如果个人最初决定拒绝这项创新，这时也有可能开始受到其正面信息的影响，而通过接受创新来消除这种不调和状态。这些行为类型（"终止"或是后来的"接受"）发生在创新-决策过程中的确认阶段。

以上这 3 种解决不和谐的做法，都包含了行为上的改变，以达成态度和行动的一致。不过，让人改变先前已经接受或拒绝的决定，通常比较困难。因为为了避免不和谐的情况出现，个人总是去寻求一些他们预计会支持或肯定先前决策的信息（这就是选择性接触行为）。在确认阶段，个人想要的是能够防范不和谐情况发生的信息。不过，有时候，有些信息也可能导致个人质疑先前的决定。

（二）终止

"终止"是指拒绝原先已经接受的创新，某些创新的终止率常常高到令人意外。勒特侯德（Leuthold, 1967）对美国威斯康辛州的农民进行调查时发现，在传播过程中的任何一个特定时期，终止的速度和接受的速度都对创新的接受水平至关重要。每年很多创新的终止者大约和初次接受创新的人数一样多。

终止的两种类型是：（1）取代；（2）醒悟。"取代终止"是一种为了接受更好的新想法而拒绝另一种想法的决策。在许多领域中，创新都会不断推陈出新，新的观念会不断取代原来的创新。比如，四环素的采用导致另外两种抗生素的终止（科尔曼等人，1966）；掌上计算器取代了滑动刻度尺；微型电脑取代了计算机；CD 取代了传统的盒式录音带，以及电子邮件取代了一般的通信邮件等。

"醒悟终止"是对先前接受的创新表现不满意，从而做出拒绝的决定。这种不满意可能是因为创新真的不适合这个人，无法带来预期的好处；或者是被政府部门裁定"某项创新是对人体健康不安全的，或有副作用的"；也可能是因为个人的误用，使得原本应该有利的创新起到了反效果。大多数情况下，最后因个人误用引发的醒悟终止较常发生在后期采用者身上，因为早期采用者的受教育程度较高，比较了解科学知识，能慎重地把创新试验引入日常应用中。而后期采用者的资源通常很有限，也许因为财务窘困，让他们不愿接受创新或终止使用创新。因此我们得出结论：后期采用者较早期采用者更容易终止创新的使用。

传播学者过去都认为：后期采用者的创新性较低，因为他们不愿意或较晚才接受创新。但是终止行为的研究显示，那些后期使用者终止使用的类型都是醒悟终止。例如，毕修普和考亨纳（Bishop, Coughenor,1964）的研究报告指出，俄亥俄州农民中各种类型采用者出现的终止率分别如下：创新先驱者和早期采用者为 14%，早期大众为 27%，后期大众为 34%，落后者则是 40%。此外，勒特侯德也针对加拿大农民做了同类型的研究调查，各阶段采用者的终止率分别为 18%、24%、26% 和 37%。

终止者通常的状况是：缺乏正规教育、社会经济地位较低、与创新推广人员缺乏接触等，总之与创新先驱者的特征正好相反（参见第七章）。终止者的特征与较晚的采用者的特征相同，事实上较晚的采用者也被描述为"较易于终止创新"的接收者。

创新的终止也意味着在创新-决策过程的执行阶段，创新没有转化成采用者日常工作生活中的一部分。当创新与个人信仰和经验不兼容时，创新的持续性就可能会很低，也就常常被终止使用。或许，（1）不同创新的终止速度不同，就像不同创新的接受速度也不同一样；（2）创新的认知属性（如相对优势和兼容性）与终止速度成反比。例如，我们会预期，具有较低相对优势的创新，接受速度较慢，终止速度较快。相对而言，如果创新拥有较高采用率的话，其终止率将会很低。

团体组织和个人一样也会终止创新。格里夫（Greve,1995）研究的美国广播电台终止轻音乐节目就是一例。在 1984 年左右，轻音乐节目相当流行，美国各大城市至少有一个专门播放这类节目的广播电台。但 10 年后，原来的忠实听众都已经一把年纪了，因此赞助节目的广告商也就失去了兴趣。到了 1993 年，在曾经播放轻音乐节目的广播电台中，高达 90% 的电台停播了这类节目，转而制作其他节目。

正如知名创新传播学者伯特（Ronald S.Burt）所说：改变意味着接受新做法，也意味着舍弃旧做法。确实，接受新观念，几乎总是意味着终止使用以前的观念。

案例 5-2 吸烟的终止

戒烟行为最能体现"接受创新就是终止先前接受的观念"这一说法。在过去几十年间，美国发生了一场生活形态的革命，因为有过半的吸烟人口戒烟成功。吸烟是一种会上瘾的行为，是一种很难改变的习惯。一旦开始吸烟，这种行为就完全超出了个人能够控制的范围。

美国的戒烟运动是怎样开始的呢？造成大规模戒烟行为的主要原因绝非经济上的因素。1989 年美国加州通过全民投票，决定每包香烟征收 25 美分的税金，作为宣传戒烟广告和开设鼓励戒烟的课程的经费。但美国烟草行业 2000 年的报表显示，即使香烟的售价提高了，还是有 25% 的美国人继续抽烟。

真正推动美国戒烟运动的是 1964 年美国卫生署发布的报告。该报告是根据吸烟对人体造成伤害的科学实验而写成的，并得出抽烟危害健康的结论。因此，在香烟烟盒和香烟广告上都必须印上"抽烟有害健康"的警告。到了 1971 年，烟草公司被勒令停止在电视或广播电台上做广告。此外，市政府和私人企业也必须划出吸烟区。例如，1960 年代中期之前，美国航空公司都在乘客用餐后发放免费香烟。到了 1980 年代后期，美国航空公司在所有民航飞机上全面禁烟。后来，二手烟危害个人健康的科学证据愈来愈多。因此，许多餐厅也必须划出吸烟区，而大多数的工作场所更是全面禁烟。逐渐地，原本被一般人认为是"酷"的吸烟行为，转变成了一项负面的行为（只有失败者才会吸烟）。

1995 年，美国新墨西哥州南部一个名叫拉斯克鲁塞斯的大学城，实施了所有公共场所禁烟的新法令。当时，这是美国西南部第一个实施禁烟法令的城市。不久，这项法令自拉斯克鲁塞斯迅速扩散到其他新墨西哥州的城市和乡镇，然后再推广到德州的艾尔帕索、拉伯克市，甚至蔓延到阿拉斯加州的安克拉治市。这种城市到城市间的禁烟法令扩散过程，发生在 1995—2002 年之间。接着，免疫生物学的研究证明了二手烟对人体的伤害，禁烟法令因此逐渐成为一项公共卫生议题，而不再是一个经济问题（那时，如果餐厅和酒吧不设吸烟区，生意将大受影响）。然而，还是有些人把禁烟这个议题视为一项人权问题。例如在 2002 年，有一位新墨西哥州的餐厅老板怒气冲冲地说："政府有什么权力来到我的私人领域，告诉我和我的客人什么可以做、什么不能做？"一旦在地方上有许多人都坚持禁烟这个议题是所谓的人权问题，禁烟法令就很难在当地全面实施。例如，在新墨西哥州的阿拉莫多戈市，就有相当高比例的人口属于保守派，他们把人权看得很重要，从而导致拉斯克鲁塞斯式的禁烟法令于

2002 年在该地被否决。

事实上，改变美国人的吸烟习惯花了好几年的时间。广泛的禁烟行动能取得重大成果，一部分原因是香烟价格的上涨，而最主要的原因是媒体对吸烟危害健康的宣传，以及政府对吸烟场所的限制。

案例 5-3 化肥禁用与有机农业的兴起

我在 1954 年写博士论文时，搜集了 148 位爱荷华州农民接受 2,4-D 除草剂、含抗生素的猪饲料和化学肥料的资料。这些创新是由爱荷华州立大学的农业学者和爱荷华州农业推广局推荐的。而我当时也欣然接受了这些农业专家的看法，认同这些农业创新的有效性。在接受访问的农民中，大部分人也这么认为。不过，有一位农民拒绝了所有的农业化学创新，他声称，它们杀死了田里的蚯蚓和鸟类。那时，我认为他是不理性的，把他归类为落后者（因为在农业专家推荐的 12 种农业创新里，他一种也不接受）。

1960 年代，美国兴起环境保护运动，对农业化学产品是否具有长期效用进行研究，让我开始对过去坚持的立场有所怀疑。1972 年，美国环境保护机构宣布禁用 DDT 作为杀虫剂，因为它会危害人体健康。接着，又宣布在牛肉饲料中不得添加乙烯雌酚（DES），而 2,4-D 除草剂和含有抗生素的猪饲料也相继出现在禁用名单上。研究发现，生物放大作用使得这些化学物质在食物链中的浓度提升，从而对人体健康造成危害。

现在，越来越多的美国消费者宁愿多花钱，前往健康食品的商店购买有机农产品。而种植有机农作物的农民，虽然其收成比不上使用化肥的农民，但是他们的耕种成本却比较低，而且有机食品卖出的价格更高。在 1980 年，美国农业部更改了原来禁止有机耕种和造园的规定，反而建议农民和园艺家接受使用少量化学肥料的耕种方法。此外，美国农业部还开始进行一项重要研究计划——研究适合有机耕种和造园的改良品种。一项有关有机耕种的调查发现，大部分有机农民既不是爱好新鲜玩意的"嬉皮"，也不是教育程度较低的传统农民；他们接受教育的程度在平均水平以上，还拥有较大的农场；等等。而这些就是创新先驱者的特点。

当美国农业部了解到化学肥料被许多农民滥用时，便推动了一项名为"综合虫害防治计划"的项目。其主要原因是，许多害虫已经对化学农药产生了抗性。该计划由接受过专业训练的"侦查人员"执行，他们需要仔细检查农民的耕地状况，当害虫问题超过经济门槛时，"侦查人员"便会建议喷洒一种化学农药来控制虫害。而接受这项计划的农民因为减少了化学农药的用量，也省下了一笔数量可观的金钱。

回首 50 年前爱荷华州的传播研究，我访谈过的那位柯林斯市农民的远见竟然胜过农业专家。而我那时却把他归类为落后者，如果用今天的标准来看，他可是有机耕种的超级创新先驱。

七、这些阶段都会出现吗

我们能利用什么样的实验性证据来证明：在这个创新-决策过程（见图 5-1）的模式中，假想的这些阶段在现实中是存在的？我们很难做出明确的回答。对研究者来说，要探求受试者在回答问卷时自身的心理过程，并不是一件容易的事情。因此创新-决策过程中的阶段理论只是简化复杂现实的方法，方便我们理解在引进创新时人类行为的变化。或许，我们可以把这些阶段当做一个社会结构、一种心理上的框架。但这与用实验性数据证实阶段的存在完全是两个问题，个人在经历创新-决策过程时，可能并没有意识到某个阶段的结束和另一个阶段的开始。当然，个人（或组织）在经历创新-决策过程的阶段时，创新的程度和性质都可能会发生改变，所以我们不能期望各阶段间有一个明显的区别。

人类行为的改变过程经历了几个阶段和步骤，经过了一个漫长的思想发展过程。德国莱比锡大学教授冯特（Wilhelm Wundt）是现代心理学的鼻祖，他提出动作是人类最基本行为的概念。后来，美国芝加哥大学的杜威（John Dewey）在他的著名论文《心理学中的反射弧概念》中，引用了冯特的概念。当时，"刺激-反应"（S-R）理论很盛行，其影响超过了杜威主张的人类行为阶段性理论。S-R理论强调外来刺激被个人感知，再经过神经传导到对应的肌肉上，作出反应动作，至此结束整个"刺激-反应"过程。事实上，S-R理论确实解释了一些人类行为，比如膝跳反应，不过并不适用于解释人类全部的行为。

杜威、米德（George Herbert Mead）在芝加哥大学进行的研究都证明反射弧和"刺激-反应"理论太过于简化了，因为在这个过程中，个体对刺激的诠释也与反应行为有关。因此，原来的"刺激-反应"模式就变成"刺激-诠释-反应"，这就包含了与他人的互动。这样，决策过程中的阶段理论已具雏形。此外，杜威也指出，反射弧的概念并不完善，因为它的观点是：刺激是来自外界的，而反应则是个人内在的行为。但是，个人对刺激的认定完全依据过去的经验而定。例如，一旦个人知道创新的存在，就会常常接触到这种创新。

杜威和米德的思想，直接影响了农业社会学者，他们最早提出了创新-决策过程是分阶段完成的假设。

（一）过程研究 VS 变数研究

确认创新-决策过程是否存在不同阶段的过程研究法，和了解因变数（如创新性）与自变数之间关系的变数研究法是完全不同的。过程研究的定义是，搜集和分析数据，以确定一连串事件发生的先后次序。这种研究通常采用定性研究法，以寻求对人类行为的洞悉和了解。而变数研究中，搜集和分析数据的过程是为了测量在一系列变数之间的相关性，而不是时间的先后顺序。这种变数研究通常是使用定量研究的方法，把行为数字化，来记录其改变。

大部分传播研究（以及大多数社会科学研究）都属于变数研究，它包含了大量结构性的资料搜集和切面数据分析，如对创新的传播和接受进行的调查。由于只在某个特定时间搜集资料，所以无法测量过程中的数据（除非我们要求个人去回想他接受创新的时间点）。变数研究适合调查和创新性相关的变数，但却不能做回顾性研究，比如回溯过去事情发生的先后次序，以及在个人的创新-决策过程中，前一事件又是如何影响后一事件的。

为了探究过程的特性，就需要以动态观点去分析过去一连串事件发生的因果关系。过程研究搜集资料的特色是，需要对个人进行深度访谈，和变数研究相比，它搜集的数据比较偏向性质方面，也很少运用统计方法去分析过程资料。过去的传播学者通常都没有了解变数研究和过程研究之间的差异。也正是因为缺少创新-决策过程的过程研究，才造成了我们对过程中各个阶段缺乏明确的了解。

（二）阶段的证据

用经验来证明创新-决策过程中各阶段的确实存在的证据，来自一项在爱荷华州的研究（Beal, Rogers, 1960）。这项研究表明，大多数回答问卷的农民在他们从了解知晓性知识到做出决定，再走向接受时，都能感觉到经历了不同的阶段。值得注意的是，他们还了解到在过程中的不同阶段，接受创新信息的渠道和来源是不同的。当然，对个人来说，在每个阶段都用同一种来源和渠道是可能的，但是当对不同阶段接触到不同来源的信息加以记录时，就意味着各个阶段之间的差异。贝尔和 E.M.罗杰斯也发现，148 个接受调查的人中，没有一个人称自己在知道有新型除草喷雾剂之后立即采用了它。而一种新型家畜饲料的采用者中有 60%的人表示，他们知道这项创新和决定接受这项创新的时间并不是同一年。看来，大多数爱荷华州的农民需要一段时间（可能以年为标准）去经历创新-决策过程。这一发现证明了接受行为是一个过程，包括不同的阶段，而且这些阶段发生在不同的时期。

贝尔和 E.M.罗杰斯（1960）还提供了另外一种类型的证据来论证那些跳过的阶段。如果针对一项指定的创新，大多数接受调查的人都说自己没有经历过创新-决策过程的某个阶段，那么就出现了一个问题：这个阶段是否应该被包括在该模式中？然而贝尔和 E.M.罗杰斯发现，大多数农民描述了他们在这一过程中的前 3 个阶段：认知、说服和决策中的行为，没有人说自己跳过了认知或决策阶段，但一些农民却并没有提到接受创新之前的试验阶段。

科尔曼等人（1966 年）发现，大部分医生都反映，在认知阶段和说服阶段，有关某种新药的信息来自不同的渠道。拉玛（LaMar，1966 年）对加州 20 所学校的 262 名教师的创新-决策过程进行了研究。这些教师经过了这一过程的每个阶段，就像在对农民的研究中发现的那样。科尔（Kohl, 1966）发现俄勒冈州 58 所学校的管理者都在抽样调查中说，在采用学期教学、语言实验室和有伸缩性的课程表等创新过程中，他们经历了创新-决策过程的每一个阶段。

因此，在这里我们提出结论：在创新-决策过程中存在着各个不同阶段。认知和决策阶段存在的证据相当清晰，说服阶段则弱一些，而区分执行和确认阶段的数据则相当有限。

（三）效果的层级

沟通效果的层级（Hierarchy-of-Effect）概念，是指个人从认知上的改变到外在行为改变所经历的阶段，和创新-决策过程的各阶段是相对应的（参见表 5-1）。社会心理学者麦奎尔（William Mcguire）是第一位提出效果层级模式的人，现在这个模式已经广泛运用在沟通传播的研究上。

表 5-1　效果层级与创新-决策过程的阶段和阶段变化相呼应

创新-决策过程的各阶段	效果层级	行为改变阶段
一、认知阶段	1. 回顾有关信息	思考前期
	2. 理解信息	
	3. 能有效接受创新的知识与技巧	
二、说服阶段	4. 喜欢这项创新	思考期
	5. 与他人讨论这项创新	
	6. 接受这项创新的相关信息	
	7. 对创新信息形成正面看法	
	8. 从系统中得到对创新行为的支持	
三、决策阶段	9. 企图寻求更多的创新信息	准备期
	10. 想去尝试这项创新	
四、执行阶段	11. 获得更多有关创新的信息	行动期
	12. 经常使用该创新	
	13. 继续使用该创新	
五、确认阶段	14. 认识到使用该创新的好处	维持期
	15. 使用创新成为日常生活的一部分	
	16. 把该创新推介给其他人	

资料来源：麦奎尔（1989）的效果层级理论，经过美国约翰霍普金斯大学的人口交流服务中心修正，并以普罗查斯卡的行为改变阶段理论加以补充。

对大部分经历创新-决策过程各阶段的个人来说，沟通传播的效

果是不同的，因为不同的传播渠道扮演不同的角色，也产生了不同
的效果。例如，大众传播通常在认知阶段的效果比较好，而人际沟
通渠道在说服阶段的效果较好。至于介入式措施，像广告宣传活动
则成效更显著，几乎位于沟通传播效果层级的最上端，因为认知上
的改变较行为上的改变来得容易，至少短期内是如此。为期 6 个月
的介入式沟通，可能会让了解这项创新的人增加 35%，而受到影响
去接受创新的人却仅有 2%～3%。

（四）行为改变阶段

与创新-决策过程阶段相类似的行为改变阶段模式是由普罗查斯
卡（James O.Prochaska）提出的，他是美国罗德岛大学的预防医学学
者。普罗查斯卡提出个人改变上瘾行为（如抽烟、吸毒等）的五大阶
段模式，被广泛运用到公共卫生领域内，来解释预防性卫生创新的接
受过程，如预防艾滋病的安全性行为、避孕措施、监测早期乳癌的乳
腺 X 光照术和戒烟等。普罗查斯卡的 5 个阶段模式分别如下。

（1）思考前期（Precontemplation）：指个人注意到问题的存在，
开始思考如何去解决问题。

（2）思考期（Conpemplation）：指个人注意到问题的存在，也
很慎重地去思考解决之道，但还没有承诺采取行动。

（3）准备期（Preparation）：指个人企图在短期内采取行动解决
问题，但是目前还没有任何实际行动。

（4）行动期（Action）：指个人为了解决问题而作出了行为上的
改变。

（5）持续期（Maintenance）：指个人持续甚至强化之前所作出
的行为改变。

行为改变阶段模式暗示着，个人在各个阶段中行为上的一系列
改变。在采用创新的付出和创新带来的利益之间进行权衡，也是个

人经历决策过程的另一个方面。个人经历行为改变阶段时，他们对创新正面的看法增加，而负面的看法则减少。例如，当个人开始了解到戒烟对健康的益处，并且明白参加戒烟课程就能把烟戒掉时，便可能做出这样的改变。而在改变的持续阶段中，个人的自我效能（即个人有一种自己能主宰未来的信念）是递增的。

普罗查斯卡发现，很多参加戒烟课程的吸烟者，都没有坚持到行动期。他估计在参加课程的人中，进入准备期的人数比例为 10%～15%，思考期的人数比例为 30%～40%，而停留在思考前期的人数比例高达 50%～60%。如果认为这 3 个阶段的参与者戒烟的意愿都相等，那么依此安排的戒烟计划就会失效。而这个错误的认知也是造成许多人戒烟、戒毒和减肥半途而废，或者在结束训练之后又恢复原状的原因之一。行为改变阶段论就是根据个人对行为改变的意愿程度，把人分类，再针对不同的群体来设计不同的课程（参见第九章）。团体组织和个人一样，也可以针对其对行为改变的意愿程度来加以分类。

行为改变阶段模式提供给传播学者的用途之一，就是借助于观察个人在行为改变阶段的改变情况来衡量介入式传播的效果。因此，行为改变阶段就成为个人可以被测量的变量。最近有两个采用这种研究方法的实验性研究报告，分别是沃恩（Vaughan）和 E.M.罗杰斯（2000）在坦桑尼亚地区的介入式传播计划，以及普勒斯基（Polacsek，2001）及其同事评估由新墨西哥州"反对醉酒驾车妈妈协会"提出的"受害者表白"策略的效果。

坦桑尼亚计划的研究重点是，在 1994 年到 1995 年期间，一个名为《让我们与时俱进》（*Let's go with the times*）的寓教于乐的广播剧对家庭避孕计划接受度的影响。该剧自从推出后，受到广大听众的欢迎，剧中塑造了避孕方面的正面及反面角色。每一年沃恩和 E.M.罗杰斯都会访问 3000 个坦桑尼亚家庭，以统计思考前期、思考期、准备期、行动期及维持期的人数变动，并以没有播出广播剧的多多马地区（Dodoma）作为参照组。节目给听众带来了一定程度的影响，但最主要的是激发了同伴间的沟通，激起他们对使用避孕方法的激烈讨论。寓教于乐的形式，可能是刺激人们进行创新讨论最有效的方法（Singhal, Rogers, 1999）。据统计，大约有23%的听众接受了避孕措施（Rogers et al., 1999）。该项目随后扩展到全国范围，包括多多马地区。

另一案例是普勒斯基用行为改变阶段模式来评估新墨西哥州"反对醉酒驾车妈妈协会"提出的"受害者表白"策略对813位醉酒驾驶肇事者的影响。这些表白者由醉驾车祸受害者的妈妈们组成。面对最近发生事故的醉酒肇事者，她们常常痛哭失声。肇事者可以选择是否参加受害者妈妈们的表白活动，但是他们都必须参加醉酒驾车教育学习课程（这是州政府的法令规定），以加强学习防止醉酒驾驶的相关知识。调查发现，无论这些肇事者是否参加"受害者表白"的活动，在经历的行为改变模式阶段以及2年后的再犯罪率（资料来自官方的正式记录）两方面，都没有出现任何差异。

我们先后探讨了效果层级、行为改变模式阶段和创新-决策过程，指出了这些过程模式的相似性，也相信各个阶段更进一步的理论化将会有更多的收获。例如，温士顿和沙曼（Wenstein, Sandman）就为预防性创新设计了一个创新-决策过程的特别版本。

🔖 案例 5-4 关于四环素的创新-决策过程中的传播渠道

创新-决策过程的五大阶段，有助于我们对不同沟通渠道的角色有所了解，而四环素在伊利诺州医学界的传播研究就证明了这点。

四环素是一种"神奇"的抗生素，由于副作用相当小，所以在医学界迅速扩散开来。在推出后 2 个月内已有 15% 的医生采用，4 个月后则增加到 50%，17 个月后所有医生处方上的抗生素都是四环素。究其原因，四环素较过去的抗生素拥有明显的相对优势，医生同行间都在传播它的正面消息。而这项新药物扩散研究的报告最重要的贡献就是，确立了人际关系这一传播渠道在创新-决策过程中的重要性（参见第二章）。

对创新的知晓性认识，很少是个人主动从传播渠道获得的。个人会主动寻求创新相关信息，通常都是在以下条件之下：（1）他们知道创新的存在；（2）他们知道哪些来源和渠道可以提供给他们创新信息。此外，创新的不同传播渠道和来源的相对重要性，某种程度上是视它对潜在采用者的价值而定的。例如，刚开始时，只是由企业推出并推广产品，那么其他传播渠道和来源就未必能派上用场，至少在创新-决策过程的认知阶段是如此。科尔曼及其同事调查发现，有 80% 的医生最开始是从药品企业那里得知四环素的（57% 来自药商零售人员，18% 是药厂广告信函，4% 是药局期刊，还有 1% 是医学期刊上的广告）。

在创新-决策过程后期的说服和决策阶段，医生同行间的人际关系网络就会成为这个新药物较重要的传播渠道和来源，而相比之下，企业的重要性则大减。对新药物的知晓性知识来自商业性的传播渠道，但是医生们还是相当依赖同行间的经验作为他们进一步评估创新的重要依据。当他们到了决定是否采用这种新药物时，即说服阶段，他们会认为药品企业的可信度远低于医学界的同事。

有关四环素的科学评估也曾提供给医生参考，但是这些资料仍不足以说服他们接受这项创新，科尔曼等人在研究报告中就得出以下结论：制药商、医学院和教学医院，在推出新药物之前，已完成和通过一系列实验，但这对一般的医生来说还是不够的。他们发现，专业水准的结论不能取代医生亲自的试用。但是，来自同行的使用结果却可以在一定程度上取代医生自己的亲身试用。所以个人很依赖同行对创新的评估，这可以减少他们对创新结果的不确定性。

来自同行之间的实际经验交流，可以部分取代自己的个人体验这件事，可以从早期和后期接受创新者使用程度的比较分析中得到证实。在科尔曼等人的研究报告里，第一位使用四环素作为处方药物的医生，只是试探性地部分代用。而后相继有 19 位医生在第 1、2 个月里开始开出四环素处方，这时平均每位医生只对 1.5 个病人试用；另有 22 位医生在第 3、4 个月接受，平均每位医生开处方给 2 个病人使用；在第 5~8 个月接受的 23 位医生，平均开处方给 2.7 个病人使用。此外，其他研究报告也发现，创新先驱者和早期采用者，会先用一种试探性的态度使用创新，这和那些落后者一旦使用就大范围地使用相比，是截然不同的。例如，莱恩和格罗斯在玉米新品种的扩散研究中就发现，在 1939 年之前接受新品种的农民，只用 15%的农地来试种新品种；而在 1939 年到 1940 年接受创新的农民，第一年就用高达 60%的农地来耕种；至于在 1941 年到 1942 年才接受新品种的落后者，耕种面积却高达 90%。

为什么在体系中最早接受创新的人，通常都会试探性地尝试呢？最主要的原因就是传播过程中的不确定性。即便大部分四环素和玉米新品种的创新先驱者，已充分了解到创新的科学试验结果，但是这些信息仍无法消除他们对使用效果的不确定感。因此，创新先驱者必须先亲自对创新做实验，以进一步确认创新符合自己的情况。而且，他们也不能从同行那里得到有关创新的经验，因为在那个时候除了他们自己（即创新先驱者），根本没有其他人接受创新（至少在自己所属的体系内）。后期采用者却可以从同行使用创新的大量信息中获益。事实上，到了后期采用者首次使用创新时，创新的不确定性已大为减少，因此他们就不需要再亲自试验了。

八、各阶段的传播渠道

不同的传播渠道在创新-决策过程的各个阶段中，扮演着不同的角色。

也许对一般人来说，很难分辨信息来源和信息的传播渠道之间的差别。所谓信息来源，是指产生信息的个人或团体；而信息传播的渠道是指信息从来源到接收者之间经过的途径。在这里我们要探讨的是渠道，所以用"来源和渠道"会更加确切。我们可以把传播渠道分为人际传播与大众媒体传播；以及本地性传播与世界性传播。这些渠道在让人们认知创新、说服个人改变对创新的态度方面，扮演着不同的角色。此外，早期采用者和后期采用者采用的传播渠道也截然不同。

大众传播渠道是通过大众传播媒体，如电台、电视和报纸等来传递信息，它能够把一个人或一些人的信息传递给很多人。这些大众传播媒体可以：（1）将信息快速传递给众多的对象；（2）创造知识和传播信息；（3）一定程度改变受众的成见。

然而，强硬观念的形成和改变，通常是由人际关系渠道完成的。"人际关系渠道"是指两个人或更多人之间的面对面互动。在面对个人的反抗或冷淡情绪时，这类渠道相当有效，这也就是为什么同行之间的沟通互动，对后期采用者和落后者非常重要的原因。为什么人际传播渠道的效果这么好呢？这是因为：

（1）提供信息交流的双向沟通。个人可以从他人那里获得创新的说明，以及一些额外的信息。这种人际传播网络的特征，有助于个人克服选择性接触、选择性认知和选择性记忆（遗忘）等心理层面的障碍。

（2）说服个人形成或改变强烈的态度。这种人际传播扮演的角色，在说服个人接受创新时特别重要。

（一）大众传播渠道与人际关系渠道的对比

在创新-决策过程中，大众传播渠道在认知阶段相对比较重要，而在说服阶段，人际沟通渠道则较为重要。大众传播渠道和人际沟通渠道的重要性，最先在早期一系列针对农民所做的创新扩散研究调查中被发现，之后，也被其他不同类型的研究调查所证实。例如，西尔（Sill, 1958）发现，如果要提高创新采用率，就要在不同时机适当地选用大众媒体渠道和人际沟通渠道。一般来说，在认知阶段，最有效的沟通是由大众传播工具完成的，而人际沟通渠道则是促使个人完成说服阶段的最大功臣。在创新-决策过程的不同阶段，使用了不适合的沟通渠道（如在认知阶段使用人际沟通渠道），会延长个人接受创新的时间。

西尔和 E.M.罗杰斯针对爱荷华州农民进行了 2,4-D 除草剂的扩散研究并成功取得了关于大众媒体渠道和人际沟通渠道在不同阶段的相对重要性的资料。大众媒体渠道，如农业期刊、公会快报和包装标签等，在创新认知阶段上比人际沟通渠道更重要；受访者在认知阶段接触到人际沟通渠道约为 37%，但到了说服阶段则增加到63%。

这些数据都是从大众媒体使用率相当高的美国搜集得来。但是在发展中国家，大众媒体的使用率却没有那么高。例如，德舒曼和博达（Deutschmann, Fals Borda, 1962）就发现哥伦比亚村民在认知阶段也大量使用了人际沟通渠道。而拉希姆（Rahim, 1961, 1965）针对孟加拉村民进行的农业创新扩散的研究也发现当地很少人利用大众媒体传播渠道，而广泛的人际关系沟通渠道却扮演了相当重要的角色。这种渠道，在某种程度上，和发达国家的大众传播媒体发挥的功能一致。证明广泛的人际沟通渠道的其他实例还有爱荷华州农民远赴得梅因市参加农业机械展览，或者一位医生去芝加哥出席某个医学会议。

E.M.罗杰斯和舒米克（Shoemaker,1971）曾对来自美国、加拿大、印度尼西亚、孟加拉和哥伦比亚的 23 个创新扩散进行研究，比较分析了大众媒体和广泛人际沟通渠道在创新-决策过程中所扮演的角色。无论在发展中国家还是发达国家，大众传媒在认知阶段上都相对重要，当然，在发达国家大众媒体渠道的使用率较高。在说服阶段，发达国家约有 52%的受访者使用大众媒体渠道了解信息，而在决策性阶段只有18%；发展中国家的这两个数据分别为 29%和8%。通过这个综合性研究，可以看出在发展中国家，广泛的人际关系渠道在认知阶段显得特别重要。

不过，最近玻利维亚的一项研究报告指出，在某些特定情况下，大众媒体渠道会取代人际沟通渠道，促使个人接受创新。瓦伦特和塞巴（Valente,Saba,1998）在研究中发现，如果个人的人际关系网中较少有人接受避孕措施的话，媒体宣传活动就能说服他们接受家庭避孕计划。

对一项创新来说，大众媒体渠道和人际沟通渠道的重要性，还取决于大众媒体为促销新产品做了哪些广告。以美国参考文献管理软件（Endnote，一套帮助学者和学生记录书目参考资料的电脑软件）为例，推出这项商品的高科技公司并没有花钱投广告，仅通过人际沟通渠道就在美国大为流传。这个引人入胜的故事发生在 1988 年，当时 Endnote 的设计者仅将这个新产品在美国加州伯克利大学教职员俱乐部进行了示范。但公司很快就收到来自美国新泽西州普林斯顿大学的第一张订单。这项创新是如何传遍全美的呢？答案就是人际沟通渠道。如今，Endnote 已卖出 20 万台（Rosen, 2001）。因此，Endnote 的扩散个案，说明了一个创新完全由人际沟通渠道传播的过程。

（二）世界性和本地性

在创新-决策过程中，世界性沟通渠道在认知阶段比较重要，而在说服阶段，本地性的沟通渠道则较为重要。世界性的沟通渠道指的是个人与被研究的体系之外的联系。人际沟通渠道可以是本地性的，也可以是世界性的；而大众传播渠道却几乎都是世界性的。

前面提到，根据 10 个国家进行的 23 项创新扩散的综合研究显示，如果世界性人际沟通渠道和大众媒体渠道一起，形成一个世界性的沟通渠道，那么在发展中国家，认知阶段运用这类渠道将占到81%，说服阶段则有 58%。至于在发达国家，认知阶段和说服阶段的比例分别为 74% 和 34%。所以不管在发达国家还是发展中国家，世界性沟通渠道在认知阶段都比说服阶段要重要。而这些分析数据也显示，在发达国家中大众传播渠道扮演的角色（即产生知晓性知识的过程）或许已被发展中国家的世界性人际沟通渠道部分取代（因为发展中国家的媒体使用率普遍不高）。这种世界性人际沟通渠道包括推广单位、走访体系外的地区，或者是体系外的人员前来本地访问。

（三）巴斯预测模式（The Bass Forecasting Model）

自 1970 年代开始，市场营销学的扩散研究发展惊人。造成这个现象的最重要原因，是营销学者巴斯（Frank Bass）在 1969 年提出的预测新消费性商品扩散状况的模式。巴斯预测模式之所以在营销学领域如此重要，是因为它能够解答新产品在市场上推出时所面对的不确定性问题。最近，美国不少大企业也都开始使用这套模式，如柯达、IBM、美国无线电公司（RCA）、施乐百货和美国电话电报公司（AT&T）。此外，不少企业管理学者发表的学术研究报告也是受到巴斯预测模式的启发。同样地，它也被广泛应用到其他国家和其他学术领域。例如，罗顿等教育学者（Lawtom，Lawtom，1979）就利用巴斯预测模式来预测教育创新的扩散；而农业学者阿基诺拉（Akinola,1986）也把这套模式运用在尼日利亚农民对椰子除草剂的扩散研究上。

巴斯预测模式是什么？它假设创新的潜在采用者会受到两种沟通渠道的影响：大众媒体渠道和人际沟通渠道。在整个扩散过程中，因为大众媒体而接受创新的个人会持续出现，但是大都集中在早期阶段（见图 5-2），因而受人际沟通渠道所传递的信息影响而接受创新的人数在扩散过程的前半段大幅增加，然后会在接下来的每个阶段递减，形成一个钟形的扩散曲线。巴斯预测模式假设，在扩散过程前半段的创新采用率和后半段的采用率是对称的，累计计算的采用率呈"S"形曲线。

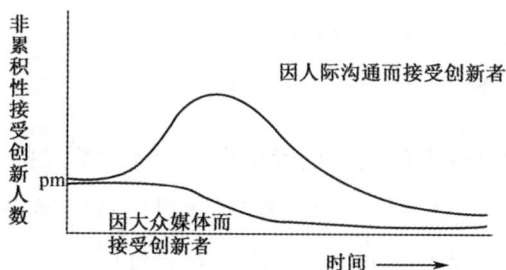

（a）

巴斯预测模式中的三要素：（1）因大众媒体而接受创新者（p）；（2）因人际沟通而接受创新者（q）；（3）新产品的潜在采用者（m）。图 5-2（a）显示出每一个时间单位内，因大众媒体和人际沟通渠道影响而接受创新的人数，而后者通常较为重要。

图 5-2　预测新产品采用率的巴斯模式

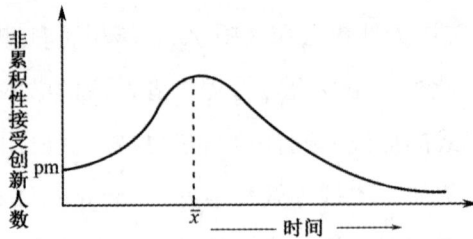

（b）

要预测的重要变数就是，从预测的时间点到接受创新的平均时间点之间采用者的人数，而接受创新的平均时间点也就是扩散曲线的转折点

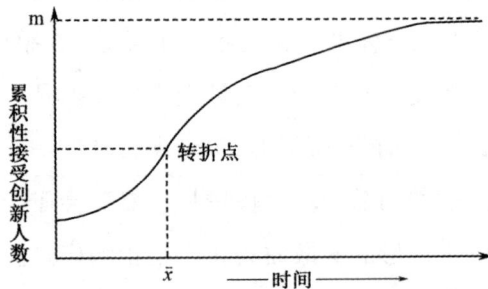

（c）

由于"S"形曲线在平均接受年份上这点上是相对性的，所以采用者的累计人数是可以估算的。

图 5-2　预测新产品采用率的巴斯模式（续）

　　巴斯预测模式中的构成要素也出自于扩散研究的结果。巴斯预测模式的第 1 项贡献是：这套预测模式可以基于新商品的试销状况来推算它在未来某个时间的采用率，或者可以根据过去同类型商品的扩散历史做出经营上的判断。因此，巴斯预测模式以整体的方式来看待市场，预测未来的每个时间单位中采用者的总数，而不仅仅关注某个特定客户的接受或不接受的行为。

　　巴斯预测模式的第 2 项重大贡献是提供了一套预测采用率的数学方程式。巴斯预测模式的 3 项主要参数（见图 5-2）都很看重人际沟通渠道的影响力，这与过去的扩散研究结果一致。用一个数学方程式来表达扩散过程，有助于我们了解和分析该过程。可以说，巴斯把我们对扩散的理解重新包装成了一个企业家和营销学者更惯用的形式。巴斯预测模式本来只针对耐用消费品进行预测，如对电视、干衣机和空调进行销售预测，但是后来营销学教授又给这个模式增加了不同的妙用。

巴斯预测模式的学术报告中研究的地区大部分集中在北美和欧洲，而对位于拉丁美洲、非洲和亚洲等的发展中国家则很少涉及，这些地区的大众媒体渠道的模式可能跟前者有很大的不同。过去，大部分巴斯预测模式的研究对象是以耐用消费品为主，近年来它也被应用在手机等电信创新上。最后，大部分巴斯预测模式的研究数据都是来自单一国家，而现在很多创新点扩散是全球性的。所以目前营销研究都希望用巴斯预测模式来预测全球的扩散。

九、以采用者类型来看待沟通渠道

以创新-决策过程的各个阶段来分析沟通渠道，明显忽略了采用者所属的类型，而后者是很多扩散研究的重点。

相对后期采用者而言，大众媒体渠道对早期采用者的影响作用更大。当创新先驱者接受创新时，在体系中几乎没有任何人有创新经验；而后期采用者决定接受创新时，则不必太依赖大众媒体渠道，因为大量的人际沟通渠道所提供的信息让当地的使用经验得以累积起来。也许，通过人际沟通渠道让早期采用者喜欢创新是没有必要的。他们都有着冒险家的性格，而来自大众媒体渠道所传递的信息就足以使他们突破心理障碍去接受这项创新。而后期采用者大多安于现状，所以需要更强烈、更直接的影响，比如来自人际关系网络，特别是同行之间的相互影响。

在发展中国家和发达国家所做的扩散研究都支持上述结论。在图5-3 中，美国爱荷华州农民化学除草剂扩散研究资料也证实了这一点：相对认知阶段而言，人际沟通渠道对说服阶段里所有类型的采用者（创新先驱者除外）更为重要。

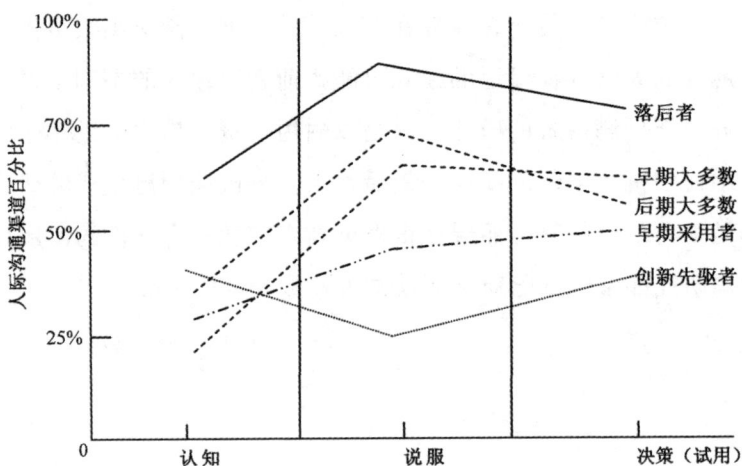

图 5-3　人际沟通渠道在说服阶段最重要（除先驱者之外）

化学除草剂在爱荷华州扩散案例中，相比后期采用者而言，人际沟通渠道对早期采用者并不那么重要。

基于类似的理由，我们可以得出结论：对早期采用者来说，世界性沟通渠道比本地性沟通渠道更重要。创新从外界传入一个社会体系，那些最早的创新采用者大多是通过这个世界性沟通渠道来认识创新，并进而做出接受决定。而这些早期采用者就成为后期采用者的人际沟通和本地沟通渠道的核心所在。

创新-决策期是指个人或组织团体完成决策过程所需要的时间。

这段时间是指从认知创新开始到做出拒绝或接受创新的决定之间的时间。严格来说，这段时间应该到确认阶段为止，但因为确认阶段的时间很不明确，所以这样来衡量是不切实际的，也是不太可能的。至于在认知创新和决定接受创新与否之间的时间，可以用日、月、年来计算，也可以说，这段时间是创新在个人心中的孕育期。

（一）认知率和采用率

大部分创新推广人员都希望加速创新-接受的过程。其中一个做法是，更快、更充分地向扩散对象传递创新信息，尽早推广知晓性知识；另一个做法是，在人们了解到创新后，设法缩短其决策所需的时间。在这段时间内的每个时间点上，许多潜在采用者都已经认知到该创新，但是没有决定去试用它。例如爱荷华州玉米新品种的扩散研究案例，虽然大部分农民早已知道新品种的消息，但实际栽种新品种的人却寥寥无几。"这证明了，对许多较晚才接受创新的农民来说，单单靠对创新的认知是不能说服他们的。"（Ryan, Gross, 1950）因此，缩短创新-决策过程的时间，是加快创新-扩散的主要方法。

一般来说，认知一项创新比接受一项创新要快很多，也就是说，后期采用者的平均创新-决策期比早期采用者要长。例如，比尔和E.M.罗杰斯在爱荷华州农民除草剂扩散研究报告中指出，让10%的创新认知者变成10%的创新采用者，要花上1.7年的时间；而要让92%的创新认知者转变成92%的创新采用者，则需要3.1年的时间。由此可见，创新认知曲线的发展走势比创新接受曲线更为陡峭。这些数据加上其他研究报告的佐证，可以归纳出结论：创新的认知率比创新的采用率快。

此外，不同的创新会有不同的创新-决策期。例如，爱荷华州玉米新品种扩散研究案例的创新-决策期平均为9年（Gross, 1942），而在比尔和 E.M.罗杰斯的爱荷华州除草剂扩散报告中，创新-决策期平均为 2.1 年。造成这种差异的原因在于，如果创新本身具有某些特征（如较大的相对优势和较好的兼容性），其被接受的速度就很快（参见第六章），这些创新的决策期也较短。

（二）采用者的创新-决策期的长短

根据对除草剂扩散研究的讨论，我们知道后期采用者的创新-决策期较长。图 5-4 中列出了 5 个不同类型采用者的创新-决策期。由这些数据和其他研究报告的数据可以归纳出结论：早期采用者比后期采用者的创新-决策期短。因此，最早接受创新的人（即创新先驱者）之所以会接受创新，并不只是因为他们在体系中比其他人更早知道有关创新的信息，而是他们从认知阶段到决策阶段之间所需的时间可能要短上几个月或几年。

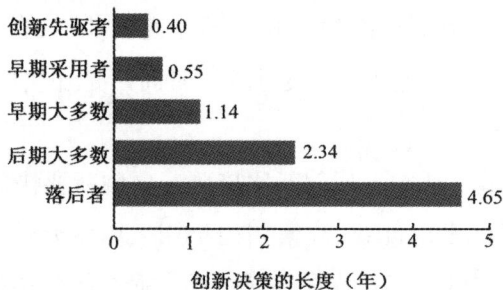

图 5-4　创新先驱者的创新-决策期较落后者短，因此较早接受创新

资料来源：这个图的数据来自对衣阿华州的 148 个农民的调查，由贝尔和 E.M.罗杰斯（1960）收集

为什么创新先驱者的创新-决策期较短？主要是因为他们对创新都有先天的好感（这就是冒险精神），所以传达给他们的创新信息

遇到的负面抵抗相对较少。其他原因还包括：（1）他们可以接触到更专业、更精确的创新来源和渠道，比如说直接认识参与创新研发的科技人员；（2）他们比一般人更信任这些创新来源。而且创新先驱者也拥有良好的心理素质，能够帮助他们更好地面对创新的不确定性。同时，创新先驱者必须有能力把抽象的创新概念应用到自己的实际情况上。相比之下，后期采用者可以观察早期采用者的经验，而不需要这种把创新概念具体化的能力。

（三）互联网对创新-决策过程的影响

互联网如何影响创新-决策过程？互联网沟通渠道和大众媒体沟通渠道相似，还是与人际沟通渠道更相似？

互联网可以使人们通过"一对多"的方式相联系（类似大众媒体渠道），而电子邮件则比较像人际沟通渠道，因为那是个人对个人的互动方式。由于电子邮件传到世界最远角落的时间与传给隔壁邻居的时间一样，所以，互联网可以大大消除沟通的空间问题，缩短人与人之间的距离。

对某些创新来说，通过互联网来推广，可以使创新采用率大幅度提高。例如，Hotmail 免费电子邮箱系统于 1996 年 7 月 4 日正式推出，18 个月后用户量增加到 1200 万人，随后，被微软以 4 亿美元的高价收购。Hotmail 是怎样达到这样采用率的呢？对电子邮件使用者来说，当你收到别人用 Hotmail 系统寄出的电子邮件时，电脑屏幕下方就会出现"到 Hotmail 网站免费注册邮箱吧"这样的广告。而这种只要用 Hotmail 系统寄信，就能使对方看到这则广告的做法，使免费注册 Hotmail 邮箱的人呈"S"形曲线持续增加的同时，广告展示的数量也随之增加。事实上，Hotmail 几乎没有花钱在大众媒体上投放广告，但它却达到了"以网络速度口口相传的效果"。

　　网络病毒的传播也显示出互联网能使扩散过程加快，因为它只需要一两天的时间就能扩散到全球各地。很明显，今天我们生活的世界和 60 年前扩散研究刚刚开始的萌芽时代已经完全不同了。

小结

　　创新-决策过程就是这样一个过程：个人（或其他决策单位）从第一次知道这项创新，到对该项创新形成一种看法或态度，到决定接受或拒绝，到实施这种新思想，再到认可自己的决策。这一过程包括五个阶段：（1）认知——个人（或其他决策单位）知道了这项创新的存在，而且对它的功能有了一些了解；（2）说服——个人（或其他决策单位）对创新形成赞成或反对的态度；（3）决策——个人（或其他决策单位）采取行动作出接受或拒绝这项创新的决定；（4）执行——个人（或其他决策单位）把这项创新付诸实施；（5）确认——个人（或其他决策单位）寻求对已作出的创新-决策的支持，但如果受到与创新矛盾的信息的影响，也可能否定已经作出的决定。

　　与了解较晚的人相比，对一项创新了解较早的人的特征是：受过更多的正归教育，具有更高的社会地位，更多地受到大众传播渠道的影响，与创新推广人员的接触更多，更多地参与社会活动，见识也更广。

　　"再发明"是指一项创新在它的接受和实施过程中被使用者所改变或修正的程度。对某些创新和某些采用者来说，"再发明"会发生在执行阶段。很多再发明都会提高创新采用率，较高程度的再发明会使得创新具有较高程度的延续性。延续性指当传播计划结束之后，创新被持续使用的时间。

"终止"是在已经接受了创新之后又决定拒绝它。"终止"的 2 种类型是：（1）取代终止，这种对创新的拒绝是为了接受一个能替换它的更好的想法；（2）醒悟终止，这种对创新的拒绝是因为对创新实施的结果感到不满意。较晚的采用者比较早的采用者更容易终止创新。

在这些研究论证的基础上，可以得出以下结论：在创新-决策过程中存在着不同的阶段。但这个结论仍需进一步的研究。

传播渠道是指信息从来源处传送到采用者手中所使用的方法和手段。我们把传播渠道分为几个方面：（1）在本质上是一种人际关系或大众媒体；（2）起源可以是地域性的，也可以是广泛的（国际性的）。大众传播渠道是通过广播、电视、报纸等大众传播工具传送信息的手段和方法。它能把源于一个人或几个人的信息传到很多受众那里。人际关系渠道是指在 2 个或 2 个以上的个人之间进行面对面的信息交换。

大众传播媒体在创新-决策过程的认知阶段相对较为重要，而人际关系渠道在说服阶段更为重要；世界性沟通渠道在认知阶段比较重要，而在说服阶段，本地性的沟通渠道则较为重要；大众媒体渠道对早期采用者的重要性大于后期采用者；对早期采用者来说，世界性沟通渠道比本地性沟通渠道更重要。

"创新-决策期"是个人或组织通过创新-决策过程所需要的时间长度。创新的认知率比创新的采用率快；早期采用者比后期采用者的创新-决策期短。

第六章

创新的属性及采用率

如果人们认为某个情境是真的，那它就会变成真的。

——托马斯和兹纳涅茨基

有些创新从开始推出到被广泛采用，只花了数年时间。例如，自 1988 年到 2002 年的 14 年间，美国有 71% 的成年人接受了互联网，但是其他消费性创新却仅有不到 20% 的采用率。创新的哪些属性会影响到它们的采用率？在本章中，我们会探讨创新的五大属性，以及如何以个人对这些属性的认知来预测创新的采用率。

很多扩散研究的重点在于考察创新中人的差异，也就是明确不同接受群体的特性，但却很少研究创新本身的差异，也就是创新的认知属性对其采用率的影响。事实上，研究创新的属性对预测人们对创新的反应更为重要。因为，人们的反应会随着创新的定位和命名，以及创新跟现有的价值体系、过去经验的关系而有所改变。过去的扩散研究者都认为，从分析研究的观点来看，每个创新之间是没有差别的。这个过分简化的观点是严重错误的。

案例 6-1　说唱乐——黑人音乐在美国白人中的扩散

如果有人想写一篇文章来讨论在美国无法扩散的创新案例，那么可能会写到来自贫民区的低收入黑人群体所创作的一种说唱音乐（Rap），这些生活在都市贫困角落的黑人，用煽情的音乐来表达他们的愤懑、挫败和狂热。事实上，这类节奏感强的非洲音乐和在美国占据主导地位的欧洲抒情音乐形成了强烈的对比。换句话说，说唱音乐是一种激进的创新，至少在它出现时所给人的感觉是如此。

1980 年，说唱音乐首次在美国出现时，大部分广播电台都拒绝播放这类音乐，主要原因是，喜爱这类音乐的人都不是受广告商青睐的主要听众。任何音乐若想要挤上流行音乐排行榜，就必须通过电台的不断播放，因此电台的禁播势必会造成这类音乐的边缘化，也预告了它失败的命运。在说唱音乐开始的前几年情况也确实如此。

但是，说唱音乐却突破了种种阻拦和限制，成功地被美国白人社会所接受，甚至流传到世界各地，成为和早期的爵士乐、蓝调、雷格泰姆和阔步舞曲等齐名的当代音乐之一。说唱音乐在当时也被称为"音乐涂鸦"（即对某些人而言，它是一个艺术上的败笔，但对其他人来说却是一种艺术）。要如何解释它的流行现象呢？美国音乐扩散研究的权威专家格林伯格（Steve Greenberg）认为，说唱音乐流行的原因在于，它来自社会下层，但迎合了社会中上层年轻人反抗父母和社会的心理。住在郊区的白人少年，是一个原本被认为将会对这种音乐风格极度反感的族群，最后竟成了它的死忠粉丝群。

事实上，这些少年的父母都视这种音乐为嘈杂的噪声。白人父母都钟情于欧洲古典音乐，因为"古典音乐是某个社会阶层的语言，表达着他们的优越地位和价值观，而这个阶层的人所拥有的权力和财富，足以维护尊崇古典音乐的习俗"（格林伯格，1992）。这种上层社会对古典音乐的维护由以下几部分组成：音乐厅、华丽的歌剧服饰和舞台设计，当然也包含音乐厅或歌剧院的昂贵门票。

说唱音乐在刚推出时，并没有经过完整的音乐制作程序。大部分说唱音乐都是艺术家在自己家里表演并用低价设备来制作的，而不是像其他音乐，需要在专业音效室中运用精密录音设备制作完成。刚开始它只是借由家中制作的录音带在地方性的唱片公司发行来进行宣传销售。当时著名的音乐唱片公司都拒绝推广说唱音乐，这种情况持续了10年之久。直到1990年代中期，在部分说唱音乐榜上，也还只有极少数单曲是由著名音乐公司制作的。渐渐地，美国各大城市都出现了专门播放说唱音乐的电台。而说唱艺人如吐派克（Tupac Shakur）、史努比狗狗（Snoop Doggy Dog）、阿姆（Eminem）等人也进一步发扬了这个反传统规范的说唱风，他们在歌词中嚷嚷着要杀警察，反抗父母、政府以及社会。

最后，说唱音乐渐渐受到美国青少年的欢迎，特别是社会中上阶层中的白人青少年。这些年轻人认为，说唱音乐跟他们心里想要表达的价值观一致，那就是反对成人、反抗父母的控制。

一、采用率

采用率是指社会体系成员接受创新的相对速度，通常是以某段时间内（如一年）接受创新的总人数来衡量。因此采用率算是创新接受曲线的一种数据指标。

创新的认知属性，是创新采用率相当重要的解释数据之一。有49%～87%的创新采用率的差异可以用创新的五大认知属性来解释，包括相对优势、兼容性、复杂性、可试性和可观察性（Rogers，1995）。除了创新认知属性之外，还有其他4种变数，即创新决策类型、沟通渠道的特性、社会体系的特性以及推广人员付出努力的程度，都会影响人们对创新的采用率（见图6-1）。

一般来说，个人做决策会比组织团体来做决定更快速（见第十章）。参与决策的人数越多，接受创新与否的速度越慢。因此，加快创新采用率的方法之一，就是尝试改变做决策的单位性能，使得参与决策的个体更少。

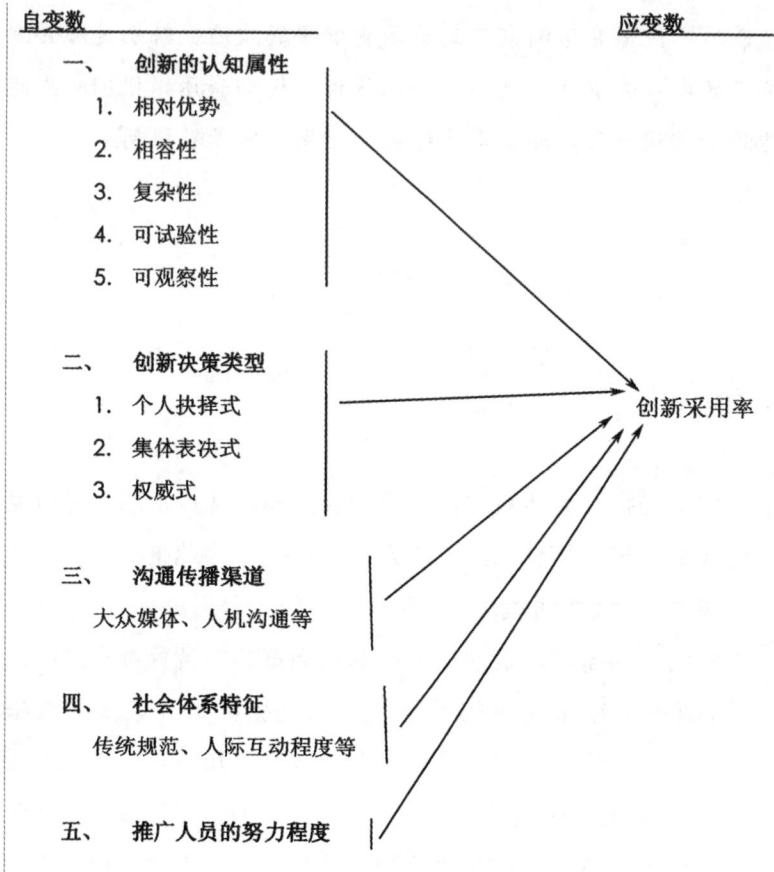

图 6-1　决定创新采用率的变数

扩散学者对 5 种决定创新采用率的变数的重视程度不一。认知属性是其中最受重视的，因为造成创新采用率差异的五成原因是由认知属性决定的。

创新扩散的沟通渠道，同样会影响创新采用率。例如，虽然经由人际沟通渠道（不是大众媒体渠道）也使后期采用者认知到了创新，但其创新采用率就慢多了。此外，一个社会体系的特性（例如，传统规范以及人际关系的互动程度）同样也会影响创新采用率。另外，影响创新采用率的还有创新推广人员投入的努力程度，当然这种影响不是直接的、线性的。因为推广人员若是将同样的努力放在创新扩散过程的适当阶段，会收到较多的回报。在意见领袖接受创新后，大部分社会体系的采用率在 3%～16%，这个阶段推广人员的努力最有效。之后创新会继续扩散，直到采用者达到关键人数，但是这段时间的推广，就不是依靠推广人员的努力了。

（一）创新属性的评量

第一项关于创新属性对其采用率影响的研究是针对农民进行的，但是霍洛维（Holloway, 1997）在针对 100 位高中校长进行 5 项创新属性的研究时，也有同样的发现。

此外，摩亚和班巴斯特（Gary C. Moore, Izak Benbasat, 1991）用 15 个评量项目去测量个人工作站（即高效的个人电脑）的主要属性。摩亚和班巴斯特先收集一系列正在使用的与最新设计出来的评量项目，再由专家经过 4 个回合的严格筛选，共整理出 75 个项目，接着用这些项目研究了 105 份扩散研究报告，以此来评量托纳斯基和克莱因（Tornatzky, Klein, 1982）归纳出的十大创新属性。同时，这些项目也提供给 7 家企业的 540 位雇员做评量，最后对收集的数据进行分析。除了包括本章讨论的五大属性外，还有其他 3 项属性，（1）自愿性：把使用个人工作站视为个人选择性决策的程度；（2）形象：使用个人工作站在大多数程度上，强化了个人在组织中的地位和名望；（3）结果展示性：使用个人工作站，方便了自己和别人沟通的程度（有点类似于可观察性的概念）。

其中测量相对优势的评量项目，就是使用个人工作站将会改善个人的工作品质；测量兼容性的评量项目，则是认为使用个人工作站和之前的习惯做法一致；测量复杂性的评量项目为学习使用个人工作站对个人来说很简单（该项目实际上是在测量简单性，也就是复杂性的反面）；至于测量可试性的评量项目，则是有很多机会去试用不同的个人工作站；而可观察性评量项目为，在公司中可以看到很多办公桌上都有个人工作站。摩亚和班巴斯特的研究成果是：找出 28 个评量项目来测量五大创新属性，最后精减成 15 个项目。可以比较创新采用者与未采用者之间评量项目得分的差异，来证实这些评量项目的正当性。和预期一样，采用者在相对优势、兼容性、可试性和可观察性上给分都较高，而复杂性方面分数明显较低。

虽然部分扩散学者都直接引用其他研究者发展出来的评量项目，但是我并不鼓励这种做法，反而认为应该针对个别创新及采用者量身制作一些评量项目。事实上，这 5 项创新属性在每一个扩散研究上都会以不同的形式呈现，因此，有关的评论项目就必须按照每个创新设计来另行设计。当然，摩亚和班巴斯特发表的评量项目，以及他们评量创新认知属性使用的严谨方法，为未来研究提供了重要的启示。

大部分创新属性及其采用率的研究对象，是以个人为分析单位，但也有以公司、团体或者其他社会结构作为分析单位的例子。高德曼（Goldman, 1992）就研究调查了一项全国性的健康宝宝计划之创新属性个案。这项计划由美国出生缺陷基金会总会赞助，由各地方分会执行。116 位地方分会总干事在计划推行 5 个月后，报告他们对这项计划的认知程度。结果显示，有四大认知属性（每项属性都由一系列评量项目构成）分别为符合地方分会需求的兼容性、简单性、相对优势及可观察性，和健康宝宝计划的接受和执行有着密切关系。在高德曼的研究中，接受创新的单位是美国出生缺陷基金会各地方分会，由分会总干事报告采用者认为重要的属性。

（二）认知属性应由受访者确认

在评量 5 项创新属性时可能面临的难题是，对某些人来说，这 5 项属性并不是最重要的认知属性。解决方案是，引导受访者先说出他们认为重要的属性，优先评量这些属性对采用率的预估效果。

这种研究程序是根据凯蓝斯（Kearns, 1992）以美国宾州匹兹堡地区 127 位乡镇政府首长，对 8 项电脑创新计划的研究而得到的。这 8 项电脑创新计划是和电脑顾问以及匹兹堡都会区政府官员访谈后的结果。他把每一项创新计划的名称写到一张卡片上，并用一句话来形容这个计划。每个人分到 3 张卡片，然后被问及以下问题：你认为其中有哪 2 项计划是相似的，而和另一项计划比较不同？这时，受访者可能会说，有两项在技术上都很复杂，而第 3 项则费用较贵。接下来受访者会拿到另外 3 张卡片，被问及同样的问题。凯蓝斯利用这个程序找出这 8 项创新的 25 个重要属性，它们来自于受访者，而不是调查人员。

这 25 个属性除了有本章讨论的 5 项主要属性（相对优势、兼容性等）之外，还包括其他的附加属性，如创新在执行时的灵活性、需不需要某些权威（如市议会）的核准，等等。受访者会被要求根据这 25 项特性来分别排列这 8 项创新。例如，要求每位受访者以成本高低将 8 项创新计划排列出来。然后再将这些排名和创新采用率相比较。8 项创新之间 27% 的采用率差异可以用 25 项认知属性来解释。而那 5 项主要属性（相对优势、兼容性等）就可以解释 26% 的差异性，只略低于 25 项认知属性的解释能力。凯蓝斯使用的研究方法保证了 25 项认知属性完全根据受访者自己的参考架构而来。不过，本章探讨的 5 项主要创新属性，仍是影响大多数创新采用率的最重要因素。

（三）事后效度与预测力

从过去的扩散研究归纳出来的创新属性，除了用来解释创新采用率之外，还可以预测未来的采用率。这个前瞻性研究有时也被称为接受度研究，因为它的目的是确定创新的定位基础，以便提高创新的接受度。

一个理想的研究设计，就是由 t_1 时段内对创新属性的评量，来预测创新在 t_2 时段的采用率（Tornatzky, Klein, 1981）。预测未来创新采用率的方法如下：

（1）从过去的创新采用率，来推断未来其他类似创新的采用率；

（2）对潜在采用者描述一个假设要推出的创新，决定它的创新属性，来预测它未来的采用率；

（3）研究在前扩散阶段，如市场测试和商品试卖阶段的创新接受度。

然而，上述这些研究创新属性的方法都不是预测未来创新采用率的理想工具。如果可以在个人决定接受创新之前，或者是做出接受决定的同时，收集创新属性的资料，这样的研究对预测未来创新采用率会更有价值。

➡ **案例 6-2　闭门造车的土壤测试包**

过去，大部分关于创新属性对创新采用率的影响，研究的都是成功扩散的案例。那么扩散失败的个案会是怎样的呢？创新的认知属性可以解释失败的原因吗？

由美国爱荷华州立大学农业社会学系教授，同时也是著名的农业社会学专家 Peter Korsching 主导的一项十分独特的研究调查发现，创新属性也可以解释创新扩散的失败（Kremer, et al., 2001）。柯士盛研究的是爱荷华州农民在 20 世纪 90 年代，对一项名为 N-Trak 耕地土壤氮含量测试的接受情形。在该创新推出前，农民每隔几年就会收集耕地土壤样本，寄给远方的土壤测试实验室，然后再等上几个星期才取得化验报告，并以此作为日后使用化学肥料的主要参考。事实上，大多数农民都使用了过量的含氮化学肥料，这不但花费不菲，而且一旦下雨，滞留在地面的雨水也会把耕地中含氮的化学物质带到河流中，造成严重的环境污染。

由哈希公司销售的 N-Trak 土壤测试包定价为 125 美元，它让农民可以自行测试土壤含氮量，并且立即能看到结果。因此，农民可以在耕种期间先行施放最低量的化学肥料，然后在晚春时分，当农作物生长到 6 寸高时，在每 10 英亩耕地上抽取 16～24 个样本进行土壤测试。接着再根据测试结果，在排列成行的农作物两侧施放适量的氮肥，这种耕作技术称为侧施法。N-Trak 推广的目的在于减少过量使用氮肥，一方面减轻农民的负担，另一方面避免氮肥流入河流造成环境的污染。

N-Trak 土壤实验计划是在爱荷华州立大学农业学教授们的合作下产生的，他们曾经督导土壤后期含氮量的测试工作。该测试在美国康涅狄格州、佛蒙特州以及宾夕法尼亚州都很成功，因此，大家认为它也能在爱荷华州快速扩散。当时哈希公司在爱荷华州发送了 127000 份 N-Trak 土壤测试的产品型录。该产品在 1990 年推出后，一下子就卖出 1700 份。不过，在 1997 年，销售量却锐降到 70 份。到底问题出在哪里？

第一，在当时的耕作条件下，这项创新的相对优势极低。对农民来说，采用这项计划要花费相当多的人力和时间，特别是到了 7 月份收获的季节，这是农民一年中最忙碌的时候。一位农民说："进行这项测试给我增加了很大的工作量，而且是在我最忙的时候。"到了 1990 年，爱荷华州每个农场耕种面积都在增加，工作时间不够用的问题更加突出。因此，一位拒绝接受这项创新的受访者就指出："过去在使用 N-Trak 时，我只有 135～150 英亩的耕地，但现在的耕地面积已经增加到五六百英亩之多，牲畜也增加了不少，但侧施法主要问题就是时间啊！"对拥有五六百英亩耕地的农民来说，单单土壤样本就要取 1000 个，这确实是沉重的负担。

此外，N-Trak 土壤测试计划在爱荷华州推广期间，原来的土壤测试实验室也降低了化验费用，农民取得化验结果所需的时间也大幅缩短。这些改变无疑更降低了 N-Trak 测试的相对优势。其中一位曾经使用过 N-Trak 的农民说："在使用 N-Trak 几年后，我发现根本不需要在 7 月进行第 2 次的侧肥，N-Trak 证实了我先前的看法。所以，现在我只需每年收集一些耕地土壤样本寄到实验室就可以了。这样也省事多了！"（Kremer et al., 2001）

第二，在春季后期进行 N-Trak 土壤测试，和农民一向习惯采用液氨氮肥料的做法不相符。这种传统的化学肥料必须在开始种植农作物之前就予以施放，而不是 7 月份才侧施化肥。

第三，N-Trak 测试的可观察性也较差，必须等到收成结束才能了解其效果。因此，邻居很少机会看到 N-Trak 的成效，或者了解其可能的优势。

创新本来应该设计成去克服以上这些难题的，但是很可惜农民自始至终都未曾获邀参与这项计划的研发。相反，这项创新只是那些农业博士们闭门造车的结果，而且他们还期待农民欢迎和接受 N-Trak 测试计划，并视之为一项利好。这完全忽略了当地的实际情况，所以这项创新自然难逃失败的命运。

——克雷默等（Kremer et al., 2001）

二、相对优势

相对优势是指创新相比被其取代的现有观念或技术优越的程度。相对优势通常是以经济利益、社会声望或其他方式来衡量。

（一）经济因素

接受某项创新需要付出的成本，可能会影响创新的采用率。例如，当掌上电脑于 20 世纪 90 年代后期在美国推出时，其价格虽然定位在数百美元，但由于这个手握式的电子设备具有电脑功能和一系列应用程序（例如，可以作为记事本和手册记录地址和电话资料档案等），所以对许多消费者来说，掌上电脑确实是物超所值。诚如一位消费者所说，掌上电脑的售价"在个人支出上几乎没有感觉"（Rosen,2000）。约有65%的购买掌上电脑的消费者说，他们从朋友那里听说过这个掌上型设备实在是物超所值。

一项新产品可能由于科技的进步，降低了生产成本，让消费者享有低廉的价格。例如，1980 年进入美国市场的录影机（VCR）售价约为 1200 美元。若干年后，由于技术的发展，再加上大批量生产以及厂商的激烈竞争，录影机的售价大幅下降到 50 美元以下。

新产品的价格在扩散过程中急剧下降，自然会使采用率大幅增加。事实上，人们也可能会怀疑 2002 年售价为 50 美元的 VCR，跟 1980 年的 VCR 是不一样的东西，因为后者的售价是前者的 24 倍之多。显然，它的相对优势也急剧攀升。在这里，我们注意到，随着越来越多的人使用该创新产品，这种创新的特性也发生了变化。因此，测量创新在某个时间点的各种可被感知的典型属性，只能部分地反映这些属性与创新采用率之间的关系。

（二）社会因素

对于许多人来说，接受某项创新的动机之一就是为了赢得社会地位。1903年，加布里埃尔·塔尔德（Gabriel Tarde）曾指出，许多人仿效他人来接受创新的一个主要原因就是为了寻求社会地位。对于特定的创新，如流行服饰等，采用者从中得到的唯一好处可能就是接受该创新所带来的社会名望。而事实上，如果社会体系内的许多其他成员也购买同样的流行服装，如同样的短裙或牛仔裤等，那么该创新就不会再为采用者带来多大的社会名望了。一种特定服装的创新款式在推广的过程中，会逐渐失去其带给采用者社会名望的魅力，从而促使新模式的诞生。许多服装款式只是流行一时的狂热，也就说明这种创新所代表的仅仅是整个文化中不太重要的一个方面。它传播得很快，因此在给采用者带来社会威望和盛名之后，终止传播的速度也很快。

流行服饰并不是唯一因为社会声望而被人接受的创新，象征着社会地位和声望的创新所吸引的人群也并不仅仅限于上流社会的女性。其他一些创新，如新轿车、新发型等，都具有高度的可见性，许多个人接受这种创新的主要动机，也是因为它代表着一种社会地位。农业创新中也有这样的例子，比如丰收粮仓在美国乡村的传播（参见第八章）。这种粮仓是用钢铁和玻璃建成的，然后漆成海军蓝色，并在上面醒目地写上制造者的名字。丰收粮仓高高地耸立在农场上，从公路上很容易被看到。这种粮仓的造价非常昂贵，从5万美元到9万美元不等，具体取决于其大小。大多数农业专家建议农场主买便宜很多的粮仓来储存玉米等粮食和干草等新鲜饲料。但是，丰收粮仓象征着一种社会地位，因此吸引了大量的农场主。有一些农场主甚至拥有 2 到 3 个丰收粮仓，并将它们建造在显著的位置上，这大概和城郊的家庭建造 3 个车库是一个道理。

相对于其他人而言，在某一特定时期接受某项创新的人寻求社会地位的动机可能更强一些。例如，很多低收入的个人对于所谓的流行服装并不在乎。由于接受某项创新象征着一种社会地位，这对于创新先驱者、早期采用者和早期大众来说，是一种很强的刺激和推动，但对于后期采用者和落后者来说，就没有多大意义。在过去的扩散研究中，也观察到一些追求社会地位的诱因。当然受访者可能不太愿意承认自己接受某项创新主要是因为该创新本身是一种社会地位的象征。因此，直接向被调查者问这类问题，可能无法充分证明这种动机在个人做出创新接受决策过程中真实的重要性，不过我们可以用其他的方法加以探讨。

（三）过度采用

尽管在某些程度上创新的潜在采用者会基于经济方面的考虑来决定是否接受，但事实上，至少在某种程度上每一项创新都是社会地位的象征。创新的这种特质带来的结果之一就是创新的过度采用。

创新的过度采用是指，在专家认为个人不应该接受某项创新时，他们却接受了该创新。造成创新过度采用的原因是采用者对该新观念、新方案根本就知之不多；或者是因为无法预测该创新付诸实施后所带来的效果或后果；或者仅仅是因为创新所代表的社会地位。有一些人在尝试新事物方面有很强的欲望，有时显示出了对创新的盲目崇拜。他们在不该接受创新的时候却偏偏接受了它。

"合理性"是指为了达成既定目标而使用最有效的方法，至于接受或者拒绝创新的决定是否合理，则需要由对创新进行专业研究的专家来确定。由于个人缺乏对创新的充分认识，或者是带有认知错误，会使得个人对创新的判断和专家们有所不同。基本上，大部分的人都认为自己的行为是合理的。因此，我们关心的是是否接受创新的客观合理性，而不是个人认知上的主观合理性。

我们提出过度采用这个概念，实际上也就暗示了创新推广人员的使命之一就是在推广某项创新的同时，也要防止该创新过度采用的发生。在许多领域，创新的过度采用都是一个很大的问题。例如前文提到的美国的农场主对丰收粮仓的过度采用，尽管有关农业专家并没有向农场主推荐该创新；在医学领域，有的医院有时会购买非常昂贵的医疗设备，尽管这种设备可能派不上多大用场；同样，很多消费者都会购买高配置电脑，但却仅仅用来做一些文字处理或其他一些简单的任务，而这些工作使用低配置电脑就完全足够了，但消费者一般不会购买低配置电脑。

有时候出现创新的过度采用，是因为，创新的某种属性或次要属性对某些个体有巨大吸引力，以至于该个体在做出接受决策时完全忽略了对其他方面的考虑。例如，尽管某种消费品创新从其他方面来看并不值得接受，但是这种新消费品象征着一种社会地位，而这一点对某些个体而言可能十分重要，那么该个体就会做出接受行为。我也曾在 20 世纪 70 年代，第一次看到刚推出的轻便型计算机时就将它买回了家，那时候满脑子都在想尽快拥有，但买回来后才发现其实很少会用到它。

（四）相对优势和创新的采用率

在本书中，我们自始至终都在强调这样一个观点：创新的扩散过程就是不确定性逐渐减少的过程。当一个个体或组织做出采用某项创新的决策后，他们就会努力去搜寻有关该创新相对优势的信息，以便对该创新更有把握。潜在的采用者总想知道，该创新在多大程度上优于已有的和现存的实践中的方案或做法。因此，相对优势通常是有关创新的信息含量中一个很重要的方面。人们互相交换自己对于创新的评价，这种信息的交流是扩散过程的核心。

扩散学者研究发现，相对优势是预测创新采用率的最好方法之一。相对优势表明了个人接受某项创新所需支付的成本以及从中可以获得的收益。相对优势的具体方面又包括：经济利润、较低的初始成本、较少的不舒适感、社会地位、节省的时间和精力以及回报的及时性等。最后一个因素部分解释了为什么预防性创新的采用率通常比较低，就是因为回报的不及时性，我们将在下一节详细讨论这个问题。预防性创新是指个体采用一种新的方法，以降低未来有害事件发生的几率。例如，戒烟、使用安全带、使用节油设备、做乳腺癌检查、注射疫苗、用牙线清洁牙齿、艾滋病预防以及采取避孕措施等。对于创新推广人员来说，他们也很难将预防性创新的相对优势展示给客户，因为这种相对优势在将来某个未知的时间点才会显示出来，甚至根本就不会发生。因此预防性创新的相对优势具有很高的不确定性。

以往对可被感知的创新属性开展的研究得出的一致结论是：创新的相对优势与创新的采用率成正比，根据这些有关创新相对优势的研究成果，我们得出结论："对某项创新来说，其可能被系统内成员感知的相对优势与该创新的采用率成正比。"在关于相对优势的早期研究中，受访者大部分是美国的商业农场主，他们接受创新的主要动机是该创新在经济利益方面具有相对优势。弗雷德里克·弗里戈（Frederick）和约瑟夫·基弗林（Joseph Kivlin, 1966）曾主持过这方面的研究，他们说："由于我们所考察的创新直接涉及创新采用者的经济利益，所以那些被认为回报率最高而风险、不确定性最小的创新推广得最快，也就不足为奇了。"事实上，在 1966 年，弗里戈和基弗林还调查了美国的一些小规模农场主（这些农场主不像商业农场主那样重视利润）。调查发现，对他们来说方便感（也是创新相对优势的一个方面）与创新的采用率成正比，而非经济利润。

对于发展中国家的农民来说，相对优势在经济利益方面的吸引力就更弱了。弗里戈等人（1968）对印度农民做的一些研究发现，他们更像美国宾夕法尼亚州小规模农场的农场主。他们认为："要使创新在这些人中间广泛而迅速地传播，必须提供经济回报以外的激励因素。与宾夕法尼亚州的小规模农场主不同的是，印度旁遮普省的农民更少关注创新的金钱回报，相反，他们却高度重视社会的认同。"（弗里戈等人，1968）

（五）预防性创新

预防性创新的采用率总是比较低，因为个体很难感知它的相对优势。它们带来的好处在遥远的将来才会显露，所以预防性创新虽具有相对优势，但它的回报却是姗姗来迟的。相比之下，增值性创新（非预防性创新）很快就会为采用者带来预期的结果和收益。例如，爱荷华州的农场主种植杂交玉米，当年的产量就增加了 20%。我们可以用采取安全性行为预防感染艾滋病来做个比较，个人现在接受安全性行为，是为了预防未来感染艾滋病的可能；但是，即使没有采用安全性行为，也不见得一定会感染艾滋病。因此，接受这种创新所带来的好处不仅在时间上来得比较晚，而且它的必要性也是不确定的（如图 6-2 所示）。

1.增值性创新

接受创新 ——————很短时间——————→ 有利后果

t_1 　　　　　　　　　　　　　　　　　t_2

2.预防性创新

接受创新 ——————较长时间——————→ 有利后果

t_1 　　　　　　　　　　　　　　　　　t_2

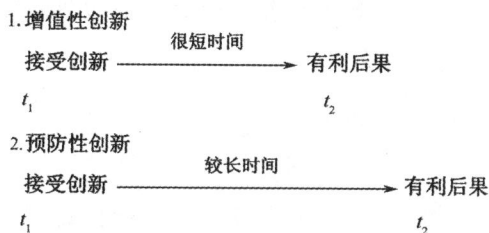

图 6-2　相对于增值性创新而言，预防性创新的传播困难较大

　　另外，接受预防性创新所要防范的有害结果也很难被感知，因为它无法告知一个具体的回报时间，而只是告知不接受该创新就有可能发生的事。举例来说，某个人没有感染上艾滋病的事实，是不可见的，也是不可观察的，因此这种创新的回报也就很难或不可能被理解（Singhal, Rogers, 2003）。计划生育方面的专家为了衡量避孕宣传活动的效果，先计算出那些如果没有采用避孕措施就会怀孕的次数，以此来估计通过避孕措施所避免的出生人数。显然，这种方法对发展中国家的农民家庭而言意义不大，因为这些人都是被督促接受计划生育这类预防性创新的。

　　在美国，有一项非常重要的预防性创新，如果能够完全被接受，每年可以解救 9238 条生命，这项创新就是系汽车安全带。到 2002 年，经过数十年的公共安全宣传活动以及政府的强制执行，73%的美国人都已经接受了系安全带的行为。这个采用率在美国已经是最高的了，但是和其他工业化国家相比仍是最低的。在美国每年因车祸丧生的 30000 多人中，仍有 60%是因为没系安全带。为什么接近 1/4 的美国司机都不系安全带呢？这其中一些是青少年，一些是醉酒者，他们的行为都非常冒险；还有一些人坚称不系安全带是他们的个人权利。不接受系安全带的人辩论称，系安全带会弄皱他们的衣服或者太浪费时间。一般而言，这些人在对比系安全带的成本与收益的时候，忽略了一项未来潜在的可能收益，因为他们都认为自己身处一场车祸的概率是可以忽略不计的。

考虑到预防性创新的相对优势在被感知方面的诸多困难，我们就可以理解为什么个人通常都不愿接受这种类型的创新了。但是，在近几十年里，有些预防性的医疗健康活动却取得了相当显著的效果。一个显著的例子就是在 20 世纪 70 年代和 80 年代在美国加州的一些社区进行的斯坦福心脏病预防项目，让许多有可能患心脏病的人改变了个人生活习惯，如控制烟酒，每天做慢跑、有氧健身等体育锻炼，在饮食方面少吃肉、食盐，为自己减少压力等。那么这场有关健康的生活方式创新的结果怎样呢？

斯坦福心脏病预防项目由一系列的传播运动组成，每个传播运动都旨在推广一种预防性创新，如戒烟、减肥等。传播运动是指通过一整套有组织的传播活动，以期在特定的时段内，在一个相对大的人群里开展能产生特定效应的运动（Rogers, Storey, 1988）。斯坦福心脏病预防项目的领导者们经过仔细规划，充分利用大众媒体作为传播工具，招收了有心脏病风险的人，并把他们分成小组，接受培训，如体育锻炼或戒烟等。这些健康推进信息主要是针对那些加州社区中很有可能患心脏病的人，比如体重过重的老人，或者饮食中胆固醇过高的人。为了提高这些运动的有效性，斯坦福项目采用了"形成性评价"这种研究方法，也就是在某项活动的进行过程中进行调查研究以便改进其效果。事先对目标公众做有关提高健康水平信息的测试，以确保这些信息都通俗易懂，从而取得预期的效果。活动信息展示了健康生活方式的正面案例，如很多人通过慢跑以及摄取有营养的食物，顺利地减掉了体重。

斯坦福心脏病预防项目实施后，这些加州社区居民心脏病的发病风险大大降低。而且，斯坦福心脏病预防项目的成功促进了其他许多类似运动的实施，例如，旨在防止在校生吸毒和吸烟的运动、计划生育运动、成年人心脏病预防运动以及艾滋病预防运动等。这也表明，预防性健康创新运动可以取得有效的成果。但是，这需要付出特别的努力，尤其是在传播过程中更需要强调预防性创新的相对优势。

（六）激励效应

许多创新推广人员为了加快创新的接受和推广，通常会给客户提供补助金或其他一些激励措施。这种做法的主要目的就是增加该创新在采用者眼里的相对优势。激励是指将现金或者其等价物直接或间接地付给个人或系统，以鼓励他们做出明显的行为改变。这种行为改变经常是指接受某项创新。

为了加快创新的推广过程，在一系列领域，如农业、卫生、医疗、计划生育等都实行了激励机制。近几十年来，有关推广过程中激励机制的研究都主要集中在计划生育方面。激励机制可以表现为多种不同的形式：

（1）采用者 VS 扩散者的激励。将奖励直接给予采用者，或是说服他人接受创新的扩散者。例如，推广者招募到新的采用者时会收到奖励。

（2）个人 VS 系统的激励。将奖励给予个人或个人所在的群体组织。例如，在印度尼西亚，避孕工具采用率很高的村庄，可以从政府的计划生育部门领取社区激励金。这种激励政策不仅提高了计划生育的相对优势，而且会使村民通过口耳相传把这件事传播出去。

（3）正面激励 VS 负面激励。大多数激励都是正面激励，也就是对创新那些所期望的行为给予激励和支持，如对新观念的采用者给予激励。但还有一种激励是负面激励。如果某个人不接受某项创新，那么他可能会受到某种惩罚，或者使他无法再得到一些他想要的东西。新加坡政府颁布法令：凡是生3个或3个以上孩子的母亲，都没有资格享受产假，而且家长必须自己支付相关的医疗和接生费用（在通常情况下，这对所有的市民都是免费的）。在新加坡，政府产权的公房面积非常小，这样的居住环境对于有3个孩子的家庭来说，就会显得非常拥挤。

（4）金钱激励 VS 非金钱激励。通常情况下，激励都是通过现金形式来支付的，但有时候也可能给采用者想要的商品或其他物品作为激励。

（5）即时激励 VS 延缓激励。大多数激励都是在接受创新时立即支付，但也有一些是在较晚兑付的。例如，接受避孕计划要等到确实降低出生率时才兑现。

在既定情况下，我们可以采用以上各种方式组合的激励政策，当然这取决于哪种组合能真正产生影响，从而促进创新推广。提供激励是推广战略之一，它通过影响创新可被感知的属性，尤其是创新的相对优势，进而影响该创新的采用率。当然，有些激励政策仅仅是为了激励人们去尝试某种新方案。例如，许多商业公司将新产品的样品免费提供给顾客。这种策略的目的就是让消费者试用，接下来就将是大规模的购买（前提条件是该创新产品拥有潜在的相对优势，而且这种相对优势可被采用者感知）。

还有一些激励措施的制订可能仅仅是为了保证早期采用者接受某个新方案。一旦社会系统内的采用率达到20%左右，经济激励措施就会被终止。例如，在20世纪80年代初，对于那些接受居民住宅太阳能集热系统的家庭，美国联邦政府和一些州政府都会为他们减税。但是，这种激励措施的成本太高了，美国联邦政府和州政府无法承受，所以当该集热系统的采用率在居民中达到 5%～10% 时，这项激励政策就立刻停止了。这种刺激性的激励措施常常用于启动创新的推广过程，以期创新经过进一步推广成为一种自动推广的过程。

根据以往的研究以及激励各种计划生育创新措施推广的实践经验，E.M. 罗杰斯在 1973 年总结出了以下几条结论：

（1）激励机制可以提高创新的采用率。对采用者的激励可以增加创新的相对优势，对推广者的激励可以提高创新效果的显著性，即可观察性。另外，对采用者的激励也可作为"行动的暗示"（即指在某一个时间点，使个人对于某项创新的赞同态度转化为明显的行为改变），从而引发接受创新行为（参见第五章）。

（2）通过激励措施而接受创新的人与直接接受创新的人有所不同。创新先驱者与早期采用者往往拥有较高的社会经济地位及其他一些使他们区别于后期采用者的特征（参见第七章）。但是，如果我们支付给计划生育政策的采用者很可观的一笔激励金，那么处在社会经济最底层的个人也会因此而接受计划生育创新措施。因此，利用对采用者的激励措施可以改变率先采用创新的人的数量。这种变化给予我们的一个重要启示，就是创新的推广过程中，实现社会经济地位的平等有助于扩散。

（3）尽管激励措施可以增加创新采用者的人数，但是个人的接受决策可能质量较低。因此，这会使之在达到我们预期的结果方面有很大的局限性。如果某些人接受某项创新的目的之一是为了得到激励金，那么要激励这些人持续使用这种创新可能就没什么好办法了（如果这种创新的使用可以中断或停止）。

激励机制还涉及一些严重的社会道德和伦理问题，这是我们在将来的研究中要进一步探讨的。另外，我们可以通过一些实验性研究，来评价激励措施对于创新的采用率、创新的持续以及创新结果的影响，从而提高各种激励政策的有效性。

（七）强制接受

提供激励是处在社会较高层的社会组织（如政府、社区或商业公司等）对所在系统内的个人的行为施加影响的一种方式。某些类型的行为改变可能是政策期望的或要求的，但公众中的个人却并不欢迎这种改变。例如，通常政府都希望降低人口的增长率，以便能为下一代提供更好的教育环境和就业机会。但是父母通常都喜欢多生几个孩子，这样可以延续家庭的血脉，或者是为了廉价的劳动力，或者是为了到老年时能老有所依。在这种情况下，国家政府经常会实施非常诱人的激励措施，来鼓励这些成年人少生孩子（如新加坡）。当自愿的诱因很少时，政府甚至会强制实施计划生育，达到预期的目标（小家庭）。

中国是世界上人口最多的国家之一，目前其人口数量已经超过13亿。自从20世纪80年代以来，中国不惜一切代价，大力执行一对夫妇只生一个孩子的政策。在20世纪70年代，中国政府就开始大力宣传计划生育，并鼓励每对夫妇只生2个孩子。但这些措施和政策远远不能降低人口的增长速度，中国不得不全面强制实施一胎化。工厂里的车间小组、城市里的居委会以及乡村里的村委会开始实行"团体计划生育"。每年都会集体讨论决定哪些夫妻可以生育孩子。当第一个孩子诞生后，这对夫妻就会被鼓励去做结扎手术。一旦这对夫妻不遵守计划生育或再度怀孕，这名怀孕妇女就会面临团体压力。这样严格地推行一胎化政策，终于使中国大陆人口增长率急速下降。

环境行为也经常造成系统的整体利益，如一个城市或一个国家的利益，与个人的偏好之间的冲突。例如，在美国洛杉矶等许多大城市，雾霾问题和交通堵塞问题日益严重。再修高速公路需要花费惊人的资金，而现有的大道上则堵满了各种车辆。这些车辆走走停停，前后绵延数公里，城市简直成了大型的"停车场"。在南加州，车辆总数还在以每年3%的速度增长。面对这种情况，政府不得不采取某种措施。1990年，政府推出的名为"第15条条款"的法规正式生效。该条款要求所有雇员超过100人的机构必须采取措施，提高上班时每辆车乘坐雇员的数量，5年内使该比例达到每辆车1.5人。各机构可以利用各种创新手段来达到这个目标，比如对雇员停车收取更高的停车费、提供免费的公共汽车、为职工组织集体上下班的班车、提供免费通勤面包车服务等。如果这些组织不采取有效措施逐渐使人员与车辆的比例达到1.5的目标，就会受到严厉的罚款。该法规的主要目的就是改善上下班时间的拥堵问题，同时也大大改善了空气污染的状况。

同样的，加州和亚利桑那州强制民众使用无污染汽车，如靠电力发动的汽车等（参见第二章）。这种强制接受，就是体系通过某种机制给个人施加压力，让他们认识到创新（特别是预防性创新）的相对优势。

三、兼容性

兼容性是指创新和目前的价值体系、过去的经验以及潜在采用者的需求相一致的程度。兼容性越高，对潜在采用者来说其不确定性越低，同时也更切合他所需目标的情况。兼容性也有助于个人解读创新的意义，使它们更有亲和力。创新的兼容性要看它是否和以下几种因素兼容：（1）社会的价值体系和信仰体系；（2）过去曾推广且被接受的思想；（3）客户对创新的需求。

（一）和社会价值与信仰体系兼容

如果创新和推广对象的文化价值不兼容，就会妨碍推广对象的接受度。在第一章曾提到，秘鲁洛莫宁地区的村民认为饮用开水与他们当地传统文化的"寒-热"观念不兼容；美国农民很看重农业产量的增加，这使得水土保育类的创新被农民认为是和产量的耕作价值相冲突的，因此这类创新的接受过程都很缓慢。

今天，印度都会区民众仍旧强烈反对用左手进食，因为他们视之为不洁的行为。事实上，这种观念已有上百年的历史，过去由于缺乏卫浴设备，印度村民常常用左手做清理排便的相关动作，所以形成了左手不洁的情结。然而，时至今日，城市中上层的印度民众在用餐前洗手是很方便的。可是，左手不干净的观念依然深深扎根于城市居民的文化中。如果你是推广人员，试问你要如何说服十亿印度人改用左手用餐？不少创新推广人员在扩散与深层文化价值严重冲突的创新时，都面临着同样的困难。

此外，一项由菲律宾国际水稻研究所推出的名为"奇迹"的新品种稻米耕种法，若配合使用大量化学肥料、杀虫剂、密耕法和其他必要的管理措施，带来的收成会是原来的 3 倍。"奇迹"水稻耕种法很快就在亚洲地区扩散开，并被称为"绿色革命"。然而，国际水稻研究所的农业植物育种专家在创造新品种稻米耕种法时，只注意到产量和抗虫害这两方面，而没有注意到稻米的口感。我在南印度新稻米耕种法的研究中发现，这种新稻米并不适合当地人的口味。因此，他们一方面种植新稻米送到市场上销售，另一方面则自行耕种一些传统稻米供自家人食用。随后我在 1960 年代，将上述口感不兼容的信息转达给国际水稻研究所的育种专家们，可是他们却对这种建议嗤之以鼻，反而再三声明"3 倍的产量，人们过些时候就会喜欢上新口味的"。

然而，在 40 年后的今天，南印度以及许多其他亚洲国家的农民，依旧是一方面种植"奇迹"稻米送到市场上销售，一方面耕种一些传统稻米自己食用。"奇迹"稻米的市场售价因而比传统稻米低了 20%。近年来，国际水稻研究所终于开始正视这个问题，并着手改良新稻米的口感，而不只是关注产量了。

另一些文化上的不兼容现象，是指有些本来只针对某个社会体系设置的创新，在扩散到其他文化背景时产生的。例如，20 世纪 70 年代，IBM 曾针对美国的超市设计出一套条形码识别系统，这套系统设计的消费金额上限为 6 位数字，也就是说最多可以消费 9999.99 元。在当时对美国消费市场来说，这个金额是绰绰有余的，因为大多数消费者在食品方面的消费金额都低于 100 美元。但遗憾的是，条形码识别系统的设计者缺乏全球性视野，因为在意大利，由于恶性通货膨胀，1 万（10000.00）里拉甚至还买不到一条面包。同样的情况也发生在美国"莲花试算软件"上，这套软件在印度也遇到了不兼容的问题，因为当地计数单位是用 10 万、1000 万来标记的，而不是用美式的千、百万、10 亿来标记；此外，当地对逗号（,）和小数点（.）的使用也是相反的，也就是 9,999.99 就会被写成 9.999,99。

另一个根深蒂固且极端敏感的文化问题是，在大部分非洲地区、部分中东地区和亚洲地区，对妇女进行的阴蒂切除术。世界卫生组织估计每年约有 1 亿 3000 万的女性接受阴蒂切除术。这通常是庆祝少女成为妇女的成年礼仪式。手术通常由中年妇女或者理发师操刀，工具简陋，环境也不卫生。医学卫生专家都极力反对切除阴蒂，因为事后会造成严重的感染；女权主义者也同样反对，他们认为这象征着宗族文化对女性身体、行为和生活的统治。极力维护这项做法的人则强调，借此可确保女性的贞洁以及婚嫁的机会。虽然目前在不少国家、地区都在努力废除阴蒂切除术，但遭遇到相当大的阻力。

一项在加纳北部偏远乡村的调查（Mensch et al., 1999）可让我们大概了解到，为什么改变这种文化习俗会这样困难。传统上，如果少女接受阴蒂切除术时被发现不是处女的话，就会被村民们鄙视。因此，阴蒂切除是为了强烈谴责婚前性行为。仪式过后，参加割礼的少女们一同接受宗族长老关于如何扮演好妇女角色的训示。这样大家才认为她们得到了结婚的资格，因此，成年割礼是一场标志着一个女孩成为一个女人的仪式。

1994年，加纳政府正式宣布成年割礼为非法行为，而且全面推动废除阴蒂切除的计划。执行阴蒂切除术的操刀者当众宣示以后不再进行这项手术。政府同时也鼓励其他替代性的成年礼（不包括阴蒂切除术）取代原来的割礼，虽然这根深蒂固的传统观念难以改变，但孟斯雪（Menmch）等学者1998年在加纳地区进行的扩散研究显示，在15～19岁的少女中，仅有1/4的少女接受了割礼。而这项改变，加上女性教育程度的提高、对父母控制的摆脱，以及经济的独立，也造成了未婚妈妈和非婚生子女、堕胎以及孕妇（特别是年轻妈妈）死亡率增加等社会问题。所以，终结一个传统也带来了一连串的社会问题。

（二）和过去引入的观念兼容

创新不但要和根深蒂固的传统文化价值兼容，也要和已经被接受的观念兼容。能不能和现行的观念兼容，关系着创新被接受的快慢。而旧观念也是个人评估创新、诠释其意义的思想工具。一般来说，个人不可能接受一个完全陌生的创新，过去的经验提供了解析创新的重要依据，从而减少其不确定性。

博达（Fals Borda,1960）在哥伦比亚农业社区的扩散研究，提供了一个以过去经验来判断创新的例子。起初当地农民都是用牛粪盖在土豆种子上面，所以也同样把化学肥料广撒在土豆种子上，结果造成土豆产量的降低。还有一些农民过度喷洒杀虫剂，因为他们把打农药视作给植物浇水一样。由于这些农民不知道化学肥料和杀虫剂是怎样影响土豆产量的，缺乏对相关原理和知识的了解，所以只能根据已有的知识和经验来理解这些创新。

另一个重要案例是布兰德和施特劳斯（Brandner, Strauss, 1959）的扩散研究。他们发现在美国堪萨斯州东北部28%的耕地上，都种植了新品种高粱。在没有堪萨斯州农业实验局或推广局的推广下，第一年就有这样的采用率是相当不错的。究其原因，是新品种高粱和之前的新玉米品种具有高度的兼容性。相对的，在堪萨斯州西部，因为干燥的气候不适合种植玉米，所以对新高粱品种的接受也很缓慢。

值得注意的是，兼容性虽会促成创新被接受，但也会造成对创新的不当使用。也就是说，和先前引入思想的兼容性也会造成创新的过度采用或错误采用。在印度北部农业发达的旁遮普省，接受新拖拉机扩散就是一例（Carter,1994）。拖拉机为主人带来社会地位，当地农民用它来代替牛，成为农场耕作的劳力以及主要的运输工具。然而，他们却不对拖拉机进行保养，如清洁滤网和喷嘴等部位，当机器出现问题时，他们也不维修，所以拖拉机常在使用1到2年后便报废了。当时有一位外国专家获邀前往旁遮普省，研究拖拉机延续使用的问题。这位专家特别为农民设计了一张保养图，并且翻译成当地的语言。政府将这份彩色印刷的保养图分发给每个农业推广人员和购买拖拉机的农民。可是，拖拉机还是会因为缺乏保养而常常故障。

后来，一位曾向农民推销毛毯、让他们在寒冬时能为牛盖上毛毯取暖的业务员来到了旁遮普省。不久，很多拖拉机都盖上了毛毯。
虽然外国专家警告农民这样做会使拖拉机引擎过热，但是不到10天，
几乎每一台拖拉机都盖上了毛毯。对当地农民来说，在寒冬时为拖
拉机盖上毛毯，保护他们的运输工具是合理的。但是为拖拉机清洁
滤网和更换喷嘴等保养工作，则和过去照料牛群的实际经验毫不相
干。因此，在这个案例上，过去经验具有负面影响。

罗马天主教，经过西班牙牧师的传道，竟轻而易举地被美国新
墨西哥和亚利桑那州的东印第安人接受了。而对于西印第安人，则
是"一接触到天主教，便强烈地抗拒。他们不仅枪杀了牧师，烧死
了传教士，而且毁灭了一个名叫阿瓦托比的村庄，原因是该村的村
民接受了天主教热切提出的文化融合"。为什么会出现这种差异呢？
学者霍利（1946）试图找出答案。他调查后得出结论：东印第安人
的家庭关系都是以父亲为中心，即具有父系社会的特点，而所传播
的天主教中，造物主就是一个男性；但天主教显然违背了西印第安
人"以母亲为中心"的宗教信仰。如果创新推广人员（这里指西班
牙的牧师）在传教过程中能够强调天主教中也有敬仰女性的一面（比
如圣母玛利亚），那么，天主教的传播很有可能不会在西印第安人中
遭到如此强烈的反感，甚至有可能取得比较大的成功。

创新的采用率会受到被取代的旧有观念的影响。但是很明显，
如果新事物、新方案与现存的东西完全相同或完全协调，那么至少
在潜在采用者看来，就不存在所谓的创新了。换句话说，创新的兼
容性越高，它导致的行为改变程度就越低，那么引进一个具有高度
兼容性的创新又究竟有多大意义呢？如果是要依次引入一系列的
创新，而该创新的引入是很关键的第一步，那么这还算有用。引入
兼容性好的创新可以为后续引入兼容性相对差一些的其他创新铺
平道路。

一个低兼容性创新获得高采用率的特例，就是艺术创新的扩散。

李伍罗沃和波普（Lievrouw, Pope,1994）曾研究调查新锐艺术和艺术家的知名度。通常这些艺术创新的扩散，采用率高低是视作品风格的独特性而定。大部分创新具有高兼容性，才使得采用率迅速发展，但这对艺术而言却完全相反。如果艺术家的作品和过去风格太像，就很难有什么突破或特别好的利润。因此，艺术品必须具有与众不同的独特风格，扩散效果才会显著。

此外，如果某个人在接受创新方面有消极的、不愉快的经历，那么此后可能拒绝接受任何创新。而造成这种"创新消极主义"的很可能就是创新兼容性中不太受人欢迎的一面（Arensberg, Niehoff, 1964）。创新消极主义是指个体以往接受创新的失败导致他拒绝接受以后的创新。因为他遭受到失败的痛苦之后，会带着恐惧和怀疑的眼光看待以后的创新。因此，创新推广人员在推广创新的开始阶段一定要特别注意，选择特定的群体，并让他们感受到该创新的相对优势，这样初始阶段的成功可以为以后的推广工作铺平道路。在印度，国家推行的计划生育运动从推广子宫避孕环开始，但由于种种原因，该运动在 1960 年就中断了。由于创新消极主义的作用，印度的计划生育运动再也难以从这次惨败中"复苏"过来。

（三）和个人需求兼容

创新兼容性还有一个方面，即满足客户需求的程度。创新推广人员首先要确认客户的需求，然后向客户推荐能满足这种需求的创新。不过，发现客户的需求并不是一件简单的事情，创新推广人员必须想客户所想，并与客户频繁接触，才能准确地感知和评价客户的需求。为了发现客户对创新的需求，通常使用的方法有：与个别客户建立非正式的人际往来、创新推广人员设立客户咨询委员会以及进行客户调查等。

　　潜在的采用者也许并不会意识到自己对某项创新的需求，只有在知晓了创新方案及创新结果之后，才能感知这种需求。在这种情况下，创新推广人员要为客户创造这种需求，但是这种方法必须谨慎操作，否则该创新推广中所谓的创新需求可能仅仅是创新推广人员推广需求的一种反映，而不是客户的真正需求。所以，创新能够在多大程度上满足客户系统的需求是创新兼容性的一个重要层面。如果创新满足了客户的需求，通常情况下该创新就会很快被接受。

▶ 案例 6-3　太阳能发电的成与败

　　近年来，美国政府大力鼓励太阳能发电，美国总统也在《百万用户装设太阳能发电设备鼓励方案》上公开提出"到 2010 年，使用太阳能的用户要达到 100 万"的目标。显然，如果太阳能能让美国摆脱对中东石油国家的依赖，政府就应该加速推动这项计划。然而，在扩散学者开普兰（Kaplan, 1999）进行的全国性调查中发现，虽然大部分能源公司主管都握有大量太阳能发电的资料，但只有 2.5%的公司使用了这项技术。形成这种 KAP 断层的原因之一是，太阳能发电本身并不适合当前环境，太阳能设备是由分散的配件组成，所以它很容易和集电主架失去连接。事实上，能源公司主管应该采用太阳能发电装置，但他们并没有这样做。这些潜在采用者对这项颠覆性技术的创新拥有专业性知识，却无实际操作经验。因此，创新越激进、越颠覆，和现有经验会越无法兼容，其接受也越缓慢（Walsh, Linton, 2000; Bower, Christensen, 1995）。

　　大部分人都不会仅依赖创新的科学研究来评估创新，至少不会完全依赖于此。他们决定接受创新与否更多是以和他们背景类似的人（如同事）提供的主观意见为主。幸运的是，还是有少数能源公司率先使用太阳能发电，或者把它推荐给他们的客户。例如，佛罗里达州的盖恩斯维尔能源公司，从自告奋勇的客户那里募集资金，购买了一台大型的太阳能设备。而萨克拉门托市政府则帮助住户装设太阳能设备。此外，亚利桑那州的大部分霍皮族人（Hopi）也都安装了太阳能设备，霍皮族基金会甚至提供了一台配有太阳能设备的小型货车，在潜在客户的家门口停放一星期，供民众免费使用。在美国有些地区，太阳能发电的装置取得了空前的成功。或许这些宝贵经验终将会流传到其他能源公司和他们的客户那里，为大家广泛接受（Kaplan, 1999）。

案例 6-4　大家都爱 "不说话的好媳妇"

在非洲的农村经常能听到 "咚、咚、咚" 的声音，这是非洲妇女用笨重的木杆捣碎谷物和坚果的声音。但最近，在西非马利的圣南高努尼村落，这声音却被 "咔、咔、咔" 的声音所取代。一名妇女背着一大袋花生走进一家泥砖小瓦屋，里面的一台柴油发电机能带动一台研碎搅拌机。她只需将花生放入漏斗内，付上 25 美分，谷物便会传送到机器内研碎搅拌。大约 10 分钟后，再把花生酱分装在 12 支瓶子里。这位妇女说，之前捣碎花生需要花费她一整天的时间，而现在只用很短的时间她就可以去市场上卖花生酱了，而且还有富余的时间打个盹。

联合国开发计划署把这台 "鲁布高德博格"（Rube Goldberg）称为 "多功能平台"。而圣南高努尼妇女则把这台耐用而又毫无怨言的机器称为 "不说话的好媳妇"。这台机器是十年前由联合国开发计划署驻马利的员工为了减轻当地妇女工作负担而发明出来的。这台"不说话的好媳妇"以 10 马力（1 马力=735.5 瓦）柴油机发电机为中心，由橡胶输送带连接脱壳机、木锯、抽水机、研磨搅拌器等各种不同工具，还有一台给电池充电的发电机。这台机器售价 4000 美元，购买费用中圣南高努尼妇女公会的集资占了一半，剩余部分由联合国及其他资助团体赞助。在研磨搅拌机店面外墙的黑板上，会列出当天的收入是 12 美元。其中有 1/3 用作操作这台机器的女工以及圣南高努尼妇女公会雇佣的男性维修人员的报酬。其他收入则用作购买柴油及保养维修等开支。该店开业 9 个月后，为公会赚进 380 美元，这个收入在马利是非常可观的，因为当地人的年均收入只有 300 美元。

目前约有 300 个村落的妇女公会拥有这种机器。而这项创新最显著的效果，就是节省妇女捣碎谷物和坚果的时间。一般来说，若要人工研磨搅拌 45 公斤的谷物，要花上 3 天时间，但使用这个"多功能平台"则只需 15 分钟。过去女孩们都得待在家里帮忙，如今她们可以去上学了，妈妈们则可以进修学习，或者做点小本生意。圣南高努尼的男性也很乐意看到女性有这样的进步，其中一人说："我太太不用那么劳累了，而且她的手也比以前光滑多了，我喜欢这个改变。"

这台"不说话的好媳妇"研磨搅拌机激发了乡村妇女做生意的热情和兴趣。而圣南高努尼妇女公会也利用这些赢利所得，投资其他行业，如染布、生产肥皂等。由于成效良好，附近乡村的妇女公会还购买了更大功率的柴油发电机。

这台机器售价昂贵，是当地个人无法负担得起的，但圣南高努尼妇女公会自成立之日起就致力于提高乡村妇女的集体效能。而这种女性间相互合作，完成某些个人无法独立完成的事业，和西非乡村传统价值观以及过去经验兼容。因此，这台"不说话的好媳妇"

研磨搅拌机器不但具有重大的相对优势，同时和西非乡村生活具有很高的兼容性。

（四）兼容性和创新的采用率

社会系统内成员认知到的创新的兼容程度和该创新的采用率有正向的关系。过去的一些扩散研究认为，在预测创新的采用率方面，兼容性可能没有相对优势那么重要。通过本章前面提到的一些案例可以发现，相对优势和兼容性尽管有概念上的区别，但在预测创新的采用率时并未发现有实证方面的区别。

任何创新都要被拿来与现有的实践相比较。因此，丝毫不用惊讶，兼容性与创新的采用率是紧密相关的。

（五）技术群

个人并不会单独看待每一项创新，而往往是将彼此相关的一系列创新作为一个整体看待。某项创新的接受有可能引发一系列创新的接受。技术群就是指含有一项或多项相互关联的突出特点的技术集合。在这个集合里，每两个创新技术之间的界限不是太明显，而且在潜在的采用者看来，一项创新技术可能与另外一项紧密相关。所以在这种情况下，创新推广人员可以不用单个地推广一项创新，只需要向客户介绍和推广技术群就可以收到事半功倍的效果。

举例来说，在印度和其他的一些亚洲国家，有关农业方面的各种创新被"打包"介绍给农民，其中包括国家稻谷研究中心推出的稻谷新品种、化学肥料及其他一些农业药剂，农民接受得非常快。但如果把这些创新一项一项地推广给农民，显然其扩散过程要慢很多。更重要的是，这些创新技术对农产品产量的提高具有相互促进的作用，因此农民一次接受所有的农业创新，可以收到综合效果。

但是，在以往的扩散研究中，虽然凭直觉可以感知到这种"一揽子推销"方法的好处，但却很少系统地研究其实际效果。自然，将哪些创新打入一个"包"内，取决于用户对创新相互关系的感知，但对这方面的研究还是一片空白。

在创新组合方面为数不多的调查研究中，我们介绍其中的一个案例。斯沃曼和拜雷（Silverman, Bailey, 1961）分析了密西西比的107个农场主接受有关玉米种植的 3 项创新的情况。这 3 项创新是指施肥、杂交玉米和密集种植，它们彼此相互影响。如果只实行玉米的密集种植，而不同时采用化学肥料和杂交玉米品种，只会造成产量的下降。大多数农民要么选择全部采用，要么选择任何一个方案都不采用；但也有 8%的农民采用了不成功的组合。斯沃曼和拜雷认为，创新推广人员在向客户推广某个玉米种植创新组合的时候，应该向客户讲解创新组合里各项创新的内在联系。

有些商家实行打包销售，这是因为认识到了几种新产品之间的兼容性。例如，销售商可以将洗衣机和烘干机"捆绑"到一起，同时卖给家庭主妇使用。有些销售商也可能将买主不太想要的一种商品"搭配"到相对优势十分明显的另一种有兼容性的商品上一同出售，这也是一种营销策略。

拉罗斯和阿特金（LaRose, Atkin, 1992）针对 1400 名美国成年人，就 18 项消费性电信服务的创新群集加以调查。他们发现，其中一些少数的、具有明确用途的创新组合，比把这 18 项电信创新统统聚集在一起，更符合高科技生活形态族群的需求。例如，ATMs 服务、免费电话号码服务以及电信信用卡是个密切关系的创新组合；而使用免提电话、自动拨号以及 900（选举号码）号码的创新又是另一种组合。此外，电子邮件和个人电脑又组合成另一个创新群集。拥有录像机则独立于其他创新群集之外。

未来的扩散研究应该着重分析"创新组合"，并以发展的眼光来考察新事物。在研究"创新组合"方面，要分析有相互关联的各项创新在客户眼里的兼容程度。这种研究将为创新的"打包扩散"提供更科学的依据。

（六）创新的命名

创新的命名会影响采用者对其兼容程度的感知，并进一步影响创新的采用率。但是，创新的命名以往并没有引起足够的重视，因此造成了很多严重的错误。例如，美国一家肥皂生产商将商标注册为"Cue"的产品销售到法语语系国家，而在法语中，Cue 有下流、淫秽的含义。另外一个经典例子是美国的 Nova 汽车，在西班牙语中，Nova 的含义是"不走"。这种荒谬的错误使商业公司意识到了市场调查的重要性。也就是说，在产品正式投放市场之前，应对产品做市场调查。另外，创新推广人员也没有充分认识到创新命名的重要性，直到近年来，社会营销学的兴起才引起了人们对命名的重视（参见第二章）。

创新的命名往往会给创新增色不少。创新名字的选择是一件很微妙而又至关重要的事情。名字中的每一个字都会影响该创新留给用户的印象，而直接影响创新采用率的就是潜在采用者对创新的感知。很多创新的名字中都带有医学或化学上的专有名词，但是这些名字对于潜在的采用者来说意义并不大（除非他们也是医生或化学家）。像"2,4-D 除草剂"、"Ir-20 稻谷种"、人体免疫性病毒、子宫内避孕器等，这类名字往往将用户搞得莫名其妙，有时候还会误解其中的意思。作为对比，看看"不说话的好媳妇"对马利女人们的影响，如果是原来的专业名称，其推广效果又会怎样？此外，几年前，一种新的子宫内避孕工具"铜-T"在引入朝鲜之前，推广人员没有仔细地考虑为它起一个朝鲜语名词。而在朝鲜语的字母表中，没有"T"这个字母。更糟糕的是，铜在朝鲜人的心目中，只是一种普通的金属，给人们的印象也不太好。所以"铜-T"实在是一个不怎么样的名字（Harding et al., 1973）。

因此，我们建议：在创新的命名过程中，一定要以用户为导向，并且用试验的方法加以验证。这样，才不会因为命名而妨碍创新的扩散过程。

（七）创新的定位

建立在市场调查、形成性评估和社会营销学等基础上的定位策略，有一个基本假设是，个人对一种新观念的反应与其对一种类似于新观念的东西的反应类似。举个例子，现在有 3 种产品 A、B 和 C，且它们属于同类产品，现在又有一种新产品 X 投向了市场。如果消费者认为产品 X 与 B 类似，但与 A 和 C 有很大不同的话，那么以前购买产品 B 的顾客应该同样愿意购买产品 X。也就是说，如果其他因素（如价格等）都一样，产品 X 大约可以从产品 B 那里争取到一半的用户，但产品 X 的面市却丝毫不会影响产品 A 和 C 的销售。另外，如果我们能够弄明白为什么消费者认为产品 B 与 X 相似，而 A、C 都与 X 不一样的话，就可以根据产品 X 的名字、颜色、包装、口味等对其进行定位，拉开产品 X 和产品 A、B、C 的档次，从而使新推出的产品 X 占据独特的市场地位。显而易见，创新定位的前提就是要准确地衡量该创新与以前产品的兼容程度。

产品定位的研究有助于新产品在已存在的产品群中找到合适的位置。新产品的定位主要取决于两个因素：（1）新产品与已有产品的关系；（2）新产品的哪些特性与已有产品类似，新产品的哪些特性使得它区别于已有的产品。例如，科尔曼（Coleman）等人在以医生为调查对象进行四环素的扩散研究，并指出四环素和过去的 2 种抗生素相似，但是副作用要小很多，所以推出不久就部分取代了它们。当然，在定位的过程中，要用动态和变化的眼光来看待创新的一些属性。由于定位研究的重要性，扩散研究者通常被认为是创新的设计者（或至少是联合设计者）。朝鲜"铜-T"子宫内避孕器的扩散研究就是一例。

如前所述，1973 年哈丁等人就是利用定位方法来把"铜-T"子宫内避孕器向朝鲜推广的。首先，他们针对经过抽样出来的潜在采用者，采取开放且不设限的访谈方式，请她们确认 18 种避孕措施的29 个认知属性。接着针对另一组受访者，就这 29 个认知属性进行评分。根据研究结果来决定在"铜-T"扩散方案上应该强调的属性，从而提高其采用率。例如，哈丁等人就提议应大力强调"铜-T"的较长有效期、避孕可靠性，以及它对性行为没有影响，并强调它是当时最新的避孕方法。同时研究工作者也建议创新需要修改的地方："铜-T"的有些部分是需要改变的，如塑胶线（其作用是方便取出避孕器）或许就应该改进一下，因为细菌容易沿着塑胶线进入子宫而引起感染（1973）。

（八）接受度研究

接受度研究法是一种特别的定位研究方法，它是指对理想创新的认知属性进行调查，以便引导研究开发出这种创新。也就是说，如果 X 型创新不被潜在采用者接受，但是 Y 型创新却会被接受，很明显研发工作者就应该集中全力研发 Y 型创新。

有一个很好的例子，是世界卫生组织于 20 世纪 70 年代在发展中国家推广避孕方法的研究。当时大部分的避孕方法都面临着不被当地民众接受的困境。因此，世界卫生组织便针对其中一些方法的扩散做了调查，从而判断哪一种避孕方法的接受度较高。后来这些研究成果为世界卫生组织的专家们指出了一个方向，去研发制造一种拥有高接受度的理想避孕方法。

避孕行为的接受度研究显示，发展中国家不论男女都反对接受需要触碰到生殖器的避孕方法。遗憾的是，由政府推广的避孕方法大都如此，如子宫内避孕器、保险套、子宫帽等，所以这些避孕方法的不兼容性就造成了采用率偏低的现象。因此，世界卫生组织的专家们开始研发一些不用接触到生殖器的避孕方法（Rogers，Pareek，1982）。后来才出现了像蒂普维拉注射剂和诺普兰皮下植入法等新方法。

此外，艾滋病感染是发展中国家需要面对的另一项重大的健康问题。自从 1981 年在美国同性恋族群中首度发现艾滋病病例之后，全球感染艾滋病的人数便急速增加到 4000 万人，另有 2000 万人死于艾滋病引起的并发症。人们一旦被证实感染了艾滋病，通常几年内便会病故。而大部分国家早期感染艾滋病的高危人群，大多是以静脉注射的吸毒者、性工作者、卡车司机和由农村移居到城市的移民为主。此外，如果这些艾滋病患者不被发现，便会由丈夫传染给妻子，母亲传染给胎儿，从而在一般民众中传染开来（Singhal, Rogers, 2003）。

艾滋病的传染怎样才可以得到控制呢？防治活动都呼吁个人要进行安全性行为，这通常指使用安全套、单一性伴侣或者独身。但是安全套往往被认为影响了"性趣"、麻烦以及需要接触性器官。因此，在艾滋病流行的国家，政府卫生官员只能说服 10% 有性生活的民众接受安全性行为（Singhal, Rogers, 2003）。在免疫生物学成功研发出有效预防和治疗艾滋病的方法前，目前预防艾滋病最有效的措施还是推广使用安全套。我们能否重新定位安全套，使它更容易为一般人所接受？或许通过接受度研究法可以解决这个问题。

（九）乡土知识系统

兼容性的基本特点是把新思想与个人已经熟知的现有惯例联系起来。不过，创新推广人员或其他相关人员在介绍某项创新时，都存在"空瓶子"的错误想法，即认为潜在采用者是一块白板，缺乏与新想法相联系的相关经验。"空瓶子"的观念否认了兼容性的重要性。不过在过去的10年间，在农业、家庭卫生和计划生育领域进行研究时，由于注意到乡土的知识系统而克服了"空瓶子"的谬误。学者们特别是人类学家，研究了发展中国家的传统经验，以此了解这些乡土知识系统怎样才可以起到创新桥梁的作用。例如，菲律宾农村的一位卫生专家胡安·弗莱沃尔（Juan Flavier）发现，村民们都知道当母鸡吃了爱槟树的棕色种子后就会停止产蛋。所以弗莱沃尔向村民解释说，口服避孕药对人类来说，其作用就像爱槟树种子一样，由此让新观念和当地已有的知识体系兼容起来。

另一个例子是美国亚利桑那大学人类学家斯蒂夫·兰辛（Steve Lansing）研究印度尼西亚巴厘岛的灌溉系统的案例。我们在第二章提到过这个研究，他发现稻田里的季节性水流是由一些印度教的水神庙和庙里的祭司控制的。这个本土的灌溉系统可以控制大范围的土地同期休耕，这样虫害就可以得到控制。等下一季的耕作开始之后，再开始放水。当印尼农业发展局推广国际水稻研究所的"奇迹"稻米时，却忽略了当地的灌溉系统。他们问："宗教和稻米耕种有什么关系？"事实上，"奇迹"稻米品种的耕种期较短，这和当地水神庙灌溉系统的时间周期是不相容的。结果推广致使稻米产量不增反减，巴厘岛农民很快就不再种植这种水稻了（Bardini, 1994）。兰辛在报告中指出，如果推广人员能够重视当地的灌溉系统，这个问题原本是可以避免的。

创新推广人员在推荐一项创新时，为什么常常忽视乡土知识系统呢？对新想法相对优势的强烈信任，常常使技术专家认为现有的方法是低劣的，根本就不需要对它加以考虑。这种优越感常常导致"空瓶子"的谬误，从而出现引进的创新与它要取代的思想格格不入的情况。

创新推广人员经常忽略这样一个事实：几乎每一项创新都是由客户根据以往类似的经验来加以评估的。这项创新可能是"新酒"，但它却被装入到"旧瓶"里（即客户已有的认识）。对创新推广人员来说，解决"空瓶子"谬误的办法是弄明白客户对创新要取代的事物的已有经验。所以，一个有效的创新推广人员必须学会理解客户已有的乡土知识系统。

大量有用的信息经常在乡土知识系统中体现出来。比如，斯昆特（Squanto）和他部落里的其他印第安人在教授马萨诸塞殖民地的移民种植玉米时，得把每一粒种子和一条小鱼一并撒到地里，因为他们认为这样玉米就会丰产。同样，许多"现代"药物都来自传统的草本药物，如吗啡、奎宁和可卡因。口服避孕药就是从墨西哥的一种热带薯类中提取而来的。许多发展中国家的艾滋病患者，都服用一种传统草药，这种草药含有一种预防艾滋病的抗逆转录病毒（Singhal, Rogers, 2003）。1996 年，这种靠降低艾滋病患者体内的病毒数量，从而延长患者生命的药物正式上市。遗憾的是，这种药物相当昂贵，发展中国家的艾滋病患者根本负担不起（而在目前全球尚存活的 4000 万艾滋病患者中，约有 95%的人来自发展中国家）。

许多乡土知识系统是由传统知识系统的实行者为代表的。这些本土知识的实践者，可能是印尼巴厘岛印度教水神庙的祭司、许多国家传统的助产士以及如今被当做庸医的拉丁美洲巫医。直到现在，有些发展中国家的婴儿仍然是由助产士接生，这些助产士通常都是上了年纪、未受过教育、收入较低的妇女，是由有经验的母亲或其他年长的亲友教会她们接生的技巧。这些传统助产士在拉丁美洲、非洲和亚洲等国家，都受到当地乡村以及城市贫穷妇女的信赖，而她们正是生育率最高的族群。因此，好几个国家推行全国性的计划生育政策时，都给这些助产士提供关于婴儿接生时消毒方法的教育训练，而每一位接受训练的助产士，都会获得一个装有消毒剂、大小绷带的分娩箱。此外，接受过专业训练的助产士，只要成功说服一个民众接受避孕计划，就可以得到一小笔奖金，同时也要求她们遇到难产的情形时，立即将产妇送到政府医院。

然而，大多数专业的创新推广人员都把传统助产士看作庸医，不是忽视她们，就是攻击她们。这种敌意对抗是"空瓶子"观念的表现。在许多国家，除了传统助产士之外，每一个村落都有一个兽医、一个女按摩师和一个传统的医生。在拉丁美洲，所谓的巫医（治疗精神疾病的传统医生）随处可见。如果创新推广人员忽视了这些传统实践家以及他们所代表的乡土知识，就会招致灾难。例如，当政府计划生育项目雇佣的医生忽视或攻击传统助产士时，她们就开始对全国计划生育项目所介绍的避孕方法造谣，使得人们纷纷停止使用这种避孕药（Rogers,1973）。在印度，助产士就曾散布谣言：如果妇女装置子宫内避孕器，就会让她的丈夫无法达到高潮。当时避孕措施采用率正值高峰时期，却因大家都一窝蜂地终止使用而骤然下降。

近年来，印尼政府曾训练了大约 54000 名年轻女子，成为辅助专业健康人员，并分派至每一个乡村，希望她们能取代传统的助产士。然而，由于那些年老的助产士广受当地人民的尊重，加之她们所收的接生费用比那些辅助专业健康人员要低，最终导致专业工作者无法获得足够的报酬而不得不放弃这个工作。在这个案例里，我们再一次看到了本土知识的威力。

四、复杂性

　　复杂性是指理解和使用某项创新的相对难度。任何新想法都可以依据其复杂程度来区分。某些创新对采用者来说意义明晰，而有些则相反。尽管研究证据尚不能完全支撑以下结论，但我们仍然可以提出：正如社会系统的成员所察觉的，某项创新的复杂性与它被接受的比例成反比。

　　对创新的采用率来说，复杂性可能不如相对优势或兼容性的影响那么重要，但是对某些创新来说，复杂性是创新被接受的重大障碍。例如，在美国，家用电脑的第一批使用者是电脑爱好者，他们是一些单纯热爱小型技术产品的个人，许多都是工程师、科学家或其他在 20 世纪 80 年代家用电脑风行之前就对主机式电脑或微型电脑具有丰富经验的人。因此，这些人当然不会认为家用电脑是复杂的，电脑对他们而言是驾轻就熟的。但是后来接受家用电脑的个人并不具备这种专业经验，他们通常在购买家用电脑后要经历几周的挫败期。困扰他们的问题有：怎样把不同的部件连接起来、如何操作文字处理系统和一大堆软件，等等。这些心烦意乱的用户看不懂操作手册，从满口都是技术术语的销售员那里也得不到什么帮助。最后，这些人不得不加入电脑使用者俱乐部，从朋友那里寻求帮助，或者通过其他途径去解决自己使用家用电脑时遇到的复杂问题。家用电脑明显的复杂性对 80 年代早期的推广率产生极大的负面影响。最终，随着家用电脑的操作日益简便，到 2002 年时其使用者比例已上升至全美家庭的 50%。

五、可试性

可试性是指创新可以在有限的基础上被试验的程度。通常那些可以做阶段性试验的创新，相比那些不能进行试验的创新，会更快地被人们接受。有些创新是很难分段做阶段性试验的，但有的却相当可行。个人试用是以个人方式来诠释创新，以检验它是否符合自己的需求。对创新的尝试可以消除个人对它的不确定性。因此，我们提出结论："正如社会体系的成员所觉察到的那样，一项创新的可试性与它的采用率成正比。"如果创新具有高度的可试性，那么它的采用率将会提高。此外，试验创新也可能涉及再发明，这样将会使之更容易满足个人的需求。所以说，创新在试验阶段，可能会有所改变。

相比较而言，创新的早期采用者比晚期采用者更能觉察到可试性的重要性（Gross,1942; Ryan,1948）。富于创新精神的个人在接受创新时没有先例可循，而晚期采用者身边则有已经接受了创新的同伴。这些同伴为晚期采用者做了替代试验，所以后者有没有试用过都不重要。正因为这样，与创新先驱者和早期采用者相比，落后者会较快地把最初的试验转为全面的使用（参见第五章）。

六、可观察性

可观察性是指创新成果能被其他人看到的程度。某些新想法的成果显而易见并能被很容易地传播出去，而有些创新则很难被人觉察或很难向其他人描述。因此我们得出结论：正如社会体系成员所觉察的那样，一项创新的可见性与它的采用率成正比。

过去的扩散研究所调查的大多数创新都是技术创新。一种技术由两部分组成：（1）"硬件"方面，是指把技术体现为物质或物体的一种工具；（2）"软件"方面，是指这种工具的信息基础。第一章提到的一个例子是计算机硬件（电子设备）和软件（计算机程序）。技术创新的软件部分不是那么明显可视的，所以软件方面的创新注定具有较低的可见性，而且通常被接受的速度会相对较慢。比如，安全性交是由保健专家为防止人们感染艾滋病毒而推荐的防护性手段。它是一种相对模糊的概念，既可能包含节欲和单一性伴侣的意思，也可能指鼓励使用避孕套。结果，作为防护性创新的安全性交扩散极为缓慢，采用者只占艾滋病高危人群的一小部分（Singhal, Rogers, 2002）。

案例 6-5 手机和生活形态的改变

手机这项创新是在 1983 年首次向美国消费者推出的，而在接下来的 10 年间销量高达1.3 亿台。接着，在下一个 10 年里，手机扩散速度更为惊人，全世界销量达 11 亿之多。其中芬兰、丹麦、瑞典和韩国的采用率都很高，甚至超过了美国。在芬兰的某个年龄层，如18～34 岁的人口，采用率高达 104%（因为很多人同时拥有两部或更多部手机），约有 25% 的芬兰家庭拥有手机，却没有装固定电话。

手机都配有一块可以充电的电池，携带方便。它本名为蜂窝式电话，因为每一个地区都被分割成若干个半径为 1～25 英里长的小区。当一个人驾车从一个小区驶入另一个小区时，电话系统会自动在小区间进行切换，而不需要打断信号服务。使用手机的费用一般包括一次性激活服务费、基本月租以及按通话时间另计的费用（价格取决于是否处于高峰呼叫时间）。

在 1983 年，美国第一批使用手机的人，是企业界的高级主管，公司把手机作为一项福利来发放。在那个时候，每部手机的售价高达 3000 美元，大小和一块砖头差不多。早期手机也不是完全能自由移动的，它大多只能用在汽车内，方便堵车时使用。当时拥有手机的人大多是建筑公司的承包商，手机刚好符合他们的工作特性。

很快，手机服务品质得到了极大改善，售价也大幅下降（每部约为 200 美元及以下），体积也变小了，可以放到衬衣口袋或牛仔裤的口袋里。这时手机开始成为流行的消费品，非商业人士成为消费主流。手机成为流行商品要归功于芬兰公司诺基亚，因为他们把流行的观念带到了手机中。由于诺基亚在手机市场的高占有率，使得手机的颜色和形状变得越来越重要。时至今日，全球 1/3 以上的手机都是诺基亚制造的（Specter, 2001）。在 20 世纪 90 年代，手机已经逐渐成为像钢笔或手表一样的流行物品。手机的意义已经跟当初完全不一样了，其扩散过程也改变了很多人的生活形态。这个社会形态的改变相当快速，而诺基亚则是背后的推手。

诺基亚对手机造型及色彩的设计灵感最初来自芬兰一家叫"里

卡拉"（Rikala）的小酒吧，这个酒吧离赫尔辛基大约 65 英里远。1993年，诺基亚的工程师每个周五下班后都会涌进这家酒吧聊天，这时他们都会习惯性地把系在腰间的手机放在吧台上。工程师们在那里喝啤酒、吃花生米，谈论着白天的工作，大概会持续到凌晨 4 点。有人要离开时总会说："糟了！哪个才是我的手机呢？"因为当时手机的颜色和铃声都是相同的。于是，诺基亚的工程师们给手机漆上不同的颜色。一个诺基亚员工说："这就是手机色彩和造型的起源——里卡拉酒吧。"（Specter, 2001）从此，诺基亚就针对不同的市场定位设计出很多漂亮的手机。例如，向亚洲地区推广的手机体积较小，而且机身都配有金属链，方便消费者系上小饰品（例如泰迪熊、Kitty猫等），让这项产品更加个性化；而推向美国的手机都配有伸缩式天线；针对有些喜欢大尺寸手机的消费者，还可以加装缩小版的电脑键盘。

（一）手机小子

被诺基亚工程师挂在腰间带进里卡拉酒吧的黑色手机、时下流行的面板、可移动的亮彩系列，都是"手机小子"弗兰克·诺佛（Frank Nuovo）设计的。诺佛是诺基亚公司负责设计的副总裁，一个四十岁的美国人，毕业于帕萨迪纳设计艺术学校。诺佛本人并不在诺基亚总部上班，他坚持把自己的设计部门留在美国南加州。诺佛认为当地的环境可以激发出更多的设计灵感。诺佛善用圆形或椭圆形的线条来设计流线型的手机外形。一位诺基亚高级主管用拇指轻轻触摸一部手机的外形轮廓（那是诺佛早年设计的"诺基亚 101"）并解释说："耳机的部分有 3 个孔，这些孔是什么形状的呢？3 个椭圆。再看看麦克风，那是一个小小的椭圆。事实上，椭圆形设计的生产成本比一般圆形设计要高很多。你之前也许并没有注意，但在我提

示之后，你可以感觉到设计者的用心。"（Specter, 2001）

诺佛赋予了诺基亚手机一种整体的美感，当消费者拿起这款手机时，会产生一种发自内心的喜悦和满足。诺基亚手机曾经是全世界最畅销的手机，而诺佛就像是手机行业中的亨利·福特（Henry Ford），或者凯文·克莱（Calvin Klein）。

手机在商业人士群体中得到充分渗透后，青少年就成为了手机销量增长最快的主流市场。因为这项新发明让青少年迈出了摆脱父母控制的最重要一步。一旦有了手机，他们便可以随心所欲地打给任何人，不必担心父母会听到他们的对话（不过很多父母仍旧会限制他们的通话费用）。而且手机的销售对象是个人，而不是家庭。现在手机的使用者年龄越来越小，在芬兰，甚至年仅 8 岁的二年级小学生也有自己的手机。这说明了手机对亲子关系所带来的改变。

在 20 世纪 90 年代，诺佛设计出轻薄短小的手机，以适应一些人的手掌大小，如孩子、亚洲人以及女性。随着手机开始成为更加全方位、多用途的沟通工具，诺佛开始设计大型电话。例如，诺基亚推出的智能手机，6 英寸长，拉开盖子就露出全键盘，兼具传真、上网以及其他电脑功能。

（二）手机的认知属性

手机具有一系列显而易见的理想特质，毫无疑问，这是该项创新在美国被迅速接受的一个原因（见图 6-3）。

2002 年，在芬兰 520 万人口当中，有 75% 的民众拥有手机。第一个主要市场是商务人士，他们购买手机的目的主要是节省时间；第二个主要市场是 1994 年开始使用的家庭人士，他们的购买原因是为了方便社交，能和家人及亲友随时保持联络；再后来就是一般个人，他们期待一种新的生活方式。手机不断推陈出新，无论造型还是功能都有了长足发展。例如，1994 年后推出的短信系统，1998 年的个人化铃声编辑功能以及利用红外线支付用餐费用的功能（使人们可以方便地在自动售卖机购买饮料）等。

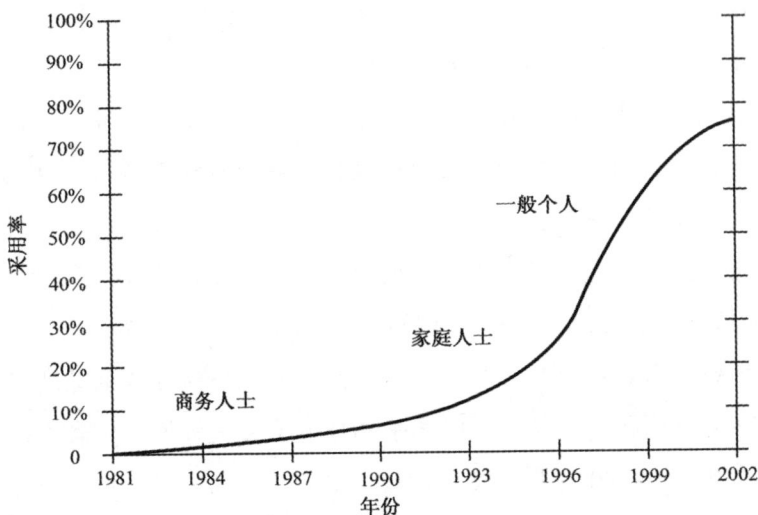

图 6-3 手机在芬兰的采用率

从一开始，手机就是重要的身份象征，这也是使用者经常在饭店或酒吧使用它的原因之一。而这点也可以由 20 世纪 80 年代热卖的模型机来说明。由美国加州公司生产的模型电话，售价 16 美元，销量超过 6 万部。如果以现在的观点来看，当时这个不能通话的模型机的热卖情况会令人感到不可思议，因为现在的手机已经很普及了。

随着手机价格的下降，再加上机身变得小巧轻薄，手机的采用率逐步攀升。慢慢地，手机从汽车中走进了人们的口袋与皮包中。

（1）相对优势。商务人士使用手机的最大好处是，他们可以避免错过客户的约会或处理一些突发状况，一周至少可以节省 2 个小时。而节约时间对于生活在大城市里的人来说非常重要，因为经常要面临交通拥堵问题。手机的可移动性让使用者不用受制于地点，即使在开车途中也可以通过耳机来打电话。使用手机的另一个好处是，当汽车出现故障抛锚或遇到紧急状况时，当事人可以用手机与外界联系，这也正是许多男性为他们的妻子和女儿购买手机的原因。

（2）兼容性。手机与已有的电话系统相连而且允许使用者拨打普通电话。因此，在手机扩散的早期阶段，不用特别规划如何去积累手机使用的关键群体。此外，手机的名称相当平易近人，没有生涩的技术字眼，也塑造了亲和力的形象。后来，市场上手机的色彩、款式、大小都很多样化，而且还有个性化的铃声，让消费者可以自主地从众多的款式中做出选择。

（3）复杂性。从使用者的角度来看，手机和一般电话的操作毫无差别，使用者无须学习任何一个新的使用技能。在20世纪90年代后期，当短信作为一种传输文本的方式首先在日本青少年中流行开来时，收发短信的技巧在很短的时间内就被学会了。现在，全球每天收发的信息量平均高达10亿条。刚开始，手机制造商对短信功能大为震惊，这代表着使用者的再发明。在芬兰，收发短信也相当流行，不爱说话的芬兰人可以用短信来沟通。因此，短信功能提高了手机在芬兰的兼容性。

（4）可试性。朋友的手机可以借来试用。在20世纪90年代早期，出租车通常都配有手机，这给很多人提供了试用这项创新的机会。另外，通信服务商也提供免费使用一个月的优惠，来鼓励消费者试用。还有一些其他的激励措施（如免费手机）相继推出，旨在鼓励消费者试用。

（5）可观察性。手机在餐馆、汽车以及其他公共场所的普遍使用，有助于刺激潜在客户的购买意愿。不论是在视觉上还是在听觉上（例如，在公共场所响起的手机铃声），这项创新的可观察性都很高。

（三）走访埃斯波

为了进一步了解手机快速扩散的原因，我们拜访了位于芬兰埃斯波的诺基亚总部。由于诺基亚的爆发式增长，埃斯波成为芬兰的第二大城市。或者可以说，芬兰的埃斯波就是欧洲的贝尔夫（Bellvue），后者是微软重地。诺基亚有超过 2 万名员工获得公司的股票，其中不乏持股超过百万美元的白领贵族（虽然现在其风光已经不及 20 世纪 90 年代）。诺基亚公司行事非常低调，例如，诺基亚员工不得发送带有标识附件的邮件，因为担心员工泄密或网络系统不安全。我们这次的拜访行程，是得到当地最大的电信服务商索里拉（Sonera）副总裁的引荐才得以完成，索里拉是诺基亚非常重要的客户。

位于埃斯波的诺基亚总部大楼非常富有现代感，由钢铁和玻璃架构，空间宽敞、光线明亮，地板和家具一律采用实木质地。诺基亚这个名字源自于芬兰坦佩雷（Tampere）旁边的一个地名，该公司在那里经营了 137 年，从事高筒橡胶套鞋、电线电缆和造纸生产，后来也涉足个人电脑领域。到了 1988 年，诺基亚面临财务危机，几乎难逃破产的命运。当时的公司总裁自杀，改由欧里拉（Olila）接任，后者成功地使公司起死回生。他变卖公司所有资产，集中投资在手机和用来支援前者的通信网络事业上。欧里拉相信，手机将会风行全球。他的设想得到证实。1991 年，诺基亚首次把全球移动通信系统GSM 结合到手机中，这项技术使得手机可以在全世界漫游。GSM 的成功开发使得诺基亚市场份额成为全球第一。它每年的平均营收达 70 亿美元，总产值超过全芬兰上市公司总产值的一半，诺基亚股票买卖量也占到了芬兰总交易量的六成之多。

事实上，当时诺基亚手机销量之所以成为全球之冠，其中一个主要原因是该公司把总收入的 9.6%用于研发（而其他大企业平均研发经费只占营收的 2%或 3%）。诺基亚估计，58000 名员工中约有1/3 是在研发部门工作，他们担负着手机推陈出新、与时俱进的重大责任。由于诺基亚的全球定位策略，它的 54 个研发部门遍布世界各地，留在芬兰的只有 2 个。而设在芬兰埃斯波的研发部门中的 120名员工分别来自 40 多个不同国家。诺基亚研发部门只有努力开发出最有创意的产品，才能使诺基亚继续称霸手机王国。2002 年，诺基亚先后推出 20 余款新的手机，每一款都是针对特定客户群而设计生产。例如，诺基亚 7210，配有立体声收音机和 4095 色的屏幕；诺基亚 5210，针对爱好运动的人士设计，配有可以防水、防尘和防碰撞的坚硬外壳，以及温度计和秒表；而诺基亚 7650 则配有相机和相册；在高端市场，诺基亚 Vertu 以 20000 美元起价销售，该机型配有黄金、白金或镶嵌钻石的外壳。

小结

本章着重阐述了创新的五大主要属性。社会个人对这些属性的感知程度在很大程度上决定着该创新的采用率。

采用率是指系统内的成员接受某项创新的相对快慢。影响创新采用率的因素除了我们以上所说的 5 种属性外，还有一些变量：（1）创新-决策的种类；（2）在创新-决策过程的不同阶段，创新推广的传播渠道的性质；（3）创新推广所在的社会系统的性质；（4）创新推广人员在推广该创新方面所付出的努力。

相对优势是指某项创新相对于它所替代的原有方法（事物）而具有的优点。某项创新可被社会系统内成员感知的相对优势与该创新的采用率成正比。创新的过度采用是指专家认为不应该接受某项创新的时候，人们却接受了该创新。

兼容性是指创新与现有的各种价值观、以往的各种实践经验以及潜在采用者的需求相一致的程度。社会系统内成员感知到的某个创新的兼容程度与该创新的采用率成正比。把某项创新的名字和定位与以前的事物相联系是使创新更具兼容性的重要途径。创新推广人员经常忽视采用者已有的乡土知识系统，然而这种系统却提供了个人理解创新的一种方式。

创新的复杂性是指创新在多大程度上被采用者认为是难以理解和难以使用与操作的。创新被感知的复杂性与它的采用率成反比。

创新的可试性是指在一定的条件下，是否可以通过试用来测试创新的效果。创新的可试性与采用率成正比。

创新的可观察性是指在多大程度上创新的结果是显而易见的。创新的可观察性与创新的采用率成正比。

本章的主题就是创新推广人员和扩散学者必须理解潜在采用者是如何认知新想法的。这种认知决定了创新扩散过程的性质。

第七章

创新性及采用者分类

对新事物或新观念，不要身先士卒、太过勇于尝试，但也不要做最后一个抛弃陈腐观念的人。

——亚历山大·波普《批评论》

一个发明的过程通常分为 3 个阶段：起初阶段进展很慢；接下来的第 2 阶段进展很快，并且呈一定的加速度向前推进；进入第 3 阶段之后，进展又缓慢下来，直至停止。如果统计学家和社会学家都清楚地知道这 3 个阶段各自的特征，就可以避免许多错误的观念。

——加布里埃尔·塔尔德《模仿的法则》

　　同一社会体系内的不同个体不会同时接受一项创新，相反，他们对创新的接受会呈现出时间上的先后顺序。因此，我们可以按其接受创新的时间先后，将采用者加以分类，而在每一个采用者类别中，都会发现有程度相似的创新性。

　　在扩散研究领域，创新性是指个人（或其他采用者单位）比体系中其他成员更早接受创新的程度，这是我们了解最深入的一个概念。因为提升每个人的创新性是许多创新推广人员的主要目标，所以它也是扩散研究中的主要应变数。创新性意味着接受创新并体现在行为上的改变，这是大多数扩散计划的最终目标，而不只是认知上或态度上的转变。

　　本章将介绍一种将创新采用者分类的方法，并通过对各类特点进行研究所得的成果来阐释这种分类方法的实用性。

案例 7-1　哥伦比亚农村的农业创新–扩散研究

　　20 世纪 60 年代早期，在哥伦比亚索斯奥地区进行的扩散研究，可以说是扩散研究的重要转折点。该扩散研究是第一个在拉丁美洲、非洲及亚洲农村所做的调查（当时还有另一项扩散研究在孟加拉进行）。在 60 年代，即使全球有 80% 的人口居住在发展中国家，大约有 500 位扩散研究学者的研究重心仍全都放在北美洲和欧洲。哥伦比亚索斯奥地区扩散研究开始于 1962 年，当时还不知道现有的扩散模式是否适合农村。从表面上看，这些农村的居民愚昧、落后，而且几乎没有接触过什么大众媒体。

　　这项扩散研究是由美国密歇根州立大学大众传播系教授多伊切曼和奥兰多·波得共同主导的，后者在美国取得了博士学位，并在哥伦比亚建立了当地的社会学科学体系。波得教授在索斯奥地区进行了 10 年的研究，并为当地的农村引进了各种新观念，以进行社会创新实验。这些措施包括建立新的教学楼、成立缝纫合作社及合作商店等。其中，他引进了两项重要的农业创新，即预防小鸡霍乱的接种疫苗和土豆新品种。在索斯奥地区，土豆是当地 71 家农户种植的主要农作物。同时，他们也种植小麦和饲养牲畜、家禽。

多伊切曼研究过美国新闻事件的传播（Dentschmann, 1960），同时他对农业创新的扩散研究也相当熟悉。博尔达（Borda）在美国攻读农业博士学位时，也研读过农业的扩散研究。1961 年，多伊切曼自东兰辛城移居到哥斯达黎加的圣何塞，在这里，他主持了拉丁美洲的传播科研项目，并得到了经费资助，与博尔达和哥伦比亚大学的学生们进行索斯奥地区的扩散研究。

索斯奥是一个很小的村庄，它位于安第斯山脉火山灰堆积成的陡峭山坡上。索斯奥的居民以前大都是印第安人，他们在 500 年前被西班牙探险者征服。但是到了 1962 年，当地印第安文化的大部分特色都已经消失。索斯奥地区的居民相当贫穷，有一半居民的耕种面积不超过 4 英亩。他们中 42% 的人是文盲，在 71 位农民中，只有 2 位接受过 4 年的正式教育。由于贫穷落后、目不识丁，他们无法接触到大众传播媒体，而在当地也仅有 14% 的家庭有收音机。因此，相对于美国这样新闻媒体相当发达的国家而言，索斯奥看起来似乎是一个创新扩散不可能发生的地方。

但是，在研究的 6 项创新中，有 2 项，即化学肥料及杀虫剂、除菌剂喷枪，在过去的 30 年里得到了广泛的扩散，采用率几乎达到 100%。这有些类似于 1943 年在爱荷华州引进玉米杂交种子时曾经达到的采用率（Ryan, Gross, 1943）。另外 2 项创新，也就是家禽、牲畜集中饲养及土豆除菌剂，在 1952—1962 年也得到了广泛推广，达到了 75% 的采用率。研究的 6 个创新方案（包括奥兰多引进的 2

项方案）的采用率随着时间推移呈一条"S"形曲线。也就是说呈现出这样的趋势：在创新推出后，最初每年只有少数农民会接受创新；然后越来越多的农民决定接受，每年的采用率都会稳步上升；最后，接受创新的农民越来越少，直到采用率走势完全停顿。

多伊切曼和博尔达综合了这 6 项创新，来分析个人的创新性以及接受创新的趋势。当地共有 4 位农民接受了全部 6 项创新，有一位没有接受其中任何一项创新。而每一位接受创新的农民，都会被问到接受创新的时间，接受时间较早的农民，在个人创新性评分项目上会获得较高的分数。结果显示，这 71 位农民的个人创新性累积评分呈"S"形，并接近正态分布。因此，多伊切曼和博尔达将受访者分为以下五种。

(1) 创新先驱者：2 位得到最高创新性评分的农民。

(2) 早期采用者：10 位创新性得分次之的农民。

(3) 早期大众：创新性得分低于以上 2 类的 23 位农民。

(4) 后期大众：创新性得分低于以上 3 类的 23 位农民。

(5) 落后者：创新性累计得分最低的 13 位农民。

接着，多伊切曼和博尔达继续对这 5 种类型的农民测试，并将他们的研究结果与我们对俄亥俄州农民的研究（Rogers, 1961）结果做了比较。在索斯奥地区和俄亥俄州，农场面积、教育程度、接触媒体的程度以及是不是意见领袖（由其他人向他寻求农业创新资讯和建议的程度来决定）都是和创新性关系密切的参数。而两个地区的创新先驱者和落后者在社会经济方面和传播沟通方面表现出的差异也最大。农业创新扩散在这两个截然不同的地方，竟有着惊人的相似性。换句话说，扩散过程是一个代表普遍人类行为的模式，并不只适用于美国和西欧。

但是，研究也表明，这两个地区的创新扩散也存在着巨大的差异。举个例子，在俄亥俄州，创新先驱者与落后者所拥有的平均农场面积分别为 339 英亩和 128 英亩（Rogers, 1961）。但在索斯奥地区，创新先驱者拥有的平均农场面积是落后者的 100 倍。这种社会经济地位的悬殊差距在发展中国家是很常见的。如同其他的许多扩散研究一样，索斯奥地区的创新先驱者比落后者更具有世界公民性，他们常常前往大都会城镇做买卖，同时也从大众媒体中得到许多新消息。

索斯奥地区的扩散过程主要以人际沟通为主。在过去的美国农业创新扩散研究中，大众传播渠道在创新-决策过程的认知阶段扮演着相当重要的角色。但在索斯奥地区创新-决策过程的认知阶段，受访农民指出，有 43%的消息来源或沟通渠道是和村庄中其他农民的面对面沟通；只有 5 位农民在认知阶段里使用了大众传播渠道。当地农民对人际沟通渠道的过度依赖似乎是造成扩散过程缓慢的原因之一，特别体现在 20 世纪 30 年代年两项创新推出的过程中。在这两项创新的"S"形曲线上，左侧的尾巴都很长，每条都经过了 5～10 年之久，采用率才开始往上攀升。因此，在索斯奥地区的农村，口头传播的消息对扩散过程有着特别重要的意义。

莱恩和格罗斯的扩散研究发现，大部分农民都是在自己农场里局部试验的新品种成功之后，才接受了这项创新。也就是说，美国爱荷华州农民必须经过几年时间的试种后，才会全面接受新品种。但在索斯奥地区的农村，我们却发现农民不曾试种新品种，就 100%地采用了。出现这种冲动的行为，或许是因为这些哥伦比亚农民受教育程度低，还没有形成"向实践学习"的科学态度。多伊切曼和博尔达则认为，这种鲁莽的决策行为，可能是由于当地农民对推广创新的权威人士言听计从所致。但近几年来，索斯奥农民往往也在亲自试验之后，才真正接受那些被引入的创新。这也说明农民们正在逐步学会通过试验来评价农业创新。

虽然索斯奥地区农民接触大众媒体（包括广播电台、报纸和书籍）的机会普遍不多，但其中的创新先驱者的媒体接触度为 26%，比落后者 4%的媒体接触度要高出很多。在认知阶段，创新先驱者也比落后者更善用媒体工具，两者评分分别为11%和 2%。此外，创新先驱者和落后者的世界公民性（即运用农村外的资源和渠道获得创新的认知）评分分别为33%和17%。因此，创新先驱者在将农业创新引进地方的过程中，扮演着一个相当重要的角色，因为他们善于利用沟通渠道把最新的信息引进当地的社会系统中。一旦从世界公民性沟通渠道或大众传播渠道引进创新后，创新的扩散过程便能借助人际关系的传播渠道在村庄中自行扩散出去。

哥伦比亚索斯奥地区的案例已成为扩散研究领域里的经典案例，并为此后成百上千次在发展中国家进行的扩散研究开辟了道路。多伊切曼和博尔达的研究也充分说明了"创新性"和"采用者类别"这两个概念在扩散研究中的实用性。

一、采用者的分类标准

刚开始时，每个扩散学者都有自己的一套采用者分类法，且无法达成共识。那些最具创新性的个人被称为"进步者"、"勇于尝试的人"、"实验家"、"海上灯塔"、"急先锋"和"超级采用者"等；而最后接受的个人则被称为"懒惰虫"、"眼光狭窄的人"和"顽固保守者"等。这些采用者类别和分类方法的混乱，凸显了统一规范的必要。在各种分类方法中，根据"S"形曲线进行分类的方法在 20 世纪 60 年代早期受到了大多数学者的重视（Rogers, 1962）。

（一）"S"形接受曲线及其正态分布

考虑到扩散过程中的时间因素，我们可以对创新采用者进行分类，并由此画出相应的创新-扩散曲线。按照时间描绘出的创新采用者曲线通常呈现钟形；如果将人数加以累计，便会出现"S"形曲线。图 7-1 所示就是爱荷华州玉米新品种扩散研究报告采用者的钟形曲线（即采用者不加以累计）和"S"形曲线（即采用者加以累计）。这两种曲线是用两种方法呈现同样的数据。

刚开始时，"S"形曲线走势缓慢，这时在每个单位时间内只有少数人接受创新；然后走势便急速往上攀升，直到体系中有一半成员接受创新为止；接下来，走势又变缓慢，表示剩下的个人是零星地接受创新。这个"S"形曲线也是正态分布曲线，为什么呢？

事实上，人类很多特性都是呈正态分布的，这个特性可能是身体上的特征，如体重或身高；也可能是行为上的特征，如智商或对新信息的学习。因此，我们可以预测个人的创新性也应该呈现正态分布。如果用社会体系来替换学习曲线中的个人，可以这样推测：当社会体系中的成员不断接受创新时，关于创新的经验也是累积的。因此，从某种意义上来讲，社会体系接受创新的过程也相当于个人的学习过程（事实上，如果个人在接受创新之前先试用的话，那么每一个接受过程都算是一个学习试验）。

预期采用者将呈现正态分布曲线的理由是：体系里同伴的沟通刺激对个人接受或拒绝创新的影响力会日渐增加。也就是说，这些影响是体系成员对创新的认知和接受递增所造成的。因为，接受创新主要是通过人际交往中的信息交流来实现的。如果第一位创新采用者和体系中的其他两位成员讨论创新，而这两位成员又分别与另外两位朋友讨论，以此类推，最后的分布会表现出二项式增长，如果绘制出连续几批人的情况，这个数字函数将呈现出正规形态，这个过程类似于未加以控制的流行性传染病的扩散情况（Bailey, 1957，1975）。

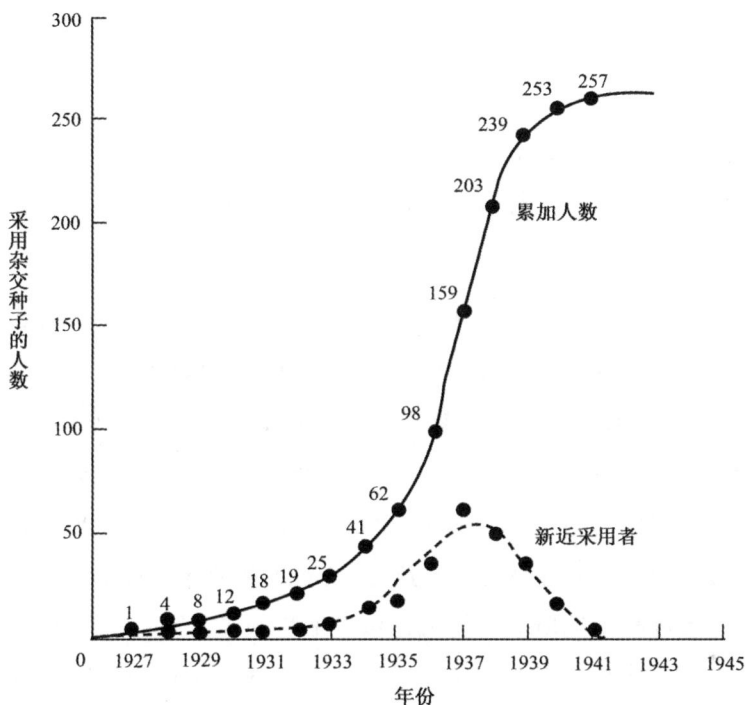

图 7-1　美国爱荷华州每年接受改良玉米新品种的人数以及累计人数

从图 7-1 得知，以时间为横轴，新玉米品种累计采用者人数呈"S"形曲线；而每年新的接受人数呈正态分布钟形曲线。在扩散过程初期，每年只有少数人接受创新；然后，采用率会逐步上升，直到社会体系内全部（或大部分）成员都已接受这项创新为止。

当然，这些理论部分的前提是假设性的，现实生活并不完全等同于理想状况。例如，社会体系成员不可能完全自由地接触到其他每一位成员。而社会地位、地理上的障碍，以及其他变数都会影响个人之间创新信息的交流。当社会体系中已有半数以上的成员接受创新时，"S"形扩散曲线的走势便开始趋缓，因为每一个新的采用者，都会发现很难再找到一位还没有接受创新的人去传递这项创新信息，因为这时还不知道创新的人真的已经很少了。

当人际沟通渠道受到刺激变得活跃，同伴之间积极传递对创新的主观看法时，也是"S"形扩散曲线向上攀升的阶段（见图7-1）。采用率在10%～20%之间的这段时间的扩散，可以说是整个扩散过程的核心。因为经历这阶段之后，创新的扩散趋势几乎是想阻止也阻止不了了。

莱恩和格罗斯在爱荷华州对杂交玉米新品种的扩散曲线进行了考察，通过采取"卡方适合度测定法"（Chi Square Goodness-of-fit Test）来确定采用率会不会偏离累计的正态分布曲线。例如，在1935和1936年，也就是在1937年达到平均采用率之前，接受创新的农民比预期的少，因此采用率和正态分布曲线有些差距（见图7-1）。在随后的1937年，接受创新的农民又比正态分布曲线多了一些，创新在扩散过程早期所面对的阻力似乎被克服了。然而，就长期来说，采用率曲线还是呈现"S"形分布，虽然每年的采用率都跟正态分布曲线略有差异，但在整个过程中，这些差异会互相抵消。

因此，我们归纳出结论：就长期而言，接受曲线会呈钟形，并趋于正态分布。这个观点，在美国和其他国家的许多农业、消费性及其他创新类别的扩散研究中都已获得证实（Tyan, 1948; Dimit, 1954; Rogers, 1958; Beal, Rogers, 1960; Bose, 1964; Hamblin et al., 1973）。这些研究提出了各种不同的数学公式，来表达采用者扩散曲线。这些研究也显示出"S"形扩散曲线是一个正态分布曲线。

此外，我们必须谨记，"S"形扩散曲线因不同的创新内容、不同体系而不一样，它描述的是一个特定的创新在一个特定社会体系中的扩散情况。而且"S"形扩散曲线也只适用于成功推广的案例中，即社会体系中几乎每个成员都接受了创新。但是，很多扩散是不成功的。例如，每年有上千种新上市的消费商品在商店展示架或媒体广告上出现，但大部分都失败了（Goldsmith, Flynn, 1922）。虽然在扩散过程中，还是有少数社会体系中的成员接受了这些创新，但最终还是可能被拒绝，这种扩散曲线因为采用者会持续出现，而呈现平缓走势，最后则会急速下降。

1. 组织的创新性

当以团体或组织为接受创新的单位时，其累积性的扩散曲线通常也是呈"S"形发展。美国《仇恨犯罪法》的扩散就是一个例子（Grattet, Jenness, Curry, 1998）。自 1970 年起，由于美国境内的种族、宗教冲突日渐扩大，基于仇恨引起的恐吓、暴力事件频传，终于迫使美国许多州通过了一项法律，将这些因仇恨而引发的行为认定为违法行为。1978 年，加州率先通过第一个《仇恨犯罪法》，然后 3 年内，俄勒冈和华盛顿这两个州也相继采用该法案。随后 2 年，又有 7 个州通过了类似法案。到 1995 年，即在加州率先实施该法案的 17 年后，全美国 50 个州中，只有 17 个州尚未接受这项法案。最后，其累积的采用率也呈现"S"形曲线（见图 7-2）。

此外，团体组织和个人一样，在接受创新时都有着不同程度的抗拒。例如，像加州这种较有创新性的州，其政治文化向来是自由和进步的，并以采纳新法令和新计划而著称（Walker, 1969）。而俄勒冈州和华盛顿这两个州，同样也是很进步的州，他们都紧随加州的脚步前进（见图 7-2）。因此，地理位置接近的州由于沟通较容易，在一定程度上解释了采用《仇恨犯罪法》时表现出来的创新性。此外，当这项法案在美国各州扩散时，出现了相当多的再发明现象，即每个州的法案细节都不一样。例如，有些州的《仇恨犯罪法》除了包含基于种族、宗教的仇恨与歧视行为之外，还增加了对性别或恋爱性取向的仇恨与歧视行为的界定。

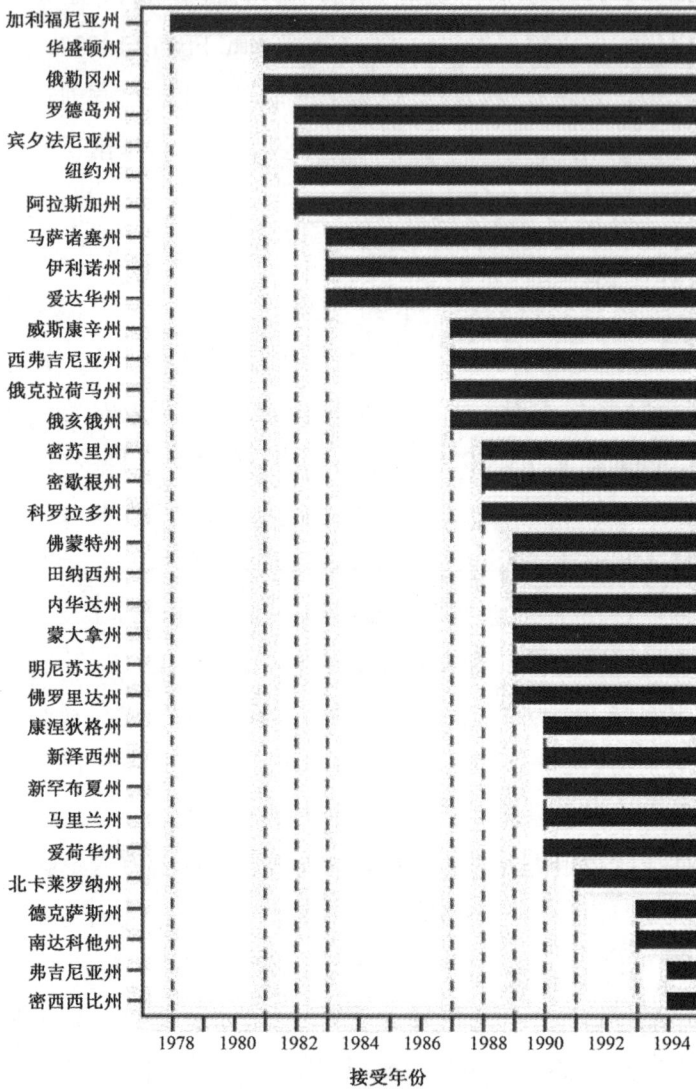

图 7-2　美国各州实施"仇恨犯罪法"的年份

图 7-2 采用了条形图，而非累计采用者总数的传统"S"形曲线来表达。在绘制这张图时，还有 17 个州尚未实施《仇恨犯罪法》。富有创新性的州，都是较大面积且较为富有的地区，有着自由和进步的传统。通常与它们临近的州也会较早接受《仇恨犯罪法》。

资料来源：格拉特、金尼斯和居里（Grattet, Jenness, Curry, 1998）

"S"形扩散曲线随处可见，所以扩散学者通常会预期每一个创新在扩散一段时间后，都会呈现"S"形曲线。然而，事实却不尽如此，有些创新因其特性而无法出现"S"形发展。也许创新本身是一项禁忌，因而不便去自由谈论；也许创新仅适合某些特定对象，而不是一般民众。例如，"安全性行为"这个概念，只适合那些容易接触艾滋病病毒的高危人群，像注射吸毒者、同性恋和男女关系复杂的人。在这个案例中，安全性行为的扩散对全体民众来说，将不会形成"S"形曲线，但是对特定族群来说可能呈现"S"形曲线。此外，防治艾滋病本身也是一种预防性创新，它的扩散速度本来就很慢（见第六章）。

这里并不是想强调采用率呈现出"S"形曲线是一种必然，相反，创新-扩散过程的分布形状是一个值得公开讨论的问题，它由经验决定。大多数实践表明，创新的扩散过程呈现钟形正态曲线，创新的累积接受人数则呈"S"形曲线分布。

2. 谁是采用者？

在早期美国爱荷华州的农业创新和伊利诺州的医药创新的扩散案例中，引导学者把研究对象设定为个人。后来，在研究团体组织的创新性时，扩散学者开始搜集集团组织高级主管的创新性的相关信息（见第十章）。此后几十年间，在团体组织中主导创新-决策的人就成为扩散学者最重视的研究点之一。例如，虽然某位学校校长可能会提供学校接受创新的相关信息，但他个人和社交的特质，却被证实和学校接受创新这件事并没有太大关联；或许，在学校组织结构中，实际主导创新-决策以及执行的另有其人。这项认知使我们把调查重心放在团体组织上，而不是假设性地认为团体的高级主管决定了组织的创新性。

　　近年来，一些扩散学者也指出，正确判断谁是主导团体组织做出创新-决策的人非常重要。例如，在尼日利亚东部进行的农业创新扩散研究里，我和其他工作伙伴一开始都认为，访谈对象——创新决策者应该是每个家庭的男主人（和过去在美国、哥伦比亚、孟加拉、巴西和印度的情形一样），但是在尼日利亚进行初步调查时却发现事实并非如此。我们约谈的男主人对自己家里所采用的农业创新完全不了解。他对我们说，我们应该和他的众多妻妾谈谈，这些妻妾各自打理一块田地，所以是由她们而不是他来决定是否要接受创新。我们发现在他的妻妾之中，有的接受了化学肥料之类的农业创新，有的却没有，这其中只有少数情况是由男主人决定的。因此，在尼日利亚农村的研究中，我们决定把农民（而不管接受创新是由谁来决定的）当作研究分析的对象。只是，尼日利亚的农村决策很不明显，到底是男主人和他的妻妾构成的家庭共同决定，还是实际负责耕种的某位妻妾拥有决策权，并没有明确的答案。

　　这种谁才是创新决策者的复杂问题，也出现在大卫（Soniia David, 1998）关于非洲"篱笆间作"的扩散研究中。"篱笆间作"又称为"树篱间栽法"，指在隔开土地的篱笆上种植一种能快速生长且含有固氮作用的矮灌木，它既可以用作柴薪、牲畜饲料，同时也可以为两旁的农作物护根和施肥。这个创新做法被介绍给非洲农民，以取代他们原来一直沿用的"刀耕火种"传统耕种法。"篱笆间作"是由国际农业组织引进给当地农民的，该组织希望通过评量当地对这项创新的采用率，来评估他们的发展计划。

　　谁是接受"篱笆间作"的决策者？这可不是一个容易回答的问题。例如，我在前面提到的尼日利亚扩散研究中就发现，每个地方的不同性别会扮演不同角色。在尼日利亚东部的伊博地区，种树这件事传统上是由男性决定的，而女性则决定什么时候在田地上种植谷物，以及摘取喂食动物的饲料。但是这种分工却引起了冲突，因为这些女人通常都会在干旱季节过度砍伐那些含有固氮作用的矮灌木，并将其用作牲畜的饲料，从而造成矮灌木的死亡。而在尼日利亚西部的卢奥和卢西亚地区，男人大多前往外地工作，当地农业几乎有一半都是交给女性负责。她们无法像男人那样挥舞砍刀修剪或砍伐树木，不管是什么情况，她们都认为那是男人的工作，而卢西亚地区的传统也不允许妻子砍伐丈夫种下的树木。不过，如果不去定期修剪树木，它们的枝叶就会遮住两侧农田的谷物，使谷物歉收，后者却又是由女性负责。

因此，在非洲，到底谁才是"篱笆间作"的决策者？这个问题始终没有答案。

（二）采用者的五大类别

我对过去混乱的采用者类别名称、各行其是的分类法感到相当沮丧。由于辅修专业是统计学，所以我了解平均值和标准差的概念，以及如何使用统计学方法将正态分布的个体群进行分类，也了解在其他领域中标准分类法的实际运用。因此，当我还是一名美国爱荷华州立大学博士研究生时，就研发了主要的采用者分类法。

要将采用者类别标准化，必须确定以下因素：（1）采用者应该分成几大类别才合适；（2）每一类别应占所考察系统总成员的比例；（3）确定采用者类别的统计方法或其他方法。

采用者分类的标准是创新性。所谓创新性，是指个人或其他创新接受单位，较其他成员相对优先接受创新的程度。创新性是相对的，也就是说，只是相对于同一系统中其他人的先后。此外，创新性也是一个连续性的变数，将它分割成不同类别只是一种策略，就像我们把原本没有明显界限的社会阶层划分为上层、中层和下层一样。尽管将个体分类会丢失一些信息，但这种简化了的分类有助于理解人类行为。

理想的分类应该达到以下要求：（1）完全性，即囊括了所有的研究对象在内；（2）唯一性，即归属于某个类别的研究对象不能同时归属于另一类别；（3）这种分类应该遵循单一的分类原则。

前面已经说明，呈"S"形曲线的创新-扩散趋于正态分布。这一点很重要，因为正态的频率分布具有一些特征，有助于我们对采用者进行划分。正态分布的参数之一是平均值 $\bar{x}$ ，也就是系统的平均人数；另一参数是标准差 sd，它用于衡量分布偏离平均值的程度，也就是对于样本人群而言，偏离平均值的平均差。

平均值和标准差这两个统计变量用于把正态分布的采用者分为五大类别。我们在正态分布曲线上以垂线标示出标准差，从而将正态曲线分成几个区域。同时我们也在相应的区域标明该区域的个体占总样本的比例大小。如图 7-3 所示，正态分布被分成了 5 个区域，代表创新采用者的 5 个种类：创新先驱者、早期采用者、早期大众、后期大众、落后者。图中标示了 5 个采用者种类和每个种类中人数的大概百分比。

在图 7-3 所示分布曲线的最左侧区域，即以平均值减去 2 个标准差后，在这个时间点之前的采用者，占总数的 2.5%，他们是创新先驱者；紧随其后，出现13.5%的采用者，他们接受创新的时间范围在平均值减去一个标准差和减去 2 个标准差之间，我们称之为早期采用者；接着就是在平均值减去一个标准差，与平均值之间，这 34%的接受创新的人群称作早期大众；在平均值右侧，与平均值加上一个标准差之间，则是 34%的后期大众；最后接受的 16%便是我们所说的落后者。

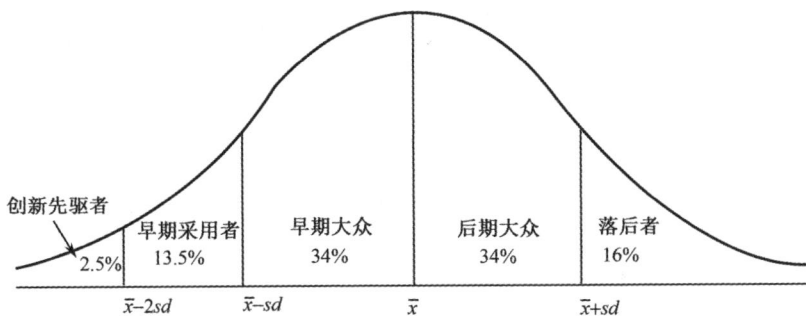

图 7-3　以创新性为基础的采用者分类

　　图中以 $\bar{x}$ 为中心轴，按照相应的标准差将创新采用者分为 5 个类别。这里的创新性是一个连续变量，主要由个体接受创新的时间来衡量。

　　以上这个分类系统并不是左右对称的，在图 7-3 中，平均值左侧共有 3 类，而在右侧只有 2 类。其中一个解决办法，是把落后者分成 2 部分，即早期落后者和晚期落后者，但是落后者的特性都比较相似，所以不需要再加以细分；同样，创新先驱者和早期采用者也可以合并为一类，使分类系统左右对称，不过由于它们的特性又不尽相同，所以还是把它们分为两类。

　　关于创新采用者分类，如果创新采用率没有达到 100%，就会出现接受不完全的状况。例如，莱恩和格罗斯对爱荷华州玉米新品种的扩散进行研究，当时在 259 位农民中，只有 2 位农民没有接受该项创新，而这个接受不完全的情况，意味着五大采用者分类法不是全面性的。事实上，当一系列创新组合在一起，成为创新集群时，有关接受不完全和拒绝不完全的问题就都可以避免（如同前面多伊奇曼和博尔达关于索斯奥地区的扩散研究）。

　　创新性作为采用者分类法的标准，满足了前面提到的分类法的 3 个特征。这 5 个采用者类别（除了没有接受的人之外）是全面的、唯一的，而且都是基于同一个分类原则来划分的。而这个采用者分类法也是当今扩散研究中最广泛采用的分类方法。实际上，这也是创新扩散中采用者分类的唯一方法，像"创新先驱者"、"早期采用者"等词汇已被大众广泛理解和使用。

1. 采用者类别的理想模式

这五大采用者类别，只是基于对现实观察的抽象概念，是为了方便比较研究而设计出来的理想模式。理想模式并不是将所有收集到的关于采用者分类的资料折中或取平均。因此，理想模式也存在例外，如果没有例外或偏差，我们也就没有必要提出理想模式了。创新性是连续的，五大类别之间没有明显的断层。虽然也有部分学者认为创新先驱者和早期采用者与早期大众、后期大众和落后者之间会出现明显的差异（Moore，1991）。但过去的扩散研究并没有支持这种观点。相反，如果评估方法合适，创新性会是一个连续的变数，在相邻的两个采用者类别之间，不会有明显的差异或是不连续的情况发生。

接下来，我们总括性地谈一下每个类别里采用者的主要特征，后面还会有更详尽的论述。

1）创新先驱者：冒险精神

冒险精神可以说是创新者的天性。他们对新思想有着浓厚的兴趣，这种兴趣促使他们超越了当地的交际圈子，去大都市发展更为广泛的社交关系。尽管创新者之间在地域上可能来往不便，但创新者之间的沟通和友谊却很常见。要成为一个创新者，必须具备一些前提条件：必须有足够的财力以应付创新可能带来的损失；应该拥有一定的技术知识并能够运用这些技术知识；另外，他必须有能力应付创新的高度不确定性。

创新者最突出的个性是具有冒险精神，因为他们期待的就是大胆、冒险的行动。而且，创新方案也有可能以失败告终，这几乎是不可避免的事情。所以，创新者必须有足够的心理准备来面对这种挫折。尽管创新者并不一定受到整个系统内其他成员的尊重，但是他们在创新-扩散过程中举足轻重。他们往往会从该系统或外界获取并引入创新思想，从而启动创新思想在本系统内的扩散，因此他们是新思想纳入系统时的"把关人"。

2）早期采用者：备受尊敬

如果说创新先驱者是"走南闯北"，那么早期采用者则是典型的"地方主义者"。因此，早期采用者是与当地社会系统联系更紧密的一部分，与其他的类别相比，早期采用者在大多数系统中是最能把握舆论导向的。潜在的采用者往往从早期采用者那里得到有关创新的信息和建议，他们在接受创新方案前，通常向早期采用者咨询。这类采用者往往被创新推广人员视作可以加快扩散进程的当地传播者。因为早期采用者比社会系统内的普通个体更具有创新性，但并没有超过普通个体太多，因此他们是系统内许多成员效仿的榜样人物。

早期采用者会赢得同伴的尊重，而且往往被誉为既成功又谨慎的接受创新的典范。早期采用者深知，他们要持久地赢得同伴的尊敬，并维持自己在系统传播网络中的中心地位，就必须做出明智的、有远见的创新-决策。在接受某项创新后，他们会和周围的人谈论自己对于该创新的主观评价，以减少创新-扩散过程中的不确定性。在某种意义上，早期采用者的接受行为是对创新最好的背书。

3）早期大众：深思熟虑

早期大众指的是系统内比普通成员略早接受创新的群体，他们不断与同伴相互作用、相互影响，但很少能成为系统内的观念领导者。早期大众在扩散过程中具有独特的地位，他们位于早期采用者和晚期采用者之间，是扩散链中的重要一环，在人际关系网中起着承上启下的作用。早期大众是 5 种采用者中人数最多的一个类别，约占整个系统成员总数的 1/3。

早期大众在做出接受创新的决策之前，要考虑一段时间，因此他们比创新先驱者和早期采用者需要更长的时间来做出接受决策。"不要做第一个吃螃蟹的人，也不做最后一个抛弃陈腐观念的人。"本章开始的引言正是"早期大众"思维的真实写照。早期大众会谨慎地跟随创新潮流，但也很少会领导这种潮流。

4）后期大众：谨慎多疑

比系统内普通成员还稍晚接受创新的便是后期大众，这个类别与早期大众一样，约占整个系统成员的 1/3。他们接受创新，可能是出于经济利益的考虑，也可能是因为周围越来越多的人接受了创新，给他们造成了某种压力。他们对创新总是抱着小心翼翼和怀疑的态度，因此只有在系统内的大多数成员接受了创新后，他们才会跟随。也只有在系统内部的大部分准则都明确支持创新后，他们才会信服。另外，来自周围同伴的压力对刺激后期大众接受创新也是必要的。只有接受创新方案的不确定性被逐渐减少和去除后，后期大众才会有一种安全感，进而做出接受决策。

5）落后者：传统保守

落后者是社会系统中最后接受创新的群体。他们几乎不影响舆论导向。在 5 种采用者中，落后者对事物的看法最为狭隘，有许多人几乎是与社会网络系统隔离的遁世者。落后者在决策过程中，参考的对象往往是过去，也就是过去怎么样、过去有没有。他们交往的对象大多也是具有传统价值观的个体。落后者总是对创新和创新推广人员持怀疑态度。在他们得知某个创新思想后，往往要经过很长一段时间，才会接受决策并使用该方案。因为落后者拥有有限的财力物力，所以他们对创新通常抱有根本性的抵制态度。只有在确信创新的方案不会失败后，他们才会接受。落后者的收入往往不太稳定，这也迫使他们在接受创新时格外地小心翼翼。

"落后者"听起来像是一个贬义词。对这个类别的命名与其他不同，易引起反感（正如"下层阶级"是有负面特征的名称）。扩散领域的学者在学术研究中，采用以上分类时，对"落后者"并无任何贬低和不敬之意。如果他们采用其他术语，如"后期采用者"来代替"落后者"，很快这个术语也会具有类似的贬义。但如果我们因为落后者接受创新较晚而责难他们，这是错误的。系统内部的责难也许更准确地描述和反映了落后者的现实状况。

案例 7-2　对创新永远都说"不"的人

如果你是老式的阿米什教派（Amish）成员，生活在今天的美国，那么你肯定对纽扣、拖拉机、汽车、计划生育、墙纸、香烟、手表、领带等产品不屑一顾。你会认为汽车是一种世俗的东西，会用钩眼代替纽扣。而且，你也不会参加约会、服兵役、公民选举等活动。至多接受 8 年的教育后，你就不会在学校里继续逗留。你的观念是，家庭里的成员越多越好（阿米什人通常每家都有 7～9 个孩子），唯一正当的职业应该是农耕，将来应当与阿米什人结婚。

阿米什作为一个宗教派别源于 17 世纪 90 年代的瑞士，当时阿门（Jakob Ammann）的众多信徒从基督教中脱离出来。他们在欧洲受到迫害，于是在 1775 年的革命战争之前移民来到美国的宾夕法尼亚州。在第一次移民浪潮中，大约有 500 名阿米什人参与移民。在

1812 年的战争之后，又有 3000 多名阿米什人移民到此。

今天，大约有10万老式阿米什教派成员生活在美国的乡村地区。在过去的 80 年里，生活在美国的阿米什人的人数增长了 7 倍。生活在俄亥俄州的阿米什人最多，其次是宾夕法尼亚州和印第安纳州。另外，在密歇根、爱荷华、堪萨斯、肯塔基和佛罗里达等州也有阿米什人。

如果让阿米什人与教派以外的人通婚，几乎是不可能的。所以，近亲婚育成为一个严重的问题。生活在俄亥俄州、宾夕法尼亚州、印第安纳州的阿米什人中，有 8 个姓氏的人口占这 3 个州中所有阿米什人的80%。其中生活在宾夕法尼亚州兰开斯特县的几千名阿米什人，几乎都是克里斯琴·费歇的后代。由于主要依靠马和马车，所以阿米什人择偶受到交通工具的极大限制，很少能与当地社区以外的人结婚。

如果一个阿米什人背叛了该宗教的教义，那么将会受到一种开除教籍的惩罚，被称为"回避"（当地人称 Mcidung）。在受到这种惩罚期间，所有其他阿米什人都不能与他说话。因为阿米什人只与有共同信仰的人结交，而一旦受到"回避"的惩罚，就意味着他在这世界上将没有一个朋友，他的孩子、亲兄弟姐妹、配偶也都必须拒绝与他说话或同桌吃饭，夫妻不得同房。只有在该成员当着其他阿米什人的面，公开忏悔自己的罪行后，这种惩罚才会结束。举个例子，生活在俄亥俄州的一个年轻的阿米什人因为驾驶汽车而受到"回避"的惩罚。一星期的惩罚之后，他在当地的阿米什人集会上，当众撕毁了自己的驾驶执照，以示悔改。

尽管阿米什人的父母对他们的孩子施加了巨大的压力，但并不是所有的阿米什人都会选择留在教派内。据统计，大约有 20%的阿米什人背叛了他们所在的教派。但是，阿米什人的高出生率对此也是某种程度的弥补。许多脱离阿米什教派的成员加入了门诺教

（Mennonite），该教会的生活方式与阿米什人极为相似，但教规却要宽松得多。

阿米什人的孩子与那些生活在周围的非阿米什人几乎没有任何接触。他们不被允许看电视、听收音机、读杂志，也不许到非阿米什人的学校上学。而且，他们也不被允许与非阿米什人的孩子交朋友。只有当阿米什人的孩子到了十几岁之后，才可以到公立的高中继续接受教育，因为他们的父母害怕自己的孩子会沉迷于流行音乐、驾驶汽车，或者与异性交往谈恋爱。另外，独特的语言也是使年轻的阿米什人归属于阿米什文化的一个重要工具。阿米什人都说一种特别的德语方言，这使他们与非阿米什人区别开来。

几个世纪以前，阿米什人在欧洲所受到的宗教迫害也导致他们形成了一种极端的价值观，即与所生活的社会相隔离。阿米什人在教育他们孩子的时候，往往非常强调他们受迫害的历史。阿米什人的孩子在接受教育的过程中，许多阅读材料介绍的都是那些被欧洲基督教同胞折磨、杀害的阿米什殉道者。

阿米什人能够幸存下来的一个关键原因是他们拥有肥沃的土地。阿米什人的农场耕种都是劳动密集型的，他们种植烟草、蔬菜、水果和其他一些专业作物，还建立了一些与牲畜有关的劳动密集型企业，如奶牛场和养鸡场等。阿米什人的家长希望他们的子孙后代都在农场工作，为了使每个阿米什的小孩都有劳动机会，他们拒绝使用拖拉机。勤劳工作以及很高的人口出生率，是阿米什人的典型特征。随着人口的快速增长，他们也试图与当地的环境保持协调。不过近些年来，土地价格的上涨使阿米什人的生活方式受到了威胁。如今，在阿米什的成年人当中，有近一半的人从事农活以外的工作，如当木匠、铁匠，或从事手工艺和制造业，还有的在餐馆工作。一家阿米什企业将拖拉机牵引的农场设备更换成了马力牵引的农场设备，并用金属轮胎代替了充气胎。

尽管阿米什人拒绝大众的消费创新和农业创新，但是如果某项创意符合他们的宗教教义和家庭的价值观，阿米什人也会表现出很强的创新精神。举个例子，1993 年索莫斯（Sommers）和纳波尔（Napier）采访了生活在俄亥俄州 3 个县的 366 个农场主，其中有一部分是阿米什人。他们通过收集的资料发现，阿米什农场主对农业中使用化学药剂造成地下水污染的问题表现得极为关注，因为阿米什人的宗教信仰认为，保护土地和水资源具有重大意义。他们高度重视与自然界的和谐共处，当然这也是因为阿米什人的生存高度依赖于他们的农业产量。从阿米什人的社区规范中，也可看出他们重视对自然资源的保护。如果某个阿米什人采用农场机械，如汽车、拖拉机等，他往往会承受巨大的人际压力。这同样也使阿米什人较少使用化学肥料和杀虫剂等。

阿米什文化禁止阿米什家庭采用各种现代技术，如家庭用水过滤系统等，他们也拒绝购买瓶装水（Sommers, Napier, 1993）。因此，阿米什人会采用化学成分较低的农场保护创新，他们认为这是避免地下水遭到污染的最好方式。

所以，从整体意义上来说，阿米什人不太具有创新精神和接受创新的勇气，但在接受那些与阿米什人文化和价值观高度统一的创新方面，阿米什人会表现出高度的创新精神。

二、采用者特性的比较

在大量的研究文献里，我们可以找到许多与创新性相关的因素或变量。我们把这些研究重点归纳为以下 3 类：（1）社会经济地位 ；（2）个性及价值观；（3）沟通行为及方式。

（一）社会经济地位

我们得出结论，早期采用者与后期采用者在年龄上并无明显差别。从收集的资料来看，年龄和创新性之间并不存在一致的对应关系。在就此问题进行的诸多研究中，半数表明二者并没有任何关系，少数表明早期采用者要年轻些，而另外一些研究结果指出早期采用者似乎要老一些。

另外，我们可知，早期采用者往往比后期采用者接受过更多的正规教育，有更高的文化修养。

早期采用者一般比后期采用者的社会地位要高。社会地位通常表现为收入、生活水平、拥有的财富、职业声望、所处社会阶层的自我定位等。不论如何衡量社会地位，结果都表明，社会地位与创新性成正比。

相对于后期采用者而言，早期采用者具有更强的向上的社会流动性。资料表明，早期采用者不仅拥有更高的社会地位，而且总在向着更高的社会地位流动。事实上，接受创新往往也是他们实现这种向上流动的方式之一。

与后期采用者相比，早期采用者所在的组织或单位，如学校、农场、公司等，都要大得多。早期采用者拥有更高的社会地位，因此他们也能得到良好的、系统的教育。通常他们也更富有，所在的组织或单位的规模更大，名声也更显赫。社会经济地位与创新性之间有着紧密的联系。

创新者是因为更富裕而创新还是因为创新而变得更富裕？这是一个因果关系的问题，我们还不能从已经取得的多种数据中找到答案。但为什么社会地位与创新性成正比关系？原因是可以理解的。因为实施一些创新方案要支出大量的资金，成本很高。也许系统内只有那些富有的个体才有足够的财力或物力来接受创新。但最大的利润往往也归于最先接受创新的人，所以创新者较早地接受创新，赢得财源上的优势。在此过程中，创新者变得更为富裕，而落后者则变得相对贫穷。

创新刚被引入一个系统时，往往具有高度的不确定性。后期采用者都想规避这种风险，而率先接受这种新事物的创新先驱者就必须承担很大的风险。创新方案付诸实施时，很可能以失败告终，所以创新者必须拥有一定的财富来弥补这种可能的损失，虽然富裕程度与创新性紧密相关，但是经济因素并不能完全解释创新行为。举个例子，大多数农业创新先驱者都很富裕，但也有很多富裕的农场主并不是创新先驱者。

（二）个性及价值观

个性中的可变因素与创新性之间的关系并没有受到研究者足够的重视。部分原因是，在实地调查和采访中个性无法量化。

早期采用者与后期采用者相比，具有更强的移情能力。移情是指设身处地想象他人情感的能力。这是创新先驱者很重要的特征之一，他们必须有足够的想象力，并能考虑到事情的另外一面，而且能够体会他人的情感，从而有效地进行信息交流。在某种程度上，创新先驱者必须能够设想自己处于系统外他人的地位，如其他系统的创新先驱者、创新推广人员、科学家和研发人员等。

早期采用者与后期采用者相比，教条主义倾向较少。教条主义是指个体在很大程度上持有相对封闭的观念体系，即一整套死守不变的观念。教条主义者通常不欢迎新观念、新思想，总抱着过去不放。支持这条规律的证据不太多，只有几项调查反映了该特征。

与后期采用者相比较，早期采用者具有更强的抽象思维能力。创新先驱者主要在抽象的刺激因素的基础上（如从大众媒体获取的刺激因素）接受一项创新，而后期采用者却能从周围人的实践中观察到该创新付诸实施后的好处。因此，后期采用者不需要应对太多的这种抽象概念。

早期采用者比后期采用者具有更强的推理能力，也就是利用最有效的方式达到既定的目标。

在智商方面，早期采用者比后期采用者更高。相对于后期采用者而言，早期采用者对创新抱有更积极的态度，更能应付不确定性和风险。

早期采用者比后期采用者更相信科学。因为大多数创新思想都来源于科研，所以我们可以合乎逻辑地总结出这条规律。

后期采用者比早期采用者更多地持有宿命论观点。宿命论是指个体认为自己在很大程度上缺乏控制命运的能力。如果一个人认为自己的将来不是命运决定的，每个人都有能力控制和塑造自己的将来，那么他更有可能接受创新。

与后期采用者相比，早期采用者的抱负更高。他们渴望受到更多的正规教育，并且对未来的职业也有更高的期望。

（三）沟通行为及方式

　　早期采用者会更广泛地参与社会活动，后期采用者则不然。在这个系统中，早期采用者通过人际关系网的作用，比后期采用者具有更高的连接性，连接性可用来衡量个体与他人联系的程度。

　　早期采用者放眼外界，而后期采用者多将眼光局限于系统内。早期采用者，尤其是创新先驱者，拥有广泛的人际关系，他们见过世面，积极参与系统外的事务和活动，而不是自我封闭于系统内。举例来说，爱荷华州接受杂交玉米的创新先驱者会频繁地前往得梅因这样的城市中心游历，而普通的农场主则不然（Ryan, Gross, 1943）。经常出席外界专家会议的医生也更有可能做出接受某种新药物的创新决策（Coleman et al., 1966）。

　　创新先驱者通常都像德国社会学家齐美尔（Simmel, 1908, 1964）所说的"陌生人"。他们独树一帜，缺乏与本地系统的融合。"他（陌生人）不会盲目受到所在团体的取向的左右，不受传统的束缚，盲从可能影响他对特定事物的看法、理解和评判。"正因为陌生人放眼本团体之外，才能从外界获得和引进新的思想观念（Rogers, 1999）。

　　齐美尔笔下的"陌生人"角色是一位到处游历的商人，还是一位犹太人（齐美尔的父母是犹太人，他们后来都转信了基督教。齐美尔在德国念书时，经历了反犹太主义的运动）。陌生人也许是一位新移民，但是他还有来去的自由，由于他和体系中其他成员的疏离，所以可以不受体系规范的约束。此外，陌生人可以用另一种眼光观察体系中发生的事，因而也比较客观。事实上，美国芝加哥大学社会学院在1915年到1935年间的鼎盛期，把齐美尔的"陌生人"观念应用到社会问题的实证研究上，强调社会学者在面对访问对象时，必须保持客观。也就是说，要训练社会科学家养成陌生人看待事物的方式。齐美尔这个"陌生人"的概念，也启发了社会学领域的其他许多概念，像社会距离（见第八章）、异质性和世界公民性等重要观念的出现。

显然，创新先驱者的观念和齐美尔的"陌生人"概念有很多的相同之处。例如，虽然创新先驱者也是体系之中的成员，但是他却更具世界公民性，常立足于体系外来思考；他和体系内其他成员的关系相当薄弱。这种定位使创新先驱者得以不受体系内传统规范的束缚，自由尝试和体会体系中前所未有的新观念。

相对于后期采用者，早期采用者与创新推广人员有更多的联系和接触。早期采用者比后期采用者拥有更多的渠道接触大众媒体，拥有更广泛的人际交往渠道，会更主动地搜寻有关创新的信息，掌握更多有关创新的知识。

早期采用者与后期采用者相比，包含更多的意见领袖。尽管创新与意见领袖呈正相关关系，但二者的相关程度受到社会伦理及价值观的影响。如果整个社会是比较乐于创新的，那么意见领袖就更可能成为创新先驱者（详见第八章）。

在图 7-4 中，我们举出一个关于意见领袖和采用者类别的个案，但却很有代表性。这个研究是我的博士论文中的一部分，这些资料来自于美国爱荷华州柯林斯市 14 位比邻而居的农民。在这些农民当中，率先接受新除草剂的创新先驱者出现在 1948 年，当年这项创新才刚刚推出市面，但这位创新先驱者在意见领袖选举上，只获得一张选票（投给他的是一位早期采用者）。而第二个人是在 1950 年采用这项创新的，却获得其余 13 位农民中的 8 张同意票，认为他是关于这项创新的沟通的主要来源。当这位农民开始使用这项新除草剂后，很多邻居友人便纷纷跟进。可以这么说，创新先驱者先影响了那位意见领袖，然后意见领袖又影响了其他 8 位农民，虽然创新先驱者的影响力很大，但却是间接的。

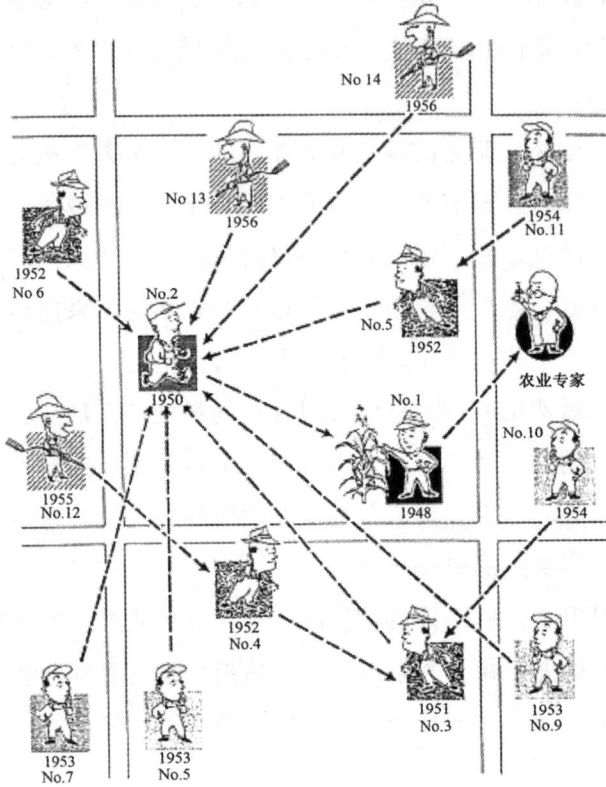

图 7-4 新除草剂在爱荷华州比邻而居的农民间的扩散

这 14 位比邻而居的爱荷华州农民，都被 E.M.罗杰斯问及同一个问题："你是从哪个人或何种渠道得知新除草剂的信息，说服你做出接受决定的？" 在 1948 年采用的那位创新先驱者透露，他是从一位农业专家那里了解到这项创新。而小体系中其余 13 位农民中有 8 位农民却是从意见领袖那里得知的。

（四）对象细分与采用者分类

总的看来，前面论述中的大多数变量与创新性呈正相关关系。也就是说，给这些独立变量一个分值的话，创新先驱者的得分比落后者的得分要高。举例来说，E.M.罗杰斯和斯维宁（Rogers, Svennning, 1969）所做的调查表明，在传统的哥伦比亚农村，创新先驱者每年平均要旅行 30 次，而落后者平均只有 0.3 次。少数变量，如教条主义和宿命论等，与创新性呈负相关关系。而意见领袖大都是早期采用者，至少在大部分的系统中都是如此。

因此，我们从这些扩散研究中，可以概括出采用者 5 个类别各自的一些特征。因为各个类别的特征存在很大的差别，创新推广人员应该针对不同的采用者采用不同的方法，也就是我们所说的"对象细分"。"对象细分"策略是指针对不同的创新子对象，采用不同的传播渠道和影响方式。它将异质的对象分成若干个同质的子对象，比如，我们可以告诉创新先驱者，某项创新已通过科学家的正式鉴定，或者某位声名显赫的科学家开发出了创新产品，以此来吸引创新先驱者接受创新。但我们却不能用同样的方法来吸引后期大众和落后者，因为他们对科学并不抱积极欢迎的态度，只有周围的多数人都接受了该创新，并且周围人的创新实践充分证明了该创新的可靠性，也就是在创新的不确定性降低到足够小的时候，"后期大众"和"落后者"才会接受创新。这个过程多是通过人际交往来实现的。

案例 7-3　香港手机落后者

或许是创新推广人员在扩散创新时，都比较注重创新先驱者和早期采用者，所以只有少数的扩散研究设计是以落后者为研究对象的。不过这些研究却有相当有趣的发现。香港中文大学教授魏然（Ran Wei）和路易斯·梁（Louis Leong）就针对香港较晚接受手机的落后者进行了一系列调查。香港是全世界手机使用率最高的地区之一

（在这项研究进行时，即 2000 年后期，使用率为 77%）。而搜集到的有关资料分别是在 1998 年和 2000 年大规模地进行家庭电话访问而获得的。抽样调查的范围很广，1998 年的调查中包含了 388 位未使用者，而 2000 年的调查则有 202 位。这 590 位落后者被拿来跟同期的采用者相比较。

如同许多其他国家一样，香港率先使用手机的是商人，他们接受了较高的教育、收入丰厚，社会地位也比较高。对这些社会精英而言，手机这种高科技产品，可以让他们随时随地谈生意，而不致于错过任何商机。手机的广告诉求，强调它是一种象征身份的消费性商品，为此还会同时推出各种手机配件，如精致的手机皮套以及特别设计的铃声。

之后，手机价格越来越便宜，后期采用者也开始使用。这些使用者包括社会下层的人士，像蓝领劳工、家庭主妇和学生等。这时，原来存在于采用者与非采用者之间的社会经济地位的差距开始消失，代表着这项新沟通科技的全面扩散，社会经济因素已经变得不怎么重要（Dutton et al., 1987）。此外，后期采用者使用手机的主要动机已不是商业用途，而是打给亲友联系感情居多。从访谈结果得知，落后者在 1998 年和 2000 年还没有接受手机的主要原因是：（1）复杂性（手机提供的服务，有时会令人感到困惑）；（2）和他们本身的价值信念不兼容（公共电话到处都有，而且花费便宜）；（3）相对利益（我根本不需要手机，再说它的通信效果也不佳）。

这项针对香港手机落后者的扩散研究，确实有助于让我们用他们的观点来理解手机的扩散过程。一个人人都接受的新产品——手机，在他们眼中是完全不一样的。

（五）创新性与创新需求之间的矛盾

社会体系内最迫切需要从创新中获得利益的（那些受教育少而又贫穷的个体或团体）往往是体系内最晚接受创新的成员。而那些率先接受创新的成员却往往是最不需要创新利益的，当然这只是相对而言。创新性与创新需求这种相悖关系造成的结果，就是社会上层与下层阶级之间经济地位的进一步悬殊。所以，社会体系内的技术创新带来的后果之一就是两极分化更加严重（详见第十一章）。

我们举一个例子来说明创新性和创新需求之间的悖论关系。这个例子是关于在第三世界国家使用避孕措施的扩散。20 世纪中期，这些国家的上流社会家庭规模渐小，尽管他们有足够的能力抚养更多的孩子。当政府实施全国范围内的计划生育政策后，这些上流社会家庭率先采纳了避孕用具（Rogers, 1973）。那时，社会地位高的家庭平均拥有 2～3 个孩子，而社会地位相对低下的家庭平均拥有 5～6 个孩子，尽管他们没有足够的能力来抚养和教育这么多的孩子。也许我们认为这些贫穷多子的家庭迫切需要实行计划生育，但他们偏偏是社会系统内最晚接受避孕用具的成员。这就是我们所说的"悖论"。

为什么会产生这样的悖论？以计划生育来说，贫穷的家庭总是认为，后代尤其是儿子多，是一种经济财富，因为儿子可以帮忙干农活和其他工作。政府官员通常宣传，少生孩子，幸福全家。但这些贫穷的父母并不相信这一套。产生这个悖论的第二个原因是创新力量。采用对象细分的策略，那么最先接触的创新肯定是那些对创新抵制最少的人，也就是社会经济地位很高的上层精英，这些精英人物乐于接受新事物。大多数避孕方法的使用需要一定的财力、技术甚至培训，而这正是那些下层社会的家庭所缺少的。因此，精英家庭欣然响应计划生育的创新措施，而且也是执行最有效的团体，因为避孕要求对行为作出规划，同时要了解人类的繁衍行为，并掌握其他技能。所以即使政府项目不出资向个人提供计划生育手段，这些社会经济精英分子同样会率先使用。

实际上，创新性与创新需求之间的悖论有时是不必出现的。创新推广人员可以采取相反的措施，即最先推动那些处于社会底层的个体去接受创新。他们通常对创新持很强烈的抵制态度，虽然迫切需要创新来改变其经济状况，但是如果没有创新推广人员的推动，他们通常将是系统内最晚接受创新的成员。如果创新推广人员仅仅集中全力去推动社会的精英阶层接受创新，而忽视了那些实质上最需要创新的"后期大众"和"落后者"，那么其后果只能是社会系统内掌握丰富信息者和信息缺乏者之间差距的进一步扩大（详见第十一章）。

现在，互联网络也提供了一个消除创新性与创新需求之间悖论的方法。通过互联网传递信息，后期采用者可以迅速收到专为他们量身定做的创新信息。而这种通过网络锁定传播对象的策略可以推广运用，为底下阶层和教育程度低的个人（只要可以使用电脑）提供健康正面的创新信息。

（六）人际关系的影响

过去，很多扩散研究都把焦点放在和创新性有关的个人特质上，如教育程度、社会地位及其他相关因素等。近年来，一些扩散学者也研究个人的人际关系网络在个人创新性上扮演的角色。例如，弗斯特和罗森茨威格（Foster, Rozenzweig, 1995）就对印度农民做了全国性的研究，结果显示邻居朋友在农业创新方面的经验对农民创新性有一定的影响，特别是那些还在持续扩散的创新。

其他扩散学者（主要是社会学者和政治学者）的研究报告也得到了相同的结论，分别是"仇恨犯罪法"（Grattet, Jenness, Curry, 1998）、"彩票发行"（Berry, Berry, 1990）等，这些原本只是美国某个州推动的措施，后来却成功扩散到了全美地区。从中可以了解到，如果某个州的邻州已经接受了创新，通常这个州都会跟进接受这项创新。例如，我们可以看到加州率先实施"仇恨犯罪法"，后来和它地理位置邻近的俄勒冈和华盛顿州也相继接受了该法案。此外，面对创新可能存在的不确定性，州政府的高级官员在决定接受与否时便会自动寻求其他已接受州的经验协助。在这些扩散研究中，我们再次看到扩散研究其实是一个社会过程：创新沿着人际关系传播出去，而得到了成功的推广。

以上这种方法也运用于以意大利地方政府为对象的扩散研究上。扩散学者帕特南（Putnam, 1993）评比意大利 21 个地方政府对 12 项新法案（这是一个创新组合）的创新性。早期接受创新的地方政府在创新性方面会获得加分，反之则减分。事实上，最具创新性的地方政府通常都会影响临近地方政府的创新决策。

关于人际关系对个人或团体创新性的影响，还需要更进一步的研究。

小结

创新性是指系统内的个体或单位相对于系统内其他成员，较早地接受某种新观念、新方案的程度。创新采用者分类就是依据创新性对所考察系统内的成员进行分类。过去的扩散研究中，许多种分类方法和类别命名法并存。本章主要介绍了今天广泛使用的 5 种采用者标准分类法。

采用者分布随时间呈"S"形曲线，并趋近于正态分布。根据正态分布的两个参数：平均值和方差，可以把创新性这个连续变量分成 5 个部分，也就是我们提到的采用者五大类别。这五大类别各自最明显的特征是：具有冒险精神的创新先驱者，备受尊敬的早期采用者，深思熟虑的早期大众，谨慎多疑的后期大众，固守传统的落后者。系统内的早期采用者和后期采用者在年龄上并没有明显差别，但早期采用者往往接受过更多的正规教育，他们比后期采用者要博学多才，所处的社会地位也更高些，而且具有更强的向上的社会流动性。另外，他们所属的团体或所在的单位，如农场、公司、学校等，其规模也要大得多。总的来说，早期采用者比后期采用者所处的经济地位、社会地位要高。

系统内早期采用者与后期采用者在个性及价值观方面也存在着巨大差异。与后期采用者相比，早期采用者具有更强的移情能力、更少的教条主义以及更强的抽象思维能力、逻辑推理能力，并且具有更高的智商，乐于接受改变，更善于应付不确定性和风险，对社会创新和科学都抱有积极的欢迎态度，宿命感的程度较低，在教育、职业等方面都有很高的热情和抱负。

最后一点，属于不同采用者类别的个体具有不同的传播行为和方式。相对于后期采用者而言，早期采用者广泛地参与社会活动，人际关系网中有更高连接性，眼界更开阔，与创新推广人员有更多的接触，有更多的渠道接触媒体和进行人际交往。另外，早期采用者比后期采用者更主动积极地搜寻信息，他们拥有更多有关创新的知识，而且他们当中意见领袖的人数更多。

以往的研究表明，早期采用者与后期采用者在以下 3 个方面具有重要差别：（1）社会经济地位；（2）个性及价值观；（3）传播行为及方式。5 个采用者类别具有明显不同的特征，而这正是创新对象细分化的理论基础。

第八章

扩散网络

每群野牛都有它们的领导，而且是有影响力的领导。

——加布里埃尔·塔尔德《模仿的法则》

在前面的章节里，我们强调了人际关系网络在创新-扩散方面对个人的重要影响。人际关系不仅影响到个人应对创新不确定性的方式，而且往往有助于说服个体做出接受创新的决策。本章我们将进一步讨论什么是扩散网络。另外，我们还将讨论这种网络如何通过传播创新的评价信息，以减少创新接受决策中的不确定性。首先来谈谈扩散中意见领袖的作用，它是指某个人的一种能力，即可以频繁地、非正式地影响其他人对创新的态度甚至行为，使他们能按照预定的方式改变。而意见领袖就是在影响他人意见方面，具有领袖作用的人。意见领袖行为，是创新在社会体系中采用率高低的决定性因素。事实上，扩散曲线之所以呈现"S"形走势，主要原因在于意见领袖接受创新，并且向其他人推广有关创新的信息，才使单位时间内的采用者呈指数型上升，扩散曲线才开始向上攀升。

本章将重点讨论人际交往如何通过制造临界数量的采用者，将扩散过程向前推进。

案例 8-1　现代数学教育的意见领袖

以美国宾夕法尼亚州匹兹堡市阿利根尼县的38所学校校长为研究对象，进行的现代数学教育创新-扩散的研究，可以帮助我们了解意见领袖的作用。

现代数学教育的创新开始于 20 世纪 50 年代早期。那时，美国著名的数学教育家开始全面改革各大学校的数学教育。经过多方努力，一种全新的数学教育机制，也就是我们所说的现代数学教育被引入。这种新的数学教育，不仅包括新的教科书，还包括一些全新的教学方法，譬如老师在讲课的过程中借助视听设备来介绍新概念，以及暑假为老师提供相关的专业培训等。由于美国科学基金会和美国教育部联合发起这项创新运动，它迅速得到扩散。教育家也认为这是一项重大的改进，因此对该创新欢欣鼓舞。与旧课本的内容大为不同的是，新数学课本引入了序列理论和纬度图表，并将概率作为数学的重点之一，数学教师必须以全新的方式学习这门课。

1958 年，阿利根尼县一所学校的校长率先采用了新的数学教育体制。如图 8-1 所示，我们把这个校长称为"我"。创新的扩散过程由此开始。起初，创新先驱者差不多处于一种孤立地位，因为他和匹兹堡地区的其他学校没有什么联系。通常，像这样的创新先驱者会遭到本系统内同事的反对甚至嘲笑。他们主要与本地系统以外见多识广的朋友交流。

图 8-1 所示是一个社会关系图，或者说是人际沟通图，重现了扩散过程中的人际关系。表中的箭头显示出在校长之间沟通信息的流向。其中椭圆形阴影的部分是 6 位好朋友组成的一个小团体，或者是非正式的友谊圈子。在这个圈子里校长之间的互动比外界更为密切。在匹兹堡，这些小团体成员通常都会聚在一起打高尔夫球和玩扑克牌。

这个小团体在匹兹堡学校的现代数学教育扩散上扮演着重要角色。一旦这些成员接受了创新（特别是在 1959 年和 1960 年，其中 3 位意见领袖决定接受创新），整个社会体系对现代数学教育的采用率便开始向上攀升。从图 8-1 可以看到，1958 年只有一位采用者（创新先驱者），到了 1959 年年底有 5 位，1960 年有 15 位，1961 年有 27 位，1962 年有 35 位，乃至 1963 年年底达到了 38 位。由此可见，意见领袖接受创新，是促使 1959 年、1960 年和 1961 年接受人数剧增的原因。

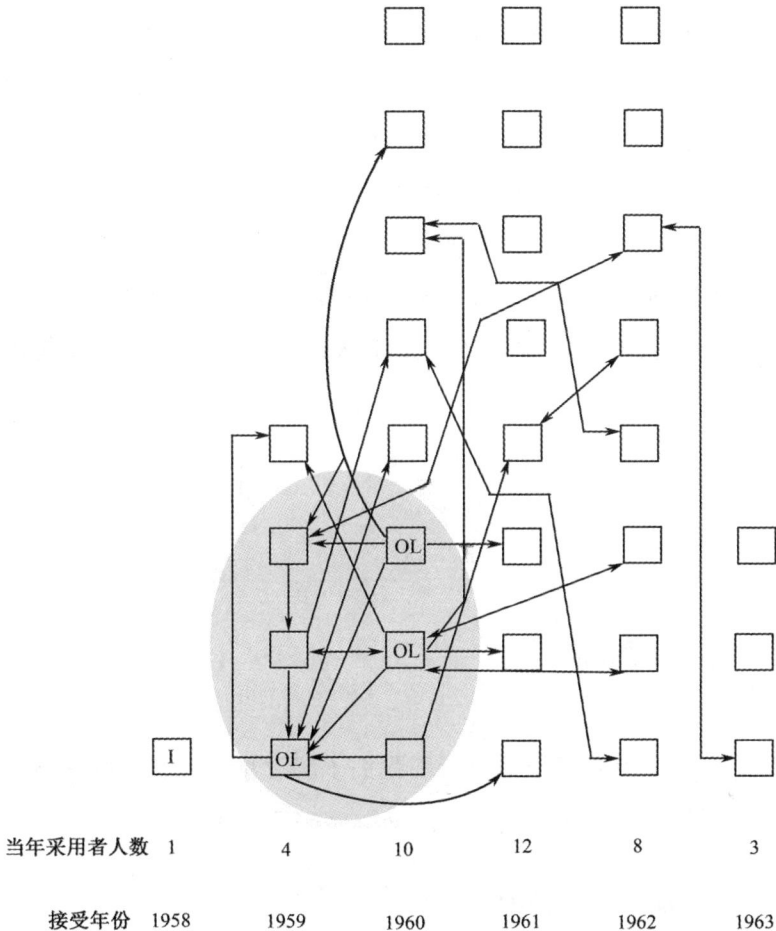

图 8-1　在美国宾夕法尼亚州阿利根尼县现代数学教育的扩散中，意见领袖
的作用（为了方便起见，本图表仅列出了 38 位校长中的 32 位）

资料来源：本图是根据卡尔森（1965）资料编制

意见领袖的言行和社会体系规范的吻合度是很高的。但世界公民型的意见领袖的创新性非常高，无法成为其他 37 位校长的模范。因此，他们一直等到 6 人小组中的 3 位意见领袖接受创新后，才会

跟进。而创新推广人员在阿利根尼县推广现代数学教育时，就必须特别在那些意见领袖身上下功夫，因为他们会加速推广的效果。

此外，图 8-1 也显示出这 38 位校长接受现代数学的时间相当接近。在同一年或是相差一年接受创新的校长之间，有许多表示朋友关系的箭头符号。如果有朋友关系的两位校长是在不同年份接受创新，差距通常也不会太大，这点显示了也许他们对提供信息的人的看法不完全满意，但是还不至于认为对方不适合担当被模仿的楷模。

一、大众传播流向模型

大众传播流向模型可以帮助我们了解意见领袖和扩散网络的作用，下面按照各个模型出现的时间顺序来逐一进行讨论。

（一）皮下注射模型

皮下注射模型（Hypodermic Needle Model），是假设大众传播媒体对社会大众具有直接的、立即的和强大的效果。20 世纪 40 年代和 50 年代，当时普遍认为大众传播媒体对人类行为的改变具有强大的影响力，认为万能的媒体可以把信息传播给社会角落的每一个人（Katz, Lazarsfeld）。而这些大众传播媒体具有重大影响力的结论，是来自于一些历史事件，例如：（1）赫斯特（Hearst）家族所办的报纸鼓舞美国大众支持美西战争；（2）第二次世界大战期间，纳粹德国的宣传部长约瑟夫·戈培尔（Joseph Goebbel）麾下宣传机构大显威力；（3）美国麦迪逊广场的广告对消费行为和选举投票行为的影响。

随着扩散研究中所用的研究方法越来越先进，许多人士对"皮下注射模型"提出了质疑。这项调查研究由哥伦比亚大学知名的大众传播学者拉扎斯菲尔德主导（Rogers, 1994）。皮下注射模型主要是根据对一些独立的历史事件的直觉推论出来的，所以过于简单、粗略和呆板，无法精确地评估媒体的效能，而且忽略了意见领袖这个重要角色。

（二）两级传播模型

拉扎斯菲尔德及其同事于 1944 年对俄亥俄州伊利县的 1940 年大选进行了研究，其中的一个偶然发现让皮下注射模型正式走入历史。这项研究调查以皮下注射理论为架构，目的在于研究大众传播媒体在改变大众的投票决定中所扮演的角色。在 11 月大选前的 6 个月里，研究人员组成了一个专门的工作小组，随机对 600 个投票人进行了调查。出乎研究人员意料的是，几乎很少有人在投票决策中直接受到媒体的影响。"我们本来的调查目标是分析大众媒体如何影响政治创新，但调查的结果表明，媒体效应微乎其微。我们确实很惊讶。在政治决策中，相对于大众媒体而言，人们更容易受到身边面对面交往对象的影响"（Lazarsfeld, Menzel, 1963）。

相反，收集的数据表明"创新思想往往从广播和平面媒体流向意见领袖，然后再从意见领袖流向那些对创新不太积极的群体"（Lazarsfeld, 1944）。扩散过程的第一步，从媒体到意见领袖，主要依靠信息的传播；第二步，从意见领袖到跟随者，主要通过人际影响来实现。信息从信息源通过媒体渠道传播到意见领袖，然后再由意见领袖将这些信息传递给他们的追随者，这便是"两级传播"模型。

此模型提出后，研究者对各种各样的扩散行为，包括创新的扩散，做了进一步考察。考察的结果表明，总体来说，两级传播模型在解释大众传播方面提供了一些有用的解释。

两级传播模型强调的是大众媒体传播渠道和人际沟通渠道之间的关系。该模型暗示，大众媒体并不像人们以往想象的那样具有直接、有力的辐射作用。当然，个体可以通过媒体和人际交往两种渠道接触新的观念，然后与同伴交流对某项创新的看法。两级传播模型并不是说所有的大众传播都绝对地分为两个过程。在某些情况下，大众媒体直接作用到个人，这个过程实际上只有 1 步。在另外的情况下，这个过程可能不止 2 步，而是多个步骤。

个体在做出接受创新决策的不同阶段，不同的信息来源或传播渠道的功能也不一样（见第五章）。而最开始的"两级传播"模型并没有指出这一点。我们知道，个人接受创新时，都经历了 5 个阶段：认知阶段、说服阶段、决定接受或拒绝阶段、执行阶段、确认阶段。大众传播渠道主要是认知性知识的来源，而个体在做出接受或放弃创新的决策过程中，人际关系中的说服起着重要作用。而两级传播模型却没有揭示这一点，因为该模型忽略了个体决策过程中的时间序列问题。无论是意见领袖还是跟随者，在创新的认知阶段和说服阶段，都存在不同的信息来源和渠道。所以，在扩散过程中并不像最初的两级传播模型所说的那样，仅仅只有意见领袖依靠大众媒体作为信息来源和渠道。

因此，两级传播模式也是不全面的。沟通的流程往往是很复杂的，远远不是两个阶段或一句话可以解释的。所以，现在的学者很少直接提及这个过于简化的两级传播理论。不过，两级传播模式突出了意见领袖的作用，可以说是一大突破。

二、扩散网络中的同质性和异质性

同质性和异质性的概念，有助于我们更好地理解扩散过程中人际网络的性质。在分析人际网络的过程中，我们会着重强调谁把信息传给了谁。

（一）同质性和异质性

信息的交换多在两个相似或者说是同质的个体之间发生，这是人类沟通的一个基本原理。同质性是指进行沟通的两个个体之间相似的程度。这种相似包括信仰、所受教育程度和社会地位等方面的相似。同质性这个概念是在几十年以前，由拉扎斯菲尔德和莫顿（Lazarsfeld, Merton）提出的。不过在 19 世纪，同质性行为就被法国社会学者加布里埃尔·塔尔德（Gabriel Tarde, 1903）注意到了，他指出：职业和所受教育程度相似的个体之间的社会关系更为密切。

和同质性相反，异质性是指两个相互沟通的人，他们背景的相异程度。同质性沟通较常出现的原因是，当双方拥有相同看法、信念，且互相了解时，他们之间的沟通必然更有成效。一般人也比较喜欢与跟自己趣味相投的人进行沟通。如果沟通对象与自己差异很大时，就必须付出更大的努力才能得到有效的沟通。不同类型的人之间进行异质性沟通时，可能会引起认知失调，因为个人这时面对的信息，通常都是和自己原有的价值观念不相符的，所以会引起一种心理上的不快。

同质性沟通和有效沟通是相辅相成的。当双方之间有效的沟通越多，他们的同质性也变得越高；而同质性越高，双方沟通的效率也越高。当个人舍弃了同质性沟通的原则，反而与其他不同特性的人进行沟通时，他通常会面临沟通失败的挫折。因为双方在专业技能、社会地位、信仰和语言上的不同，通常都会引起彼此的误解，从而无法准确地传达或接受信息。

不过，虽然很罕见，但异质性沟通却具有一种特殊的信息潜力。异质性沟通通常发生在两种社会群体之间，也就是让两个不一样的社会群体有了某种联络。社会体系中的异质性人际沟通网络，也被称为"桥梁"，在传递创新信息方面起着非常重要的作用，格兰诺维特（Granovetter, 1973）在"弱连接的力量"（the-Strength-of-Weak-Ties）理论中也提到了这一点。虽然同质性沟通是频繁的，但它在扩散上的重要性，却比不上出现次数少的异质性沟通。同质性沟通虽然加速了扩散的过程，但也限制了扩散的对象，仅以关系紧密的人际关系圈子为主。然而，创新的扩散必须透过某种程度的异质性沟通，才算大功告成。

（二）同质性：沟通的障碍

有趣的是，同质性沟通可能成为社会体系中创新-扩散的无形障碍。创新观念通常由地位较高和创新性较高的成员引入社会体系中。高度的同质性沟通，意味着创新只在这些社会精英之间流传，无法扩散到非精英族群中去。也就是说，同质性扩散的模式会导致创新呈水平方向的推广，而不是垂直方向发展。同质性沟通因此减慢了体系内扩散的速率。如果同质性沟通是扩散的一种障碍，那么创新推广人员就应该和不同社会阶层的意见领袖接触。除非社会体系的人际沟通网络是以异质性沟通为主，这时推广人员可以把注意力集中在少数社会地位较高和创新性较高的意见领袖上。然而，这种情况并不多见。

以上可以归纳出结论：人际扩散网络大多是同质性沟通。例如，在社会体系里的上层人士很少直接和低下阶层互动。同样的，创新先驱者也很少和落后者接触。不过，虽然说人际网络的同质性沟通会拖慢创新-扩散的脚步，但也有其优点。比如，拥有较高社会地位的意见领袖，可能并不是低下阶层的模仿对象，但是同质性的人际沟通可以弥补这一点，让后期采用者接受创新。1963 年，荷兰扩散学者范登宾（Van den Ban, 1963）的荷兰农村扩散研究，就证明了以上观点。他在研究调查中发现，只有 3% 的意见领袖拥有少于 50 英亩农地，而当地约有 38% 的农场耕种面积，都少于 50 英亩。对拥有较大土地的农民来说，最明智的管理决策自然是购买昂贵的机械化设备，如拖拉机和挤奶机，以取代农场劳动力。但是对拥有较小土地面积的农民来说，最经济的决策就是不理会昂贵的农业设备，并专心于需要劳动力密集的农耕法。然而，和预期的一样，小农民还是会仿效拥有大农场的意见领袖的做法，即使这并不符合自己的实际需求。

此外，有关同质性与异质性扩散网络的说明，可以从 1980 年 E.M.罗杰斯和拉奥、辛格（Rogers, Rao, Singh, 1980）等学者所做的两个印度农村扩散研究报告中略知一二。在这两个研究中，其中一个相当具有创新性，另一个则比较传统。在传统农村中，新稻米品种的扩散网络同质性较高，其中的意见领袖都是年纪大且教育程度较低的人；相较之下，创新性高的农村中意见领袖都是年轻、教育程度高和拥有社会地位的人。在传统农村，同质性的扩散网络是以社会等级为基础的：即婆罗门（Brahmins）和婆罗门交流、贱民（Harijans）和贱民互动。而在创新性高的进步农村中，新稻米品种虽率先为社会结构的最上层所引用，但之后也通过异质性网络，快速扩散到社会各阶层。因此，这些异质性连接有助于创新的快速扩散。

接下来的结论是关于异质性沟通网络中，意见领袖和跟随者的特性的。当人际扩散网络为异质性时，跟随者通常寻求的意见领袖需具备社会地位高、教育程度高、非常关注大众媒体的消息、拥有世界公民性、与创新推广人员接触频繁、创新性高等特征。

从以上结论可以看出，跟随者寻求的提供信息和建议的意见领袖，通常被认定为技术专家的角色。当异质性沟通出现时，大家通常寻找在技术方面更有能力，但也不会太有能力的人，作为他们请教的对象。因为在创新-扩散过程中人际关系网络的一般模式，还是同质性沟通。也就是说，如果意见领袖有两个，那么跟随者通常都会选择从与自己背景相似的意见领袖那里学习创新的信息和做法。

三、如何找出意见领袖

在过去，评估意见领袖和沟通网络作用的主要方法有 4 种：（1）社会测量法；（2）受访者评级；（3）自我认定法；（4）观察法（详见表 8-1）。

社会测量法，这个方法会访问受访者面对一项创新时会向"谁"寻求有关的信息。而意见领袖就是选票最高的成员（因此他们也是与大多数人有互动的人）。社会测量法是评估意见领袖的有效方法，因为它是通过搜集跟随者意见来完成的。但是，为了确定少数意见领袖的名单，必须访问数量不少的受访者。社会测量法只有在社会体系全体（或大部分）成员都能提供沟通资料时，才比较可行；如果只接触到小部分的抽样民众，这种测量方法就无法进行。

一般来说，在进行这项访问时，调查人员会提示希望统计的沟通伙伴的人数，例如，在农村里你还跟哪 3 位（或 4 位、5 位）女性朋友讨论过家庭避孕计划？这些设定数量的选择性问题，会引导受访者只提出最常接触的沟通伙伴。然而，这也可能造成他们无法提及一些在扩散过程中，虽不常接触但有时在交换意见时却扮演重要角色的人。或许社会测量法的问题，就是不应该限定人数，而应让受访者提出对自己有帮助的所有人选。另一个方法则是"花名册法"，就是提供体系中所有成员的名单，然后再询问受访者跟其中的哪些人有交谈以及交谈的频率。这种方法的好处是对人际关系的强联系和弱联系都可以衡量。

受访者评级法，这是社会测量法的代替方法，是去访问一些对体系中人际关系网络熟悉的主要受访者。通常只要访问少数几个受访者，就能确定体系中的意见领袖，其精确度几乎和社会测量法无异，特别是当体系较小，而那些主要受访者对体系又很熟悉时，效果更为显著。

这个方法被布勒等学者（Buller et al., 2001）引用到 2001 年美国新墨西哥州陶斯县的电脑及网络的扩散研究上。为了搭起使当地人乐于学习电脑和网络的桥梁，消除他们对这些数字科学技术的恐惧，他们先招募意见领袖来学习使用电脑和互联网的操作方法，然后再由这些意见领袖招募其他人前来学习。这些意见领袖是由主要受访者（如宗教领袖、市政府官员、学校行政人员以及资深居民等）来确定的，也就是一般人寻求创新信息和建议的主要对象。每一位被推荐为意见领袖的人，都必须得到两到三位主要受访者的提名。

自我认定法，是指询问受访者认为体系中其他成员会怎样看待他的影响力。在自我认定法中一个最具代表性的问题是："你个人认为一般人倾向于向你请教有关创新的信息和建议，还是更倾向于向其他人请教？"自我认定法非常依赖受访者本身能否准确判断和陈述自己的形象。这项评估意见领袖的方法，对于随机抽样调查受访者特别有效。

观察法，最后，意见领袖可以通过观察法来测量，由调查工作者确认和记录体系中的沟通行为。观察法的一大优点是搜集的数据通常都很有效。如果对人际沟通网络观察方法得当，沟通行为的发生会很明确。而且观察法特别适合应用于较小的体系，当人际沟通发生时，观察者很容易进行实际观察和记录。然而，应用在小体系里的观察法，其中观察的动作可能是侵入式的，因为体系成员知道自己在被观察，他们可能会采取不一样的行动。此外，如果观察的扩散沟通出现的概率很小时，观察者就必须很有耐心。

表 8-1　评量意见领袖的四大方法

评量方法	说明	代表性问题	优点	缺点
社会测量法	询问体系成员会向谁寻求相关创新的信息和建议	谁是你的意见领袖？	社会测量法问题较易设计，而且也广泛适用于不同的议题类型，同时拥有高度正确性	资料数据分析较复杂；需要大量受访者，才能挑选出少量意见领袖；不适用于抽样调查
受访者评级法	询问一些经过主观选择的体系重要受访者，请他们推荐意见领袖人选	谁是这个体系的意见领袖？	较社会测量法节省成本和时间	只访问一部分社会体系成员；每一位受访者都必须对体系相当熟悉
自我认定法	询问受访者一系列问题，测试其是否自认为是体系中一位具有影响力的意见领袖	在体系里你是一位意见领袖吗？	测量个人对自己是否是一位意见领袖的认知程度，有助于了解他在体系中的影响力	必须依赖受访者本身，能准确判断和记录自己的形象
观察法	判断和记录分析发生的一切沟通行为		高有效性	有点强人所难；适合较小的体系，同时观察者必须很有耐心

事实上，调查者很少用观察法来评估扩散沟通网络和意见领袖的作用。其中一个知名案例，是在美国四大城市的同性恋酒吧中进行的介入式艾滋病预防的随机对照实验研究（Kelly et al., 1997）。在

这项研究中，酒保被训练如何去观察留意酒吧的顾客里哪些人是意见领袖，并逐一记下这些受同性恋伙伴欢迎的人的姓名，前后为期10天。判断的标准是：如果这个人既受到他人欢迎，同时也和别人打成一片，就是可能的人选。每一个酒吧都配有几位酒保，各自独立观察。当一个人的名字同时出现在几个酒保的名单上时，便认定这个人为意见领袖（他们占酒吧顾客的8%）。接着这些意见领袖就会接受艾滋病预防、安全性行为的训练，同时会发一枚徽章让他们佩戴，这样做是为了引起朋友们的注意。研究设计也会在意见领袖介入之前一年，以及介入式计划执行之后一年内，针对这4个酒吧的同性恋客人进行抽样调查。

1997年，凯利等人发现，这4个城市自推行这项艾滋病预防计划以后，使用保险套肛交的同性恋比其他对照组增加了45%（未使用保险套进行肛交，是同性恋感染艾滋病的主要途径之一）。同样的结果也出现在美国其他地区的试验研究中（Kelly et al., 1991, 1992; Kegeles et al., 1996; SIkkema et al., 2002）。可是在英国伦敦的5个健身房以及苏格兰的格拉斯哥和爱丁堡的同性恋酒吧，得到的研究结果却截然不同，不过在后面的这些研究中，挑选和训练的意见领袖也没有达到同性恋的15%，而这是凯利觉得至少应该达到的比例。"凯利的研究强调：都市男同性恋酒吧由于其特殊的性质，为创新-扩散提供了一个特别有利的环境。"（Miller et al., 1998）在这个同性恋酒吧研究方法中，也不认为所有体系成员都会和意见领袖直接接触，但是意见领袖传递的信息（安全性行为）会在沟通网络中自然而然地扩散出去。从这一点来看，凯利等学者的同性恋酒吧意见领袖策略，和早年在美国旧金山的终结艾滋病介入式评量（见第二章）相当类似。

当我们对同一批研究对象，采用 2～3 种意见领袖评量方法时，可以得到相似的结果。因此，基于方便性考虑，在 4 种方法中选择任何一种来进行意见领袖测量都一样有效。

另外，通过对体系中意见领袖的研究发现，意见领袖都能维持相当长时间的稳定性。例如，奥布莱恩等（O'Brien et al., 1998）指出，在美国密苏里州 5 个乡村的意见领袖，以及他们的沟通网络，从 1989 年到 1995 年，稳定维持了 6 年之久，尽管在这段期间内有两个社区发生了洪水泛滥，引进养猪企业化，促使社会发生了一些变化。当然，意见领袖在体系中出现很长一段时间后，也一定会不可避免地遭到淘汰，即使是一个在相对稳定的社区或组织中也是如此。

社会体系中意见领袖的典型分布是，有极少数人拥有强烈的意见领袖的作用，而大多数人几乎没有什么影响，或者有极少的影响力。因此，意见领袖是一个程度上的问题。而有重要影响力的意见领袖，也必定成为创新推广人员努力争取的主要目标。

◥ 案例 8-2　让电子游戏大卖的"酷小狗"

一家市场营销公司对芝加哥的众多 8 到 13 岁的男孩进行了一个访问："就你所知，谁是最酷的小孩？"然后这家公司再去访问被推荐的小孩，并问同样的问题。调查工作者不断寻找着，一直到最后，有人回答说："我就是最酷的小孩。"利用这个社会测量法加自我认定法的混合研究方法，研究团队选出了 1600 名有意见领袖作用的小孩，并称之为"酷小狗"（Alpha Pups）。2001 年 4 月，有 8 名"酷小狗"应邀接受焦点团队的访问，一位主持人问他们："如果你认为自己很酷，请举手！"结果每一个小孩都把手举起来。

接着主持人发给他们每人一台比手机稍大的电子游戏机（Pox Unit）。这是由全美最大的玩具厂商孩之宝推出的全新电子游戏机，游戏内容是要求小孩把从科学实验室逃脱的外星人歼灭。每一台 Pox 都让游戏玩家从现有配置中组合出一个战士，游戏机本身也配有无线电通信系统，可以让小孩和 30 英尺内其他任何一位玩家对战。芝加哥的焦点团队主持人向 8 位"酷小狗"解释说，一旦他们组装好战士，就可以立即进入战斗状态，攻击隔壁的 Pox。这时只见"酷小狗"们手握双拳，跃跃欲试。

为了在游戏中赢得胜利，每一位玩游戏的人都必须学会几百种战斗装备的组合方式，因为每个配置单位都有其强项和弱项。虽然这种战斗游戏规则有点像过去的"剪刀、石头、布"，不过显然要复杂得多。这个电子游戏机最具特色之处在于，一个小孩单独玩很没趣，而如果跟其他拥有这款游戏机软件的小孩一起玩，才会有趣。赢家可以完全接收战败者的战斗装备。

在焦点团队访问结束后，每一个"酷小狗"都获赠 30 美元奖金，和一个装有 10 个 Pox 游戏软件的背包，其中的软件可以送给他们的朋友。孩之宝玩具公司把这种营销方式称为"病毒式营销"，因为他们通过意见领袖把这个新游戏传送到他们朋友那里，就像传染病扩散的过程一样，当时该公司决定在芝加哥地区推出这款游戏机。接着孩之宝确认了 1600 位"酷小狗"，再借着他们将 Pox 扩散到全芝加哥 1400 所学校中的 900 所学校。然后才正式推出每台售价为 25 美元的 Pox 游戏机。此外，这台游戏机以男孩子为主要营销对象，从未考虑过引起女生的兴趣（这就是确定对象的营销策略）。

至于为什么孩之宝把这些意见领袖称为"酷小狗"，据为孩之宝公司进行调查的营销公司总裁汤姆·施奈德（Tom Schneider）表示，他曾经购买过一只英国名犬，饲养它的主人警告他说，千万不要挑一窝狗中的领头者。但许奈德却由此得到灵感："我们要的就是这样的领头的酷小狗。"

（一）单一型和多重型

这些在社会体系里的意见领袖，到底是一些全方位的意见领袖，还是针对不同事件各自拥有一批特殊的意见领袖呢？多重型（Polymorphie）意见领袖是指作为一个意见领袖，针对不同主题都具有意见领袖的作用；相反的，单一型（Monomorphie）意见领袖只是某个领域的意见领袖。在某一特定的社会体系里，多重型意见领袖的作用随着以下因素而改变，包括主题的广度、社会体系规范的创新性，等等。凯兹和拉扎斯菲尔德（Katz, lazarsfeld, 1955）曾在美国伊利诺州迪凯特市的家庭主妇中针对 4 项不同的主题（服饰、电影、公共事务和消费性商品）进行意见领袖研究调查，调查发现有 1/3 的意见领袖所发挥的影响力覆盖了一个以上的领域。而在其他调查研究里，多重意见领袖的作用可能多一些也可能少一些，完全视个案而定。例如，发展中国家意见领袖的影响力通常同时出现在健康、农业、教育理念甚至还有政治和伦理道德的层面。

▼ 案例 8-3　抗英行动中最知名的"报马仔"

每一位美国学童都知道伟大诗人朗法罗（Henry Wadsworth Longfellow）一首长诗的篇首："听啊，我的子民，午夜时分，你们会听到保罗·里维尔（Paul Revere）传来的马蹄声。"这首诗歌是在描述一位波士顿的银匠，如何在 1775 年 4 月 18 日到 19 日夜间策骑千里，奔走相告马萨诸塞州的人民：英国为了捉拿美国殖民地意见领袖约翰·汉考克（John Hancock）和塞缪尔·亚当斯（Samuel Adams），并销毁当地庞大的军火库，正带领军队从波士顿出发。翌日美国将士便群集在莱克星顿和康科特这两个城市，给英军迎头痛击。这次对抗也拉开了美国独立战争的序幕。

当时还有另外一位骑士达维斯也在同一时间前往该州告知民众这项重大消息，但由于他并不熟悉当地的意见领袖，所以其消息扩散的效果远不如里维尔。例如，在达维斯行程路线里的华尔顿市，就没有得到这个消息，同时也未见该市民众加入莱克星顿市的队伍，共抗英军。

英军自波士顿出发，次日凌晨 1 点，里维尔连夜把这个重大消息传到了该州的林肯市；半夜 3 点，便传到了萨德贝利市；然后到了凌晨 5 点，则传至波士顿西北方约 25 英里的安道佛市（见图 8-2）。到了上午 9 点，消息已经传至距波士顿约 45 英里处的阿什比市，也就是说，他让面积达 750 平方英里内的民众知道了这项消息。成千上万的美国军队，也在 4 月 19 日早上在莱克星顿和康科特这两座城市集结，与前来的英军正面对抗；中午时分，当英军要撤回波士顿时，他们再次发起进攻。由于撤退的英军无法得到后援补给，远征以失败告终。

而达维斯同样在晚上 11 点从波士顿出发，时间和里维尔相同，都是策骑良驹，也具有同一目标，但他们的前进路线却不大一样。到底是什么原因造成达维斯无法成功号召美军集结？原来，里维尔很早就加入了波士顿的反英茶会及俱乐部，并在其中扮演重要角色。因此，他相当清楚在这趟"美丽布朗"（Brown Beauty）（注：马萨诸塞州素有这个美名）之行中要把消息告知哪些人。结果他成功将这消息告诉了当地一些最关键的人物，而这些人就是有能力唤起民众拿起武器抗战的人。当他们得知这个重大消息后，立即连续对空鸣3枪，以唤起更多的民众投入。而且，其中也有不少农民领袖，纷纷派出骑士火速前往其他乡村通告英军入侵的信息。里维尔在行程中，还碰到一些刚好和女朋友约会后回家的青年。里维尔便说服这些人去传播这个信息，这使得这消息扩散呈"S"形快速展开，很快就在新英格兰人中间传开了。

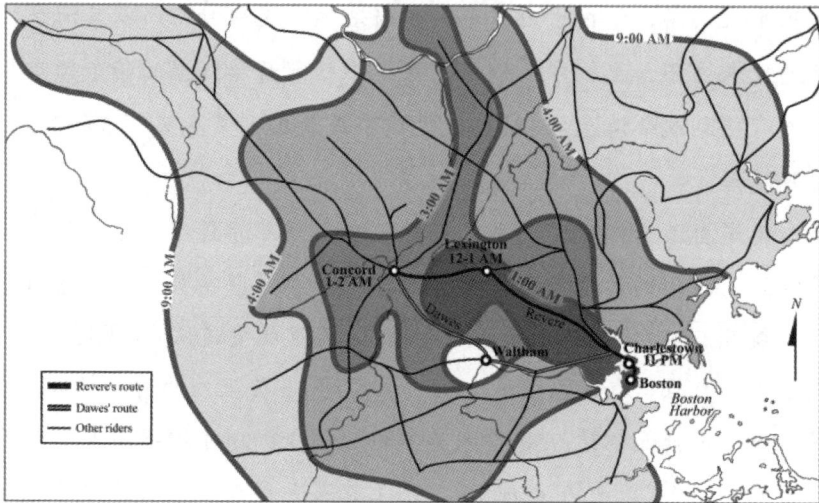

图 8-2　英国大军袭击消息在 1775 年 4 月 18 日到 19 日的扩散

相较之下，达维斯就不太清楚当地的状况。他虽然同是在 4 月 18 日到 19 日火速前往报信，但他只能随意敲开一些民众的大门，告诉他们这个消息。大多数人在听他说完之后，便关上了大门，继续回去睡觉。

——费雪（Fischer, 1994）

（二）意见领袖的特质

意见领袖和他的跟随者到底有什么不同？以下有 7 项根据实验总结出来的重点，回答了这个问题。

1. 与体系外的联系

意见领袖比跟随者更加关注大众媒体。两级传播理论就指出了意见领袖对大众媒体沟通渠道的重视和关注（Lazarsfeld et al., 1994）。意见领袖之所以得到肯定，是因为他们是社会体系从外界引进新观念的主要窗口。他们与外界的沟通联系可能是通过大众传播沟通渠道，或者是意见领袖本身的世界公民性，以及通过和推广人员的密切互动来完成的。

意见领袖比他的跟随者更具有世界公民性。有一位专精于沟通网络研究的知名社会学者——伯特（Ronald S.Burt），把意见领袖形容为"社会边缘人"（People on the Edge），因为意见领袖具有相当程度的世界公民性，可为民众从社会体系外引进新观念，他们传出的信息超越了各个团体之间的界线。与其说他们是社会体系金字塔顶端的人物，倒不如说他们是社会的边缘人；同样的，与其说他们是某个社会团体内的领袖，倒不如说他们是社会团体藩篱的突破者（Burt, 1999）。因此，意见领袖获得体系及跟随者对自己的肯定和认同，是他们与社会各界广泛接触的结果。

意见领袖与推广人员接触更加频繁。如前所述，推广人员会试图利用意见领袖的影响力，促使创新广泛扩散。因此，意见领袖比他的跟随者与扩散人员有更多的接触，也不太令人意外。

2. 易接近性

意见领袖为了推广创新信息，必须和自己的跟随者有密切互动。因此，意见领袖具有相当高的易接近性，是一位平易近人的人。易接近性的一个指标是社会参与的、面对面的沟通，可能是组织内部的正式会议，也可能是非正式的谈论。例如，里维尔能够把英军入侵的消息很快传遍马萨诸塞州的每个角落，最关键的原因是他自己很早就活跃于波士顿地区的俱乐部，如"伦敦敌对组织"（London Enemies List）、"北方反对团体"（North Caucus）及"长室俱乐部"（Long Room Club）。同时，里维尔也常到当地革命人士聚集的"首领克伦威尔"（Cromwell's Head）和"一串葡萄"（Bunch of Grapes）这两家酒吧走动。以上这些俱乐部和酒吧的会员，有很多是发动1775年美国独立战争的领导人物（Fischer, 1994）。

因此可得出结论：意见领袖的社会参与度，比他的跟随者高出许多。

3．社会经济地位

如前所述，追随者总是倾向于效仿社会地位比较高的意见领袖。所以，总的来说，意见领袖所处的社会地位比追随者要高。这个论点是由加布里埃尔·塔尔德率先提出的（Gabriel Tarde, 1903）：虽然新发明可以由社会下层的人完成，但是其扩散则必须依赖一些社会上层人士的推动。由此可知，意见领袖比他的跟随者，拥有更高的社会经济地位。

4．创新性

如果意见领袖被他的追随者认定是在创新方面有能力且值得信赖的专家，意见领袖也应当在跟随者之前，先一步接受创新概念。很多实验证实：意见领袖比他的跟随者更具有创新性。然而，意见领袖并不一定是创新先驱者。有时候他们可能是创新先驱者，但通常都不是。我们必须考虑到社会体系规范对意见领袖创新性的影响，也就是说，意见领袖的创新性强弱，是由他的大部分跟随者所认定的，而现存的体系规范影响着跟随者的看法。

（三）创新性、意见领袖和体系规范

意见领袖如何一方面符合固有的体系规范，另一方面又率先接受创新事物？答案就是：当社会体系规范支持改变时，意见领袖会更具创新性；但当社会体系规范不支持改变时，意见领袖也就不会特别具有创新性。在拥有较多传统规范的社会体系里，意见领袖通常是与创新先驱者截然不同的群体。这时的创新先驱者会被大多数的体系成员质疑，甚至不被尊重，他们对创新的判断也不会被相信。例如，在哥伦比亚共和国的传统农村的扩散研究中，E.M.罗杰斯和斯维宁就发现当地意见领袖的创新性，只比跟随者稍高一点而已（Rogers, Sevenning, 1969）。因此，体系规范便决定了意见领袖能否同时身兼创新先驱者的角色。

不同国家地区的研究资料都支持以上观点，即意见领袖和社会体系规范的一致性。例如，赫尔佐格等学者在巴西农村的扩散研究（Herzog et al., 1968）里指出：在大部分传统农村里，不论是意见领袖还是他们的跟随者都不太具有创新性，从而导致农村地区依旧相当传统；而在大部分现代社区，社区规范对创新的态度比较友善，意见领袖和跟随者都同样具有创新性；至于两者之间的社区，现代化进程刚刚开始，社会上形成分化的意见，而意见领袖会借此领先其他农民尝试创新，引领着现代化的进程。

不过，创新推广人员却常常犯一个最普遍的错误，即他们选择的意见领袖大多是创新性过高的人。推广人员之所以需要借助意见领袖，目的不外乎希望通过他们弥补和扩散对象之间的差异（见第九章）。因此，如果意见领袖比一般扩散对象的创新性高出太多，那么本来存在于推广人员和扩散对象之间的异质性，就变成了意见领袖和扩散对象之间的异质性。因此，在传统的社会体系里，创新先驱者都不是合适的意见领袖，因为他们过于杰出，过于倾向于创新，

这样的创新先驱者对一般人来说，是不切合实际的人。可以这样说，体系规范决定了意见领袖会出现在哪个采用者类别中。

有时候，创新推广人员会在客户中，确认出潜在的意见领袖，但是随后他们跟这些意见领袖的密切接触，让意见领袖变成了创新者，而失去了他们原来的跟随者。事实上，意见领袖和他的跟随者之间的关系，是很微妙的。如果意见领袖变得太有创新性，太快接受创新，这时他的跟随者就可能会怀疑他们的判断。本来意见领袖扮演的角色之一，就是为跟随者减少可能带来的不确定性。为了扮演好这个角色，意见领袖就必须表现出自己对创新的明智态度，他们必须不断回过头去，了解体系中其他人对创新的看法和评价等。

（四）意见领袖型的团体组织

以团体组织为接受单位的创新-扩散，是否也存在着意见领袖？沃克（Walker, 1966）指出，创新可以通过团体组织间的网络，从一个团体流传到另一个团体，其扩散过程和同一个社会体系中的个人之间的扩散一样。沃克的组织扩散研究对象，是美国 50 个州的州政府。他针对每一个州对 88 种遍及全美的创新计划的接受情况，来评量它们的创新性，这些计划包含社会福利、公共卫生、教育、环境保护、高速公路、民权、治安等各方面。至于州政府对创新的接受，是以提供一项新服务、订立相关法令，或成立一个专职部门来确定的。例如，有些州开征燃料税、制定民权法令、落实屠宰场检疫制度以及成立公共卫生委员会等。沃克（1971）发现全美 5 个最具创新性的州，分别为纽约州、马萨诸塞州、加州、新泽西州、密歇根州。沃克把这 5 个领先的州称为"国家联盟"，他们人口较多，城市化和工业化的程度都很高。相比其他农业性的、土地面积较小的州，或许他们早在好几年之前就面临一些相当棘手的社会问题，需要进一步立法加以解决。此外，这些州通常也是较富裕的州，所以有较丰富的资源接受新观念。

在全美各个区域内，都有些扮演意见领袖角色的州。一旦这些州接受了创新计划，区域内的其他州便会跟进。如果接受创新的不是那几个充当意见领袖角色的州，而是其他州，通常这项创新的扩散便会相当缓慢，甚至无法扩散出去。因此，在美国各州之间，也确实存在着创新-扩散的沟通网络。

在进一步的分析中，沃克为了测定全美 50 个州的扩散网络，便针对其中 10 个州的政府官员进行访问。当州政府要寻求创新相关的信息时，就会向邻州请教。"政府官员最乐意与自己邻近的州沟通，那些州通常有着同样资源、社会问题以及施政风格"（Walker，1971）。例如，爱荷华州官方虽然也跟随密歇根和加州接受了某些创新，但是他们受到威斯康辛州的影响更大，因为与这两个州的地理位置更靠近，所以后者是更适合的模仿对象。而且威斯康辛州也是其他中西部各州的意见领袖。在沃克的全美 50 个州创新性指数排行榜上，威斯康辛州位居第 10，而爱荷华州则排名第 29。沃克在研究中也发现扮演跟随者角色的州，通常会把意见领袖的州刚通过的法案，一字不漏地抄过来，有时甚至包括其中的打字错误。

简言之，我们可以这样认为，全美 50 个州的扩散过程，是由"国家联盟" 5 个州中一个或几个实施一项新法案开始的。几年之后，每一个区域内的"意见领袖州"可能都跟进了。然后这项创新性法案就会快速地在区域内扩散，最后为各州广泛接受。也就是说，这些扮演意见领袖角色的州成为 5 个"创新先驱州"和其他州之间的协调者，是全国扩散网络的桥梁。

近几十年来，在全美各大城市进行的新政策扩散研究，也证实了意见领袖模式确实存在于团体组织之间，如同存在于个人之间一样：如公共场所禁烟条例，明文规定民众不得在政府办公大厦、餐厅、酒吧及其他场所抽烟（Rogers, Peterson, Mcowiti, 2002）。新墨西哥州的拉斯库西斯是美国西南部率先实施室内禁止吸烟法案的城市之一，其中一个原因是，在这个小型大学城的市政府内有一个禁烟运动的倡导者，他同时是位知名的免疫生物学家，主导了二手烟对人体造成伤害的研究（Hays et al., 2000）。几年内，拉斯库西斯市这项禁烟法令便扩散到十多个西南部城市，而扩散过程主要是通过这些城市公共卫生联盟的运作。因此，拉斯库西斯市无疑成为该区域内这项政策扩散的意见领袖。

（五）意见领袖的重要性

"当拟定扩散计划时，必须充分利用传播网络，而不是忽略它。"（Valente, Davis, 1999）利用传播网络最普遍的做法，就是确认和善用意见领袖。近年来有不少研究实施是为了测定意见领袖能否加快整个扩散的过程。其中有些是研究意见领袖在公共卫生领域对相关的介入式扩散中的作用，还有一项研究是关于创新如何在医生之间扩散。例如 1991 年洛玛斯等人（Lomas et al., 1991）发表的知名研究，便是比较鼓励产妇接受自然生产的两种介入式方法。一种介入式方法是，在 16 家社区医院 76 位医生中挑选一些意见领袖，让他们来鼓励产妇进行自然生产；而对照组的介入式方法，则是检查产妇病历，然后把结果回馈给医生。两年后，采用病历稽核的方法几乎没什么进展；意见领袖的介入式推广，却使产妇接受自然生产的比例增加了 85%。以上就是善用意见领袖的推广和其他推广方式之间的差异。

表 8-2 中，列出了关于意见领袖在扩散中的作用的相关研究，其中已完成的试验研究，都说明了意见领袖的介入式推广，如何有效地使个人或组织行为改变，其中包括艾滋病防治、检查乳腺癌的 X 光技术及预防心脏病等。重要的是，大部分公共卫生领域的介入

式研究都是采用随机对照实验法（Randomized Controlled Trial，RCT），在检测新药物的药效、新医疗程序或提高体系内成员健康的其他介入式方法时，这种方法已被公认为一种标准方法。什么是随机对照实验法？就是在对个人或团体随机地进行介入式措施之前与之后（通常会在之后）搜集数据，但是控制组（即对照组）不进行介入式措施。在控制组出现的效果应该从随机组的效果中扣除，以减去随着时间而自然发生的变化。因此，在表8-2里的10项实验研究资料显示：意见领袖对创新-扩散的重要性极具说服力。这项结论也不让人感到意外，它只是补充了意见领袖作用的实验例证。第二章曾提过，大部分扩散研究都属于数据调查类，而不是实验研究类。因此，近年来关于意见领袖的实验研究，就显得十分重要，或许它正标志着一个创新-扩散研究新时代的来临，即通过实验研究方法来回答扩散研究相关的问题。

表 8-2 意见领袖在扩散中的作用

研究者代表、研究设计	确认意见领袖的方法	计划目的	意见领袖的介入效果
诺玛斯等（1991）进行超过 2 年的随机对照实验	社会测量法，由 4 家安大略地区的医生选出 4 位意见领袖	针对3552位孕妇宣传剖腹产可能带来的风险，并强调自然生产的好处	唯有安排意见领袖的医院，才使得剖腹产率降低
米勒等（1998）进行超过8个月的随机对照实验，在 5 个时间点搜集数据	观察法，和主要受访者评级法（纽约市红灯区的酒吧）	在 1862 位红灯区酒吧男妓及嫖客中，降低艾滋病高感染率	20 位经过专业训练的意见领袖发挥影响力，使不安全性行为减少3%～25%不等
布斯卡等（1986）进行超过4年的田野实验	主要受访者评级法（针对芬兰北卡罗尼亚县各农村，每个农村选出 2 位意见领袖，共805 位）	降低在体系中具有心血管疾病的心脏病患者发病率	戒烟运动和健康饮食疗法取得显著成功
田萨罗等（2000）进行超过 18 个月的田野实验	主要受访者评级法（在 4 个工作场所选出104 位意见领袖）	改善 4 个工作场所全体员工的公共卫生习惯	意见领袖派发公共卫生材料、主持会议或座谈会，成功通过非正式网络扩散公共卫生资讯

续表

研究者代表、研究设计	确认意见领袖的方法	计划目的	意见领袖的介入效果
瓦伦特等（2002）进行超过 3 个月的随机对照实验	主要受访者评级法（教师），社会测量法（调查），网络方法（16 所美国加州学校，1960 位六年级学生）	通过教师、意见领袖和其他网络途径，给扩散对象提供相关训练，使吸烟率下降	计划尚在进行，还没有结果
卡斯楚等（1995）进行超过 3 年的随机对照实验	主要受访者评级法（以美国亚利桑那州凤凰城 7 家教会的牧师和长老们为主）	每一家教会的意见领袖成功推动教友接受防治乳腺癌计划（如乳腺 X 光射线摄影技术及健康饮食等）	该计划尚在进行，还没有结果
赛伦塔诺等（2000）进行超过 21 个月的随机对照实验	主要受访者评级法，社会测量法（泰国皇家军队应征入伍者）	降低泰国 450 名泰国皇家军队应征入伍的艾滋病及性病的感染率	获得大幅降低艾滋病及性病高感染率的具体成果
厄普等（2002）进行超过 3 年的随机对照实验	主要受访者评级（美国北卡莱罗纳州 5 个县的 170 位意见领袖）	在美发室、教会等地方成功推广非裔美国籍妇女接受乳腺 X 光摄影术	超过 5 个城市的乳腺 X 光摄影术采用率比对照组平均高出 7%
凯利等（1992）进行超过 6 个月的随机对照实验	观察法，主要受访者评级法（在 3 个城市同性恋酒吧的酒保中选出 43 位意见领袖）	向同性恋酒吧消费者宣传安全性行为，降低艾滋病感染率	未戴安全套的不安全肛交减少了 15%～29%
凯利等（1997）进行超过 1 年的随机对照实验	观察法，主要受访者评级法（4 个城市同性恋酒吧的酒保）	向 1126 位同性恋酒吧消费者宣传安全性行为，降低艾滋病感染率	减少未戴安全套的肛交，增加保险套的使用

　　在这 10 项实验研究里，那些被认定为意见领袖的个人，为什么愿意为了推广创新而对其他人发挥其影响力？一个共同的原因是，他们个人曾经获得了介入式计划的益处。例如，2002 年厄普等人（Earp et al., 2002）发表的美国北卡罗来纳州的乳腺 X 射线摄影技术扩散研究，在 170 位意见领袖中，绝大部分都会接受乳腺癌检查，早期发现让她们成功获得了医治，因此，她们后来成为乳腺 X 射线摄影技术的理想代言人。如前所述，芬兰北卡罗利亚县民众有心脏病的比例很高，为全国之冠，而在实验研究的 805 位意见领袖中，

大部分都被心脏病折磨，或者他们有亲友，如父亲、兄弟或丈夫因心脏病去世（Puska et al., 1986）。除了自己是健康计划的受益者之外，其他大部分的意见领袖则还具有关心他人的情操。例如，在 2000 年，田萨罗（Tessaro et al., 2000）等人发表的关于 4 个工作场所公共卫生扩散的研究发现，愿意担任意见领袖的人，大部分都是出自他们对健康议题的关心。

确认意见领袖的具体程序，会影响到意见领袖改变他人行为的方式，至少某种程度上会如此。此外，意见领袖也必须不断地接受训练，以鼓励他们维系对跟随者的影响力。例如，在为期 4 年的芬兰北卡罗利亚县扩散计划的最后阶段，805 位意见领袖竟有一半以上失去了原有动力（Puska et al., 1986）。意见领袖受训后在介入式扩散过程中所承担的责任，具体到每个扩散个案中会有很大的差异。前文曾提到，同性恋酒吧的意见领袖必须接受专业训练，以成为一个安全性行为和艾滋病防治的模仿角色。接受过专业训练的意见领袖，在同性恋酒吧里只要在衣服上佩戴小型纽扣标志（即艾滋病防治及安全性行为的标志），就可以去到感兴趣的酒吧接触顾客了（Kelly et al., 1991）。而美国北卡罗来纳州实验计划中的 170 位意见领袖，则需主动接触教会、美容院和其他适合场所的妇女，与她们讨论有关乳腺 X 射线摄影防治乳腺癌计划这个敏感话题（Earp et al., 2002）。

至于意见领袖和他们的跟随者如何互动？发生的地点在哪里？都因案例而异（见表 8-2）。有些意见领袖，比如在同性恋酒吧的，只需要和他们的跟随者交谈就可以了。在其他研究里，意见领袖则必须接受训练，学会找出体系里合适的扩散对象并组织会议、发表文章等（Tessaro et al., 2000）。瓦伦特等人关于美国加州禁烟扩散实验研究（Valente et al., 2002），就分别通过主要访问者评级（即教师）、社会测量法（由六年级学生推荐提名），以及沟通伙伴（即由其他人点名的学生担任意见领袖）来评量意见领袖宣传禁烟的绩效表现。

结果显示，在改变对吸烟的态度及禁烟的意愿上，通过沟通伙伴选出的意见领袖，比主要访问者评级法产生的意见领袖效果更好，而后者又比社会测量法选出的意见领袖为佳。

由这 10 项实验计划可知，不管使用什么方法选出意见领袖，不管给予这些意见领袖怎样的训练，也不论意见领袖究竟如何影响别人，总之，意见领袖策略在对社会成员健康的提升方面，具有相当显著的功效。

案例 8-4　新药物扩散网络

早期扩散学者只是很单纯地通过计算每个成员的沟通连接来测量其意见领袖的程度，然后借此来判断哪些人是意见领袖，哪些人是跟随者。在这个研究方式下，个人是被分析的对象，尽管意见领袖的选出，是由社会体系中沟通网络的另一端所做出的选择。下一步，便开始以沟通网络连接作为主要分析单位，而这项转变意味着扩散研究本质上的重大改变。因为扩散网络的分析，让我们可以更深入地了解原本隐藏的人际关系运作机制。

第一个探究扩散网络特性的研究调查，是社会学家科尔曼等人进行的，他们在 1966 年发表了《新药物在医生之间的扩散研究报告》（见第二章）。如同过去的学者一样，科尔曼等人先探讨与个人创新性（即医生是在哪个月接受四环素这种新药物）相关的自变数。跟过去的扩散研究学者不同的是，科尔曼等人除了探讨自变数之外，也研究了沟通网络。他们发现这些网络变数，才是预测创新性的重要指标（准确性甚至比个人特征如年龄、世界公民性和社会经济地位等更高）。这个方法论上的改变，也让我们进一步了解人际关系运作机制与"S"形扩散曲线的关系。

举例来说，四环素是一种相当有效的抗生素，在任何个案中都具有快速而直接的疗效，副作用也比之前采用的抗生素低，可作为医生的常用药（Van den Bulte, Lilien, 2001）。初看之下，这种新药物之于医生，就如同新玉米品种之于爱荷华州农民一样：两者都必须做出重大行为改变，同时也能得到重大显著成果（即相对利益）。和爱荷华州农民不同的是，接受新玉米品种是自身的行为，而医生决定接受新药物，却是用在病人身上；两者之间相似之处在于，接受创新时都必须面临创新带来的高度不确定性，而且也同样需要借助周围人的意见和实践，来降低这种不确定性。

在新药物推出后短短 2 个月，已有 15% 的医生进行试用；4 个月后这一比例则攀升到 50%。毫无疑问，四环素的认知属性，如相对优势，有助于采用率的快速上升（在研究期间，也就是新药物推出后的 17 个月内，美国伊利诺州全体医生几乎 100% 接受了四环素）。事实上，服用这种新药物的效果相当显著，所以人际沟通网络都传达了正面信息，大大激励了医生的采用意愿。在为期 17 个月的新药物扩散期间，完全没有终止使用的现象。最后，科尔曼及其同仁发现，医生接受新药物的创新性和 7 项网络内部连接性的衡量指标相关：

（1）作为正式员工隶属医院；

（2）常参与医院员工会议；

（3）与一位或多位医生分享治疗经验；

（4）在社会测量中，被其他医生称为信息来源和建议的提供者；

（5）被其他医生认为是讨论医疗病例的主要沟通对象；

（6）在社会测量中，被其他医生称为好朋友；

（7）沟通网络社会测量交叉研究中，被其他医生选为沟通咨询的伙伴。

在以上每一个沟通网络变量中，如果医生的沟通网络较广的话，他们在接受四环素上的创新性也较高；反之，如果医生较孤立的话（也就是说，社会测量法中较少受到推荐提名），则较晚才会接受使用新药物（见图 8-3）。在科尔曼及其同事的扩散研究中，医生在沟通网络中的活跃程度，是评量其创新性的最好指标；而这个判断指标，比他们同步研究的其他自变量，如医生个性、接触传播工具的程度、病患的平均收入等，都更重要。因此，与其他医生之间的"外在变量"（即沟通网络）要比医生的"内在变量"（即个人特征）重要得多。而在不同的沟通网络变量中，跟创新性最相关的是友谊这个变量（即上述第 6 项）。在 46 位医生中，超过一半是人际关系较疏离、较消极的人（在社会测量法中，他们获得好朋友的选票为 1 票，甚至一张选票也没有；他们大都是独自行医，没有工作伙伴），而他们在四环素推出后的 10 个月内，仍然没有接受这种新的抗生素。相较之下，在同一时期间内，几乎所有在沟通网络上积极活跃的医生，都接受了四环素。

科尔曼及其同事的研究，说明了互相联络的医生具有较大创新性。图 8-3 显示，相互联络的医生的"S"形扩散曲线向上发展得很快，如同滚雪球般：一个早期采用者把这项创新的个人经验，传递给周围的 2～3 位同伴，而这些人可能在下一个阶段就接受创新，然后通过人际沟通渠道将他们对创新的主观经验传递给更多医生。没有几个月，绝大部分互相联络的医生都已经接受了新药物，而且采用率持续上升。这个扩散过程基于连接医生的人际网络，这个网络也提供了一个个人主观看法的交流渠道。

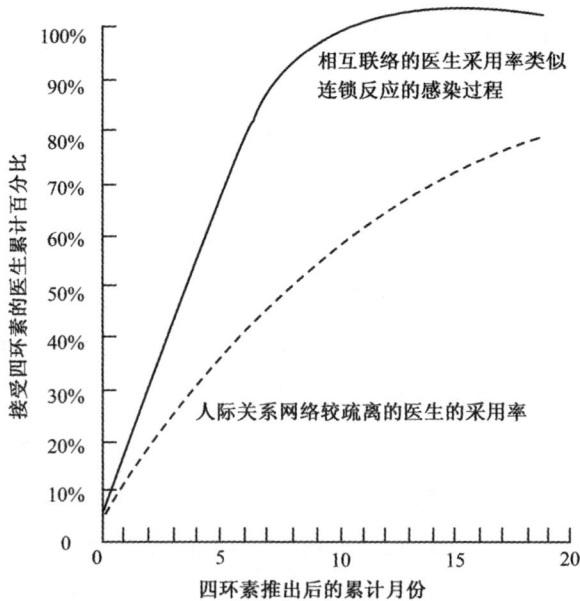

图 8-3 四环素采用率

相互联络的医生，其采用率发展可以说像一个病毒感染过程一样，雪球越滚越大；人际关系较疏离的医生，其采用率则呈直线发展。表中显示的采用率，是科尔曼等人（1968 年）针对人际关系积极活跃和较疏离消极的医生，以及经由 7 项沟通网络"相互关联性"的评量后所得的具体结果，也充分反映出四环素实际扩散的状况。至于发生在人际关系较积极活跃的医生身上的"连锁反应、快速散播"过程，主要原因是他们在个人人际关系网络上相当活跃积极，与其他人互动接触频繁。

资料来源：科尔曼等人（1966）

　　然而，对人际关系较疏离的医生来说，并未出现如滚雪球般的连锁反应。这些医生缺乏与同伴间的沟通网络，也无法接触到他人对创新的主观评估。因此，人际关系较疏离的医生的采用率，几乎呈一条直线发展，但仍然轻微弯曲。在每个时间间隔里，尚未接受的总人数中，由于新采用者增加形成的人数比例几乎是固定的（见图 8-3），因此，采用率并不会出现快速攀升的现象。虽然到最后，这类医生中的绝大部分甚至全部都接受了。至于人际关系较活跃的医生，在接受新药物上显现出较高的创新性：人际沟通网络对相互联络的医生造成的影响较强大也较快速；相对地，对于较为孤立的医生影响力较弱、接受也较缓慢（Coleman et al., 1996）。1995 年瓦伦特发表的新药物扩散研究重新分析了这项实验数据，指出自四环素推出后，人际关系较疏离的医生接受这种新药物的时间平均为 9.5 个月，而人际关系较活跃的医生则只需 7.5 个月。

此外，当医生不确定是否接受这种新药物，而自己也无法把问题弄清楚时，他们便会转而寻求他人的协助，来搜集有助于他们进一步了解这种新药物的资讯。因此，对这种新药物的诠释可以说是社会建构性的。在人际关系网络中密切互动的医生们，自然会用类似的观点来诠释新的创新。科尔曼等人在研究的四环素案例中发现，医疗体系本身对这项创新已逐渐达成了一个正面的看法。而这种意见共识促使相互联络的医生很快就接受了这项创新，最后终于使得医疗团队对创新的友善态度传播到人际关系较疏离的、边缘化的医生那里，让他们也同样接受了新药物。研究报告也指出，在医疗体系内有 3 名重要的意见领袖，对跟随者接受创新的决策发挥了重大影响力，不少医生很早就接受了这种新药物的具体成果。

根据以上分析，可以进一步推出以下结论：在社会体系中，个人的沟通网络互动密切程度和个人的创新性有正向的关系。也就是说，如果个人是通过同伴提供接受创新的经验，而被说服接受一种创新观念的话，那么如果这个人拥有较多提供这样信息的人际关系，在接受创新时就会表现出更多的创新性。

近年来，部分扩散学者重新研究科尔曼等人提出的新药物扩散研究报告，提出了若干质疑，也进一步推广了原来的某些结论。例如，伯特（Ronald S.Burt, 1980, 1987）指出有两位医生几乎在同一时间接受四环素，其主要原因不是沟通网络上的，而是结构同型性（Structure Equivalence）造成的，结构同型性发生于两个人在网络结构上都占据同样的社交空间。麦思登（Peter V.Marsden）和普多尔尼（Joel Podolny）在 1990 年运用时间历史分析法重新研究这个新药物扩散研究报告，他们认为沟通网络这个变量，对医生接受四环素的创新性影响相当有限。瓦伦特也在 1993 年、1995 年运用"门槛模式"（Threshold Model）重新研究，他认为每一位医生对医药创新都具有一定程度的抗拒感，后来受到人际关系网络里的同伴接受创新的影响，这种抗拒感才逐渐消失。此外，瓦伦特发现，世界公民性资源（特别是医学期刊）的外在影响结合人际的互动程度，为医生接受四环素的创新性提供了最佳诠释。在接受这种新药物的创新上，意见领袖只有 0.23 的相关性（Valente, 1995）。最后，贝尔特和里林（Van den Bulte, Lilien, 2001）认为制药公司积极的市场营销策略是造成四环素快速扩散的主要原因，而不是先前所说的人际关系网络的影响力。

以上这些对科尔曼研究报告的再分析，表现出不同的扩散学者，各自运用独特的理论模式和特殊方法论的工具，对人际关系网络和四环素扩散的关系，分别得出了不同的结论。

——科尔曼等（Coleman et al., 1960）

四、扩散网络

前面提到扩散进程的核心是潜在用户的朋友们对创新的示范作用。在决定是否采用某项创新前，个体更加倾向信任已采用者的经验反馈。对于某项创新的主观评价主要通过人际网络关系传输。因此，为了更好地读懂扩散的进程，首先必须了解网络的本质。

⬇ 案例 8-5　在多米尼加共和国建立光伏扩散网络[1]

1984 年，佩吉·莱斯尼克（Peggy Lesnick）在加勒比海范围进行了一次考察，她在牙买加的一所学校安装了一台光伏水泵，以便让那里的学生们可以喝上干净的水。与此同时，一位叫理查德·汉森（Richard Hansen）的人正夹着一块光伏板经过多米尼加共和国的海关，随后，他把这块光伏板安装在自己家里以供应电灯、电视的使用。光伏发电是可再生的能源技术，通过光伏板上的半导体与导线，可以将电磁辐射转化成电力。例如，很多小型电子计算机也是使用光伏技术充电。

15 年后的 1999 年，佩吉·莱斯尼克为了完成博士论文，回到牙买加开始收集关于光伏技术扩散的数据。当年学校校长是一名光伏技术的狂热爱好者，但此时他已经离开了那所学校。而光伏板已经被蓄意破坏了，导线也被扯掉了，那些学童们依然没有干净的水可以喝。但是让佩吉惊讶的是，邻近的多米尼加共和国却有 8000 多名居民采用了光伏技术，但这些居民都是住这个国家最贫穷的地区——偏远的北海岸农村。是什么原因造成了在加勒比海周边相邻的两个国家发生了不同程度的光伏技术扩散呢？

理查德·汉森拥有美国麻省理工学院的工程学士学位和工商管理硕士学位，从西屋电器公司辞职后于 1984 年搬到了多米尼加共和国居住。他所使用的光伏设备引起了邻居们的好奇，因为这些邻居们平时都是靠煤油灯照明，靠汽车蓄电池来供应收音机和电视，这

---

[1] 案例来源于 Lesnick(2000)。

非常不方便（因为有些人没有汽车）。汉森自掏腰包为他的3个邻居提供了借款来安装光伏板（约600美元/台）。第一个采用者把光伏板作为惊喜礼物送给他的妻子，在妻子外出的时候，他安装好了光伏板，妻子晚上回来的时候简直不能相信他们家竟如此明亮。其中一名早期采用者说："过去漆黑一片的地方，现在充满了光明和希望（Lesnick，2000）"。对多米尼加共和国的农民来说，一块12英寸×48英寸的光伏板足够五盏电灯、一部收音机、一部电视机使用，还能够驱动一台果汁机和一台电风扇。汉森把最早的3个采用者培训成光伏板安装人员，他们随后就把光伏板扩散到77户人家，这些人都居住在一条马路周围15英里的范围内。

这些早期的采用者组建了太阳能扩展协会，并培训了150名安装工人，为采用者提供贷款，还游说政府把光伏板的进口关税从100%降低到18%。新采用者可以先向协会缴纳65美元的首付款，并在随后的4~5年内逐步还清所有的光伏板费用即可。该协会成功击败了国家公共电力设施，这得益于它们提供低廉电力的优惠策略。而一旦人们经历了公共电力设施的停电和其他问题后，会进一步发现光伏板更加适合自己。正如一名采用者所言，"光伏板从不会断电，另外，那是我自己的东西（Lesnick，2000）"。对多米尼加的采用者来说，对光伏技术的使用对他们非常重要。

光伏板采用者的热情有助于此项创新在多米尼加这个岛国扩散。同时，协会也是推广的主力军，特别在提供基金和技术支持方面。通过协会，多米尼加人觉得自己在负责创新的扩散，特别是在汉森搬回美国居住后（虽然汉森还是协会的董事，每月从美国飞到多米尼加参加两次董事会）。在他的帮助下，协会决定走向国际。1999年，协会在中美洲的洪都拉斯启动了扩散项目，并在一年内获得了1000名用户。

什么可以解释多米尼亚光伏的成功扩散？其中一个主要的因素

就是采用者组成了一个扩散网络（太阳能扩展协会），该网络促进了创新接受的过程。

（一）族群研究

对发展中国家计划生育的调查研究证明了扩散进程中网络对个体的影响的重要性。例如，E.M.罗杰斯与金凯德（Rogers, Kincaid, 1981）对朝鲜25个村庄进行了计划生育创新的扩散研究。他们发现，部分村庄可以称之为"药丸村"，其他村庄则可以称为"上环村"，还有一个"男性结扎村"。在一个"药丸村"中，所有采用了节育创新的人都选择了口服避孕药。同样，在其他村庄，几乎所有人都采用了同一种避孕手段。这种令人惊讶的同质化不可能是随机出现的。因为政府对村民进行计划生育推广时，都是同时推出不同的避孕"套餐"的。但是，像在"上环村"，某些意见领袖们首先采用了上环（宫内节育器）的手段进行避孕，他们的经验通过人际关系网络分享给后来者。曾经一度有12名妇女同时来到卫生所要求上环。数年后的扩散结果就是，这个村庄的所有人都采用了相同的避孕方法。这个研究结果还发现，虽然朝鲜计划生育政策面向全国进行推广，但扩散的进程却以村庄为单位。

与 E.M.罗杰斯和金凯德的研究结果相似的还有：（1）科勒（Kohler, 1997）对他们研究数据的重分析；（2）恩特威斯尔、卡斯特莱及赛义德（Entwisle, Casterline, Sayed, 1989）对埃及村庄的调查；（3）恩特威斯尔和同事们（Entwisle and colleagues, 1996）对泰国村庄的研究；（4）蒙哥马利与卡斯特莱 (Montgomery, Casterline, 1993)对中国台湾地区的研究。例如，恩特威斯尔和同事们在泰国也同样地发现了"药丸村"、"上环村"。

E.M.罗杰斯与金凯德（Rogers, Kincard, 1981）的研究还提供了更多的证据证明了在计划生育扩散中人际网络的重要性，他们提供了已婚或适龄妇女采用计划生育创新的人数百分比。在一些朝鲜村庄，超过50%的目标人群采用了计划生育，而有些村庄则只有10%～15%。这种差异来源于村民之间的沟通网络。由此可证，个人的网络连接可以成为预测其采用的重要手段。

实际上，平均每名妇女大概可以通过同村 7 名其他妇女好友了解到计划生育的方法（Kohler, 1997）。避孕措施不具备可观察性，所以人际沟通是了解其他人所使用的计划生育方法的重要途径。在上环的妇女中，她们的人际网络中平均4.3人使用上环的方法避孕，2人使用避孕药，1.7人使用避孕套或结扎。使用口服药避孕的妇女中情况也类似，她们的人际网络中大部分人也采用了相同的避孕方法。瓦伦特（Valente, 1997）等发现喀麦隆一名妇女所采用的避孕方法和她圈子里其他人的方法高度相关。这种避孕方法同质化的趋势在村庄层面很快就形成"药丸村"、"上环村"。这也就证明了在创新的扩散和采用过程中，个人沟通网络的重要性。同时，这也是让人忧虑的情况，很多妇女并不了解她所采用的避孕方法是否适用她个人，仅仅是因为身边的人都采用了该方法（Kohler, 1997）。

创新采用的族群现象同样的发生在其他领域。举个例子，威廉·H·怀特（William H. Whyte, 1954）注意到在费城的郊区，相邻的房子都采用相同的窗式空调。通过怀特航拍的照片，这个族群现象非常易于观察，因为在费城有成行的房子的窗户外都挂着同样的空调。当怀特回到地面，对个人进行关于空调选择的采访时，他发现大家购买的并不是同一品牌的制冷设备。对空调满意的采用者会告诉他们人际网络中的其他人关于这种制冷设备的信息，但是没有强烈建议某一品牌，因为在他们看来，大部分的品牌都差不多。

在意大利北部、靠近佛罗伦萨的圣·吉米尼亚诺，山顶村庄每户人家都建有3、4层高的石塔。这些石塔没有实际使用的意义，仅仅作为一种象征性标志。最开始有一户人家建了一座石塔，他的邻居不服气，便建了一个更高的，最后每户人家都建了这样的石塔。而在意大利其他村落，都没有这样的石塔。

某些创新被一些个体所组成的族群所采用，说明了邻里之间的人际网络对于创新的采用具备很强的影响力。沟通网络影响的相似证据还来源于对"盲目的模仿"犯罪的研究。在 1999 年 4 月 20 日，位于科罗拉多州利特尔顿城的柯伦巴因中学发生了震惊全美的枪击事件。在随后的 22 个月里，美国先后发生了 19 宗类似的校园暴力，其中有几宗非常类似于柯伦巴因的暴力犯罪，明显都是模仿前者的。比如，俄克拉荷马州福特·吉普森市的几名七年级的学生，因痴迷柯伦巴因暴力案件，于 1999 年 12 月用半自动手枪枪击了 15 名同班同学。后来警方在堪萨斯州抓获了这 3 名学生，并在他们家中缴获了枪支及炸弹制造原料，还发现了 3 件与柯伦巴因枪手一样的黑色风衣（Gladwell, 2000, Afterword）。

在模仿犯罪的案例中，犯罪行为的沟通网络影响往往来自于大众媒体，而不是面对面的渠道。劫机是感染性很强的犯罪，媒体报道的篇幅直接影响其感染性。霍尔登（Holden, 1986）分析了美国 1968 年到 1972 年之间劫机事件的扩散，在此期间，共发生了 137 宗试图劫机事件，几乎每 2 周 1 次。很多劫机事件的目的都是为了释放人犯或者勒索赎金，差不多每宗成功的劫机事件在 45 天内会引发 2 宗试图劫机事件，这种传染性可以解释美国 85%的勒索赎金的劫机事件。而且，很多劫机事件的细节都被后来者模仿。在此案例中，劫机属于一种创新，向犯罪人员扩散。

案例 8-6　约翰·斯诺博士与伦敦的霍乱蔓延[2]

创新的扩散与病毒的蔓延有着很多相同之处，有专门的数学模型帮助理解其中的进程（Bailey, 1975）。传染病学（研究疾病如何传播及哪些因素影响了传播）鼻祖之一约翰·斯诺博士，于 1854 年在伦敦行医。当时，一种神秘的疾病困扰着伦敦，500 多人死于此病。很多人认为是瘴气（不洁空气）引起的，有些人指责犹太人引起了该疾病（反犹太运动的表现）。

约翰·斯诺致力于寻找霍乱的根源。他在伦敦 SOHO 区黄金广场地图上标注出霍乱死者的住址，因为那里霍乱疫情最严重。斯诺发现，大部分的霍乱死者都集中在宽街（Broad Street）的水泵处。83 名霍乱死者中，只有 10 名住的地方离其他公共水泵较近。死者家属也承认他们一向在宽街的水泵取水，斯诺认为霍乱病毒是由受污染的地下水携带的。

在 1854 年 9 月 8 日，斯诺拆掉了宽街的水泵把手，霍乱随之停止了蔓延。斯诺也因为污水传播病毒的理论成为了公共卫生的英雄。直到今天，宽街上还伫立着一个重建的、没有把手的水泵，就在原来水泵斜对面的位置。在斯诺开设第一家诊所的弗里思街还修建了一个牌匾，尊他为传染病学的鼻祖。他所标注的霍乱死者位置地图一如朝鲜的"药丸村"、北美农场的"粮仓"、意大利圣·吉米尼亚诺的"石塔"，都是族群产物。斯诺还应该是沟通网络研究的先驱。

---

[2] 案例来源于 McLeod（2000）。

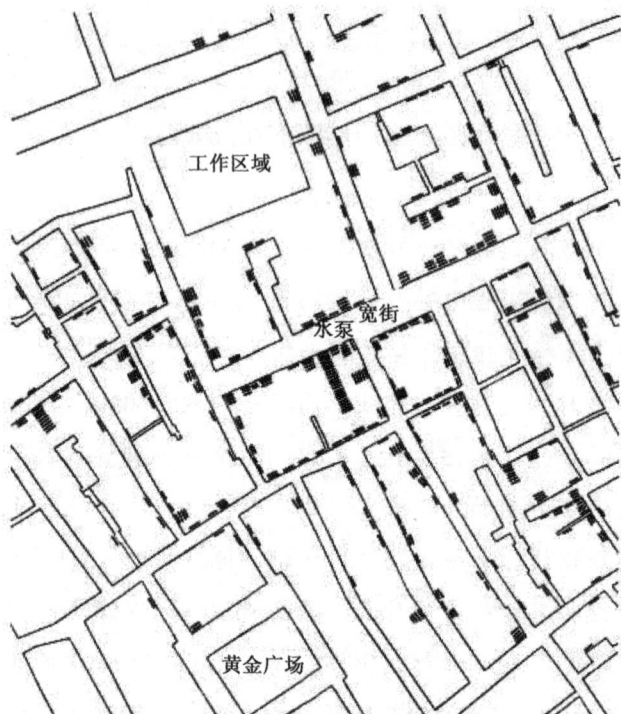

图 8-4　1854 年伦敦霍乱死亡点状地图

斯诺这张显示霍乱死亡民众扩散的点状地图，证实了霍乱是一种通过地下水传染的疾病，而宽街的水泵（在地图正中央位置）就是霍乱的感染源。之后，斯诺把原来水泵的把手去掉了，于是霍乱的传染便受到了控制。

资料来源：McLeod, 2000

（二）传播网络分析

传播网络由网络内部互相关联的个体组成，他们与特定的信息流关联，网络具有一定的稳定性。这种网络的模式让人类行为具备可预测性。对网络的研究有助于我们了解传播结构，即不同的因素可以通过体系内特定的信息流来分辨。由于传播结构非常复杂，所以哪怕在很小的体系内，体系成员本身都无法了解清楚他们的传播结构。一个体系内存在太多的网络链条，尝试去了解传播结构的个体可能会因为信息过量而崩溃。例如，由公式 $N(N-1)/2$ 计算可知，在一个有 100 名成员的体系内，可能存在着 4950 种网络链条（其中 N 为体系内成员数）。如果是有 200 名成员的体系，则存在 19900 种可能的网络链。如果是有 1000 名成员的体系，则可能存在近 50 万种网络链。分析这些海量的网络链，必须借助计算机的运算能力。传播网络分析实际上是以人际传播关系为单位，分析体系内传播结构的方法。

网络分析法是将个体在网络连接中传播为相似度进行分类，把社交距离相对接近的个体划分为同一个族群。德国先驱社会学家齐美尔认为"社交距离"（社会经济地位、种族及其他变量不同的个体之间行为的差异程度）是理解人类行为的最基本概念（Simmel，1908/1964）。齐美尔的社交距离的概念和传播网络的邻近度概念一致。邻近度的另外一个例子就是"厄多斯数字"，该概念阐述了个体与数学家保罗·厄多斯的亲近程度，厄多斯是生于匈牙利的天才数学家，一生共发表 1475 篇科研文章，比任何数学家都要多，并且与多人共同发表过多篇文章（Hoffman，1998）。与厄多斯共同发表过文章的数学家共有 485 位，他们的"厄多斯数字"为 1，而与"厄多斯数字"为 1 的数学家共同发表过文章的数学家的"厄多斯数字"为 2，以此类推。爱因斯坦的"厄多斯数字"为 2。"厄多斯数字"可以用来测量人际网络的亲近度，与电影演员"分离度"的概念接近，即与某演员一起演出的演员为 1，然后再是 2、3 等。

"传播亲近度"指网络内两个个体传播网络的重合程度。一个"个体传播网络"由其固定的传播信息流构成。每个个体都拥有其个人网络，由网络内其他人与该个体的联系组成。在某种程度上，这个特定个体的行为，也会受到个人传播网中其他成员的影响。

某些个人网络由一系列的相互连接的个体组成，也称之为"连锁式网络"；相反，"辐射式网络"指个体分别连接到中心个体，但相互之间没有交集。辐射式网络不如连锁式网络稠密，但开放度更高（开放度指个体单位与外界信息交换程度），辐射式网络允许中心成员与外界有更多的接触。由此可见，辐射式网络更适合创新的扩散，因为网络连接可以扩张到体系内任何角落，而连锁式网络仅仅是自然的内生长。

瓦伦特（Valente, 1995）重新分析了 3 组扩散数据（伊利诺斯州的医生、巴西农民、朝鲜妇女），发现个人网络的放射性与创新精神正相关（Valente and Foreman, 1998）。

1. 弱连接优势理论

人们基于马克·S·格兰诺维特（Mark S. Granovetter, 1973）提出的"弱连接优势理论"，根据信息传播的程度对网络连接进行了分类。格兰诺维特是位著名的网络学者，他对波士顿郊区居民如何找到新工作的情况进行调查，并收集了过去一年内更换过工作的 282 名居民的数据。让他惊讶的是，许多人反映，他们是从那些联系不太紧密的异质性朋友那里获知目前这个工作岗位的。这些"弱连接"指那些"目前工作网络中不常联系的个体，如大学校友、以前的同事或老板，仅仅维持着零星的联系的人"（Granovetter, 1973）。与这些过去熟人的偶遇往往会激活弱连接网络，并交换工作信息。有时候，这样的网络还会为完全陌生的人提供工作的机会。

我们用一个例子来说明如何通过弱连接网络找到新工作。有个会计师飞往波士顿参加一个会议，在机场他和一名波士顿的商人坐上了同一辆出租车。在他们的交谈中，这名商人表示他们公司正准备聘请一名会计师，剩下的事情大家就能想象到了，这名住在牛顿城的会计师成为了这个职位的候选人。

在格兰诺维特收集的数据中，只有 17% 的受访者表示他们是从比较亲密的朋友或亲戚那里找到了新工作的机会。为什么弱连接在这个时候比强连接更加有效？因为你的密友对于你也不知道的事情同样知之甚少，而密友之间往往组成了封闭的小圈子（连锁式网络），此类内生长的体系不利于从外部获取信息。而远距离（弱连接）的熟人却可以提供更有用的信息，这就是辐射式网络，中心个体更容易获取到那些他不知道的信息，如新的工作岗位或创新。弱连接可以联系到个体的小圈子里的密友——远程圈子；弱连接因此起到了桥梁（同属 2 个或多个圈子的个体让这些圈子互联）的作用，连接不同的圈子。如果不存在类似的桥梁，这些圈子将成为一系列没有联系的孤岛。弱连接不常发生作用，但是对个体或体系而言，它却承担着信息传播的重要作用。由于其传播信息的重要作用，格兰诺维特将其称为"弱连接优势"。

网络连接强弱的维度就是沟通亲近度，弱连接的沟通亲近度较低，因为两个个体没有共享太多重合的网络链。创新扩散的发生，异质性至少在一定程度上发挥着作用，因为弱连接往往都是异质性的，所以它们对创新的扩散非常重要。例如，戴夫和刘(Liu, Duff, 1972; Duff, Liu, 1974)的研究发现计划生育的创新在菲律宾主妇的小圈子中扩散得很快，但是在全国扩散得很慢，直到后来圈子之间的弱连接建立起来后才有所改善。弱连接往往发生在异质性的两个圈子之间，如社会经济地位高和社会经济地位低之间的圈子。

我们把上述讨论总结成结论：沟通网络的信息交换程度与其相似度、同质性负相关。低相似度的异质性连接（格兰诺维特称之为"弱连接"）在创新信息的传递中扮演着至关重要的角色。这些信息还受已采用者个人评估的影响。网络中的弱连接对创新的信息扩散作用更大，而"强连接"对朋友间影响的作用更大。特别是当此类信息中还包含已采用者的个人评价，其影响力将更大。弱连接的优势在于传播创新的信息，而强连接的优势在于人际间的影响。当然，就网络连接的影响潜力而言，密友之间的力量比弱连接的朋友（较少联系的朋友）更强大。连锁式亲密的朋友圈子较少发挥其潜在的影响，因为同质性、高相似度的朋友关系，不会是由于某项创新的信息激活的。密友之间很少会掌握对方也不知道的事情，所以连锁式网络的信息流需要从圈外人士处引入。

2. 网络中谁与谁在连接

个体更加倾向于接触物理距离较近或者社会特征同质化的其他个体。个体组成网络遵循低投入高产出的原则。空间及社会特征的相近可以理解为低投入(译者注：沟通成本较低)。但是正如前面所述，这种低投入的网络对于创新信息的传播往往有限。相反，空间与社会特征异质性的连接对于创新信息的传播作用要大得多。

因此，对于个人经营自己的人际网络的启示是：如果想有效地获取更多信息，需要打破舒服的强连接，多建立异质化网络连接。近年来由于互联网的兴起，弱连接变得容易很多（Rosen, 2000）。

3. 社会学习理论

社会学习理论是一个可以直接适用于扩散网络的社会心理学理论。绝大部分心理学研究方法在了解人类学习行为如何发生时，都把焦点放在个人的内在层面上。但是社会学习理论的研究方法是用个人与他人的特殊的资讯交换模式，来解释人类行为的改变。而社会学习理论的权威学者，首推美国斯坦福大学社会心理学教授班杜拉（Albert Bandura, 1977, 1986）。

社会学习理论的中心思想，就是个人通过观察模仿来向他人学习。也就是说，个人观察其他人的行为，然后做出类似的行动。但观察者的行为和被观察者不见得完全相同，那是种简单模仿或盲目模仿。社会模仿的形式是，观察者留取被观察者的一些基本要素，做出类似的行为模式。因此，模仿允许学习者修改所观察到的行为（这有点像创新的再发明）。

社会学习理论的基本观点，是个人通过观察他人的行为，从中学习，因此个人不一定需要与其进行言谈接触，个人行为就可以受到这个人的影响（不少人际沟通网络都是这种非语言的模仿行为）。所以非语言沟通对行为的改变同语言沟通一样重要。社会学习理论认知到外在因素对个人行为改变的重要性，把沟通当做行为改变的原因之一，因为沟通极具"社会性"。个人可以通过观察他人或者从大众传播（特别是有影像的媒体，如电视和电影）中学习到一个新的行为。虽然社会模仿通常出现在人际沟通网络之中，但是它也可能是发生在一个公开场合里的一些素不相识的人身上（如电视节目里）。当然，假如一个社会模仿受到社会正面肯定，那么它的学习者将更多，而在受到惩罚的公开行为方面，学习者将更少。

事实上，社会学习和创新-扩散有许多相同的地方。例如，这两个理论都试图解释个人如何通过与他人沟通来改变他们的行为；此外，这两种理论都强调，交换信息是个人行为改变的根本原因，同时也把人际网络看做个人行为改变的主要原因。

美国亚利桑那州立大学部分社会学者（Hamblin et al, 1973, 1979; Kunkel, 1977; Pitcher et al., 1978）就用社会学习理论来解释劫机事件的扩散。他们认为：一些扩散模式把社会描绘成一个巨大的学习系统，其中每个人的行为和决策过程不是彼此独立的……而每个人在做出决定时，不仅是基于自己的个人经验，同时也在很大程度上参照由观察和交谈而获得的他人的经验（Hamblin et al., 1979）。这个观点充分反映了扩散理论的中心思想：即在人际沟通网络中，与同伴沟通的创新信息，有助于加速扩散的过程。

五、临界大多数造成的引爆点

要了解扩散过程的社会性，就要了解临界大多数（Critical Mass）的概念，因为达到这个点之后，创新就会自行扩散出去。这个临界大多数的概念来自研究社会活动的学者，近年来才被传播学者所引用。临界大多数是指当体系中接受创新的人数达到某个数量，其后的创新会自行被大家所接受。而交互式媒体（如电子邮件、电话、传真和视频会议）的采用率通常也显示了所谓临界大多数的现象。

新式传播技术的互动特性，造成了体系中采用者之间的相互依赖。不过，交互式创新对单一的采用者来说作用并不大，除非采用者要沟通的个体也接受了这项创新。每增加一个采用者，交互式的效果就会扩大到所有采用者身上。因此，体系内的临界大多数能接受和使用这项创新，才能让体系中的成员普遍享受到交互性创新的好处。例如，19 世纪 70 年代，第一位接受使用电话的人出现了，但是在第二个人接受之前，这项交互式技术无法发挥其作用。在临界大多数出现前，采用率发展都会显得很慢（Fischer, 1992）。当临界大多数出现之后，采用率便会快速向上攀升（见图 8-5）。

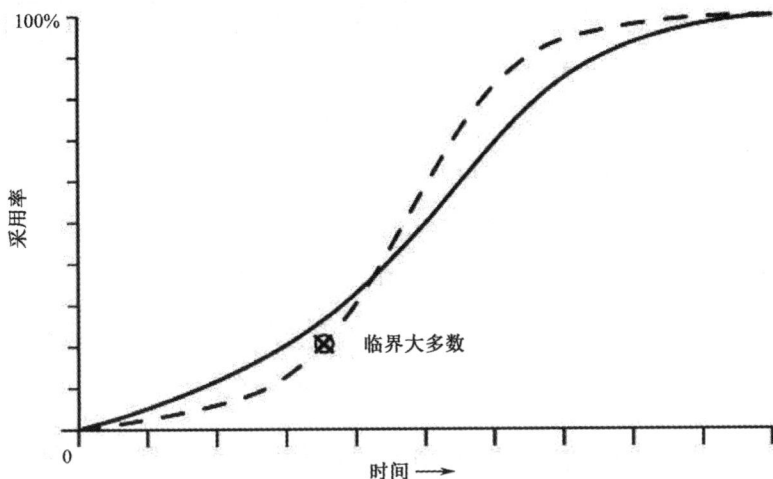

图 8-5　交互式创新的采用率

临界大多数出现在一个系统内有足够个体都接受了创新的情况下，以至于接下来创新能够被自行接受。

交互式沟通技术指的是什么呢？互动是指有关参与者在沟通过程中，能够互换角色，共同主控对话过程（Williams, Rice, Rogers, 1988）。这种对话是持续性的，因此对话中交换的信息会累积起来，影响接下来的交换信息。而"交换角色"则是沟通的一方"甲"，具有同理心，能够体会对方"乙"的立场，并与之完成对话，反之亦然。"主控"是指个人可以自行选择进行沟通的时间、内容和顺序，把谈话内容留存用作其他用途，比如制造一个新话题。

在非交互式创新中，早期采用者对后期采用者会产生连续式依存关系的影响。当体系中越来越多人采用创新时，这种非交互式创新就会被认定为对未来采用者有着递增的利益（而这也鼓励他们去接受创新）。但在交互式创新中，不仅早期采用者会影响后期采用者，后期采用者也会影响早期采用者，他们的关系是互惠依存式的关系

（Markus, 1990）。因此，交互式创新每增加一位采用者所带来的利益，将不仅只对未来采用者有利，同时也惠及每一位以前采用者。就扩散观念而言，交互式沟通技术的特点就是"互惠式依存关系，也就是说后期采用者也会影响早期采用者，就像早期采用者对后期采用者的影响一样"。例如，每增加一位互联网络使用者，电子邮件的价值也随之增加，因为由电子邮件联络起来的总数增加了。

➡ 案例 8-7　请问你的传真号码是多少

在 1983 年到 1989 年这段时间里，传真机在美国各地快速推广，虽然传真机这项技术发明早在 150 年前便已经出现了，而且电话线路的基础设施可以支持传真机的使用，但是直到使用者累积到了临界大多数，这项创新技术才得以普及。传真机是由苏格兰钟表制造商班恩（Alexander Bain）在 1843 年发明的，当时他称之为"电报记录机"（Recording Telegraph），因为它是通过电报线路来传递信息的。不过，那时并没有这项新发明。100 多年后，1948 年美国无线电公司正式宣布推出一台命名为"传真机"（Ultra-Fax）的机器，它通过无线电波传送信息。20 世纪 60 年代，施乐公司推出一台叫做"电话复印机"（Telecopier）的传真机，并卖给美联社、合众社和路透社等新闻媒体，让他们可以通过电话线路把新闻照片及报道文件传送到新闻中心。由于当时电话拨打、接听仍需通过人工操作，多数电话传真机速度相当缓慢（传真一页需要 8 分钟之久），而且传真机本身会不时发出难闻的气味。

后来出现了自动拨接系统，传真机还可以直接连到普通的电话线上。而这时使用者对传真速度也提出了更高的要求。这种传真机会先对传送文件进行扫描，并转换成电子信号，再通过电话线路传送出去。但这种电话传送方式限制了传真速度。当时传真机价格相当昂贵，一台要价高达 8000 美元。后来，日本企业在 20 世纪 80 年进入这个产业，传真机价格开始下降，传真速度也不断加快。1984年，日本夏普率先推出一台低价的传真机（单价 2000 美元），美国不少大企业也开始购买传真机。不久传真机价格进一步下滑，1990年售价为 500 美元，1993 年则降至 250 美元。此外，传真机费用低廉，由美国洛杉矶传真一页文件到华盛顿，传真费用只要 10 美分，而当时一等平信的邮票要花费 29 美分。

虽然在 1983 年，传真机在美国的销售有所转机，但是直到 1987年临界大多数出现前，发展仍旧相当缓慢。自 1987 年起，美国人都觉得"每个人都有传真机"了（Holmlov, Warneyd, 1990）。"请问你的传真号码是多少"更成为美国商业人士挂在嘴边的一句话，连名片上也印上传真号码。此外，一般预约服务也使用传真，而许多外卖餐厅如披萨店，开始鼓励消费者使用传真订餐。

自传真机发明后，历经 150 年才推广成功。20 世纪 90 年代，互联网日渐流行，当采用者累积扩散到好几百万人时，传真的主要优势（速度快和费用低）已经不复存在，传真产业开始走下坡路，不过它仍然是现代企业办公室的必备品。

▶ 案例 8-8　互联网的扩散

当电脑网络在 1990 年左右被临界大多数接受之后，便呈现指数级的增长。其原动力就是互联网的形成，这是一个将当时超过 2 万台电脑连接在一起的网络。互联网起源于美国国防部在 1969 年构建的电脑网络系统（Arpanet），它允许美国国防部 30 位承包商共享国防部电脑软件与资料库资源。其中，电子邮件功能是在后来才增加的，但却很快就成为网络使用者的最爱。由于这个网络系统是针对冷战时期预防核武器攻击而设计的，所以并未设置单一总部或控制据点。

1983 年，互联网（Internet）正式从 Arpanet 诞生，它持续了分散型网络多对多的特性。数百万台电脑通过电话线路相互连接，提供了数十亿可能的网络通道。任何一则特定的信息，都可以经过一个又一个以电话线连接的电脑传递给特定对象。

1995 年，互联网连接的电脑约有 2000 万台，随后每年都呈指数级增长；1996 年，互联网使用者增至 5000 万人；1997 年，增至 1 亿人；1998 年为 1 亿 5000 万人；1999 年为 2 亿人；2000 年为 4 亿 1000 万人；2001 年则达到 5 亿 2000 万人（Kwon, 2002）。2002 年初，全世界互联网络使用者激增至 5 亿 4400 万人，约占全球总人口的 9%（见图 8-6）。采用率这样快速地增长让人惊讶，而它也可能是人类历史上扩散最快的一项创新。此外，互联网快速扩散也给学者提供了一个宝贵的机会，去调查研究扩散模式的各个不同层面，特别是临界大多数的作用。例如，北美大部分互联网使用者都是用公司或他们所在的教育机构的账户来上网（Larose, Hoag, 1997）。相对地，个人在家里直接上网的例子比较少。因此，从某种程度看，互联网是一种组织创新，或者至少是受到组织团体因素强烈影响的创新。

人们为什么要使用互联网呢？例如，作家们在网上合作写书；有些人上网交友、谈恋爱；有些人则上网发布或寻找资料；胰腺癌病人及其家属可以加入邮件讨论组，和其他患者交流信息和寻求情感上的支持，并讨论他们对试用新药的看法，有时还会抱怨一下医生（Ginossar, 2002）；美国加州圣塔莫尼加还有一名无家可归的人，在公共图书馆免费上网，进入"公共电子网站"（Public Electronic Network, PEN）表达对社区问题的看法。网络能让社会弱势群体得到援助（Rogers et al., 1994；Schmitz et al., 1995）。还有些人（包括青年）则喜欢浏览色情网站，但这种行为在互联网分散的特点下，让父母或政府难以杜绝。

在 20 世纪 90 年代中期，美国政府准许互联网可以进行商业用途。于是互联网被用于进行营销及商品采购，并进而促进了商业的全球化（Singhal, Rogers, 2001）。第一个在互联网上大量销售的商品是书籍，其中亚马逊（Amazon.com）以及其他电子商务网站通过信用卡支付、快递服务改变了以前的商业模式。时至今日，电子邮件让你可以与地球另一端的员工或亲友沟通，就像与附近公司的人联络一样。

2002 年，全球共有 3700 万个网站、3130 亿个网页，其中 68% 的资料使用英文（Kwon, 2002）。快速增加的庞大信息，使得互联网的附加价值不断增加，更进一步促进了互联网的高采用率。

互联网也引起了扩散学者的兴趣，特别是对于沟通网络在扩散过程中的角色。在互联网出现之前，人际沟通是很微妙的，也是很难掌握的。但现在人们通过一个具体的线路来进行沟通，交换的信息都留下了记录，因此方便了解沟通网络的特质（Rogers, 1987）。每一位网络中的人都知道，自己在网络中与哪些人有联络，但对于这些人又与哪些人有联络，却所知不多。就像惠普公司一位高管所说："我们不知道我们知道什么，甚至常常是，我们也不知道谁可能知道。"然而电脑网络分析却能够通过显示个人在网络中的连接，从而了解整个系统的网络连接。

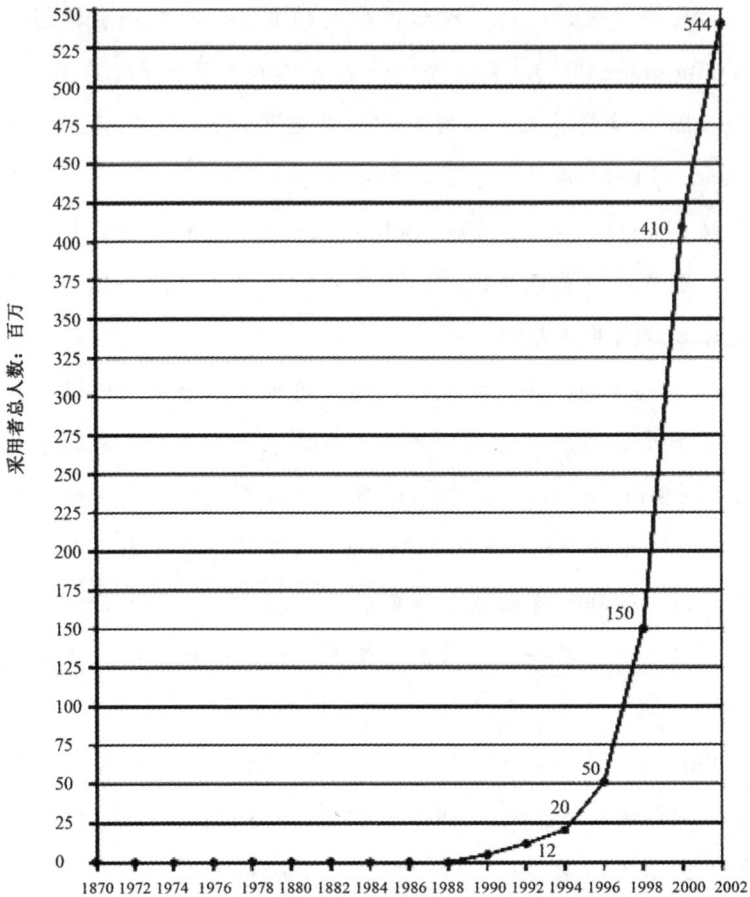

图 8-6　全球互联网累积采用率

资料来源：古恩（Kwon）基于《网络人口调查》所做的预估

（一）临界大多数的概念

临界大多数，也叫临界质量点，是一个源自物理学的概念，是指要维持核连锁反应必须存在的放射性物质的最低量。"如果原子反应堆达到临界质量点，便会自发出现核连锁反应。"（Schelling, 1978）在我们日常生活中，也有很多类似临界质量点的例子，在达到这个临界点后，整个情况便会自动持续下去。例如，在壁炉里，如果只有一根木柴，它不会自己持续燃烧，一定要加上第二根木柴，每根木柴都会为另一根增加热量，达到燃烧点之后，火苗就引燃了，这两根木柴就会烧成灰烬。

这个概念表达了个人行为和他们所隶属的体系之间的关系。临界大多数这个原则相当简单易懂，在传染病学、流行事物、物种的生存和灭绝、语言系统、种族融合、恐慌的行为以及政治运动等各方面都有这样的情况（Schelling, 1978）。

临界大多数这个概念也可以解释大多数的人类行为，因为个人行为的抉择，常常受到其他已接受这个行为的人数的影响（Schelling, 1978）。近几十年来，很多关于临界大多数的理论和研究都是受到奥尔森（Mancur Olson, 1965）《集体行为的逻辑》（*Logic of Collective Action*）理论的影响，也就是：即使一个较大团体内的所有个体都是理性的和自私的，即使他们知道，如果作为一个团体而集体行动，去追求共同的利益和目标，他们会从中获益，这些成员也不会自愿为了达到共同目标和实现团体利益而行动。这个理论看起来不太合理，甚至荒谬，但它吸引了众多学者的注意。传播学者、社会学家、社会心理学家、经济学家、公众舆论学学者都开始研究集体行为学。为什么系统内的个体行为看似荒谬呢？最基本的原因就是，系统内的个体为了达到个人目标，会选择理性的行为方式。但是，他不会充分考虑其个人的行为方式可能会损害集体目标和系统利益。

奥尔森的"集体行为逻辑"与盖瑞特·哈丁（Garrett Hardin）1968 年提出的"公地悲剧"（Tragedy of the Commons)理论相似。哈丁指出，系统内的个体采取理性行动追逐个人目标的同时，会给整个系统（即公用牧场）带来灾难性的后果。哈丁这一理论的命名来源于中世纪欧洲村庄的一些集体牧场，这些牧场长满了牧草以供放牧。每个放牧人都盘算：再增加一只羊也不会超过整个牧场的负荷。但是，每个放牧人都这样打小算盘，从而导致过度放牧、土壤侵蚀，整个集体牧场完全遭到破坏。现代生活中也存在着同样的例子。在酷热的季节，都市居民往往会过度使用空调。"每个人让空调开足马力运行的时候，肯定是最舒服的。但是，如果系统内的每个成员都这么做的话，结果只能是动力系统超载，陷入瘫痪，每个成员都不能享受空调制冷的好处了"（Brewer, 1985）。其他"公地悲剧"的例子还有空气和水资源污染、城市交通拥堵问题，以及在街上乱丢垃圾等。对付这些公地悲剧的方法之一，是由一个集权单位（如政府）介入，颁布强制性的法律和措施（Ostrom, 1990）。

另一个与临界大多数相关的观念是"网络外部性"（Network Externalitiy），也可以称之为网络增值效应。它是指当接受人数增加时，商品和服务的品质也会提升（Mahler, Rogers, 1999）。例如，新型交互式电信服务的使用者规模越大，使用者的价值就越大。在交互式创新的增值效应还没出现之前，其采用率发展都很缓慢，就像早期的互联网扩散那样。当一个体系中的采用者达到一定数量，大多数成员都认为"大家都已经接受了这项创新"时，采用率便会迅速攀升，而这就是临界大多数出现的时间点。

而在手机的扩散中，却没有这种交互式电信服务的增值效应问题，是因为手机在使用上和现有电话系统是兼容的。如果手机设计成必须是持有手机的双方才可以通话，那么其扩散过程中，临界大多数就显得非常重要了（Mahler, Rogers, 1999）。因此，传真、电子邮件及视频会议的扩散都具有临界大多数的问题，而电话语音留言则没有这个问题。而那些在临界大多数（如网络增值效应）达到之前阻碍交互式创新的采用率发展的因素，在达到临界大多数之后，则会促进采用率的成长（Wieber, 1992, 1995）。

网络增值效应对电信创新采用率的影响，也取决于衡量兼容性的标准。例如，过去录像机有两套不同的规格（即 Beta 和 VHS），令消费者无所适从，也使得采用率一直没有起色。后来，有一种系统达到了临界大多数，而另一种系统当然就在市场上溃败了。

在这里，我们可以看到临界大多数这个概念和很多社会科学理论都有密切关系，包括集体行为的逻辑、公地悲剧以及网络增值效应。以上这些概念也有助于我们进一步了解，在交互式创新的扩散过程中，临界大多数扮演的角色。

扩散过程中临界大多数的概念，也对扩散新商品带来了重大启示。市场营销扩散学者尝试分析出一项新的应变数，称为酝酿期，其意义为在某个国家推出一项新商品后达到临界大多数的时间。例如，谢尔曼殊和提里斯（Shermesh, Tellis, 2002）收集了 10 项新商品在 16 个欧洲国家的销售资料。他们发现，在每个国家，每项新产品自上市到临界大多数达成，平均需要 6 年。其中厨具、洗衣设备的平均酝酿期为 7 年，而信息和娱乐商品则为 2 年。此外，如果某商品在周围国家已经为临界大多数接受，那么所需的酝酿期也会较短。

另外，弗兰克（Lauri Frank, 2001）针对欧洲 15 个国家民众使用手机的采用率进行分析，发现北欧国家（如瑞典、丹麦和芬兰）在手机扩散过程中居于领先地位；相对地，南欧国家则显得比较落后。原因是这些北欧国家推出手机的时间较早。例如，瑞典引进手机是在 1981 年，芬兰和丹麦则在 1982 年，而希腊则在瑞典引进手机的 12 年后，即 1993 年才推出。造成希腊手机采用率最慢的另一个原因是它和其他快速接受的国家联系较少。弗兰克利用瑞典知名地理学家哈格斯特朗（Hagerstrand, 1952）的空间扩散理论（见第二章）来分析这个现象。不过，弗兰克通过对每一个邻国在每一个阶段的采用率进行研究分析，使得过去的扩散研究获得重大改善。

（二）观望心态的心理

试想一下，当电子邮件系统刚刚被引进一个团体或组织时的情景。如果越来越多人接受电子邮件，它的效用也会越来越大。但是，如果第一批早期采用者只想到自己眼前的利益，而不是想到他们最终可得到的好处以及团体的利益，想必没有人会接受创新，也无法出现"S"形扩散曲线。在临界大多数的采用者出现之前，交互式创新对个人的利益其实不大。这是继前面提及的集体行为的逻辑、公地悲剧以及网络增值效应概念之后，有关个人与体系关系的另一种解释。当交互式创新的采用者达到临界大多数，之后的扩散便会自行发展下去。因此，我们可以把临界大多数看作扩散过程的引爆点（Gladwell, 2000），或者说是社会门槛。一旦达到了引爆点，社会体系规范就会鼓励其体系成员接受创新。在引爆点之后，每增加一小部分采用者，都会带来更多的采用者，这时的采用率上升会非常快（见图8-6）。

从某种程度来说，个人接受创新是基于这样一种期待：他人未来也会接受这项创新。亚伦（Allen, 1983）指出："看来个人对创新接受与否的决定，是基于他们对其他人面对这项创新时态度的预测。因此，个人的创新决策取决于他们对团队整体的观察——根据社会体系里已经做出接受决定的人，或是潜在采用者，来推断社会的整体决定。因此，对团体组织的猜测决定了每个人观望的心态。"而当一个人看到身边的同伴接受交互式创新时，自然会受到某种感染，电子邮件的扩散就是一个例子。所以，观望的心态在交互式创新的扩散中，扮演着重要角色。

临界大多数也可能造成交互式创新-扩散的终止。因为临界大多数意味着一种互惠式的依存关系，早期采用者与后期采用者彼此互相影响（包括终止和拒绝的行为），"一旦有人终止使用，就会使其他使用者利益受损、成本增加，这样将造成更多人的终止使用。"（Markus, 1987）因此，就像临界大多数会加速交互式创新的接受一样，它同样也可能加速扩散的终止。

试想，如果团体中有一个人停止回应电子邮件，当其他人对这个终止者发出电子邮件，却收不到他的回应时，他们很快会发现这个终止使用的现象。然后，他们会认为：电子邮件不再是和终止者联系的有效方式。这种从沟通网络退出的行为，会影响网络中的其他成员，因此每个成员都多少会萌生终止使用电子邮件的念头。因此，只要有一个人终止使用交互式创新，就可能导致临界大多数的终止，最后也可能造成交互式创新（如电子邮件）在体系内被全面拒绝的困境。虽然，电子邮件全面终止的情况在今天不太可能发生（原因是电子邮件已广为扩散），但是在 20 世纪 90 年代的初期，部分团体中确实发生过这样的事。

最后要强调的是，在临界大多数中，并不是所有采用者对其他潜在采用者的影响都是一样的。某些有影响力的人群，相比同样人数却不太具有影响力的人群，将对扩散起到更大的作用。因此，临界大多数中如果包括拥有重大影响力的意见领袖，将对交互式创新的扩散发挥重要作用。这个现象也解释了为什么刚推出的新书、电影、音乐，以及其他"品味性的商品"，会在一夜之间形成风潮。

⬇ 案例 8-9 沉睡效应

有很多知名作家如丹尼尔·斯蒂尔（Danielle Steel）和汤姆·克兰西（Tom Clancy）发表的著作，通常出版社都会强力促销，也会很快就引起广大读者注意，往往出版后几个星期内，便跃居畅销书排行榜之冠。这些著作的市场和销量都是可以预期的。

另一种书被出版界称为"沉睡效应"，它们在刚推出时，销量相当低，经过一阵口耳相传的神秘酝酿之后，才达到临界大多数。这里有个例子，就是在 1992 年，一位籍籍无名的作家瑞贝卡·威尔斯（Rebecca Wells）的《无处不在的祭坛》（*Little Altars Everywhere*）由美国西雅图的一家小出版社发行。威尔斯有个朋友，与美国国家广播电台制作人共度感恩节。这位朋友很喜欢威尔斯的作品，就把这本书送给节目主持人琳达·威瑟海默（Linda Wertheimer）。她也喜欢上了这本书，然后就在节目中专访威尔斯。一位居住在美国阿肯色州布莱斯维尔市的听众听到这个访问后，便购买了一本威尔斯的小说送给妻子——希普利（Mary Gay Shipley），她是一家书店的老板。希普利觉得每个人都应该看看这本小说，于是在 1993 年购买了几十本书，放在书店大门口最明显的位置，并且在书店简讯上做专题介绍。很快这本书便跃居该书店的第二大畅销书。

威尔斯著作亮眼的销售成绩终于引起了纽约一位主编戴安妮·雷弗兰（Diane Reverand）的注意，后者在 1996 年签下威尔斯的下一本小说：《YA-YA 私密日记》（*Divine Secrets of Ya-Ya Sisterhood*）。而希普利也早有准备，一口气订购了 100 多本，这在她的书店可是不寻常的，平常她每本书只进一两本。希普利甚至对出版社的销售代表说，希望安排威尔斯前往布莱斯维尔市做宣传。当威尔斯到达希普利的书店时，整个书店都挤满了读者。而坐在前排的女性更是举起写着"YA-YA"的海报。

不久，这本新书销售量便突破 1 万本，戴安妮更花钱在《纽约客》（*New Yorker*）杂志上刊登新书广告，这是新闻媒体刊登小说广告的先例。1 个月后，销售量大幅增加到 6 万本。到了 1998 年 2 月，即该书推出 2 年后，更挤进全美畅销书排行榜，发行量高达 300 万册。很明显，在威尔斯事件中，希普利无疑是背后的推手。她一生都居住在布莱斯维尔市，经营自己的书店。她的建议是很有分量的。

时至今日，有一种协同过滤推荐系统（Collaborative Filtering System）来推荐品味性的产品。例如，利用网络针对过去的购买记录及偏好，预测你可能喜欢的书籍或音乐。亚马逊网站就会显示，很多曾经购买《创新的扩散》的读者，同时也会购买瓦伦特的《创新扩散网络模式》(*Net work Models of the Diffusion of Innovations, 1995*),以及罗森的《口碑营销:如何引爆口耳相传的神奇威力》(*The Anatomy of Buzz: How to Create Word of Mouth Marketing, 2000*)。以上这种购买组合,并不出人意料之外,因为这 3 本书有很多相似点。当然协同过滤推荐系统的功能还不止这些。它可以根据消费者最近购买的 10 本书,确定对方的阅读偏好(如军事类、非主流医学类等)。这些与偏好相关的资料有助于协同过滤推荐系统,推选出适合特定消费者的品味型商品。所以,如果你仅仅在圣诞节为侄女购买了一次《小妇人》这本书,你再登录亚马逊网站时,它并不会向你推荐小人书。不过,协同过滤推荐系统是否可以取代像希普利这种能唤醒沉睡效应的人物,尚有待进一步观察。

——葛拉威尔(Gladwell,1999)

(三)个人的接受门槛

当某个人参与某活动的前提条件是"必须已经有多少人参与"时,这个人数就是这个人加入的门槛(Granovetter,1978;Markus, 1987)。在创新-扩散过程中,要说服某人接受创新,如果告诉他同一体系中已有一定数量的人接受了创新,而且对创新也感到满意,这个接受人数的最小数字就是门槛。要注意,当分析对象为个人时,才会出现门槛;当分析对象为系统时,出现的就是临界大多数。换句话说,个人有接受门槛的问题,而像社区、组织或大众这样的系统的接受行为则是临界大多数。

个人跨过门槛接受创新的行为,经过累积,便形成了体系中的临界大多数。格兰诺维特(Granovetter, 1978)提供的例子,有助于我们了解门槛和临界大多数之间的相互关联:

"试想一下广场上聚集了 100 位民众,暴动一触即发。假设他们参与暴动的门槛分布如下：第 1 位暴民的门槛为 0，第 2 位暴民的门槛为 1，第 3 位暴民的门槛为 2，以此类推，直至最后一位暴民的门槛为 99。这个结果相当明显，我们可以称之为多米诺骨牌效应：如前所述，第 1 位门槛为 0 的暴民，即先驱者，开始了暴乱行动，比如打破一扇玻璃窗；而这自然引发了第 2 位门槛为 1 的暴民跟进；而第 2 位暴民的行动进而带动了第 3 位暴民（门槛为 2）的反应，以此类推，直至 100 位暴民全部都参与了暴乱行动。"

如果我们把门槛为 1 的第 2 位市民带走，并以门槛为 2 的另一位市民取代的话，暴动就会停止在第 1 位暴民的行动之后。这场暴动在一块玻璃窗被砸破时便会停止，因为无法形成临界大多数。

门槛模式的假设前提是，个人决定接受创新，是基于体系中已经接受创新者的人数来决定的。在上述砸玻璃窗的案例中，每个人都很容易就可以观察到打破玻璃的人数。但是很多创新如避孕措施、艾滋病防治，却不易观察。通常只有性伴侣才会知道他们有没有接受创新。对这些观察性较低的创新来说，很容易产生严重的多数无知（Pluralistic Ignorance）现象（即体系成员大多不了解其他成员的行为或想法）。在这种情况下，个人门槛对个人接受创新的决定，重要性便会减少很多。

虽然这个个人门槛的概念使我们更加了解扩散的过程（特别是交互式创新的扩散），但有关这方面的实验研究却相当有限。正如瓦伦特指出，很少有扩散研究在收集资料时，也同时收集体系全体成员接受创新的确切时间。因此，这类实证资料的缺乏使得我们对扩散中的门槛和临界大多数的进一步了解受到相当大的限制。事实上，瓦伦特（Valente, 1995）就不得不重新分析现有的实验数据，来验证他假设的扩散模式。

（四）先驱者的接受门槛最低

在了解扩散过程中临界大多数的重要性时，有一个很重要的问题是：临界大多数出现之前，个人接受创新的原因（见图 8-5）。在此之前的任何一个时刻，接受创新所付出的成本，往往都高于创新所带来的利益。早期采用者决定抢先接受，可能是因为他们预期创新采用率将会在近期快速攀升（当其他人也接受这项创新之后），虽然过去的扩散研究都显示，大多数的个体总会在得知同伴接受的成功经验之后，才决定接受创新。

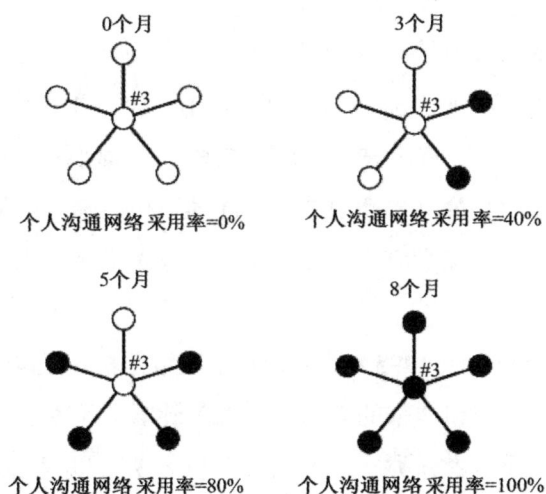

图 8-7 个人的接受门槛，门槛为 3 的医生接受新药物的分析

以四环素创新扩散为例，这个医生的个人沟通网络，由其他 5 位医生组成，他们都在四环素推出后的 8 个月内接受了这项新药。换句话说，这位医生的接受门槛是较高的，即对新药物的抗拒性较高，只有受到同伴接受创新的影响，才克服了这种抗拒性。

资料来源：瓦伦特重新分析高尔曼等人的药物扩散研究

图 8-7 所示是根据高尔曼等人对四环素的扩散研究中，一位门槛为 3 的医生接受创新的过程绘制而成。这位医生的人际关系网由 5 位医生组成。当四环素扩散刚刚开始时，没有任何一位医生接受这项新药物。3 个月后，他的 2 位经常互动沟通的伙伴接受了四环素（即占了该医生个人沟通网络的 40%）。当个人沟通网络中接受比例日渐增加时，他也开始受到其他同伴的影响，考虑是否要接受这项新药物。沟通网络的采用率从推出后 3 个月的 40%，到 5 个月时的 80%，到达了引爆点，所以受访者也接受了；在 8 个月后，采用率达到了 100%，直到 17 个月时，依然维持在 100%。套用亚伦（Allen, 1983）的话，每一位医生都在观望。

每一个体系成员的接受门槛都是不尽相同的，且呈正态分布，这也是为什么会出现"S"形扩散曲线的原因。敢于率先接受创新的先驱者，由于富于冒险精神，所以接受门槛都很低。而后期采用者的接受门槛则较高（对创新抗拒也较强烈），唯有等到个人沟通网络里已有不少人接受创新后，他们才会接受创新（如图 8-7 中的医生）。

瓦伦特（Valente, 1995）认为，利用网络门槛，根据下列两种方法：（1）比较他们和体系的创新性；（2）比较他们和沟通伙伴的创新性，可以将采用者分类。通过这种分析方法可以找出那些在扩散过程中属于早期采用者，但是相较于其他伙伴他们的接受时间又相对较晚的人。同样，瓦伦特分析中也有这样一群个人，他们是后期采用者，虽然通过他们的伙伴接触到创新，但是还没有做出接受的决定（并不是每个人都会在接受门槛一出现便立即接受，有时会有落后门槛的现象）。此外，还有些后期采用者之所以较晚才接受，是因为他们无法通过个人网络接触到创新信息。在这里，我们看到了通过探究个人沟通网络的创新性来分析个人创新性的优势。

因此，如果个人沟通网络里有更多人接受创新，个人接受创新的可能性就会增加（Rogers, Kincaid, 1981; Valente, 1995）。当接受创新的同伴达到一定数量时，也就达成了个人的接受门槛。创新先驱者的接受门槛较低，在较早时间接受了创新，从而启动了创新在体系中的扩散过程。而且创新先驱者早期接受的行为也为后期采用者奠定了跨越接受门槛的基础。当交互式创新采用率达到临界大多数时，个人人际沟通网络的采用率都上升了，从而使创新采用率快速攀升。因此，根据个人不同接受门槛的观点可以解释临界大多数的现象。

要想解释临界大多数对体系成员的影响，最有效的方法就是从个人沟通网络的层次去思考。例如，医生接受四环素案例（见图 8-7），就是以医生的个人沟通网络里接受新药物医生的比例来确定该医生的接受门槛；而不是以整个地区的医生采用率作为他接受门槛的测量标准，因为他只跟 5 位同伴直接沟通这项药物。因此，用个人沟通网络为基础来确定其接受门槛，比以整个体系为基础的测量方法精准。

临界大多数的概念，不只出现在交互式沟通的创新中，也同样出现在非交互式的创新里。例如，当相当数量的社会精英开始穿上一款新服饰时，该款服饰便会成为流行服饰（Crindereng, 1967; Crane, 1999），而流行服饰的穿着者也会观察着社会的动向，当然他们自身也成为其他人观察的对象（比如有时一位穿上最新款式服饰的女士，在宴会派对上撞衫，就会很生气）。其他人也不断卷入这股流行风潮中，直到被另一股流行风潮取代为止。这些流行服饰包括迷你裙、长裙、中空装，以及方头鞋等。

每个创新的采用者之间都存在着相互依赖的关系，也就是说，采用者对创新正面（或负面）的看法多少都会影响到他们的同伴。当累计的采用者达到5%～20%时，同伴的影响就能促成创新采用率的快速攀升（具体的百分比会随不同的创新而有所不同，也受到沟通网络结构的影响）。一旦达到这个引爆点，只需要很少的促销活动，单靠现有的社会动力就会让创新自行扩散下去。

（五）涡轮增压器效应

把个人沟通网络这个变数纳入考量，有助于扩散学者解释很多应变数（如创新性）的变化。而所谓涡轮增压器效应（Turbocharger Effect）是指，沟通网络除了对个人层级的直接影响之外，还对其他变数有影响效应（Wellman,1983）。穆罕默德博士（Dr.Shaheed Mohammed,2001）针对坦桑尼亚家庭避孕计划的 3020 位受访者做过涡轮增压器效应的研究。每位受访者都被要求回答：自己通常会和哪 4 位人士讨论重要事情。结果显示，受访者和交谈者之间具有相当高的同质性，他们可能是相同的性别、相同的宗教或相同的族群。就像喜欢收听有关家庭计划、艾滋病防治等题材广播肥皂剧的听众，也会和喜欢收听同样节目的听众交流心得。

（六）达到临界大多数的策略

有哪些策略，能使交互式创新的采用者尽早达到临界大多数？

（1）使社会体系中受尊敬的阶层成为交互式创新的优先采用者，是一大策略目标。例如，某公司的总裁率先使用像电子邮件这样的交互式高科技，亲自向全体同事发出电子邮件，这就明显意味着：接到电子邮件的同事，也将使用这项新技术，回复邮件给总裁。

临界大多数的体系背景对交互式创新的接受，会产生很大的压力。体系中的等级制度、奖惩系统和社会规范，都会鼓励或阻止个人接受创新。体系可以提供特别资源（诱因）给早期采用者，使他们付出比预期较小的努力，就可以接受创新。

（2）个人对创新的认知是可以被引导出来的，例如，暗示个人接受该创新是无可避免的、值得向往的，或者已有临界大多数的人接受了该创新，或者临界大多数很快就会达到。

（3）将创新优先推广给体系中的一个小团体，这个团体中都是创新性较高的人。例如，电子邮件系统通常率先介绍给企业的研发部门，而研发部门往往都能成为这项创新推广发展的温床。接下来，当研发部门使用电子邮件达到临界大多数之后，再推广到整个公司。

（4）应该给予交互式创新的早期采用者一些奖励，至少要延续到临界大多数出现为止。"最直接的方法，是在特定时间内，提供特定对象免费使用创新（Rholfs,1974）的权利"。例如，美国一家汽车公司在 2001 年推出一款油电混合动力车，当时推出的优惠价格是制造成本的 2/3（可使消费者省下 1 万美元），同时汽车厂商还提供 3 年的免费维修服务。两年后，该车销量达到 18000 辆，达到了临界大多数。一旦这些特别诱因使这款油电混合动力汽车扩散达到临界大多数，那些奖励性促销措施便可以取消了。

小结

本章主要介绍了意见领袖、沟通网络以及临界大多数。意见领袖是指某个人可以频繁地、非正式地影响其他人对创新的态度甚至行为，使他们能按照预定的方式改变。意见领袖在扩散网络中起着重要作用，在很多扩散项目中被广泛使用。

同质性是指进行沟通的两个个体之间相似的程度。异质性是指两个相互沟通的人，他们的背景相异的程度。人际扩散网络大多是同质性沟通。同质性沟通可能成为社会体系中创新扩散的无形障碍。创新观念通常由地位较高和创新性较高的成员引入社会体系中。高度的同质性沟通，意味着创新只能在这些社会精英之间流传，无法扩散到非精英族群中。

当人际扩散网络为异质性时，跟随者通常寻求的意见领袖需要具备社会地位高、教育程度高、非常关注大众媒体的消息、拥有世界公民性、与创新推广人员接触频繁、创新性高等特征。因此，意见领袖比跟随者更加关注大众媒体、更具有世界公民性、与推广人员接触更加频繁、社会参与度更高，拥有更高的社会经济地位、更具有创新性。当社会体系规范支持改变时，意见领袖会更具创新性；但当社会体系规范不支持改变时，意见领袖也就不会特别具有创新性。

传播网络由很多相互关联的个体组成，这些个体通过模式化的信息流连接在一起。个体的网络链是决定个体是否接受某项创新的重要因素。在社会体系中，个人的沟通网络互动密切程度和个人的创新性有正向的关系。

网络有一定的稳定性。这种网络的模式让人类行为具备可预测性。传播结构是指在系统内模式化地传播信息流的过程中各种不同的构成元素。这种传播结构不仅指形成这个系统的各个派系，还包括各个派系的成员之间、派系之间的相互关联关系。根据传播亲近程度，可以将个体归属于不同的派系。"传播亲近度"指网络内两个个体传播网络的重合程度。"个体传播网络"由其固定的传播信息流构成。每个个体都拥有其个人网络，由网络内其他人与该个体的联系组成。辐射式网络更适合创新的扩散，因为网络连接可以扩张到体系内任何角落，而连锁式网络仅仅是自然的内生长。沟通网络的信息交换程度与其相似度、同质性负相关。低相似度的异质性连接（格兰诺维特称之为"弱连接"），在创新信息的传递中扮演着至关重要的角色。个体更加倾向于接触物理距离较近或者社会特征同质化的其他个体。

　　临界大多数是指当体系中接受创新的人数达到某个数量，其后的创新会自行被大家所接受。而交互式媒体，如电子邮件、电话、传真和视频会议的采用率，通常也显示出所谓的临界大多数现象。互动是指有关参与者在沟通过程中，能够互换角色，共同主控对话过程。在非交互式创新中，早期采用者对后期采用者会产生连续式依存关系的影响。当体系中越来越多人接受创新，这种非交互式创新就会被认定为对未来采用者有递增的利益（而这也鼓励他们去接受创新）。但在交互式创新中，不仅早期采用者会影响后期采用者，后期采用者也会影响早期采用者，他们的关系是互惠依存式的关系。

　　接受门槛是指既定的个体在参加某项活动之前，已参与该活动的其他个体所必须达到的人数。敢于率先接受创新的先驱者，由于富于冒险精神，他们的接受门槛都很低。而后期采用者的接受门槛则较高（对创新抗拒也较强烈），唯有等到个人沟通网络里，已有不少人接受创新后，他们才会接受创新。如果个人沟通网络里有更多人接受创新，个人接受创新的可能性就会增加。

第九章
创新推广人员

接受新观念意味着巨大的痛苦。因为它会让你觉得原来的看法可能是错误的，原先坚持的信念可能是毫无根据的……当然，一般人在这种情况下会对新观点或新事物感到厌恶，甚至会迁怒到那些提出创新观念的人。

——沃尔特·白芝浩《物理与政治》

　　创新推广人员同特定对象进行介入式扩散的效果，在肯尼亚内罗毕的艾滋病防治研究中可让我们略知一二。这个项目研究计划是于 1958 年针对内罗毕的布威立贫民区约 1000 位性工作者推行的艾滋病防治计划，当时这些性工作者中有 80% 已经是艾滋病的携带者。推广人员除了提供免费的安全套外，还成立免费的诊所，专门治疗性病、提供咨询服务，并且每 6 个月帮他们进行一次检查。此外推广人员鼓励一对一交流或者座谈的方式，也会通过聚会来沟通防治信息。当地的性工作者平均每天接客 4 次，而这项介入式防治计划估计每年预防 6000～10000 人感染，平均每个预防感染的成本大约为 10 美金。（Moses et al., 1991）

　　如果不是针对上述设定的对象采取介入式扩散，而是在布威立地区随机挑选 1000 名男性来接受同样的健康教育，而且假设能够达到同样的安全套的使用率，一年可预防的艾滋病感染人次，大约只有 80 位而已(Altman, 1997)。因此我们可以清楚看出创新推广人员对防治传染病扩散计划上的介入式效果。布威立的防治计划除了提供安全套外，最重要的是还提供健康的服务，而这是性工作者最需要的。这些服务也间接辅助了艾滋病的防治，因为通过性传播是艾滋病的辅助因子。由此可以看出，艾滋防治的成本，比治疗成本低得多，也人道得多。

　　本章要探讨分析的是创新推广人员扮演的角色、他们和客户的关系，以及改变人类行为的多重策略。推广人员是可以影响他人创新决策的人，而这些决策是推广单位期待的。推广人员通常都会促成创新的被接受，但有时也会刻意减缓扩散的进程以避免某些创新带来的不良后果。

一、设定目标

过去一二十年来，我们对创新推广人员在艾滋病预防计划中扮演的角色了解甚多。1993 年，我和几个伙伴开始调查美国旧金山地区艾滋病防治计划的相对成效，在那里约有 212 项防治计划（防治人口高达 75 万，占当地总人口的 3/4）。当地艾滋病防治计划如此之多，是因为每一个计划都针对一群特定的民众。当时艾滋病已经从开始的同性恋和双性恋高危群体，扩散到其他高危人群身上。其中，还有一项防治针对迷幻乐园"死之华"的 150 名忠实粉丝。最重要的是每一个防治计划的组成和运作都有目标成员的直接参与。例如，菲律宾裔男性工作者就自行推动了一项针对时常出入同性恋酒吧的菲律宾年轻男士的防治计划。这 212 项艾滋病防治计划都是介入式的，为了解到具体成果，每个行动都定下了明确的目标，使扩散对象的行为得到极大的改善。

这 212 项防治计划的经费，部分来自美国疾病管理局，由旧金山市政府卫生局提供(Rogers et al., 1995; Dearing et al., 1996)。也许有人会怀疑这些防治计划有没有妥善使用经费，无可否认，确实在有些地方出现了不必要的重复，也有可能对同一批人推出了两个类别的计划。但另一方面看，扩散对象高度集中和重复也意味着扩散计划具有文化敏感性。

设定目标是针对扩散对象的特质，为他们量身打造一个沟通传播计划，利用最合适的方式把信息传递给他们的过程(Dearing et al., 1996)。设定目标的策略可以强调文化敏感性，特别是当锁定的扩散对象在形成性研究方法中参与介入式计划，如担任教育同伴或是防治计划实施时的咨询者。在美国旧金山进行的终止艾滋病防治计划，就是这样一个例子，这些计划都由男同性恋设计，也由他们来执行，其基础是男同性恋对这种流行病的认知（见第二章）。

设定目标策略最极端的形式是量身营销，就是把沟通信息直接传给某个人，而这些人代表着同质性的一群人。许多案例通过电脑（或者国际网络）来进行，如在电脑内存储大量可供选择的有关艾滋病预防的资料，然后根据一个人在创新-决策过程的某个阶段，挑一则信息传给他。这样，这则信息就会很精准地符合他的需求（见第五章）。

介入式计划的效能是计划达成目标的程度。而成本效益则是成功促成每个人行为改变所花的成本。例如，发展中国家利用性工作者参与针对其同伴宣传的介入式计划，平均成本为8～12美元（(Jha et al., 2001)。

独特性是指一群同质性的扩散对象有别于一般社会大众的程度(Dearing et al., 1996)。例如，艾滋病防治计划中的高危人群，就是一群基于独特性的扩散对象。社会大众也将之视为异类，也许还会指责他们。在印度的艾滋病高危人群如性工作者、货车司机和注射毒品的人，都受到大家的唾弃。也许正是因为这些原因，许多国家的艾滋病高危人群的个人生活，大都染上绝望和痛苦的色彩(Dearing et al., 1996)。在某些国家如印度，艾滋病患者的名声是非常糟糕的，甚至发生过病患被处以私刑的先例。因此在推动艾滋病防治计划上，让与高危人群背景相近的人担任宣传者，辅助对象就不会有被羞辱的感觉。

（一）创新推广人员连接世界

许多行业的认知都符合我们对创新推广人员所下的定义，如老师、咨询人员、公共卫生人员、农业推广人员、开发人员及销售人员等。这些人通过对某专业领域里的资源体系和客户团队的组建，提供了一个沟通的环节。创新推广人员最主要的角色是将最近引进或研发的创新，成功推广给扩散对象。这种沟通模式要想有效，对创新内容的挑选就必须符合客户的需求，同时客户对该创新的反馈意见，也必须通过创新推广人员让推广单位知道，再进行适当的调整，以满足客户变动中的需求。

不过如果在推广单位与扩散对象之间，还没有任何社会或技术上的断层或隔阂，就不需要创新推广人员了。创新推广人员通常拥有良好的专业技术，甚至拥有博士或者硕士学位，或是具有其他专业技术，大部分是大学毕业生。但这些专业知识反而造成了障碍，让他们无法跟客户直接沟通。创新推广人员和客户之间，在处理技术方面具有差异性，在所使用的文化语言、社会经济地位、信仰和态度等方面也都存在显著的差异。纵使推广人员能够把客户和推广单位的技术专家连接在一起，但客户与推广单位两个系统还是存在差异性的。双方这种差异性的格式在沟通上会造成创新推广人员的角色冲突，也会引起一些沟通的问题。作为两个不同体系之间的沟通桥梁，创新推广人员像是一位边缘人，因为他左右脚分别踏入了两个截然不同的世界。

创新推广人员也必须处理信息过剩的问题。当个人或者体系面对过多的信息，却无法消化和利用时，就可能导致扩散失败。推广单位提供的大量咨询，反而可能使得推广人员无法筛选出跟客户最相关的信息。最有效的方法是连接客户的需求，选择性地提供最适合的信息给他们。

（二）创新推广人员的七种角色

在将创新思想引入客户系统的过程中，创新推广人员必须扮演以下 7 种角色：

（1）帮助客户发现改变的需求。 创新推广人员行动的第一步通常是使客户明白，他们有必要改变某种行为方式。创新推广人员指出客户现在所面临问题的重要性，并提供几种可供选择的解决方案。另外他们要设法使客户相信自己有能力来面对和解决这些问题。创新推广人员会帮助客户客观地评价他们的需求，甚至帮助他们创造某种需求，从而启动创新过程。

（2）建立信息交换的关系。 一旦改变的需求被创造出来，创新推广人员一定要和客户进一步建立起媒介互动关系。这个时候创新推广人员必须让客户觉得他是个值得信赖、有专业才能和值得敬重的人，同时对客户的需求和问题能够感同身受，以此来强化和客户的关系。客户接受创新之前，必须先接受创新推广人员，因为从某种程度来说，客户是根据对推广人员的认知来评判创新的。

在前述的艾滋病介入式防治案例中，同伴宣传的标准指导原则就是要先与扩散对象（如性工作者）建立起个人友谊，从中了解他们的问题，接受和体谅他们的处境。此外宣传者必须没有任何偏见，否则不可能建立起和谐的私人交情。一般来说，艾滋病防治创新推广人员要花好几个星期或好几个月，才能和性工作者熟识起来。只有这样，同伴宣传者才能有效地把安全性行为的观念和措施传递给性工作者。此外同伴宣传者也需要和特定扩散对象规律性地进行互动（大约 12 次或更多）才能说服他们做出行为上的改变。事实上，性工作者很少在一时冲动下做出安全性行为决策(Singhal, Rogers, 2003)。

（3）**问题诊断**。创新推广人员有责任帮助客户分析他们面临的问题，并找出现存方案不能解决问题的原因。创新推广人员必须完全从客户的角度出发，来分析客户所处的角度并找出问题所在。

（4）**激发用户改变的意愿**。创新推广人员了解客户可能采取的各种拒绝办法后，要设法激发他们对创新的兴趣。

（5）**将意愿转换为行动**。推广人员根据客户的需求提出建议，影响客户行为的改变。不过在创新-决策过程中说服和决策阶段，来自同伴的人际影响起着至关重要的作用。所以创新推广人员在这里的作用就是通过和意见领袖的合作，促进同伴的交流。但是如果创新推广人员本身就是意见领袖，或者同伴的影响者的话，那将更有助于创新的推动作用。

（6）**防止创新扩散的终止**。创新推广人员对于那些已经接受创新的人，可以强化对他们的信息传播，以确保他们接受行为的稳定性。这是在创新执行和确认阶段，创新推广人员需要协助客户的地方。

（7）**确立最终的关系**。创新推广人员需要帮助客户形成一种自我创新意识，也就是培养客户转换成创新推广人员。这样之前的创新推广人员就可以完成自己的使命，将接力棒交给新发展的创新推广人员。

以上这些角色是一种理想状态，创新推广人员和客户的真正关系可能完全不一样。调查创新推广人员与客户的关系在理想与现实之前的差异，有助于我们了解为什么介入式扩散会失败，下面就是一个案例。

➡️ 案例 9-1　印度尼西亚避孕计划行动

防治计划的成功与否通常都是以创新达成的采用率来衡量的。然而，在不少案例里，用这个标准来评估创新推广的效率，却受到高度质疑。因为扩散计划的接受品质，可能比接受人数的多寡更重要。在印度尼西亚对诺普兰——皮下植入式避孕法推广的案例就证实了这一点。如果以一般标准来衡量的话，诺普兰的扩散可说是非常成功的。1998 年，印尼已有 360 万人成为诺普兰的使用者，超过世界上任何一个国家和地区，先后有 86 个其他国家的政府官员，前往印尼考察，学习印尼的推广经验。

然而当我们实地考察诺普兰在印尼的推广时，却看到另一番景象。印尼政府采用高压手段，向妇女强迫推行这种植入式避孕法，推广人员也没有给装置了避孕胶囊的妇女提供任何说明和咨询，更糟的是当植入胶囊的妇女产生严重副作用时，也被强制不得终止使用。因此，诺普兰在印尼的扩散从品质上来说，是低于普通标准的，而且在扩散过程中也引发了道德伦理问题，威胁到这项创新的长期持续使用。

诺普兰在 20 世纪 80 年代中期问世，可以说是继 20 世纪 60 年代的早期口服避孕药和子宫内避孕器之后，避孕技术方面最重要的进步。国际家庭避孕组织对它趋之若鹜，并认为它是发展中国家最适用的避孕方法。诺普兰避孕法是将六个胶囊植入手臂内侧皮下，每个胶囊约 1 英寸长，植入体内后，它会缓慢持续地释放黄体素，进入女性的血液中，就可以产生避孕效果，有效期长达 5 年。当避孕妇女想终止使用时，可以随时由专业医护人员取出。美国食品药物管理局（FDA）经过一系列临床实验，证实其安全有效之后，在1991年正式核准其上市。

然而，诺普兰的理想状况，却和它在印尼的实际情况形成了强烈的对比。首先，诺普兰是以"狩猎行动"（Safaris）的名称在印尼推出的，地方警察、政治领导者和军方合作，强制民众必须接受这项新的避孕措施。事实上，"狩猎行动"显然是印尼政府指导式民主的产物，也就是说，虽然市面上可行的避孕措施有很多种，但是妇女必须接受政府指定的避孕法。据调查资料显示，在"狩猎行动"实施期间，印尼西爪哇地区的诺普兰采用率高达73%。创新推广人员把诺普兰强制推销给妇女的理由是：创新推广人员比潜在采用者更了解各种不同的避孕方法。这种由上而下的强制性推广，和创新推广人员的行为让采用者有很多抵触。

此外，由于"狩猎行动"是在相当短（通常只有6个星期左右）的时间内推广给社区的妇女，以至于关于"如何使用"及"避孕原理"都来不及进行解释。因此接受诺普兰的妇女根本不知道这种避孕措施可能带来的副作用，如延长月经出血时间等。很多妇女也不知道，如果她们想停止使用的话，可以请医护人员取出诺普兰。事实上，诺普兰在印尼的终止使用率只有子宫内避孕环和口服避孕丸的1/4。有关数据显示，诺普兰终止使用率低，主要是因为这些妇女根本不知道这种避孕方法是可以终止的。因为必须在医护人员的协助下，才能取出诺普兰，但要求终止使用却会遭到医护人员的拒绝。而那些将诺普兰移除的妇女，都是在她们再三要求之下，医生才帮她们取出的。

很明显，印尼执行避孕计划的政府官员对推广诺普兰的热情，远超过他们对改善妇女同胞避孕本质的关心。这种狂热的创新扩散计划，也不曾受到消费者保护团体的影响，印尼妇女公会组织的力量很薄弱，无法阻止"狩猎行动"的进行。或许印尼的国际避孕计划组织可以为当地妇女同胞的权益出面，但是依旧难敌研发诺普兰的美国人口委员会的强大影响力（注：该委员会是由洛克菲勒基金会赞助的，总部设在美国）。这个委员会在印尼所扮演的角色，倒像是创新机构的代言人，而不是关切创新扩散和接受品质的推广单位。

从这个案例可以看到追求采用者人数和接受品质之间的重大冲突，这是每一个创新推广人员和推广单位都必须做出的抉择。这个案例也让我们了解到，深入了解创新推广人员和客户之间在扩散过程中的互动关系的重要性。

（三）如何成为成功的推广人员？

为什么有些推广人员比其他推广人员更成功？我们来分析一下他们成功的原因。

1. 努力投入

推广人员之所以成功，其中很重要的一点是他们付出了大量的努力与客户互动。推广人员成功说服客户接受创新的人数，和他付出的努力有正向的关联。推广的成功通常都是以客户体系内的创新采用率来评量的（即使印尼诺普兰案例质疑了这种评测方法的正当性）。此外，其他测量标准包括，对客户而言创新的预期效果实际发生的程度，或者是创新决策的品质（如印尼诺普兰案例）。

对上述结论的实证证据来自公共卫生推广人员对"瘾君子"劝导戒烟的影响力调查。这项研究是由高科尼恩等学者（Korhonen et al., 1999）针对芬兰北卡洛利亚县进行的研究，在 20 世纪 70 年代，那里是全世界心脏病罹患率最高的地区。我自己就曾在 20 世纪 70 年代早期拜访过一位北卡洛利亚农民，当时心脏病防治计划正在进行当中。当我们参观农民挤奶作业之后，便受邀前往他的家中享用上午茶。茶点包括涂满了牛油的吐司，夹了大片鹿肉和厚厚的奶酪，还附上伏特加酒和咖啡。用餐后，农民又抽了几支烟。这份上午茶简直就是点燃心脏病的导火线。

然而到了 20 世纪 90 年代，由于降低心脏病罹患率计划的长期执行，改变了北卡洛利亚县居民的饮食习惯、抽烟习惯。高科尼恩等人发现，由医生和护士宣传戒烟的做法相当有效。事实上，医护人员向来被社会大众认为是值得信赖的专业人士，他们了解吸烟对健康的危害。再者医护人员中抽烟人数极少，而且他们健康情况也十分出色，因此成为健康行为的楷模。不过，当地医护人员作为推广人员的影响力很有限，因为他们只付出了很少的时间和努力去改变人们的吸烟行为。一般来说，医生的工作，是诊治更多病人，这样才能确保他们的收入，因此每个病人的看诊时间便会受到压缩。对医生来说，劝导戒烟这类预防性的行为，相对看病救人来说也不会获得更多益处。

推广人员成功与否，绝不能只以接触人数多寡来衡量。例如，推广人员和扩散对象接触的时间点处于扩散的哪个阶段，也是成功因素之一。斯通（Stone, 1952）就曾调查了推广人员在美国密歇根州推广新农业技术上，花了多少时间和努力。结果显示，在扩散的第一年，创新采用率大概和推广人员所付出的努力成正比，后者是以每年推广人员从事推广的工作天数来计算的。当采用率达到 30%以后，推广人员付出的时间下降了，但农民采用率的走势却相当平稳。也就是说，一旦意见领袖接受了创新，并且达到临界大多数之后，接受"S"形曲线便会自动向上攀升，这时推广人员就可以从创新扩散的舞台退出了。

2．客户导向

推广人员的社会角色常常夹在推广单位和客户系统之间，角色冲突是难免的。因为，推广单位要求推广人员按照他们的想法办事，但同时，客户又会要求推广人员采取不同的行动。如何才能化解冲突，同时又能完成任务呢？

推广人员能成功使客户接受创新，与客户导向的态度有正向的关联，而不是推广单位导向。一般来说，客户导向的推广人员，更有同理心而能迅速响应客户的需求，同时他们和客户之间有着密切、良好的互动关系，而且在客户的心目中是一位值得高度信赖的人。他们的行为主要以客户需求为出发点。

3．适应客户需求

推广人员最重要也是最困难的工作，就是判断客户的需求。因此，推广人员能否成功说服客户接受创新，和能否提出一个切合客户需求的计划有正向的关联。

推广计划如果忽略客户需求，通常会使创新难以推广，或是产生意外的后果。例如，有个印度农村获得了一笔经费，用来兴建水井灌溉农田，预估该水井建成后，将会使收成倍增。但当地农民最需要的却是提供日常饮水的水井，因为他们平常都要步行几里路，前往河边取水。因此农民就把水井挖在农村中心，而不是在耕地周围，他们把井水视为饮用水，而不是用来灌溉农田。如果只考虑到农民本身的需求，水井的位置刚好满足了村民饮水的目的。或许推广人员可以挪出一点资金，在村中打一口井来供应饮用水，也可使当地农民明白灌溉水井带来的长期经济收益，以激发兴建灌溉水井的强烈需求。

其实，如果推广人员完全按照客户的意愿，满足他们的需求，结果可能会使客户误用了计划的资源，甚至完全本末倒置。例如，东南亚某些国家曾推广一项无须政府监督的自助性建设计划（Niehoff, 1964），让农村领导自行决定发展计划，推广单位则提供建筑材料如水泥、钢筋和建筑设备。最后，他们开展了数百项农村计划，其中包括学校、道路、市场、灌溉水渠或小型水坝等，但一半以上都是佛教寺庙，这个结果与政府和推广单位的想法大相径庭。

因此，推广人员应该挖掘客户需求，并调整推广计划。但也不能放弃引导客户需求的职责。

案例 9-2　可持续性的问题：尼日利亚"鸡博士"的故事

持续性是指当推广项目在扩散之初所提供的资源结束后，扩散计划仍然可以持续下去。近年来，扩散计划的持续性受到更多重视，不论是在美国亦或拉丁美洲、非洲和亚洲等发展中国家都是如此。一般来说，除非创新本身与客户需求和资源具有高度兼容性，或者客户强烈感受到创新是属于"他们的"，否则创新不可能维持相当长的一段时间。至于持续性的重要性，在 20 世纪 60 年代后期，尼日利亚东部引进美国小鸡的扩散案例可以说明这一点，该计划是由美国家禽专家"鸡博士"戴维斯所主导的。

当戴维斯抵达尼日利亚时，就发现当地对改良家禽饲养方式和增加产量的需求。鸡肉和鸡蛋是一道普遍的佳肴，其中所含丰富的蛋白质有助于改善老百姓的健康。可是当地家禽产量明显不足，而农村饲养鸡的方式，只是放任它们四处走动，找到什么就吃什么，导致鸡发育不良、肉量不足。而且会造成母鸡在野外下的鸡蛋大都找不到。因此戴维斯便引进了西方家禽饲养技术：采用笼子饲养小鸡，提供进口饲料，由美国的饲养场提供高产蛋量、高生长率的鸡种。这种西方式家禽饲养方法立即形成一股风潮，戴维斯推动的家禽饲养企业瞬间在尼日利亚东部广泛扩散开来。在扩散计划推广的 3 年期间，成千上万的小鸡自美国进入尼日利亚，老百姓饮食的蛋白质摄取量大为增加，也为小型家禽饲养场带来可观收益。当戴维斯结束了他在尼日利亚为期 3 年的工作后，尼日利亚总统授予戴维斯一枚英雄奖章。

但是戴维斯离开几星期后，一种家禽瘟疫突然横扫尼日利亚东部地区，造成大量进口禽类的死亡，而原先那些土生土长的鸡却对这种病毒具有免疫力而幸免于难。最终所有进口的鸡都死了，这也为戴维斯的工作留下了一个不愉快的结局。

"鸡博士"戴维斯引进外来的鸡种时，到底做错了什么，使得这项创新无法持续？他是否应该更注意当地的养鸡知识？

4. 同理心

同理心是指个人可以把自己融入他人的角色，能够站在别人的角度看问题。当推广人员和客户背景完全不同时，推广人员对客户就很难产生同理心。因此，推广人员成功促使客户接受创新，和他们对客户的同理心有正向的关联。

推广人员的主要目标通常是争取大量的客户接受创新。但从长远角度来看，提升接受的品质才是最有效的方法，因为满意的客户才会向潜在采用者传递正面的意见。例如，在家庭避孕计划中，如果提升对客户服务的品质，就会有更多的人采纳避孕工具，更多的人会持续地采用，整个创新的采用率就会上升。改善医疗诊所服务品质的方法之一，就是训练护士和诊所员工，只要问诊者一踏进诊所，便亲切地接待他们，倾听他们的需求，并且和他们建立密切的互动关系。在尼日利亚，诊所医护人员需要特别接受为期 3 天的人际沟通技巧训练课程，然后根据就诊记录来给医护人员评分，有时还由"神秘客户"来评量。结果，各种避孕计划的接受品质都大幅提高，而且使用者对避孕方法的满意，也会传播给其他人（Kim et al., 1992）。

在加纳也有类似案例，由"神秘客户"来评量诊所医护人员训练计划的效果。这些"神秘客户"故意打扮得和普通人一样，然后前往诊所观察医护人员如何对待求诊者，这种观察是非介入式的。根据"神秘客户"的记录研究，增加医护人员对客户的同理心，以及更积极的互动关系会让推广人员获得更大的成功（Huntington et al., 1990）

要想比较同理心的作用，可以观察在尼日利亚和加纳的计划生育与诺普兰在印度尼西亚强制性推广上的差异。

二、传播活动

早年曾有一个非常著名的扩散失败案例，就是美国辛辛那提试图唤起大众支持联合国组织的活动。当时，联合国组织刚成立不久，还是一个新观念。辛辛那提散发了 6 万张宣传品，对不同组织进行了 2800 场演讲，每星期还要在广播电台播出 60 个广告（Star, Hughes, 1950）。这项活动的主要对象是那些被认为对联合国缺乏了解的人，包括女性、老人、贫民和教育程度较低者。

可惜的是，为期 6 个月的推广活动却没有把信息传播给预定的对象，反倒是年轻人和教育程度较好的人接收到了信息，因此对大部分辛辛那提的居民来说，推广效果十分有限。调查资料显示，该活动推出后，了解联合国组织的人从 70%，仅微升为 72%。之所以会这样，是因为个体成员接受信息有选择性，即个体成员总是倾向于留心那些与他们已有的认识观和经历相关的信息（Hyman, Sheatsley, 1974）。因此，不了解联合国组织的人，还是接收不到相关的宣传信息。

辛辛那提活动失败的另一个原因，是传播表现手法太过抽象。这项活动的口号是："和平来自联合国——联合国来自你的支持。"这句话太抽象了，跟辛辛那提人民没有半点关系。一位当地居民就表示："没错，我是听过很多遍了，但还是不知道它在说什么。"

多年之后，学者们终于了解这项传播活动效果不佳，他们开始检讨做法上的失误（Mendelsohn, 1973）。一项成功的传播策略应包括：（1）运用有影响力的评估，对目标对象的特质及传播信息的特点进行深入研究，以便有效地设计传播计划；（2）设立明确且合理的传播目标；（3）目标对象细分，把异质性的大众加以区别隔离，形成相对同质的小圈子；（4）精心准备大众传播的信息，以便目标对象可以在人际沟通网络中进行传播。任何一个传播活动，若能依照上述要点规划，就一定会成功。

传播活动的英文"campaign"源自拉丁文，即"上战场"的意思。另一个常用来形容传播活动的军事术语则是"target（战略目标）"。因此，传播活动是有目的性的，是要达到某种特定效果的，辛辛那提对联合国组织的推广活动之所以失败，就是目标不明确，传播活动的对象范围也相当宽泛。传播活动还包括一系列的大众媒介活动，如海报、电视广告等。总括来说，传播活动的目的是对相对多数的人产生特定的成效，通常是在特定的时间内，通过有计划的传播活动来实现这些成效（Rogers, Storey, 1988）。

加勒比海圣路西亚岛国，以广播电台宣传为主的艾滋病防治和家庭避孕计划的推广活动，就是一个成功的范例（Vaughan, Regis, St.

Catherine, 2000）。这项推广计划采用寓教于乐的策略，用娱乐的形式来表现教育理念，以期达到改变人们行为的目的（Singhal, Rogers, 1999）。行动计划者也针对推广对象（处于生育年纪的男性和女性），进行焦点座谈会，询问他们对这些寓教于乐的意见，以确保活动的信息可以被他们了解，而且不会引起他们的反感。广播剧《乐极生悲》（*Apwe Plezi, After the Pleasure Comes the Pain*）的稿子是由圣路西亚当地知名编剧家执笔，这样做是为了更切合当地民情。在广播剧中，设置了具有教育意义的正反两种角色。例如，男主角是一位重型机械的操作工，拒绝娶他孩子的母亲为妻（在圣卢西亚，有85%的婴儿为非婚生子女）。

这个介入式广播剧鼓励结婚、实行家庭避孕计划，并且呼吁保护鹦鹉，因为当地居民深信鹦鹉蛋具有激发性欲的作用，所以会偷食鸟蛋，致使鹦鹉面临绝种的危机。同时，广播剧介绍了一种名为"石弩"的安全套，因这种安全套只在该节目中推出，所以追踪安全套的销售可以了解广播剧的效果。《乐极生悲》广播剧在当地非常流行，全国有 1/3 的成年人听过这个节目，部分原因可能是大家认为此剧很贴近当地人所面临的真实问题。此外，推广活动还包括发放 T 恤、海报、汽车贴纸和其他推广方式。连街头表演也常仿效《乐极生悲》的剧中人物，更为这部广播剧加分不少。

为什么这项推广活动会那么成功？因为它是以格式化的研究为基础，调查了可能的目标对象，传播内容经过听众的认可，生动活泼。结果有40%的听众因此而接受了家庭避孕计划，甚至有些从来没听过这部广播剧的人，也知道"石弩"安全套。《乐极生悲》广播剧的成功促使听众讨论家庭计划、婚姻的重要性，以及对鹦鹉的保护问题。可以说，成功的介入式推广活动可激发同伴间的讨论，对个人的创新-决策起到了决定性的作用。像其他的娱乐教育干预措施，如在坦桑尼亚（Rogers et al., 1999），这种人际同伴间的交流是创新-决策决定性的因素。

这几年，通过和许多传播活动的研究人员交流发现，如果推广人员可以按照他们的传播战略执行传播，传播是相当有效的。

📌 案例 9-3 埃及婴幼儿脱水夭折事件

埃及在 1983 年推出 "口服脱水补液治疗法"（Oral Rehydration Therapy, ORT）前，平均每年约有 13 万婴幼儿死于腹泻引起的脱水，两岁以下婴幼儿的罹患率为 70%。针对此状况，这项推广计划的目标就设定为：未来 5 年让婴幼儿死亡率下降 25%。这项被知名医学期刊喻为 "全世界最成功的公共卫生教育之一" 的推广计划，最终获得了空前的成功，大大超越了先前所设下的目标。在这计划推出后的 2 年内，婴幼儿死亡率下降到一半，5 年后更剧降了 70%。100% 的民众都知道 "口服脱水补充液治疗法"，使用过由盐和糖合成的混合物（Oral Rehydration Salts, ORS）的民众比例也高达 96%。在这计划推出前，即使补充液供应非常充足，服用者也只有 1%，药物被大量弃置在仓库中。当时，最常见的治疗方法是使用抗生素和禁食法，这种方法虽然很流行，但根本没有用。

1983 年，埃及政府拨款，在全国全面推行 ORT 推广方案。该方案的推广对象是农村妇女，而她们有 80% 是文盲。因此，相关宣传材料先被排除在外。在 ORT 推广计划推出之前，曾有一个相当成功的家庭计划娱乐短片。这个广告短片长达 1 分钟，女主角是由知名演员扮演的一位唠叨的岳母。由于该片广受社会大众喜爱，ORT 推广计划便决定沿用这个方法，推出 15 个 1 分钟短片。这些广告短片对特定对象非常具有吸引力，因为埃及贫穷的村民都很爱看电视。

这项计划也是通过形成性研究法来设计的。刚开始面临的第一个问题是埃及的阿拉伯语系中没有"脱水"这个词，因此，推广单位便选择了"Gafaf"（类似苦难的意思）这个埃及最常用的接近词来代替。此外，项目也为这项计划精心设计了一个识别标志：一位母亲紧抱婴儿，悉心喂一茶匙 ORS 混合液。

电视短片原本选用的主角，是一位资深的喜剧演员，但是在事先调查中发现，观众认为这个演员不适合。后来这个角色由一位名叫嘉莉玛·莫克塔（Karinma Moktar）的知名肥皂剧演员担任，大家认为她来代言 ORT 的可信度很高。在短片中，她被塑造成一位聪明、亲切和充满爱心的妈妈。每个短片都描述一名婴儿腹泻脱水的情形，莫克塔饰演的妈妈总是一边照料婴儿，一边示范该如何操作。每个短剧都表演了如何调配 ORS 溶液，以及如何喂食，然后以这句广告词结束："要防止婴儿脱水，请用 ORS 口服液。"这句话后来也成为埃及人日常生活中的一部分。这 15 个短片不断在埃及全国电视网反复播放，成为了家喻户晓的广告之一，而且观众乐此不疲。有高达 80% 的受访者认为，电视是自己认识 ORS 最主要的渠道来源。ORS 推广部门也密切注意使其销售价格稳定在 6 美分。此外，推广单位还设立了 3000 个免费补给站，由受尊重的意见领袖管理。

整个 ORT 计划推行的时间相当长，从 1983 到 1991 年。它成功拯救了无数埃及婴幼儿的生命。为什么这项计划能够如此成功呢？归根究底，因为其设计的基础是形成性研究法，加上寓教于乐的广告剧，同时善用意见领袖的推广策略。

（一）创新人员的接触以及同质性问题

同质性指的是相互交往的两个个体的相似程度，异质性指的是相互交往的两个个体之间的不同程度。推广人员和客户之间在许多方面都会有所不同，但是研究发现，推广人员最常接触的客户，却是更具同质性的人。有很多证据支持这样的结论。

　　和推广人员接触的程度，与客户的社会经济地位、客户的社会参与度、客户所受到的正规教育、客户具开阔眼光有正向的关联。

　　以上结论显示，推广人员和客户之间的同质性越高，他们的沟通就会更有效，最终鼓励推广人员更乐于接触同质性的客户。巴西农村创新扩散案例中（Rogers et al., 1970），每年农业推广人员和1307位农场主接触对象的分布情况如下：

五大类采用者每年和推广人员接触的平均人数

创新先驱者　　　　20

早期采用者　　　　15

早期大众　　　　　12

后期大众　　　　　5

落后者　　　　　　3

　　以上统计数字，是推广人员接触客户的典型代表。可以说，与推广人员接触的频率，也与客户的创新性高度相关。E.M.罗杰斯和其他学者对第三世界国家的4000个农场主做了调查，并在研究与这些农场主创新精神有关的15个变量时发现："农场主的农业创新精神是与推广人接触频率最优关联的唯一变量。即使他们控制了其他变量的影响作用，结论也一样。"对巴西、尼日利亚和印度的农民而言，社会经济又与农场主的创新精神高度相关。这3个变量的相关性如下：

社会经济地位→与推广人员接触的频率→创新性

　　这个变量之间相互影响的关系意味着，最需要推广人员帮助的群体，接受到的帮助却是最少的。

（二）推广人员与社会地位低的客户接触

一般来说，低教育程度、低收入的人比精英更需要推广人员的帮助。那么为什么推广人员不集中精力去帮助弱势群体呢？问题的答案在第七章就已经谈到过，是由于创新精神与创新需求的悖论。精英分子与推广人员的同质性较高，沟通更为自然有效。而社会地位较低的人，在社会经济方面与推广人员有着相当的差异，这种异质性阻碍了有效沟通的进行。如果推广人员本身就是政府或其他机构的雇员，社会地位低的客户可能不会信任他们。而且这些没有特权的人，通常也没有资源去接受推广人员推荐的创新。

最后，许多推广人员设法去接触社会阶层较低的客户，但是源于实际的自我实现需要，接触往往因为过去经历中总结出的一些经验而暂停。推广人员认为社会地位较低的人对推广创新的努力都会无动于衷。这种思维定势使推广人员在创新刚推出时，不愿意接触弱势的人，与之交往和接触的意愿也更弱。

那么我们应该怎样鼓励社会地位低下、创新性又较低的人多去和推广人员接触呢？一个解决方法就是，尽量挑选和他们背景相近的推广人员。例如，如果大多数客户只接受了几年正规教育，比起同样只接受几年正规教育的辅助推广人员来说，大学毕业的推广人员面对的沟通难题会更多。这也是为什么许多扩散计划会雇用辅助推广人员的原因。推广人员成功说服客户接受创新，和他们与客户之间的同质性有正向关联。

在美国旧金山艾滋病防治计划里，同性恋座谈会的主讲人也是同性恋，和与会者身份一样。而出席的年轻同性恋代表，也是同性恋团体中备受尊重的意见领袖。此外，演说者通常都是艾滋病携带者，所以观众会认为他们非常值得信赖。他们的言论透露出："不要步我的后尘，请记得采取安全性措施。"（Singhal and Rogers, 2003）。

这样宣传的效果是非常好的。

（三）辅助人员的功用

辅助人员是仅次于推广人员密切接触客户的人，他们通过深入细致地接触客户来影响客户的创新-决策。聘用这些辅助人员的一大好处，就是他们接触客户的成本比雇用专业的推广人员低。调查发现，在亚洲推行的公共卫生计划里，雇用一位专业医生的成本可以雇用 30 名辅助人员。雇用辅助人员的主要优势，就是他们和自己服务的对象——那些社会底层的客户同质性较高。

在许多客户眼中，推广人员的专业技术并不是最重要的素质。推广人员的个人亲和度，通常比专业技术更重要，至少是同样重要。虽然辅助人员在专业上不及推广人员，但是他们的社会阅历却可以弥补专业上的差距。例如，在第三世界国家推广计划生育的过程中，比起那些男性医生，雇用妇女作为辅助人员更容易和妇女讨论有关避孕的敏感话题。

根据性别、教育程度和个人特质等因素挑选出的辅助人员，将有助于缩小推广项目和客户之间的社会差距；也弥补了专业人员和社会地位较低的客户之间的差距。

（四）推广人员的可信度

专业可信度（Competence Credibility）是指沟通来源具有专业性或学术性的程度，安全可信度（Safety Credibility）则是沟通来源令人信服放心的程度。对辅助人员来说，他们的专业可信度较低，安全可信度则较高。因为这些辅助人员往往是客户的亲戚或朋友，所以他们不会怀疑辅助人员有私心或企图心。

异质性的沟通来源（如推广人员），被认为具有专业可信度；而同质性的沟通来源（如辅助人员），则被认为具有安全可信度。一个理想的推广人员必须兼具这两种可信度，在社会特质（如社会经济地位、价值观念等）方面，他和推广对象是同质性的；另一方面，在专业技能上，则必须和推广对象是异质性的。

如果雇用那些已经采纳创新的成员来担当创新扩散的辅助人员，那会是最理想的。因为他们是异质性和同质性的组合体，同时具有专业可信度和安全可信度。例如，在 CSW HIV 防治计划中，被挑选来为同伴宣传的人，过去也都是性工作者，有些还在继续从事这项职业，这让推广对象觉得他们值得信赖。大部分性工作者都是迫于贫穷，所以同伴宣传者和听众之间在社会经济地位上也是同质性的（Singhal, Rogers, 2003）。

在同伴宣传者开始推广工作之前，都会先接受一个短期的培训，如知晓艾滋病的传染途径、如何正确使用安全套，以及怎样接近推广对象等。他们会得到免费提供的安全套，或是自主选择将其以资助减免的价格销售出去，而微薄的所得则是他们推广艾滋病防治工作的酬劳。性工作者也接受培训，比如关于如何说服他们的客人在接受性服务时使用安全套。

推广人员成功说服客户接受创新，和他们在客户心目中的可信度有正向的关联。

当新观念被接受之后，通常就会有购买产品的行为出现。客户通常都认为商业推广人员不可信，因为在他们眼中，推广人员的动机削弱了他们的可信度。客户觉得，业务人员为了获得业绩奖金，而推销一些他们不需要的产品。以农业创新来说，商业推广人员只适合在认知阶段和执行阶段（那时客户会购买少量种子来试种）扮演沟通来源的角色，在其他阶段则行不通（Ryan, Gross, 1943; Beal, Rogers, 1957; Copp et al.,1958）。在认知和执行阶段，客户非常仰赖推广人员提供"如何使用"的知识。但推广人员的可信度也仅止于此，而无法扩大到转变他们对创新的态度上。这种具说服力的可信度，只会出现在同伴而非商业性推广人员中，以及其他非营利的渠道来源中。因为这些人不会从说服和推销中得到什么好处，至少没有商业推广人员那样的利益动机。

当然，在某些情况下，商业推广人员确实是可以创造出客户对创新的知晓性的作用。例如，科尔曼等人的药物研究报告就发现，高达 80%的医生都认为，药物推销人员和医药期刊是认识四环素的主要渠道。药厂雇用的药物推销人员的职责就是拜访医生，向他们解说新药物的好处，提供免费试用的药品。不过，如前所述，推广人员在医生决策过程中的说服和决策阶段，也就是医生在决定要不要使用新药时，几乎完全不具可信度（Coleman et al.,1966）。

（五）专业化形象

专业过程是指辅助人员模仿推广人员，穿上同样的制服、讲同样的专业术语、表现出推广人员的其他特性的过程。例如，在艾滋病防治计划的宣传中，他们通常被要求穿制服，佩戴识别标章，以及专业推广人员的特有标志物（Singhal, Rogers, 2003）。这些辅助人员把自己同化成专业推广人员，希望更像一名推广人员。虽然他们没有专业推广人员的学历，但却模仿专业推广人员的言行，至少看上去跟他们一样。

专业化形象常常破坏辅助人员同质性的沟通功能，而这正是雇用他们的原因。如果让辅助人员明白这些，他们就会修正行为方式，以确保沟通的有效性。

案例 9-4　美国巴尔的摩针头交换计划

美国巴尔的摩地区的针头交换计划研究报告显示，人际网络可以运用在介入式计划上。美国约翰霍普金斯大学公共卫生学教授瓦伦特博士，也是沟通网络研究学者，早在 1994 年便开始利用条形码系统来标识每一个新针头。这些针头被免费分送到各个瘾君子频繁出没的地区，供注射毒品的人使用。平均每个月配送的全新针头数量高达 20 万支，大部分使用过的针头也被成功回收。瓦伦特等学者（Valente et al., 1998）发现，在 1995 年到 1997 年间，共有 5369 个人参与这项针头交换计划。

瓦伦特在计划中架构了一个巨大的网络，其中分别包括 5369 位接受全新针头的人，和另一批 5369 位把使用过的针头回收的人（其中有些是同一个人）。在这个网络中，意见领袖把针头分送给需要注射的人。约64%的全新针头是由9%的药物注射者分送的，瓦伦特把他们称之为"卫星交换者"。虽然这些全新针头是免费的，但是"卫星交换者"可以在街头以 1 美元出售，从中赚取利润，当然他们在销售的同时也宣传防治艾滋病的观念。此外，每一位参与推广这项计划的人，每次都可以免费取得 20 支全新的注射器。2 年内，平均每个人取得 149 支注射器，而"卫星交换者"则取得了 1046 支注射器（约为一般人的 7 倍多）。由此可见，这项针头交换计划确实建立了一个沟通良好的人际关系网，其中有些人扮演了重要的角色。

巴尔的摩针头交换计划的人际沟通特质，显示了同伴促进艾滋病防治计划推广的重要性，即找出艾滋病高危险群中的意见领袖来配发针头。

（六）意见领袖的应用

意见领袖是指某个人可以影响他人的行为或态度，达到预期的效果（见第八章）。如果推广人员能准确找到并使用好意见领袖，扩散的成功概率就会大幅增加。推广人员能否成功使客户接受创新，和他们对意见领袖的应用程度有正向的关联。

推广人员的时间和能力都很有限，如果能够借助社会体系中的意见领袖，充分发挥有限资源的影响力，将有助于推动创新的扩散效率。事实上，通过接触社会体系中一些意见领袖，来替代接触每一位成员，是更符合效益的做法。而且，意见领袖也可以加速推广人员的努力效果。例如，多年前曾有一项拉丁美洲农业扩散研究报告指出，在还没引进意见领袖前，每一位推广人员要负责接触 10000 名农民，这几乎是不可能完成的任务。此外，他们还根据意见领袖的功效，嘉奖他们推荐新观念的行为。这种来自意见领袖的沟通行为，说服个人接受创新的可信度极高。一旦体系中的意见领袖接受了创新，随后的扩散将会迅速扩散。

有时候，推广人员会误把创新先驱者当做意见领袖。意见领袖拥有很多跟随者，而创新先驱者则是率先接受创新的人，通常也被体系认为是反对传统规范的异数。当推广人员集中精力对创新先驱者而不是意见领袖进行沟通时，虽可以增加知晓性知识，但被说服的人数却很有限。创新先驱者的行为不足以说服一般人员跟进学习。有时候，推广人员需要准确挑选出意见领袖，并且对他们重视，使他们变得几乎和推广人员一样专业，至少在跟随者眼中是如此。不过，一旦让意见领袖过度创新，推广人员就破坏了意见领袖在跟随者眼中的可信度。

三、创新采纳示范的效果

如果潜在采用者能看到与自己情形相似的人使用某一创新事物，将有助于他对该创新的评估。当一个人看到别人在使用创新时，这种观察就自然而然地发生了。推广人员可以通过示范，增加创新的可观察性，从而加快创新的接受速度。

从 20 世纪初开始，美国农业发展局的推广人员就在农村耕地上进行农业创新的示范。例如，他们会展示一块已施肥料的玉米田（或在其他耕地上）和另一块还没有施肥料的玉米田，并相互比较。到了收成季节，推广人员会帮农民收割，统计两块田地的总收成量，并邀请邻近的农民前往观摩。然后推广人员会和与会者讨论，新肥料如何有助于农作物成长，又是如何合乎经济效益的。根据评估，在农地现场示范的做法是最有效的扩散策略，特别是在可观察性创新的早期阶段（还未出现临界大多数，扩散曲线还无法迅速攀升时）。对早期的美国农业发展局而言，示范的做法十分重要，从当地人把"乡村家政推广人员"称为"乡村家政示范人员"，就可见一斑。他们还为乡村家庭主妇示范家庭自制罐头、新烹调法和缝纫技术等技术。

如今，示范策略已在各个领域广泛运用，不仅是农业，同时也适用于能源保护、运输、教育、环境保育、药物滥用等方面。美国联邦政府约有 10% 的预算应用在政策示范上。（Baer et al., 1977）

示范有两种功能：（1）实地示范（Experimental Demonstration），用于在实际情况下，评估创新的有效性；（2）实例示范（Exemplary Demonstration），用于针对创新在其他体系或对其他成员的推广（Myers, 1978）。这两种功能的区别不是非常清楚，有时候同一个示范兼具两项功能。一项成功的实地示范，在于能适当地评估创新，不论其评估结果是正面或负面的。因为不管结果如何，创新的有效性都得到进一步说明。目前正在几个国家进行的艾滋病疫苗实地示范，就是一个例子（Singhal, Rogers, 2003）。通常实地示范的公众曝光率都很低，而且策划者应对创新抱有合理怀疑的态度。

相对地，实例示范的目的是说服潜在采用者，以增加创新的采用率。因此，它的设计是为追求高曝光率，而且策划者对创新的有效性，抱持积极肯定的态度。

在实际场合示范创新，是推广人员推广创新的一项相当有用的策略。因为它同时糅合了推广人员的专业可信度和实地示范者的安全可信度。如果示范者是体系中的意见领袖，那么效果就会更明显。

1998年，特纳、马丁和康宁汉，曾针对加拿大安大略省一项治疗推广计划中的示范作用进行研究（Turner, Martin Cunningham, 1998）这项治疗计划是要说服不严重的酒精、毒品上瘾者，接受代号为 OPTIONS 的介入式计划。做法为：由推动该计划的机构来示范，然后鼓励其他类似的治疗单位前来参观考察，并参加示范单位主办的研习，当时共有34个治疗单位来参观示范。虽然这次示范活动没有说服任何一个参观机构接受 OPTIONS 计划，但他们也因此直接跳过试用阶段。

（一）客户的评价能力

在创新扩散中对推广人员一个很重要的要求就是技术才能。如果推广人员拥有长远的眼光，就应该致力于提高客户的技术才能，使他们有能力评估创新，让他们成为自己的推广人员。推广人员成功说服客户接受创新，和他们提升客户的创新评估能力有正向的关联。

但遗憾的是，推广人员通常只关心创新采纳率等短期的指标。因此总是在推广创新，而没有想方设法引导客户提升评估创新的基本知识和技能。他们应该设法让客户自立自强，以终止对推广组织的依赖。前文曾提到"狩猎行动"是如何强制妇女接受诺普兰避孕方法的，接受这种避孕方法的女性甚至不知道诺普兰可以终止使用。显然，当时没有任何措施来提升妇女对避孕方法的评估能力。

案例 9-5　农业推广服务中心案例

农业推广模式，是把农业研究发展成果推广给美国农民时的一系列活动、原则和组织架构。据报道，美国农业推广局是全世界最成功的推广单位之一。它备受推崇，同时也广被仿效（见第四章）。美国农业推广模式成功的直接证明，就是第二次世界大战后，美国农作物产量一直呈现稳定上升的态势。正如学者埃弗兰说的：“每10 句有关创新扩散的话，至少有两句会提到美国农业推广局……就许多方面而言，它是所有技术转移的原型。”（Eveland, 1986）

1. 农业推广服务中心的历史发展

农业推广服务中心的第一个成功案例是 1911 年在美国纽约市伯奥美县进行的。当时该县的伯汉顿商业委员会非常重视农民的福利，因为农业一向是他们的主要产业。于是他们成立了农业处（该单位和道路建设处、商业发展处属平行单位），接着该处正式聘用了一位刚从康乃尔大学农业系毕业的学生，负责该县的农业创新推广工作。他第一年的薪水，部分由德拉瓦暨拉克万那铁路公司（Delaware, Lackawanna Railroad）资助，因而他被称为“农村推广员工”（County Agent）（因为当时所有在铁路公司工作的员工都被冠上“工作人员”的称呼，如“票务工作人员”和“站务工作人员”等）。此外，商业委员会农业处的成员也包括一些农民领袖，他们向邻居的农民募款，补贴该工作人员的薪资。很快这些捐款就被制度化，成为农业处的年度会费。

从 1911 年开始，伯奥美县农业推广局，以及地方农业处的概念迅速蔓延到全美各地。它得以普及的原因是：首先，1914 年美国联邦政府通过了史李法案（Smith-Level Act），补助各地方政府农业推广的发展经费；第二，当时正值第一次世界大战，农作物需求量激增。因此推动了农业推广局和它资助成立的农业处推广到全美各地。不久之后，农业处结成同盟，变成州政府的一个机构，到 1919 年，形成了美国农业事务联合会（American Farm Bureau Federation, AFBF）。这个组织不再是由当地人资助的农业推广单位，而是一个可以游说立法的机构。后来农业处和农业推广局各自独立开来，不过直到今天，他们之间的关系还是很密切。美国农业事务联合会对立法机构的影响以及州政府农业局的支持，都使得农业推广工作经费充裕，发展稳定。此外，自 1920 年以来，年度会费和私人捐赠都迅速增加。1920 年，农业推广局雇用了 3000 名工作人员，现在则激增到 17000 名。

至于美国农业推广工作的经费来源，有 40% 来自联邦政府，40% 来自州政府，还有 20% 来自县政府。这也是为什么美国农业推广系统常常被称为"合作性推广机构"。在联邦政府不断追加农业经费预算的时期，农业推广服务一直保持高成长率。

在美国州政府级的农业推广机构中，约有 4000 名推广人员是各方面的专家（占总人数的 70%）。办公室设在州立农业大学农业学系的农业推广专家们在州内各地参加农业学术会议，让农业推广人员了解最新的农业发展信息。另外还有农场管理、市场营销、牧养管理、昆虫学、家政等领域的专业人士也加入推广人员的行列。这些专家的职责是向农业推广人员说明最新的研发成果，同时也间接对一般客户解释。美国的农民也因此变得越来越专业，如在棉花种植、乳制品等领域。

基本上，州政府农业推广专家是要在研究的科学成果和县农业推广人员之间建立一座桥梁，以便把接受农业大学科学的、理论知识的实际耕作农民和县推广人员连结起来。通常，州政府农业推广专家过去都从事过县农业推广工作，然后继续深造，才转为州农业推广专家。

在 1911 年时，农业推广工作只关心生物农业如畜牧、饲养管理、家禽等。县推广人员只关注能提高产量的创新，如改良品种、化学肥料、改良牲畜和农业机器设备等。后来农夫的妻子们开始提出有关营养、照顾小孩和家政管理等实用知识的需求，这也获得了推广单位的重视。因此，为农业学院毕业的推广人员配上了一个搭档：县家政推广人员（刚开始时被称为"乡村家政示范人员"），他们通常是从接受政府赠地的农业大学家政系毕业的大学生。

后来，县农业推广机构进一步扩展，增加一位专门负责"四健会"（4-H Club）活动的工作人员。而"四健会"工作人员通常都拥有农业技术学士学位，也被认为是正在接受训练的未来农业推广人员。这位工作人员在"四健会"工作几年后，就可能晋升为县政府农业推广人员。

到了 20 世纪 40 年代，州政府农业推广局开始注意到农业营销和消费信息等计划。这项转变意味着农业推广的工作焦点，不再局限于促进产量提高的小范围创新；同时也意味着推广服务的对象将包括一些非农夫的新面孔。美国国会在 1914 年通过的史李法案提出，联邦政府将为农业推广工作提供经费，但并没有规定推广工作只局限在农业人士身上。因为近年来美国的农业人口所占的比例从 1910 年的 35% 下降到了 2%。

2. 农业推广模式可以提供什么启示呢？

（1）农业推广模式虽然早在 1911 年便出现，但它却不断与时俱进，随时针对大环境变迁而进行变通，该模式的变通性和可适应环境的特点是其成功的一个关键因素。

（2）农业推广模式是在客户的广泛参与的基础上，明确客户的需求、拟定计划，到推行评估和意见反馈的。

（3）农村科研活动以科研成果的可利用性为指导目标，而这种目标导向促进了科研人员的薪酬制度与科研成果的转换紧密结合，这种以可利用性为导向是整合系统有效运转不可或缺的一个部分。

（4）州政府农业推广专家和研究学者、教授不仅在空间上相距甚近，而且有社会交往，这些有利于促使他们把研究领域的知识与农民的需求相结合。

（5）相较于其他专业的创新，农业推广模式向农民推广农业增产技术时，非常有成效。而用这个模式向农民推广其他方面的知识时，却不是那么有效。

（6）农业推广模式不仅包括了创新从研究工作者扩散到农民的系统化流程，而且设立了一套以满足客户需求为导向的研究发展制度（接受政府赠地的农业大学、农业实验局、农业推广局综合组成一个完整的创新发展系统）。

（7）如果从经费和人员的成长来看，美国农业推广局可以说非常成功，一方面他们有能力因环境变迁，随时做出调整；另一方面他们获得了美国农业事务联合会和农民精英的大力支持。

（8）农业推广局受批判的方面是，过度强调农业增产技术，忽略了农村社会问题，而其中有些农村问题是由农业技术扩散造成的。

——E.M.罗杰斯、埃弗兰和比恩（Rogers, Eveland, Bean, 1982）

E.M.罗杰斯（Rogers, 1986a, 1988）

四、"中心化"和"非中心化"扩散系统

几十年来，传统扩散模式主宰了学者、决策者和推广机构的思维。传统模式的创新都是起源于学者专家，他们将创新以统一的形式，推广给可能接受或拒绝的人。而采用者通常都会被想象成一个被动的角色。事实上，传统模式获得如此高的声望，应归功于美国农业推广工作的空前成功，以及改良玉米新品种的扩散范例。美国大部分的农业扩散都属于这种中心化的模式，创新题材的选择、如何扩散、扩散对象等问题都是由扩散系统的技术专家或官员决定的。

后来这种传统创新模式被肖恩（Schon, 1971）质疑，他注意到传统模式和新兴的模式相去甚远。他质疑的是传统创新模式中假设的"所有创新都是从集中的学者专家那里扩散给使用者"的说法。虽然肖恩也认为传统模式可能切合某些实际情况，但是它却忽略了那些相对分散的扩散系统的复杂性。创新来自多个源头，然后在网络内横向扩散发展。

近年来，E.M.罗杰斯逐渐注意到扩散系统的运作和传统中心化扩散系统并不一致。传统的创新通常来自正式研发系统，但有些创新是在操作层面产生的，而且是由某些使用者发明的。然后这些创新向周围进行横向扩散，而且在扩散过程中因使用者的特殊情况，常常发生再发明的情况。这种非中心化扩散系统的主导者通常不是技术专家，其扩散的决策有很多采用者共同参与。在许多情况下，采用者把自己再发明的创新推广给别人时，就扮演了推广人员的角色。

非中心化和中心化扩散系统的不同之处，在表 9-1 和图 9-1 中

分别加以说明。当然这些图表是把扩散系统简化成非中心化和中心化两种。这样的分类过于简化，其目的是为了看出两者的区别。事实上中心化和非中心化模式是不可分割的统一，没有绝对的界限。

表 9-1　中心化扩散系统与非中心化扩散系统的特征

扩散系统的特征	中心化	非中心化
决策权力集中度	政府官员、技术专家全面控制	扩散的成员享有决策和扩散的权力；扩散大多是自发的未事先计划的
扩散的方向	自专家到地方创新用户，自上而下的扩散	通过周围人群的横向扩散
创新的来源	技术专家负责的研究计划的成果	来源非专家的实践或实验，通常都是一般采用者
谁来决定何种创新	高级管理人员和技术专家	地方单位根据他们对创新的非正式评估做出决定
客户需求推动创新的重要性	创新导向型，强调已有的创新产生的客户需求	以客户的问题为导向，从客户的需求和面临的难题引发技术革新
再创新的数量	在扩散过程中，再创新程度低，也不会根据实际情况做相应的改进	在扩散过程中，依据实际情况和需求不断进行改进和再创新

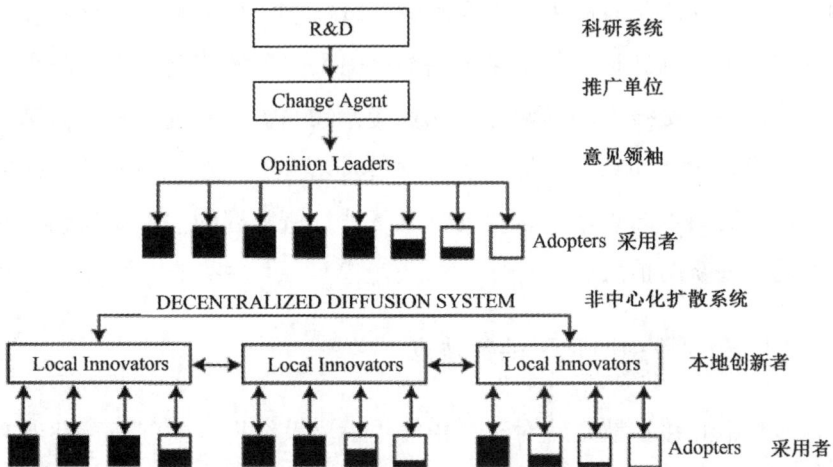

图 9-1　中心化和非中心化扩散系统

在非中心化扩散系统中，创新是在同伴中横向自然发生的，这是一种自发现象。创新有本地使用者发明的，也可被其他使用者再发明。

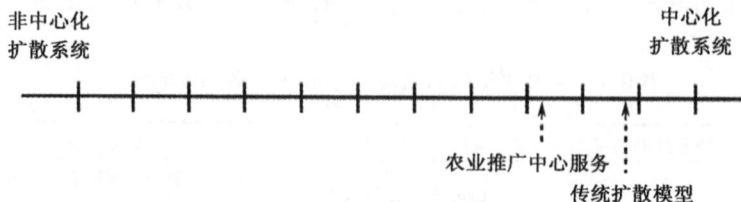

图 9-2　中心化和非中心化扩散系统

基于莱恩和格罗斯（1943）玉米新品种为基础的传统扩散模式是相对中心化的。近年来，学者已开始注意到扩散系统实际上是一个连续的统一体。美国农业推广中心是中心化的扩散系统，也有其他非集中性较强的扩散系统。

中心化扩散系统的沟通模式是单向的、线性的；而非中心化扩散系统的沟通模式是多向的，可以由参与者提供、分享彼此的信息，形成某种共识（Rogers, Kincaid, 1981）。非中心化扩散系统假设，采用者体系的成员有能力作出合理的决策。尤其是在以下几种情况时，采用者推动创新扩散的效果最明显：（1）采用者接受过良好的高等教育，并且是技术相当娴熟的从业者；（2）扩散的创新没有太高深的技术含量，如家庭节能和有机肥料园艺等不像建设核电站那样需要精深的技术知识，在这样的情况下外行所掌握的技术知识就可以推动对创新的扩散。

（一）"非中心化"的优缺点

与中心化扩散系统对比，由非中心化系统推广的创新更贴近客户的需求与问题。在非中心化的扩散系统中，采用者因为参与决策过程，会感觉自己可以控制扩散的过程。例如，哪些是最迫切需要解决的问题、哪些创新最符合他们的需求、应从哪些渠道寻求信息、如何依据自己的情形做出修正等。用户广泛参与这些关键决策，也说明在非中心扩散中创新是以用户的需求为出发点。推广人员和客户之间的异质性问题也随之消失。采用者导向的创新，通常都是非中心化的扩散，相较于专业推广人员的推广，这种方式的成本更低。鼓励用户的自主性，可获得大部分的肯定，所以非中心化扩散系统也很受欢迎。

而相较于中心化扩散系统，非中心化扩散系统也有一些缺点：

（1）究竟哪些创新应该扩散，哪些应该采纳？这一类决策一般是用户做出的，而技术专家通常很难参与，因此很有可能会在缺乏质量管控的情况下扩散一些无效率的创新。因此，在推广一些高科技创新时中心化扩散系统比非中心化扩散系统要更加合适和有效。

（2）由于缺乏专家，系统缺乏对扩散策略的理解，不懂如何去进行创新的扩散。扩散的主要途径是采用者必须前往一些使用单位观摩实际创新的情形。虽然这也是一个有效的扩散方法，但却会造成这些单位的沉重负担，之前许多个体、组织或城市就曾经遇到这样的问题。一个完全的非中心化扩散系统可能还有一个弱点，即示范的采用者对其他采用者的问题缺乏正确的了解，也无法提供适合他们的创新方案。

（3）有时候，政府推广的创新，并不是民众需要的。这在高度非中心化的扩散系统里，就根本不可能被推广。一个最显著的例子是，第三世界国家推广的计划生育计划，被政府视为头等大事，但对于老百姓来说，却不见得有这个需要。因此，在拉丁美洲、非洲和亚洲等国家，以非中心化扩散系统来推广计划生育是行不通的。同样，类似废物回收和搭车等环保创新，虽然也是政府当做重点来推广的项目，但老百姓可能却不以为然，所以非中心化扩散系统在这些情况下，效果会很差。

（二）"中心化"和"非中心化"扩散系统的应用的推广项目

基于以上讨论，可以总结以下两点：

（1）非中心化扩散系统比较适合某些状况，比如，推广的创新不需要专业技术，而采用者在背景和需求方面具有相当高的同质性。如果用户所处的各阶段基本统一，相对中心化的扩散系统就更有效。

（2）针对特定的项目，可以把非中心化扩散系统中的某些特点和中心化扩散系统的某些特点加以整合，形成一个混合的扩散系统。例如，这个扩散系统中可以包含一个中心协调者，而决策的过程则采用非中心化扩散的形式，让用户参与选择待扩散的创新，参与决定哪些创新、哪些用户该到现场观摩。有潜力的创新和创新的技术评估可以在非中心化的系统中进行。

小结

本章阐述了创新推广人员的七种角色：（1）帮助客户发现改变的需求；（2）建立信息交换的关系；（3）问题诊断；（4）激发用户改变的意愿；（5）将意愿转换为行动；（6）防止创新扩散的终止；（7）确立最终的关系。

推广人员保证创新被采纳的因素有：（1）推广人员成功努力的投入；（2）推广人员客户导向；（3）符合客户的需求；（4）对客户的同理心；（5）与客户之间的同质程度；（6）推广人员在客户心目中的信用程度；（7）借用意见领袖的能力；（8）帮助客户提供评价创新效果能力的努力。

　　探讨推广项目辅助人员在创新营销中的应用及其充当的角色。推广辅助人员对比专业人员的优势有：（1）和客户的同质性；（2）费用相对较低，但也存在专业知识等方面的弱点。

　　探讨中心化和非中心化的扩散系统。传统的中心化扩散系统强调全面掌控，扩散的方向也是自上而下，过程中缺乏针对用户需求的差异或变化作出调整的行为。而非中心化的扩散系统，是由客户控制整个扩散系统，成员广泛分享权力，可以最大化兼顾客户的需求，但也存在其特征带来的一些缺点。

第十章

组织内创新

"组织是创新扩散的沃土。"

——一位受访企业总裁

之前，探讨创新扩散的对象都是个人。事实上，许多接受创新的单位是组织。而且很多时候，只有在组织接受创新之后，个人才会接受。本章主要探讨集体式和权威式的决策模式，这两种模式都是由组织来决定创新-决策。我们来回溯一下组织创新方面早期的研究变化。在早期，我们往往选择典型性的组织作为大的样本，从组织中收集数据来判断这些创新不一的组织各自的特征。而后期，我们的研究则着重于调查组织内具体的创新过程，以便对创新过程的性质以及在组织变化过程中组织的行为有更深入的了解和洞察。

创新过程的研究强调组织内部采纳创新的方案后，将创新付诸实施的过程。这种研究相对于以前未实施即终止的创新扩散研究无疑又向前迈进了一步。一旦组织决策采纳某项创新后，会马上将该创新付诸行动。与个人的创新-决策过程相比，组织的创新过程显得复杂多了。因为组织的执行阶段通常都涉及一群人，其中包括创新的赞成者和反对者，双方在创新-决策过程中都扮演着重要角色。此外，采纳阶段的接受是双向的，创新的本身和组织都发生了重大的改变。

一、决策类型

创新-决策的 3 类分别如下。

（1）**选择性创新决策**：个人接受或拒绝创新的决策，完全不受其他人的意见左右。例如，在改良玉米品种扩散的案例中，美国爱荷华州农民的创新决策就是这个模式。同样，在科尔曼等学者进行的新药物扩散研究里的医生也是如此。

（2）**集体式创新决策**：接受或拒绝创新的抉择，由体系中每一个成员所形成的共识所决定。例如，通过公民投票或市议会表决一项城市禁烟法案，就是一种集体式决策模式。一旦表决通过，每一个民众都必须严格遵守。法案正式实施后，个人还在酒吧、餐厅或其他禁烟场所抽烟，就会遭到逮捕和处以罚款。

（3）**权威式创新决策**：社会体系中相对少数人决定接受或拒绝一项创新，他们一般具有权力、地位或技术专长。例如，诺基亚的首席执行官，下令全体员工不得传送带有附件的电子邮件（以免泄密）。对这种权威式创新决策，公司里的每一个员工都必须遵守。

此外，还有一种条件式创新决策是指，接受或拒绝创新的前提是基于先前的另一项创新-决策。例如，如果一位医生采用一项新的医疗程序，其前提是医院必须先购置必要的医疗设备。这是先有集体式创新决策，再有选择性创新决策的例子。如果以上 3 种创新决策模式，其中有 2～3 项组合在一起，就形成了一个条件式创新决策。

（一）组织

组织是指一群为了共同目标而一起工作的人所组成的一个稳定的团体，在其中有一定的等级和分工。组织的设置是为了通过一系列规范化的人际关系，来处理大量的日常工作。他们之所以能够有效协调、统合个人的努力，其中的部分原因是基于组织的稳定性，其高度结构化决定了沟通的模式。组织结构一般具有以下特征。

（1）**预定目标**：组织是为了实现某个明确目标而正式创立的。很大程度上，组织的目标决定了组织的架构和功能。

（2）**指定职责**：组织的工作被分派到各个职位上，或者说分解成不同角色。占据某个职位的人，也就是扮演某个角色的人，必须完成相应的工作。职位是组织的结构单元，不管个人的去留，职位是固定的，在这个位置上的人，就必须完成这个职位的工作。

（3）**权力结构**：在一个正式的组织里，并不是所有职位都具有相同的权力。组织中职位的等级决定了谁对谁的管理职责，谁又可以对谁发号施令。

（4）**组织的规则和管理**：每个正式的组织，都有一个给员工的正式的、书面的行为规范。这些规范包括了雇用员工、升迁奖惩、辞退员工的办法，以及协调各种活动的基本原则。

（5）**非正式规范**：在每一个正式组织中，都存在着各种不成文的惯例、规范和社交关系。随着时间推移，这些非正式的规范在组织中也发挥了一些重要功能。不过，组织的官僚体制总是让这些私人的关系变为标准的和公式化的。

看到组织的稳定性，人们也许会觉得其创新性很低。然而，事实正好相反，组织几乎一直处在变革之中。当然组织中也存在许多障碍，成员可能对创新特征持抵制态度。但是创新是所有组织结构要经历的基本过程。

德国社会学者马克思·韦伯（Max Weber, 1958）曾把官僚组织，如工厂、军队和政府部门的这种权威式的控制形式称为"铁笼"。其规则的制订、命令的发布都是由权威人士来决定，并由服从这个权威系统的成员来执行。开始时，这个控制系统会表现出理性和效率，时间一长，权威组织的有效性便开始消失，因为制度被过度执行到了非人性的程度。当这些权威领袖不顾人情味时，系统的理性也随之消失。可是体系中的成员却依然受制于"铁笼"的严密控制，继续支持权威体系。

（二）虚拟组织

在 20 世纪 90 年代，一种新形态的组织如雨后春笋般涌出，就是虚拟组织，它的出现颠覆了许多关于组织的概念。例如，康柏西亚软件公司（Complexica）就是一个百分百的虚拟组织，它拥有 12 名员工，年营收几百万美元。该公司由琼斯博士（Dr. Roger Jones）于 1999 年创办，总部位于美国新墨西哥州圣达菲市一座现代化建筑内。在办公室里，只有琼斯一个人，加上办公桌上的一台高科技电脑，其他员工则分布在全球各地。其中一名员工，有点像隐士，他的工作、起居都在位于圣达菲市 50 公里外的基督圣血山（Sangre de Cristo）的居所内。其他员工则散居于英国伦敦和奥地利的维也纳等地。他们利用互联网来合作，从事与复杂调试理论相关的软件开发。这套理论是美国洛斯阿拉莫斯国家实验室（Los Alamos National Laboratory）和圣达菲学院研发出来的，琼斯曾在该实验室工作过。康柏西亚软件公司的员工上班时互动非常频繁，平均每 30 分钟一次。拜互联网所赐，远距离沟通的成本已被压缩到了最低。可以说，如果没有互联网，就不可能出现虚拟组织。

虚拟组织的员工分散在各地，互相通过电子方式沟通。员工有时候也会面对面地开会，但是大部分的日常工作，都在远距离外执行。虚拟组织的优点是，减少了办公室租金和停车位租金，节省了面对面沟通的时间和成本，也可以让员工更靠近客户或供应商。许多虚拟组织的员工在家或车上工作（尤其是在泰国首都曼谷等常常塞车的地方），或者其他地点。因此，他们不用在总公司占有一间办公室或一张办公桌。

每个组织都很重视沟通，对虚拟组织来说，沟通显得尤其重要（DeSanctis, Monge, 1998）。琼斯成立这个虚拟组织的初衷，也与他不需要筹措资金有关（他之前创办一家实体公司时，曾有一段不愉快的经验）。而且，对软件公司来说，员工远距离办公的效果跟在办公室一起办公一样。至于琼斯个人把办公室设在圣达菲市，主要是由于该市为美国信息产业的重镇，方便与当地 30 多家高科技公司密切互动。

　　员工分散各地带来的时差问题，是虚拟组织遇到的主要问题，康柏西亚软件公司就遇上了（圣达菲和维也纳时差 8 小时），但是员工早就有应对之道。比方说，有些总部设在美国的电脑软件公司雇用在印度上班的员工，由于两个地区的时差达 12 小时，所以一天 24 小时由两地员工接力工作，等于完成了两天的工作量（Singhal, Rogers, 2001）。美国加州硅谷的软件工程师从上午 9 点忙到下午 7 点（美西时间），然后再把完成的部分用互联网传给远在印度班加罗尔或海得拉巴等地的虚拟团队，后者继续进行工作，并在印度当地上班时间结束之前，将其传回美国加州。此外，雇用印度员工的人事成本，只有美国员工的 1/10，这也为公司带来了可观的经济效益。

　　虚拟组织极具弹性，可以说，内在没有森严等级，外在没有范围限制，因此，当需要变动时，几乎没有传统组织文化上的障碍（Ahuja, Carley, 1998; DeSanctis, Monge, 1998）。这都为虚拟组织提供了竞争优势。所以，过去 10 年间，不少公司也聘请了一些虚拟员工。事实上，虚拟的概念本身也可以被视为一项创新，在企业之间快速扩散，并引起传播与企管学者的高度重视，相关研究著作颇丰。

　　当然，虚拟组织也有不好的一面。研究调查发现，虚拟员工对公司缺乏认同感、没有责任心，而且流动率很高。此外，相较于面对面沟通，无拘无束的虚拟沟通容易造成双方的误解和冲突。不过，以上问题在员工经过适当的职业训练后，就可以被克服。

二、组织的创新性

扩散研究最初以个人决策者为研究对象，几十年后，才开始把接受创新的对象设定为组织，而不再只是个人。学者们将过去研究个人创新性的调查方法和模式，套用到对组织的研究上。不过，对这些组织创新性的早期研究有点过于简化，因为一般研究只是从组织中的某个人身上（通常是公司负责人）搜集资料。因此，本质上这些组织研究还是针对个人的研究，只是把整个组织当成一个个体来研究分析罢了。

然而，组织扩散的研究重点，开始转移到在组织内部发生的创新过程。也就是说，它没有探讨与创新性高低相关的变量，而是追踪组织创新发生的过程。因此，目前研究焦点也逐渐转移到把创新视为一个过程，强调过程模式。

早期研究厘清了组织的创新特性，其中大部分特性和富有创新性的个人相似。例如，更具有创新性的大型公司组织，如同拥有高收入、高社会地位的个人一样。不过，部分创新组织的特性则是个人所没有的。例如，组织结构特性中的体系开放性（指体系内成员和体系外的成员接触互动的程度）和"形式化"（指组织对体系成员规范化及制约的程度），分别与组织的创新性有正向和负向的关联。因此，即使组织创新性的研究是完全引用了个人创新性研究的方法和模式，但是在概念上却有不少创新点。

（一）规模与组织的创新性

组织规模大小和组织创新性通常都有着正向关联，大规模的组织较具创新性。

迈廷格（Mytinger, 1968）曾提出以下问题："创新性与个人、组织，或服务地区有关吗？"在一项针对美国加州 40 个公共卫生单位的创新性研究调查中发现，它们的创新与以下因素有关：（1）规模。它们的规模由员工数量和预算多少来确定，这又取决于（2）它们所属城市的规模，以及（3）医疗主管在业界和同事中的威望、可信度及是否拥有开放的眼界。总之，"这项研究显示规模大小——如服务社区的大小以及公共卫生单位的大小与创新呈正向关联。

此外，马勒和 E.M.罗杰斯（Mahler, Rogers, 1999）曾针对 324 家德国银行对 12 项通信技术创新的接受情况进行调查。这些创新包括利用电子邮件传送银行信息给客户，向客户提供自动转账服务和免费电话服务等。研究者以每家银行接受多少个创新计划，以及接受每个创新的相对时间点来给每家银行的创新性进行打分。接着根据评分将这 324 家银行分为五大类（见图 10-1）。从中可以看出，不论是以银行总资产、员工人数、分行数量，还是用顾客数来定义银行的大小，创新性都和银行规模大小有正向的关联。

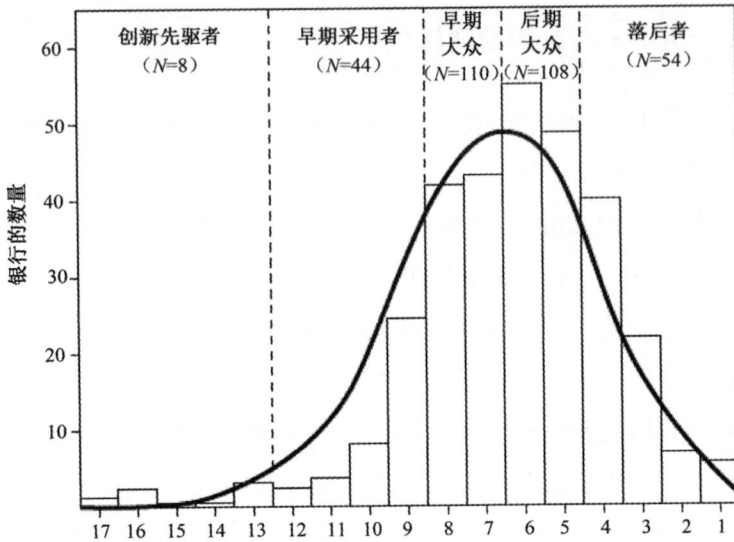

图 10-1　324 家德国银行按创新性评分来分类

关于组织的创新性研究，曾经很流行，这个德国银行接受 12 项沟通创新的研究就是佐例。这 324 家银行在接受类别上的分布，大致与个人创新性的分布相同。而银行规模的大小，与其创新性有高度的相关性。例如，每家银行的总资产额度可以关联银行 0.75 的创新性；而每家银行的员工人数可以关联银行 0.7 的创新性。

资料来源：马勒和罗吉斯（1999）

创新性与组织规模大小成正比的这个发现，令人感到意外，因为传统智慧告诉我们，小规模的组织运作更有弹性，也比较没有沉重的官僚包袱。然而，很多研究调查都证实创新性与组织规模大小成正比的情况。

为什么学者会持续发现，规模大小是组织创新性的最重要指标呢？

首先，规模大小是一项相当容易测量的变量，准确度也很高。因此，几乎每一个组织创新性调查，都会包含规模大小这个变量。

其次，规模大小或许是其他变量的最佳替代指标，如总资源、闲置资源、员工专业技术、组织结构等。这些变量目前尚无法被清晰定义，或是无法测量。也许这些"潜在"变量，才是造成规模大小与创新性成正比的真正原因。其实，没有学者把组织规模大小视为一个变量来研究，但是它却不失为其他变量的替代品。

（二）组织创新性与结构特征

组织创新性与以下自变量有关：（负责人的）个人特质、组织内部的结构特性、组织的外在特征（见图 10-2）。下面我们着重谈谈那些与组织创新性相关的组织结构方面变量。

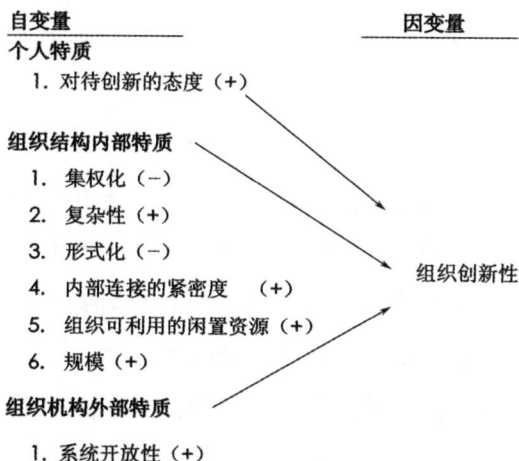

自变量　　　　　　　　　　　　　　　　　　　　　**因变量**

个人特质
1. 对待创新的态度（+）

组织结构内部特质
1. 集权化（-）
2. 复杂性（+）
3. 形式化（-）
4. 内部连接的紧密度　（+）
5. 组织可利用的闲置资源（+）
6. 规模（+）

　　　　　　　　　　　　　　　　　　　　　组织创新性

组织机构外部特质
1. 系统开放性（+）

图 10-2　组织创新性的自变量

集权化是指体系中的权力，相对集中在少数人身上。我们发现权力的集中和组织的创新性呈负向的关联。组织的权力越集中，组织的创新性就越低。因为，当少数强有力的领导者支配着整个组织时，组织对创新的思考也局限在这几个人身上。在一个高度集权的组织里，最高领导人往往都难以判断、确认基层操作的问题，更别说能提供解决这些问题的创新性做法。不过，虽然在集权化组织里，创新不易出现，但是一旦做出接受创新的决策时，就会得到强有力的执行。

复杂性是指组织成员拥有相对较高的专业技术和学识程度，而测量标准则是以他们的专业化领域和专业化程度为主。复杂性有助于组织成员了解创新的价值，并提出创新的建议方案，但可能在组织执行时，难以达成共识。

形式化是指组织成员遵守组织规章制度的程度。组织结构官僚化的程度是通过形式化来衡量的。形式化对组织成员创新思想的产生有阻碍作用，但却有助于接受创新后的实施与执行。

连接性是指体系中各个单位，通过人际沟通网络相互连接的密切程度。一般来说，如果该体系拥有一个高度密切的连接性，新观念就很容易在组织成员之间流通。而这个变量与组织创新性有着正向的关联。

组织的闲置资源是指组织中的一些尚未使用的资源。这个变量和创新性也有正向的关联，特别是创新需要高成本时更是如此。或许，组织规模大小和组织创新性有如此高的相关性，其中一个原因就在于大型组织通常都会拥有较多的闲置资源。

数百次的组织创新性研究分析发现，每一个自变量（见图 10-2）与组织创新性之间呈现低度相关。组织结构变量如果在创新的开始阶段，对创新的接受有正面的影响，那么，在执行阶段的影响则是负面的；反之亦然。例如，权力集中度低、高复杂性和低形式化在创新产生阶段有加分作用，可是在组织实施创新时，这些特质却变成了阻力（Zaltman et al., 1973）。因此，如果在研究分析时，把创新过程中的开始阶段和执行阶段纳入考量，对组织创新性变量的研究会比过去有更多进展。

近年来，学者对组织创新性的研究兴趣有所减弱，但这类研究调查还在持续进行当中，而且也获得了相当有趣的结果。例如，芬奈尔（Fennell, 1984）曾针对美国伊利诺州员工在 250 人以上的 173 家公司从事两项相关的创新扩散研究调查，分别为员工酗酒咨询服务和酗酒治疗的保险赔偿条款。结果显示，如果一家公司接受员工酗酒治疗的保险赔偿条款，通常也会促进酗酒咨询服务项目被接受。而且公司规模大、复杂性高也有助于酗酒保险计划的接受，当然也会促进酗酒咨询服务的接受，即使被劳工组织和公司医疗部门反对。

这项研究的焦点，是探讨相同的公司对两项有密切相关的创新的接受行为。许多扩散研究都以单一创新为研究对象，两项或更多创新的采用率，以及它们彼此之间的相互关系没有在同一体系中追踪过。

在 1988 年，迈耶（Alan D. Meyer）和格斯（James B. Goes）开展了一个关于组织创新性的研究。研究是针对 12 项医学创新（如 CAT 扫描器、超声波成像、激光手术、电子胎儿监听器、光导纤维内脏镜检查等）在美国中西部一个城市 25 家医院的扩散过程，将这 300 个创新决策（每家医院对每一项创新的接受与否）作为研究分析的单位。请注意这个研究法与过去研究法不同，过去都是以每家医院创新性作为主要分析对象。而迈耶和格斯（Meyer, Goes, 1988）则是给每个创新决策过程一个 9 分制的评分，如果医院员工仅仅是知道该创新，那么该项就得到基本分 1 分，若医院采纳并正常使用，该项得分为 8 分，如果不仅正常使用而且提升改善了创新项目则可获得 9 分。这项应变量可形象地反映每家医院在这 12 项创新过程中的实际状况。

迈耶和格斯发现医院创新过程的进展状况可以通过以下因素来解释：（1）创新的认知属性，如可观察性、低风险及易操作等，医院之间差异的 40% 来自这个因素；（2）医院环境、组织结构及领导风格等，只有 11%的差异来自这个因数。一般来说大型的医院坐落于都市中心，往往会采用较为积极的市场营销策略，他们的创新性都特别高。另外，在医院创新扩散过程中，医院院长（或主管领导）也会发挥重要的影响力。因此我们可以看到创新拥护者是推动医学创新扩散过程的重要动力。

（三）创新拥护者

创新拥护者是那些在组织内部具有魅力，且会应用自己的影响力来克服创新阻力的人。创新拥护者在组织中扮演推动者的角色。当然，在组织中也有创新反对者，他们会阻碍创新进入组织的速度和节奏。

过去研究都显示出创新拥护者在组织创新过程中的重要性。创新拥护者是组织接受和使用创新的关键因素之一。肖恩（Schon, 1963）表示："新观念总有支持者和反对者。"

虽然我们直觉上会认为创新拥护者都是在组织中位高权重的人物，如公司总裁或副总裁，至少也要是高级主管，才能拥有如此大的影响力。如果有这样拥护者，当然是件好事（Smith, Redican, Olsen, 1992）。戴在 1984 年（Day, 1984）发现，这些强而有力的创新拥护者所支持的创新，大多是成本高、明显的或者是激进的。但是有时候，创新拥护者对创新并不确定，或者说有些冷漠。有些不太激进的创新的拥护者通常是公司的中层。例如，古德曼和史特勒（Goodman, Steckler, 1989）在对美国弗吉尼亚州公共卫生单位的 10 项新研发扩散研究中发现，最有效率的创新拥护者都是单位的部门主管或助理主管。他们的职位没有高到一般员工接触不到的程度。创新拥护者所拥有的重要特质是：（1）处于组织中一个重要连接协调的岗位；（2）善于分析和处理不同人内心想法；（3）展现出和其他成员的良好人际关系和磋商能力。因此，创新拥护者是组织创新的经纪人，帮助创新符合组织的实际情况。通常，组织接受的创新是被重新定义的，相关的整合便是由创新拥护者来协调统一。创新拥护者在组织中扮演的角色，有点像团队里的意见领袖。

豪厄尔和希金斯（Howell, Higgins, 1990）曾对 25 位创新拥护者和另 25 位非创新拥护者进行比较，结果显示创新拥护者更具创新性、更富有创新精神、对他人更具影响力。他们的权力地位不一定很高，事实上，在很多情况下，人际交往的技巧远比权力更重要。

创新拥护者虽然不见得在组织里是位高权重的人物，但是，他必须能够娴熟处理人际关系，有良好的说服和协调能力。例如，2001年，美国德州厄尔巴索市通过了禁烟法案，推动立法的是一位公共卫生研究所硕士生，他就扮演着创新拥护者的角色（Rogers, Peterson, McOwiti, 2002）。当时这位研究生参加了一项实习课程，去调查研究非政府组织"社区之声"。这个组织正积极推动通过禁烟法案。他经常受邀参加禁烟联盟召开的大会，发表演说和听取意见。通常组织负责人会说："我们必须搜集这方面的证据，你愿意帮我们吗？"

很快这位研究生便在禁烟议题上投入很多精力和时间。平时他在一家非禁烟的餐厅内当服务生，可能是因为长期处在二手烟充斥的环境中，他的耳朵患有周期性感染，需要服用昂贵的抗菌药物。禁烟联盟负责人得知这个情况，便让他出席市议会的听证会，亲自说明他在餐厅和酒吧吸烟区内工作所遭遇到的健康问题。因此，他认识了市议会内的 8 名议员，每天待在市议会几个小时。其中一位市议员还请他调查邻近的城市在实施禁烟法案后，当地保龄球馆和宾客游戏场所的营业额会受到多大影响。接着又要求他向厄尔巴索市政府提供一些禁烟法案参考版本，于是他便去一些已通过禁烟法案的城市搜集相关法案条款。还有一位市议员更要求他访问当地一些餐厅的老板，了解他们对禁烟法案的看法。甚至有市议员请他协助提供圣地亚哥在实施禁烟法案后，到底有多少餐厅客人越过边界，前往墨西哥境内非禁烟的餐厅用餐的资料。

这位研究生日复一日参与推动禁烟法案的工作，在市议会当中，不管是支持或是反对的市议员，都把他看作此法案的游说者。2001年6月，厄尔巴索市议会以7票赞成、1票反对的投票结果，正式通过禁烟法案，规定全市餐厅、酒吧及其他公众场所禁止吸烟。这位研究生也功成身退，继续他未完成的学业。在整个禁烟法案推动工作中，他成功扮演了一位创新拥护者的角色。

在厄尔巴索市，还有另外一位创新拥护者，他是在禁烟法案投票前刚当选的市长，是一位受民众爱戴的资深议员。这位新任市长在说服大家投票的过程中，扮演了重要角色，在法案通过后，以更大力度执行这项新措施。这位市长非常出名且极具政治影响力，当地民众就很少有人知道那位研究生，只有研究扩散过程的专家才知道他的存在。

此外，我和研究团队在美国西南部其他城市的禁烟议题上，也发现了不同类型的创新拥护者。例如，在新墨西哥州的银城，最重要的创新拥护者是一位年仅15岁的高中女学生，她还获选为当地禁烟联盟的主席。她每天都积极地和市政府官员沟通，直到法案通过为止。后来，她随母亲移居到新墨西哥州的阿尔伯克基市，这位年轻的创新拥护者也同样活跃于当地的禁烟组织中，再次获选为禁烟联盟主席，致力于推广禁烟法案。我在2002年约访过这位创新拥护者，她表示自己平均每星期要花40个小时推广禁烟活动。另外，在美国德州卢博克市，禁烟政策的创新拥护者竟是一位患有哮喘病的10岁小男孩。

从这些案例可以看到，创新拥护者其实不分年龄大小、不论地位高低、也不管具备哪种能力。或许他们的某项特质刚好符合了某项创新或某个组织的需要。不过，每个个案中，创新拥护者都是创新过程的重要推动者，而且督促着创新的认可和使用。

三、组织的创新过程

萨特曼等人在 1973 年发表的《创新与组织》（*Innovations and Organization, Zaltman et al., 1973*）一书是组织创新研究史上的重要转折点。他们在书中特别指出了当创新出现在组织中时，会表现出来的明显特征。在这项研究中，主要因变量是创新的实施（即创新的使用），而不是采纳的决策（即决定接受创新）。在此之前，研究组织创新方面都是选择一定数量的公司作为样本，然后考察这些公司采纳或者拒绝采纳创新的情况。而在 20 世纪 70 年代后，组织内创新研究转为考察影响创新在一个或者多个组织内发生和采纳的过程。通常被考察的创新会是一项新的通信技术，如电子邮件、管理信息系统以及其他的计算机创新等。

扩散研究学者们通过主要参与人的回忆、组织创新过程中的书面记录，以及其他有关组织创新过程的信息重新追溯组织创新的过程。

自 20 世纪 80 年代以来，组织创新研究报告的数量如雨后春笋，其中一个原因是商学院的学者，尤其是企业管理和组织行为学系的学者，对组织创新过程产生了浓厚兴趣。1983 年，美国明尼苏达大学商学院就进行了这样的研究计划，而且资金非常充裕。此计划由安德鲁·范德温（Andrew H. Van de Ven）教授主导，率领 30 位学者对 14 项不同产业的技术创新进行深入的调查和研究，这些技术包括工业、教育、农业、卫生、国防等。范德温和同事沟通遵循相同的理论架构，来搜集和分析创新过程中的数据（Van de Ven, Angle, Poole, 1989; Van de Ven et al., 1999）。

组织创新研究受到广泛重视的另一个原因，是组织中引进了许多新的通信技术。但在推进过程中许多企业都遇到了障碍，甚至以失败告终，这便引起学者及有关人士对这个问题的高度重视，并致力于研究组织如何更有效地引入计算机相关创新。

像电子邮件这类交互式创新，对一些早期采用者而言，其拥有的功能性利益确实很少。例如，第一个接受电子邮件的人，找不到其他人用电子邮件来沟通。因此，这项新的交互式技术在组织中的接受程度，刚开始时都是进展相当缓慢的，直到临界大多数出现后，情况才得到改变。对新的通信技术进行研究所具有的优势是这类调查提供了新型的资料，方便学者采用新的理论来研究新的变量（Van de Ven, Rogers, 1988）。例如，这类创新的接受就可以用每个人使用电子邮件、个人电脑的记录来加以评量（Astebro, 1995）。

对组织创新性的研究通常有如下假设：组织性的变量对创新行为所产生的影响，远超过组织内个体成员的影响总和。因此，以组织为背景来研究创新过程更具挑战性。"在这种研究中，组织通常都被当作创新的一种阻力，因为在组织内推动某种创新时，经常会遭遇许多问题。换个角度来看，这些困难及问题也证明了某种特定的创新并没有解决组织中的问题，或者说，组织内部的人员预期创新的后果是负面的，而不是正面的。"（Van de Ven, Rogers, 1988）。因此，当创新在组织中扩散时，组织结构的影响也不都是负面的。

案例 10-1　采纳新的通信技术的过程

组织创新的过程，可以从个人电脑和电子邮件等新通信技术的扩散研究上一窥全貌。一般人可能觉得这些创新拥有显著优势，迅速扩散应该不用花什么力气。可是事实却正好相反，因为这些新科技意味着对人类行为的重大改变，而且也需要投入时间来学习如何操作。

20 多年前，大部分公司老板都会聘用一名秘书，把自己口述的信息速记下来，或将手写的字条打成正式信件。到了今天，拜个人电脑所赐，秘书和打字员都不用了，老板自己在电脑键盘上就可以打字输入。随着电子邮件日渐流行，使许多信息都电子化，让办公室几乎可以成为一个无纸办公室。近年来这些办公行为的重大改变，自然成为了学者的研究对象。例如，海科拉（Heikkila, 1995）在对芬兰企业的调查中便发现，每个员工都必须投入大量时间和精力学习如何操作电脑。而这个学习是日复一日的，因为当员工请求同事协助时，便产生了学习的过程。当然，员工若要熟练操作电脑来处理文件、电子邮件、图表和实现其他功能，可能要花上几个月的时间。通常这个学习过程会占到员工工作时间的 20%～25%，而教导他们学习操作的同事也需要付出同样的时间。过去关于电脑创新过程的研究，都严重低估了为达到熟练操作的目的，个人所需要付出的时间和精力。

一项针对美国 54 家公司、471 位经理人的调查发现，对电脑感到焦虑是个人接受电脑最主要的障碍之一（Igbaria et al., 1994）。最典型的说法是："我怕自己不知怎么搞的，就把电脑给弄坏了。"这种电脑焦虑感会降低使用电脑带来的乐趣，而这却是员工开始学习使用电脑的重要动力。让员工充分了解电脑的实用性，学会操作电脑，相对于只向他们解说使用的乐趣更具有影响力，且调查结果显示，前者的影响力为后者的 6 倍多。因此，训练计划的设计必须以解除员工对电脑的焦虑为前提，让他们对电脑产生兴趣，认识电脑的实用性，这样便可增加电脑的使用次数。简言之，只为员工提供电脑，而没有提供相应的训练计划，员工是不会主动使用电脑的。艾巴利亚等人（Igbaria et al., 1994）建议：允许员工在办公室电脑上玩桥牌或其他游戏，可使他们熟悉电脑操作，并进一步学习如何使用电脑。

位于瑞典哥德堡市的沃尔沃汽车工厂决定在公司内部全面使用个人电脑，并通过互通电子邮件来增进内部沟通，当公司在制造新车时，各个部门可以快速地回应。1985 年，每位沃尔沃员工都被配备了一台电脑，公司主管们要求员工使用电子邮件系统。虽然实际使用电子邮件的员工人数并没有改变，但是使用电子邮件账号的比例由原来的 18% 增加到了 40%。事实上，当时还有一些比电子邮件更方便、成本更低的沟通工具，如内部文件传送和内线电话等，因此有不少员工拒绝使用电子邮件。不过，在高层的大力推动下，采用率在达到临界大多数之后便开始稳步上扬。而在扩散过程中最具有影响力的人，是部门主管和每位已经使用电子邮件的员工。此外，各部门纷纷成立帮扶团队，协助部门内同事学习使用电脑和电子邮件的收发。这个兼具培训和支持的后援单位，成功促进了这项新的通信科技的普及。

5 年之后，沃尔沃公司的 7400 位员工，绝大部分都使用电子邮件作为日常沟通的主要工具。这再次证明了，就如同玉米新品种扩散研究以及其他创新研究指出的，扩散过程需要一段相当长的时间。创新的扩散过程并非一蹴而就，即使组织领导强烈支持这项创新。

（一）组织创新的五个阶段

通常，组织的创新过程可分成 5 个阶段，其中有 2 个阶段是萌生阶段，另外 3 个是执行阶段。前 2 项分别为议题设置和匹配阶段，共同构成创新的萌生过程。在这阶段包括搜集一切必要资料、进行概念化，以及进行接受创新的前期规划。只有萌生阶段的问题得以解决，后面各阶段才可以顺利进行。

1. 议题设置

当一个组织的问题触发需求时，就到了议题设置阶段。议题设置在每一个组织都可能随时发生，它是把组织的需求、问题加以整理，并按重要性来排序（Dearing, Rogers, 1996）。组织创新过程的议题设置阶段，包括：（1）确认问题和需求及其先后顺序；（2）了解组织环境，让潜在创新满足组织的需求。

议题设置阶段可能会跨越很长时间，有时达数年之久。正如由美国明尼苏达创新研究计划主导的创新过程研究报告指出，"任何创新的发生，不可能在短时间内突发，不可能来自单一事件，也不可能来自企业家个人。"（Schroeder et al., 1989）

议题设置启动了整个创新过程，是推进后续各个阶段最重要的原动力。在议题设置阶段，组织中一个或多个成员提出问题，然后再选一项创新作为解决问题的手段。

业绩落差是指组织的期望和实际表现的差异。这会成为组织追求创新的重要动力——业绩落差会激发创新的启动。美国明尼苏达创新研究计划发现，在达到一定的条件后，成员常会给组织聚集起"改变"的力量，使组织重视问题的严重性，并号召采取必要行动（Schroeder et al., 1989）。

大部分组织都会对周遭环境进行监测，找出可能对组织有利的创新事物。正如马切（March, 1981）指出，组织中的创新，"大部分是由结果来驱动的，而不是问题，因此，答案比问题更重要"。通常组织都会遇到不少问题，但对解决问题的创新知识了解却很少。当组织成员感受到解决问题的迫切需要时，能满足这个需求的创新便有了机会。大部分组织就会搜寻创新，将有前途的创新和需求进行匹配。

有时候，萌生创新进程的是创新知识，而不是组织的某项问题或需求。例如，威尔德缪特（Wildemuth, 1992）对三大企业接受43项电脑相关的扩散研究指出，在议题设置阶段，组织并不是先确定解决问题，然后根据存在的问题寻找创新方案的。在采购这些电脑软硬件前，组织并没有细致的规划，因此在购买时存在很大的机会主义倾向。在创新过程的早期阶段，这些组织并不是完全有意识地去寻找新观念和接触创新方案的。

沃克（Walker, 1977）基于对美国参议院通过新交通安全法案的研究，得出这样的结论："那些把交通安全成功设定为一项重大议题的人，通过在整个政治的决策过程中，不断把议题强化，来使其影响力扩张了多倍。"由此可见，相对于组织内的其他成员，负责议题设置的个体无疑拥有更大的权力。

2．匹配

匹配阶段是指将组织议题中的某一项问题和创新撮合匹配，使该问题得到解决。而这个匹配是需经过精心设计和规划才完成的。为了确认创新和问题的符合程度，必须在概念上先把创新和问题予以匹配，以确定创新方案在多大程度上解决实际问题。因为在实际过程中，组织成员会评估创新解决问题的可行性。因此在规划评估时，必须把未来可能要面对的问题和预期的利益加以考虑。有时候，决策者会觉得创新方案并不能解决相关的问题，因此会拒绝创新，这样就意味着在创新执行前，创新过程便终止了。

创新和组织需求能否密切配合，是新观念能否在组织中持续下去的关键因素。而这个符合程度是兼容性的表现。古德曼和史特勒（Goodman, Steckler, 1989）就指出，一项创新能否在组织中"安家"，解决单位的问题和需求至关重要。

匹配决策是创新过程的萌生和执行阶段的分水岭，之后的所有行动和决策都是把创新付诸实践的过程。而执行过程又可分成 3 个阶段：重新定义或重新组合、阐明问题、常规化。

3．重新定义或重新组合

在这个阶段，自组织外引进的创新会逐渐失去其本身原有的外来特质。组织为了使创新更符合组织的需求和组织结构，会对创新进行再发明；也有可能是组织结构本身做出调整，以更符合创新的特性，这就是重新定义或重新组合的阶段。

从某种程度来说，在重新定义或重新组合阶段，创新与组织都会做出些变化。泰尔奥利科和夫斯基（Tyre and Orlikowski）对 3 个组织中多个创新扩散的研究发现，在组织中创新被调整修改的空间很小。当创新快速地常规化，变成组织架构中的一个部分之后，创新就没有了改变的机会。

1）创新和组织结构

有时候，不仅创新会修正以适应组织，组织结构也可能要加以调整，来配合创新。为了接受创新，组织会成立一个新的单位或部门，例如，当组织推出一项新的员工在线培训项目时，便会成立一个专门的部门来提供咨询。此外，有些创新也可能对整个组织结构带来影响，例如，当公司引进电子邮件系统时，会改变组织的沟通形式，一下子让每位员工都可以直接和首席执行官交流。

技术性创新在组织内执行时，创新和组织都需要调整。"不仅需要调整创新来适应组织和产业的结构，而且创新也改变了组织——它赖以生存的环境。"（Van de Ven, 1986）这是个双向的适应过程，因为当创新融入组织时，一般不可能百分之百地与组织现状相吻合。因此，在创新和组织之间便需要相互适应和磨合。刚开始，组织往往会低估自身的改变。因此，我们得到结论：在组织接受创新的过程中，组织和创新都会做出改变。

美国哈佛大学商学院教授莱昂纳德（Dorothy Leonard）开展的一项研究证实了以上观点，她研究了由伊士曼柯达公司研发的一项名为苏拉真（Solagen）的创新产品的扩散。在这个新产品推出之前，柯达用来制造摄影底片的凝胶是由动物骨头浸泡在莱姆油中 6 星期后的分解生成物制成的，这种制造方法已有 150 年的历史。后来柯达研发出苏拉真，将生产过程缩短到 48 小时。苏拉真先在工厂内试行，效果不错后，公司斥资百万美元兴建了生产线。由于苏拉真生产过程甚短，所以必须精确测量数据。之前操作员用一根 6 英尺的竹竿，放进莱姆油桶内不停搅拌，以防止未分解的骨头沉淀。但在新的生产线上，操作员要根据仪表上的数据来确定骨骼分解的程度，并需要在几分钟内快速作出判断，但是操作员却无法适应这种改变。由于该项技术的复杂性，虽具有重大优势，但是最终仍被停止使用。

值得注意的是，这项创新是来自柯达公司内部，而不是从外部引进的。一般来说，内部研发的创新，执行的成功率要更大一些，因为创新一般非常符合组织的情况，而且组织成员也会认为这是"自家的"。美国明尼苏达创新研究计划的结论是："当创新是组织自己研发出来的时候，组织成员对创新的接受度、学习和采纳速度会相对加快；而来自组织外部的创新，如果使用者没有参与再发明和创造过程，他们会认为这种创新是外来的，是强加给他们的，创新就会受到一定的抵制。在这种情况下，使用者接受、学习、采纳该创新的速度会大大的减慢。"

组织创新过程中的重新定义或重新组合阶段是一个社会建构的过程。如果创新是来自组织内部，组织成员会对它有自然的亲切感，会积极配合执行；当创新来自组织外部的时候，如果其具有较好的弹性，也有很大的再发明空间，那么组织成员也会愉快地接受这样的创新。

2）激进式创新

有些创新会为组织带来不确定性，这些令人不快的状态，可能会阻碍创新的扩散。激进式创新（Radical Innovation）也称为颠覆式（Disruptive）创新，这类创新带来的改变非常大，意味着新的规则。有时候，激进式创新会创造一个新产业，如半导体、激光技术和电子商务。

在接受创新时，必须具备的专业知识越多，就是越激进的创新；

创新带来的不确定性越高，执行时就会遇到更多困难，也意味着是更为激进的创新。一项针对美国皮鞋制造业中 40 家公司对 6 项创新接受的研究报告发现，大型公司拥有较多专业技术人士，因而更可能接受激进式创新（Dewar, Dutton, 1986）。而渐进式（Incremental）创新则不像激进式创新，带来的不确定性会小很多，在执行时也无需过多专业技术背景，因此不管是大型或小型企业都会乐于接受。

有些创新过于激进，为了避免其带来的高度不确定性，组织必须采用非结构性的，即无惯例可循的接受过程。也就是说，非结构性决策过程，即是偶发性决策过程。因为组织接受激进式创新时，会遇到从来没有面对过的情况，而且也没有一套预先设定的标准程序。过去大部分对组织创新的研究，处理的都是一般性的创新决策，其中有惯例可循，整个程序也被大家所了解，而激进式创新的接受是一种非结构式的，接受过程也非常复杂。

例如，杰普森和 E.M.罗杰斯曾研究过第一个产业研发联盟——微电子与计算机科技研发中心（Microelectronics, Computer Technology Crporation, MCC）20 世纪 80 年代在美国的发展。研发联盟由多个公司共同出资成立，目的是共同研发产业新技术，并确保每一个企业成员可以从中获利。1982 年，20 家美国大型电子公司联手成立该联盟，以联合对抗日本电子同业的威胁。作为第一个产业联手创立的研发中心，几年后，联盟中的企业已经学会如何一方面与同业竞争，一方面在研发中心内进行合作。随着经验的累积，美国企业界逐渐适应"联合研发"这个观念，认为其没有那么激进了。到 1994年，美国成立了数百个类似的产业研发联盟。因此，在经历一段时间后，一项激进式创新会变得不再那么激进，同时也会形成常规。

4．阐明问题

阐明问题是指当组织广泛使用创新时，组织成员可以清楚了解创新的意义。在阐明问题的阶段，如果创新推行过快，可能会带来严重的后果。

一个由于推行过快导致创新被拒绝的案例是2002年美国新墨西哥州阿拉莫戈多市的禁烟法案。当时推动立法的拥护者是一位市议员，他要求议会立即进行投票。因为这位市议员的妻子强力反对吸烟，她鼓励丈夫推动对这项法案投票。不过，阿拉莫戈多市是一个小城市，当地大部分市民不但不把吸烟有害看作一项公共健康问题（虽然二手烟已经被科学家证实是对周围人有害），反而认为禁烟是对个人自由的干涉。一些保守分子更宣称："市政府有什么权力命令我不得吸烟？"虽然，在邻近的拉鲁克塞斯市，禁烟联盟与禁烟拥护者合作，推动了反吸烟社会运动。但是，在阿拉莫戈多市发起的立刻投票拒绝吸烟的行为却引起了其他市议员的反感，他们很快投下反对票，使禁烟法案惨遭挫败。几个月后，法案由公民投票，结果也和市议会相同。

在创新过程中，可能会产生一些误解和弊端，虽然这可以根据前期的预计通过规划来避免，但是这个过程还是很复杂的，特别是在阐明问题的阶段。对于前面讨论的在各个城市推行的禁烟法案，同样的法案会因为定位不同，而有不同的结果。以禁烟法案为例，这个法案可以框定为：（1）健康议题；（2）经济议题（实施法案后，会不会影响营收，从而影响政府税收）；（3）人权议题。虽然公共卫生及医学专家给出了二手烟危害健康的证据，并赞成通过禁烟法案，但是会有餐厅及酒吧老板认为它会带来重大的经济损失，且侵犯个人的自由。

因此在阐明问题阶段开展妥善的交流工作，会使创新逐渐融入到组织结构中。例如，一旦新墨西哥州阿拉莫戈多市通过禁烟法案，需要把重点清楚地告知餐厅和酒吧老板。而在公众场所吸烟将会处以多少金额的罚金、谁负责执行这项法案、谁应负责张贴禁烟标示，阐述法案时，也必须厘清以上问题。

　　阐明问题阶段是一个社会建构的过程。当一项创新在组织中实施时，成员对它了解不多，而且充满了不确定性。在这个阶段，组织成员经常会问：它是如何运作的？创新有什么作用？在组织中哪些人会受到影响？创新会影响到我吗？在组织成员相互谈论创新后，他们便渐渐地形成了一些共识。因此，他们对创新形成的看法，是经过一段人际互动的社会过程后才建构起来的。创新拥护者在阐明问题阶段，通常也扮演着重要的角色。

5．常规化

　　创新融入到组织日常活动中，而失去其独特性的过程就是常规化阶段。至此整个创新过程便宣告结束。不过，常规化阶段却不像其表面上看起来那样简单和直接。

　　近年来，学界出现了不少关于持续性的研究，持续性的概念和常规化有着密切的相关性。创新持续性指的是当促进组织接受创新的努力都结束之后，创新持续下去的程度。例如，卫生组织要研究一项创新，当研究计划完成后，特别是在补助的经费和专业人力的支持都撤出后，这项创新的扩散是持续下去还是就此结束了。而对于那些有关创新持续性的决策，部分学者也称之为制度化（Goodman,Steckler, 1989）。

　　组织是否持续使用创新，其中一个重要因素是成员的参与度，这指的是到底有多少成员参与、介入了创新接受过程（Green, 1986）。如果有很多成员参与设计、讨论和执行，那么创新被持续使用的可能性就很高；如果创新决策是一个权威决策式的，仅由组织内一个或少数权威人士决定，当这些决策者离开了组织，创新就很难长期持续下去。集体创新决策的持续性，通常会比权威创新决策的持续性高，因为前者的成员参与度较高。

此外，创新被再发明跟创新的持续性有正向的关联。当组织成员把创新再发明时，便意味着他们已开始把它视为自身的一部分，因此，即使当初的特别资源已经消失，长时间继续使用的可能性还是很大。创新持续性的很多研究是由洛林等人（O'Loughlin et al., 1998）主导的，他们追踪了 189 项心脏病介入式防治计划，这些计划大多被加拿大全国公共卫生单位及其他机构所采纳。调查结果显示，有 44% 的心脏病介入式防治计划被持续地使用下去，但也有 35% 呈现不确定现象。创新持续性与下列因素有密切关联：（1）再发明的程度；（2）介入式防治计划与组织的兼容度；（3）当地创新拥护者的参与程度。

以上这些创新持续性研究显示，组织中的创新是脆弱的，有可能会被终止使用。即使创新过程进展顺利，但在常规化阶段，还是会出现预料不到的问题，如当创新无法有效地解决问题时才被终止使用。

把组织创新研究视为一个过程研究，意味着受访者要提供不同时间点上的资料。例如，巴赫（Bach, 1989）在搜集诊所内 67 位医生和医生助理的资料时，分别在创新推出前 2 星期、创新推出后的第 1 天以及 14 个星期后这 3 个时间点搜集资料。3 个时间点的相关资料代表着采用率的确切数据，取决于扩散对象接受或拒绝创新的实际行动，而不是只凭回忆得来的资料。这项创新是一个口袋大小般的小册子，用来记录医生的诊疗工作，有助于精确计算。令人惊讶的是，有 1/3 的医生在医院会议上了解小册子的优点之后，2 星期内便接受了这项创新。还有一个使其采用率快速增长的原因是这项创新是医院内部研发出来的，非常符合医院的特别需要。在这个案例中几乎没有经历阐明问题阶段，对大部分使用者而言，是直接进入了常规化阶段。

不过，在常规化阶段，创新被终止的情形还是可能会发生。下面这个美国洛杉矶圣地摩尼卡高速公路钻石车道标志案例，就是一个鲜明的例子。

📌 案例 10-2 美国洛杉矶圣地摩尼卡高速公路钻石车道有效却被喊停的创新

自圣地摩尼卡到洛杉矶市中心的美国第 10 号州际高速公路，共有 4 车道，全长 12 英里。在 20 世纪 70 年代中期，加州政府把双向各一条车道涂上大型钻石标志，来禁止未载满 3 位乘客的一般汽车及小型公车行驶。实施这项高速公路钻石标志车道的目的是缓解交通堵塞、降低石油消耗量，另一方面则是降低汽车排出废气所造成的空气污染。

综合这些目的来看，这项行车道实验可说是相当成功的。因为这条钻石标志车道的载客量达到了实施前的 90%，而该车道上的车辆总数只相当于原来车辆的 30%。经过管制道路从圣地摩尼卡到洛杉矶市中心的行车时间由 20 分钟缩减到 15 分钟。而没有实施管制的其他车道，平均行车时间则减少了 1 分钟。每部汽车的载客量则由实施前的 1.2 位乘客，增加到 1.35 位乘客。同时客人数增加了 250%，合伙搭车的数量增长到原来的 3 倍。这些都意味着当地人的出行方式发生了明显变化。

不过，尽管获得这些重大进步，一般社会大众却对这项计划相当反感。在勉强支撑了 5 个月后，该计划便被宣告终止。为什么这项富有成效的计划最终以失败收场呢？

原因就是洛杉矶民众对这项计划的主观认知。例如，这条采取钻石标志车道上的行车速度加快，使得其他车道上，行车平均时速达不到 1/4 英里（显然是钻石标志行车道的车速较快造成的），因此造成其他车道上的驾驶人心生不满，并通过不同渠道发泄不满情绪。有一个驾驶人把一整罐铁钉扔到钻石车道上，有人试图把钻石标志用油漆涂抹掉，甚至有人以充当共乘者为职业，每天收取 1 元，还有人把用纸制的假人或模型假人放在车里。当时反对者还成立了一个反对这次改革的团体，游说立法终止实施这项计划。后来，负责推动实施这项计划的美国加州交通局收到数千封信函，其中反对者高达 90%。然而，由交通工程师占主导的交通局却认为这些反对声浪只是暂时的。后来洛杉矶市议会率先通过终止这项计划的法案，之后，强烈要求终止这项计划的诉讼事件也相继发生。5 个月后，一桩诉讼案件在法庭获得胜诉，这项计划才正式宣告结束。

事实上，洛杉矶钻石标志车道也是在一连串的危机之下，不得不推出的计划。这些危机包括：1974 年欧佩克石油短缺危机增加了人们的忧患意识，人们普遍开始关心如何降低油耗。由于美国联邦政府高速公路经费不足，洛杉矶地区将不再修建新的高速公路。然而城市汽车平均每年 3% 的增长量造成了交通拥塞，汽车排出的废气使洛杉矶成为了"雾都"。为了有效解决以上问题，推动钻石标志车道实验计划是一个不错的选择。在实验推行的两年前，类似的高乘载计划已在华盛顿特区雪莉高速公路成功实施。因此，美国联邦政府城市交通管理局拨给加州交通局 80 万美元经费，以推动这项计划实施。

但是，洛杉矶的这项计划在开始时就已经埋下失败的伏笔。一项最致命的错误是交通局官员忽略了架设在华盛顿特区雪莉高速公路的高乘载车道是增建的，而不是由原有车道变更而成的。洛杉矶则正好相反，它把原来 8 条道路中的 2 条改成新道路，这造成了原本就高度拥挤的车道更加堵塞。而钻石标志车道又是在周一开始实施的，通常这天都是交通最为拥堵的一天，《洛杉矶时报》把这一天称为"疯狂的星期一",更把这项计划称为"高速公路上的混乱"。当地媒体对这项计划的批评更是不遗余力。加州政府交通部官员刚开始并没有注意,他们只关心这项计划的技术层面。与此同时,圣地摩尼卡高速公路交通事故也开始增加:由实施前的平均每周 11起,升至实施后的每周 59 起,后来逐渐下降到每周 25 起。此外,加州政府交通局和其他部门合作也相当糟糕。刚开始时,加州高速公路巡警为检视低于 3 位乘客的车子,不得不进入钻石标志车道,但在舆论强大压力下,他们开始不太愿意处罚这些车辆。最后他们不再开罚单,于是所有驾驶人都开上了钻石标志车道。

钻石标志车道的失败,给了我们哪些教训?大众对创新的认知,决定了他们对创新的接受,而不是计划的那些客观评量指标(如在载车道上每小时通过的车辆数与乘客数)。大众传播对创新的报导,也会影响社会大众对创新的接受意愿。此外,重新建造一条新的高乘载高速公路,与将原有车道中的一条变更成高乘载车道,其效果是完全不一样的。基于这次实验的失败,后来美国各大城市数以百计的高速公路创新计划,都在规划实施前吸取了教训。由此可以看出创新过程不能操之过急。

6. 新技术在组织的应用

互联网使虚拟组织成为现实,与互联网相关的创新也因此正在成为组织创新过程中形成的研究热点。因为这项技术可以记录沟通的过程,所以成为研究组织内与互联网有关创新扩散的最佳利器。

这方面的实例有一个是由费尼(Feeney, 2002)提供的。这是针对美国天普大学(Temple University)进行的"黑板数字课程管理系统"的研究报告。这项创新在1999 年上市,数字课程管理系统记录了 30 个月内 2800 份选课资料,每份选课资料分别包括了选课日期、课程名称的详尽记录。这个系统最大的优点是它每天 24 小时不停运作，不用依靠事后的回忆，而且记录方式是非介入式的。毫无疑问，使用这种新的技术来记录扩散资料，在未来将会更流行。

小结

组织是由许多劳动分工不同的个体组成，以达到共同目标的一个稳定系统。稳定的组织结构往往有以下特点：确定的目标、指定的职位职责、组织结构、规章制度和非正式组织等。

研究组织创新是通过分析跨部门的数据资料，从而确定自变量与组织创新性的相关关系。组织的规模越大，组织越具有创新性。研究表明，创新还与组织的结构特征、组织领导风格、组织文化有密切关系。

通常，组织的创新过程可分成 5 个阶段，其中有 2 个阶段是萌生阶段，另外 3 个则在执行阶段。前 2 项分别为议题设置、匹配阶段，执行过程又可分成：重新定义或重新组合、阐明问题、常规化。

组织创新过程中的重新定义或重新组合阶段是个社会建构的过程。如果创新来自组织内部，组织成员对它有自然的亲切感，会积极配合执行；当创新是来自组织外部的时候，如果其具有较好的弹性，也有很大的再发明空间，那么组织成员也会愉快地接受这样的创新。组织中的创新是脆弱的，有可能被终止使用；即使创新过程进展顺利，有时候是因为创新无法有效地解决问题，而被终止使用。

第十一章

创新的结果

"改变人类的习惯甚至比进行一项外科手术还棘手。"

—— 《人类在科技变迁中面对的难题》

爱德华·H·斯派塞（Edward H. Spicer）

创新结果是指因为接受或拒绝创新，使得个人或社会体系产生的某种改变。创新和扩散只不过是实现目标的手段，而最后的目标是接受创新的结果。尽管结果很重要，但是扩散研究学者却没有重视它，研究报告并不多见。此外，目前有关创新结果的资料，主要来自于少数个案研究，弹性较大，这使得我们无法归纳出通则。我们能够描述结果和将结果分类，但却不能预测结果发生的时间和方式。

一般来说，推广人员或单位很少关注创新结果。他们通常都认为接受创新会为采用者带来有利的结果。而这个假设本身就是个偏见。推广人员应该对他们推广的创新会带来的结果负责。理想状态是他们在推广创新前，就能够先行判断创新的优缺点。但是通常很少有人会这样做。

以下这个向芬兰拉普兰人推广雪地摩托车的案例，就可以看出预测创新后续影响的困难。

案例 11-1　北极的雪地摩托车革命

在美国，雪地摩托车是冬季休闲娱乐的一种方式。但自从"滑雪嘟嘟"（Ski-Doo）——一种单人骑乘的机车——在 1958 年推出后，雪地摩托车便急速增加。12 年后，北美地区雪地摩托车使用者高达 100 万人。由于雪地摩托车会发出巨大噪声，使一向宁静的美加地区受到极大影响，所以也出现不少反对声浪。

对生活在芬兰北极圈内的原住民拉普兰（Lapps）人来说，雪地摩托车的快速推广给他们带来了灾难性的结果（Pelto,1973）。调查技术创新的一种方式是学者集中研究一个社区。美国康涅狄格大学人类学博士彼尔图，曾亲自住在芬兰北部史维特塞域地区（Sevettijarvi），从 1958 年一直住到 1962 年，雪地摩托车就是 1962 年开始扩散的。他为了深入了解雪地摩托车所造成的冲击，后来的

10年间，常常回到当地社区，和当地拉普兰人交流，还雇请了一位当地人为研究助理，同时也是主要的情报提供者（他是当地第一个购买雪地摩托车的人）。彼尔图选择这项单一科技创新作为研究对象，主要原因是它的结果相当明显，而且也很容易确认。事实上，雪地摩托车造成的影响主要是负面的。彼尔图认为雪地摩托车这项技术创新，把本土的自主性能源（驯鹿拉雪橇），转为外在的依赖性能源（即使用汽油的雪车）。

在引进雪地摩托车之前，拉普兰人主要依靠牧养驯鹿为主。鹿肉是当地的主要肉类食物，驯鹿雪橇是当地主要的交通工具，而鹿皮则是制鞋和成衣的重要原料。多余的鹿肉则卖给贸易商，赚钱来购买面粉、糖、茶和其他日用品。拉普兰人一向都把自己视为牧鹿人，拥有鹿群是荣誉的象征。拉普兰人的社会也算是平等的，每个家庭拥有的驯鹿数量都差不多。此外，当地的小孩在成长过程中会多次收到驯鹿礼，如长出第一颗牙齿、命名日……甚至在某些特别节日，也常用驯鹿作为贺礼，其中包括结婚礼物，所以新婚家庭都伴随着一群可爱的驯鹿。因此，拉普兰人对驯鹿有着一份特别的情感，也悉心地牧养它们。可以说，驯鹿是当地文化的重心。

1961年，加拿大庞巴迪公司的雪地摩托车在拉普兰推出。当时有一位老师立即采购了一台，作为休闲之用，但他很快发现这台雪地摩托车更适用于拖运木材及日常用品。不久雪地摩托车就用来帮助放牧驯鹿，在短短一年内，已有2台雪地摩托车用作这样的用途，在布满岩石的林地之中穿行。这些牧鹿人在驾驶雪地摩托车时，是站在雪车踏板上，而不是坐在座椅上。这样站立驾驶，是为了看到较远的鹿群，同时可适时躲避石头、树木和其他障碍物。但是这种驾驶方式十分危险，因为如果撞上障碍物，驾驶人会摔出很远。而在陡峭的拉普兰地区，雪车常常发生故障。

　　尽管面临以上这些问题，雪地摩托车的采用率仍在快速上升。在推出后第 2 年，已有 3 台雪地摩托车卖出；第 3 年增加了 5 台；第 4 年 8 台；到第 5 年，即在 1966 年到 1967 年间，销售量倍增为16 台；到了 1971 年，在史维特塞域地区全部 71 个家庭，几乎每家都至少拥有一台雪地摩托车。当时引进的雪地摩托车已由原来加拿大制造的，改为瑞典经过精心改良的车型，比以前的雪地摩托车马力更强，也更适合在陡峭的地形驾驶。

　　雪地摩托车最大的好处，就是速度快。从史维特塞地区出发前往挪威境内商圈购买日用品，驾驶雪地摩托车只要 5 个小时，而使用驯鹿雪橇则需要 3 天。雪地摩托车在推出数年后，就完全取代了传统的滑雪板、驯鹿雪橇。但是雪地摩托车所发出的噪声和气味，却让驯鹿受到了惊吓，破坏了牧民和驯鹿之间友善的关系。驯鹿常受到惊吓而四处奔逃，造成驯鹿每年生育率大幅降低。1971 年，在史维特塞域地区每户驯鹿的出生量由原来的 52 头，锐减到 12 头。出生量降低的另一个原因是，当地逾 2/3 的家庭在引进雪地摩托车之后，便不再牧养驯鹿了。另一方面，其中一个在较早时间购买雪地摩托车的家庭，建立了一个大型牧场。1971 年时，他们牧养的驯鹿数量已达到当地总量的 1/3。

　　不单是因驯鹿而受到惊吓生育率下降，成年驯鹿的数量也在锐减，因为很多驯鹿被屠杀以换取金钱，用来购买雪地摩托车、汽油及维修保养。当时每台雪地摩托车售价为 1000 美元，而每年汽油和维修费用平均要 425 美元。尽管这笔花费对拉普兰人来说相当昂贵，但他们视雪地摩托车为维持生计的必需品，再说使用雪地摩托车从事牧养驯鹿工作，比传统使用的滑雪板或驯鹿雪橇更有地位的象征。可是这项雪地摩托车革命却使拉普兰人陷入金钱、负债以及失业的混乱之中。

　　到底是什么原因，使得拉普兰人看到雪地摩托车所带来的灾难性结果，却不愿意拒绝这项创新产品呢？彼尔图指出，主要原因在于雪地摩托车在推出过程中，没有分析可能带来的影响。其实在 19 世纪 60 年代，就应该对这项新科技进行评估了，但是却没有，原因是拉普兰人根本没有专业能力分析雪地摩托车将带来哪些结果。拉普兰人的社会形态是相当个人的，当早期采用者（为富有而年轻的居民）发现了雪地摩托车的便利和好处时，雪地摩托车的扩散就不可能被终止了。从此，扩散过程便一发不可收拾。

结果，拉普兰地区以驯鹿为中心的传统文化受到严重破坏。今天，许多拉普兰人沦为失业人员，必须依赖政府的救济。因此，这项北极圈的雪地摩托车创新，竟为以驯鹿为生的拉普兰人带来了灾难性的结果。

在彼尔图完成了雪地摩托车的人类学研究调查之后，一些新科技产品又被引进拉普兰地区。在夏季时分，当地居民会骑着机车牧养驯鹿。甚至一些有钱人开始使用直升机。同时越来越多被屠宰的驯鹿被发现患有胃溃疡。

显然技术创新对拉普兰人已经不是很有益了。

一、结果研究

过去的创新扩散研究常问：“和创新性有关的变量有哪些？”未来的扩散研究要问：“采用创新有那些结果？”创新性在过去许多研究中被视为因变量，现在发现它只是对创新结果的预测。

过去大部分扩散研究到了决定接受创新时，便宣告完成，完全忽略了该决定将会如何执行，以及接受后的结果研究。

为什么结果研究的数量这么少？

（1）推广企业往往假设创新的结果是正面的。推广企业总是认为创新是客户需要的，推广行为是客户期待的，所以接受创新就是成功。但是这种预设的创新偏见并不总是正确。

（2）目前一般的研究方法比较适用于创新性的研究，而不太适用于创新结果的调查。长期观察法和个案研究法是研究创新结果最常见的方法，学者通常依赖资料搜集来研究创新，应注意的是，定点（即只搜集某个时间点上的资料）的调查法，非常不适合进行创新结果分析。此外，个案研究常常得到一些独特的描述性数据，无法归纳出适用于其他系统、其他创新的一般通则。

由于结果的发生，往往需要一段较长的时间来观察，使创新结果的研究变得较为复杂。我们不可能仅仅在某项调查方法上增加一两个问题，增加更多受访者，或者把搜集资料的时间延长几天，就可以了解创新结果。对决策后影响的观察研究，可能长达数年之久。例如，彼尔图为了研究拉普兰地区雪地摩托车的创新结果，就花了好几年时间来观察。

样本调查法则是在创新推出之前与之后，都对同样的特定受访者进行访问调查，从而获得创新后的资料。结果资料也可以通过田野试验取得，在广泛接受之前的试验阶段，就根据数据资料进行评估。这两种方法都可以获得一些创新结果的量化资料，方便归纳整理，而非只是描述性的资料。而归纳整理的资料则可以用于预测未来某个时间点的创新结果，而不只是对已发生的创新结果做事后检讨。

（3）创新结果是很难测量的。使用创新的个人，通常并不了解他们接受创新的全面结果。因而如果根据受访者的描述来研究创新结果，通常都会得出不完全的，或者是偏颇的结论。

此外，对结果的评价，不管做出这些评价的人是谁，几乎都是主观的、带有价值取向的。具有不同文化背景的研究学者，基本上很难对其他国家的创新，给予客观的评价。

文化相对论认为每一种文化都应该根据本身的特殊情况来判断。没有哪种文化是绝对优越的。每一种文化都形成了自己的规范、价值观、信念和生活态度。例如，初到印度的外国人，一定会对"圣牛"漫步街头，但同时却有很多人正处于饥饿之中的情景困惑不已。但是，这些外国人一定不了解，印度的牛粪是当地重要的燃料、肥料和建筑材料。在印度大街上漫步的"圣牛"是功能性的，绝不只是一项文化上的奇观。

文化相对论凸显了评量创新结果会遇到的一些问题。对从外界引入的创新进行结果分析时，资料都来于于扩散对象、推广人员和社会观察者，其中每个人都带有独特的文化色彩。创新结果应该以使用者的文化来判断其功效，而不是用创新来源国——这个外在规范，来评断创新在客户体系中的功效。

评量创新结果的另一个问题是，它们常会和其他事件的影响混淆在一起。例如，评估稻田使用新化学肥料或杀虫剂的结果，就不能忽略自然现象所造成的影响，如干旱、水灾或火山爆发等。评量创新结果就是要提示其中的因果关系。最理想的情况是，我们应该测量一项创新的特有结果，也就是那些在该创新未被引进时就不可能发生的改变。但是许多重要结果却是无法预料的，而且也不是直接造成的。这种创新的效应就很难被准确地测量出来。

二、结果的三种方向

为了加强对创新结果的了解，可以从三个不同角度来分析：合意的与不合意的、直接与间接的、可预料与无法预料的。

（一）合意的与不合意的

令人合意的结果，是指创新为个人或社会体系带来了有效的反馈；而令人不合意的结果则刚好相反，它对个人或社会体系没什么作用。判定创新结果是否有价值，取决于创新是如何影响采用者的。有时候，创新不仅对采用者产生影响，同时也会影响其他人。例如，拒绝创新的人可能会受到影响，因为创新使采用者获得了利益，扩大了采用者和拒绝者差距。因此，每一个体系成员，不论是采用者还是拒绝者，都会受到创新带来的影响。

有些创新几乎会为体系全体成员带来不利的影响，像芬兰北部拉普兰地区引进雪地摩托车，即使少数居民因这项创新而变得比较富裕，但总体的影响却是负面的。事实上，每个社会体系要延续下去，都有某些特质是不容更改和破坏的，这些特质包括家庭的纽带关系、尊重他人的生活和财产、维护个人尊严和自尊，并且尊重他人，包括尊重祖先所做出的贡献等。至于其他一些细微的社会文化，则可以修订、中止使用，或者被取代，其带来的冲击不大。

另外，有些创新可能对社会体系有利，但对某些人不利。例如，近几十年来"神奇"稻米和小麦新品种，在印度和其他国家导致"绿色革命"。农作物产量的提高、农民收入增加以及让百姓更享受到价格较低廉的农产品都有积极的意义，可是"绿色革命"却造成农业人口的减少，那些迁入到城市的农民未必找得到工作，因而间接造成了失业问题，甚至政治的不稳定。虽然社会体系中大部分是"绿色革命"的受益者，但是导致整个社会体系的不稳定。因此，所谓的合意或不合意，取决于参考点的选择，要看是以体系的采用者还是整个体系为参考。

有些创新会给社会体系某些成员带来利益，却是以其他人损失为代价。而创新的落后采用者有时是迫于经济压力不得不接受。创新先行者由于率先跨入了一个新领域，通常会得到一些经济利益，我们称之为意外利润。

意外利润是指早期采用者得到的特别优惠。通常他们付出的单位成本降低了，而增加的产量对整个产品价格却影响不大。当全体成员都接受创新时，行业总产量增加，才会使得这项商品或服务的价格也下降。

创新者为了获得意外利润，也要承担一些风险。并不是所有的创新都一定会成功，有时候，创新者也会失算。无利可图或失败的创新，反而会让早期采用者得到意外损失，而不是意外利润，其中一个例子就是便携式计算器的扩散。第一台计算器在 1971 年售出，大小为 3.5 英寸，具有加减乘除的功能，售价 249 美元。不到一年，这种计算器的价格跌至 100 美元；1 年后更下降到 50 美元；在 10 年后，它的机身厚度更薄，价格却降到 10 美元以下。在这种案例中，后期采用者的等待，反而让他们获得了意外利润。

1980 年笔者曾花了 2000 美元购买一台录像机。它的价格在 1990 年剧降到 100 美元。更糟的是，笔者当时买的日本新力 Beta 标准的录像机，在 20 世纪八十年代就被淘汰。可见创新先驱者并不总是享有好处。

创新通常让贫者愈贫、富者愈富，扩大了早期采用者和后期采用者之间的贫富差距。1962年，笔者曾针对玉米新品种研究进行分析（Rogers, 1962）。资料显示，在20世纪20年代后期便率先接受这项创新的创新先行者，他们的收入较1941年才接受的落后者多出2500美元。创新先驱者获得意外利润的主要原因在于：（1）在多数的农民接受新品种和产量大增以前，玉米价格因需求而相对稳定；（2）早期采用者拥有较大耕地（例如，1927年早期采用者平均耕地面积为124英亩，而1941年接受创新的落后者，平均耕地面积只有70英亩）；（3）早期采用者采用新玉米品种更容易获得丰收，且较落后者早了十几年。

大部分的创新都会同时造成合意的和不合意的结果。每个人都希望得到有益的创新效果，尽可能避免那些不利的。这样做的前提：科技创新的合意结果，是可以从不合意的结果中区别出来。其中合意的结果包括高效、方便；不利的结果包括对社会价值和风俗习惯的影响。前面探讨芬兰拉普兰地区雪地摩托车案例，其中有令人合意的效果，如运输速度加快，但同时也造成了不良结果包括驯鹿量剧减、大量人口失业，以及其他社会问题。

由此得出结论11-1：创新包含合意和不合意的结果，通常很难简单分割。

正如之前讨论的美国老派阿曼门诺信徒，历经数百年仍维持着独特的传统文化。阿曼门诺派始终都不接受技术创新，如汽车和拖拉机、家用电器以及其他日用品，因为他们认为这些创新带来的结果将会使他们的社会结构崩溃。他们了解到技术创新结果的不可分割性。因此，他们宁愿放弃拖拉机以及其他现代化农业机械的益处，以避免对非阿曼门诺式企业的依赖（如农场机具批发商）、农业机械造成的人力过剩，以及改建大型农场的压力。

大型阿曼门诺派社区位于美国宾州兰卡斯特郡，因为不接受技术创新，阿曼门诺信徒们得以保存他们传统的生活方式。由于他们的居住地区耕地肥沃，所以约 50 英亩的小农场便可以维持生计。这是建立在劳力密集型作物耕种的基础上。土地肥沃让他们觉得没有必要使用先进的农业生产机具。然而，近年来地价急剧上升，使得阿曼门诺家庭无法说服子女继续从事农业。年轻人前往城市从事诸如木匠或建筑工之类的工作，便脱离了原来的生活圈。那些依然居住在兰卡斯特郡的老派阿曼门诺人，正面对着一个不确定的未来。

（二）直接的与间接的

在文化体系的不同要素之间，往往存在着复杂及看不见的关系，因此，当体系中的一部分发生变化时，常会触发一系列连锁反应，这就是间接的影响。直接结果是指采用或是拒绝创新造成个人或社会的改变；而间接结果则是因创新直接的结果影响的变化。也就是说，间接结果是直接结果的结果。

关于直接结果和间接结果的一个案例，是对在马达加斯加的某个部落推广水稻的人类学研究报告（Linton, Kardiner, 1952）。当地游牧民族向来都是在干旱地区种植稻米。当稻米收成后，他们就会迁移到另一个地方，也就是俗称的"刀耕火种"。后来，他们改用湿地稻米耕种法，这样一来土地开始变成私有化，社会贫富差距加大，家庭取代原来的部落，于是部落式的统治方式随之改变。这项技术创新产生了直接的结果，也产生了深远的影响，并将持续下去。

案例 11-2　ORT：结果引发的结果

20 世纪 80 年代，全世界平均每年约有 500 万儿童死于腹泻引发的并发症，占全球婴儿死亡总数的 30%。原因通常都是缺乏医疗设备或个人卫生不佳，饮用水遭到污染所致。腹泻可能使婴儿体重减少 10%，数小时内就会因严重脱水致死。

当时一些生产婴儿配方奶粉的生产商如雀巢公司等提出，婴儿腹泻是因为未按标准方式调配奶粉。世界卫生组织因此进行广泛宣传，并采取必要行动，要求雀巢及其他奶粉生产商改变营销策略。之后在拉丁美洲、非洲和亚洲大力推出的社会公益营销活动，开始鼓励母乳哺乳，而不再鼓励使用配方奶粉。

在防止婴儿腹泻的斗争中，最有意义的突破发生在：一位年轻的孟加拉医生研发了婴幼儿的口服补液治疗法后，婴儿腹泻死亡才得到控制。尽管婴幼儿的口服补液治疗法（Oral Rehydration Therapy, ORT）的名称相当拗口，但它的处方却十分简单：只要把 1 汤匙盐、8 汤匙糖、3 大杯清水混合后，让婴儿饮用即可。盐和糖是发展中国家常见的家庭日用品。在西非冈比亚试验推广时，推广人员教导当地父母用一个可乐瓶瓶盖来量取盐、糖的份量，并将之倒进可乐瓶中搅拌。其实，婴幼儿的口服补液就是没有颜色的饮料，含有丰富的电解质，可以补充身体流失的水分（补充水分后，婴儿就不会脱水致死）和盐分，而补充糖分则提供了身体需要的能量。

虽然婴幼儿的口服补液治疗法可以救命，但它也会带来危险。如果糖盐的比例不小心颠倒，婴儿就会丧命；此外，如果水不干净，婴儿就会二度感染腹泻；这种治疗法只能阻断从腹泻、脱水到死亡的过程，并不能消灭引起腹泻的病菌。通过大众传播可以向社会大众正确使用这样的配方吗？第一个婴幼儿的口服补液治疗法推广计划，是在洪都拉斯和冈比亚推出的，推广海报上印有如何正确调配的图解，却没有任何文字描述（当地大部分的人都是文盲）。由于盐和糖看上去一样，有时候还是会弄错。后来，新的推广计划便直接发小包装（内含配好的盐、糖），直接倒在水中，供腹泻的婴儿饮用。百姓可以在药店中便宜购买这些小包装，或者到政府指定机构免费领取。

早期婴幼儿的口服补液治疗的扩散也表明：如果要让这项创新广泛、有效地被大家接受，必须了解当地（洪都拉斯和冈比亚）的一些传统观念。例如，在洪都拉斯，传统治疗腹泻的方法是使用泻药。他们相信在每一个人的腹腔内都藏着一些寄生虫，当寄生虫受到刺激，就会离开腹腔，因此造成腹泻。因此，若要防止婴儿腹泻，就不要打扰这些虫子。而在冈比亚，当地人则认为婴儿腹泻是超自然的力量，或者说是真主阿拉的旨意。所以现代医学对脱水的看法，是与这些传统观念相冲突的。在洪都拉斯和冈比亚宣传阶段，就发现宣传活动提升了当地民众的卫生常识，从而接受了 ORT 计划，但是改变百姓的观念是很困难的。大部分接受 ORT 的使用者，根本不了解这种治疗方法的科学依据，因为其原理是电解质的化学过程。健康机构的领导对此反问道："难道为了开车就必须知道发动机是如何工作的吗？"

20 世纪 90 年代中期，几乎大部分拉丁美洲、非洲和亚洲国家都采用了 ORT 计划。整合性计划是以 ORT 的推广为主，还包括母乳喂养、增强婴儿的免疫力、改善饮用水品质，以及改善个人卫生习惯。

20 世纪 80 年代后期到 90 年代初，ORT 在第三世界扩散成功后，婴儿因腹泻脱水致死的死亡率大幅下降，造成当地的人口攀升。但是如何为数以百万计幸免于难的婴儿，提供就学、居住及就业的问题？其中一个方法是加速计划生育计划。但是在不少贫穷国家，ORT 推广非常成功，避孕计划推广却不理想。为此我们看出某项创新的快速扩散，却会带来其他的社会问题。

ORT 的扩散案例显示，创新的间接结果是难以估计、难以避免的，因为它是无法预测的。

（三）可预料的与不可预料的

可预料的结果是指创新造成的改变是社会体系成员所了解和期待的。例如，芬兰拉普兰雪地摩托车可预料的结果就是运输的快速；然而，拉普兰人却无法预料到那些潜在的创新结果，如为驯鹿带来灾难性的影响。虽然观察者不太容易辨识出这些潜在的结果，但是无法预料的结果是同样重要的。

无法预料的结果就是创新造成的改变是社会体系成员无法了解的，也不是他们所期待的。例如，澳洲伊尔容特原住民部落的敬老传统观念，因引进钢斧而瓦解，就是一个无法预料的结果。虽然西方传教士刚开始为当地引进钢斧时，这个创新结果并不明显，但它最终却为当地的家庭关系带来重大的改变。

任何创新都伴随着一些附带的影响。越是先进的科技创新，就越可能产生更多的结果，包括可预料的和潜在的。社会体系就像是一篮弹珠，只要挪动其中任何一颗珠子，其他珠子的位置也会跟着改变。

创新采用者大都不了解体系成员之间的互相依赖关系，甚至那些为体系引进创新的推广人员也未必清楚这层关系。无法预料的结果显示出缺少对创新效果的了解，以及对社会系统内部和外部的运作的了解。个体特别期望削减有关创新期望结果的不确定性。当个体感到有足够的信息可以接受新观点时，不确定性就减少。但是关于创新结果的不确定性不能完全消除。

通常采用者都能够从同事那里，获得合意的、直接的和可预料的创新结果的丰富信息。无法预料的结果在个人接受创新的时候，还是未知的。而这种预料不到的冲击，意味着个人无法从同一体系的其他成员那里得到这类评估信息。至于那些专业推广人员，通常要等到创新广泛扩散后，才会知道发生了哪些不可预料的创新结果。

接下来的西方传教士为澳洲伊尔容特原住民部落引进钢斧的扩散案例就是这方面的典型。

我们用结论 11-2 来总结对于三种结果的讨论：合意的、间接的和不可预料的结果经常同时发生，正如合意的、直接的和可预料的结果一样。

案例 11-3　土著人与钢斧

接下来澳洲土著人的案例生动地说明了需要考虑创新的不合意的、间接的和不可预料的结果。澳洲伊尔容特（Yir Yoront）原住民部落分成几个较小的群体，在广阔的土地上过着游牧生活。而石斧是他们重要的传统文化之一，是耕种农作物、建房和生火取暖不可或缺的工具。但是随着石斧被西方传教士引进的钢斧取代，当地传统文化发生了很大的变化。

1952 年，人类学者夏普利用参与观察法研究了伊尔容特原住民部落的钢斧扩散。他亲身参与原住民的日常活动，实地了解当地的文化。由于他们居住在偏远地带，与世隔绝，在传教士来访之前，都不曾受到西方文明的影响。但当传教士进入当地部落后，情况发生了变化，这一切源自传教士将钢斧作为礼物送给原住民。

过去，石斧象征着夫权和权力。虽然使用石斧的大多是女性和孩童，但唯有成年男子才能拥有石斧。女性和孩童使用时，需向父亲、丈夫、叔叔或者部落亲戚借用。伊尔容特原住民也会跟其他部落在易货交易时，用石斧换取物品，而这个过程通常是在季节性的庆典中进行。

西方传教士为澳洲伊尔容特原住民引进钢斧时，原本是希望能迅速改善他们的生活。原住民对使用钢斧也没有任何排斥，因为他们习惯了通过以物易物的方式获得工具。再说，钢斧比石斧更好用、更有效率，所以石斧很快消失了。

然而，让传教士失望的是，钢斧对社会发展的贡献却很有限。虽然大部分伊尔容特原住民因钢斧的便利而获得了更多的空闲时间，但他们却用来睡觉，这是他们最擅长的事情。此外，传教士一视同仁地把钢斧送给男人、女人和儿童。而年轻男人较年长人士更擅长使用这种新工具，因为长者不太相信传教士。这项创新破坏了部落原有的人际关系，使得性别角色和年龄角色产生了混乱。过去受到尊敬的长者，如今因为要向妇女和年轻男子借用斧头，而依赖他们。

原来部落中以物易物的宗教仪式也走向衰落，交易者之间的友谊也淡薄了，而年度宗教仪式的重要性更大不如前，使得部落的信仰体系和社会架构严重瓦解，这都是因为原住民部落无法预先预判创新结果而造成的。更让传教士震惊的是，部落中有些男人为了向别人借用钢斧，竟不惜出卖自己的妻女。

澳洲伊尔容特原住民部落引进钢斧这项创新的结果，大部分都是令人不合意的、间接的和无法预料的。而这 3 种结果通常都是密不可分的，如同令人合意的、直接的和可预料的创新结果也是同时发生的一样。

——夏普（Sharp, 1952）

三、创新的形式、功能和意义

澳洲原住民部落的钢斧扩散案例显示的问题，也是推广人员在扩散创新时常常会犯的错误。他们通常可以预期创新的形式和功能，但却无法预料创新可能产生的问题。那么，什么是创新的形式、功能和意义？

（1）**形式是指可以直接观察到的创新的外观和实体。** 在原住民钢斧扩散案例中，西方传教士和原住民都认识到新工具的形式，因为它在外观上和传统石斧很类似。

（2）**功能是创新对社会体系成员的生活方式做出的贡献。** 在案例中，部落原住民很快便认识到钢斧是砍伐工具，其用途和原来的石斧相同。

（3）**意义是指体系成员对创新的主观，通常是潜意识的。** 知名人类学者林顿（Linton, 1936）是这样解释的："由于它本质上是主观的，所以相较于创新的另外两个特征——形式和功能，意义对扩散的影响相对较不明显。当一个社会体系接受一些外来文化后，会赋予它许多意义，但这和原来文化的本质意义并没有任何关系。"

西方传教士引进钢斧时，犯了什么错？其实，这些推广人员都了解钢斧的形式和功能，而且他们也相信澳洲原住民会像过去使用石斧一样，将钢斧当作砍伐利器。但是传教士却没有预测到这项创新对原住民来说意味着什么，因此而犯下一个大错。他们没有想到钢斧的便利，会使原住民可以睡更多的懒觉、出卖妻女，甚至瓦解部落的社会结构。一般来说，推广人员通常都无法明白自己推广的创新有哪些社会意义，特别是在不同社会背景下，令人合意的创新结果将会引发的负面影响。如果推广人员对采用者无法产生同理心，就会犯下这项错误，特别是当推广人员和他的扩散对象是异质性的时候，这种情况更容易发生。

我们以结论 11-3 加以总结：**推广人员通常比较容易预测创新的形式和功能，但是对意义的预估比较困难。**

➡ **案例 11-4 爱尔兰的土豆灾荒**

1850 年，爱尔兰由于马铃薯欠收，当地至少 100 万民众死于饥荒，200 万人被迫迁徙美国，数百万人几近赤贫。到底是什么原因造成了大饥荒？

一个世纪前，爱尔兰自北美引进了神奇的食物——马铃薯。爱尔兰的气候非常适合马铃薯的生长，而且也几乎没有什么虫害和病害。当地马铃薯产量很高。爱尔兰的人口也因此开始增加，由 18 世纪的 200 万人增长到 19 世纪的 450 万人，到 1845 年，已增至 800 万人。拜马铃薯所赐，人口持续增长。但即使马铃薯年年丰收，大部分爱尔兰人还是生活在饥饿边缘。住在外地的地主前往自己的庄园巡视时，触目所及都是脏兮兮的可怜人。

1845 年，一种致病疫霉（Phytophthora Infestans）自美国传入，使所有马铃薯受到感染。事实上，之前这种病菌早就存在，但由于过去自美国横渡大西洋到爱尔兰需要一个月以上的时间，原本准备给乘客食用的、受到感染的马铃薯，都已经腐烂了，病菌也死亡了。然而，新的造船技术使横渡大西洋的时间缩短为 12 到 14 天，马铃薯病菌也得以幸存到爱尔兰境内，并在当地繁殖蔓延。1845 年到 1846 年间，爱尔兰气候又湿又冷，最适合病菌的扩散。

谁应该为马铃薯欠收造成的大饥荒负责呢？是那个把马铃薯引入爱尔兰的好事者吗？是致病疫霉吗？还是快速造船的航海技术，让横渡大西洋航程大为缩短，从而造成病菌的迁入？

——派道克（Paddock, 1992）

四、动态的平衡

对澳洲石斧案例而言，传教士引入的钢斧太多而且速度太快。到底社会体系应该以怎样的速度改变，才可以获得创新最大的利益，又不会造成社会体系的瓦解？在社会体系里，大概有 3 种平衡状态。

（1）**稳定平衡状态**：是指社会体系的结构和功能几乎没有变化。一个完全与世隔绝的传统社会，它改变的速度几乎是零，例如，在西方传教士引进钢斧前的澳洲伊尔容特原住民部落。

（2）**动态平衡状态**：是指社会体系的变化速度，刚好等于自我调整的速度。在动态平衡下，体系会出现若干变化，但发生变化的速度允许体系适应其变化。

（3）**不平衡状态**：是指当变化发生得太快，社会体系来不及调适的状态。当社会体系不平衡状态出现时，系统将进行没有效率且十分痛苦的改变。

大部分推广人员的长期目标就是要创造一个动态的平衡。因此，为体系引进创新时应该经过认真深入的评估，了解体系有没有能力和充裕时间去面对创新带来的改变。不过，要想准确预测体系的变化速度，是很困难的，澳洲的西方传教士就误判了原住民接受钢斧对社会体系影响的程度。

> **案例 11-5　灭蚊计划的故事**

高效有机杀虫剂 DDT 是 20 世纪最重要的公共卫生发明，它成功挽救了数以万计百姓的生命。这种化学药剂是 20 世纪 30 年代，由瑞士化学家保罗·穆勒（Paul Muller）发明的，是他在研究如何使羊毛免于虫害时的意外发现。1948 年，穆勒因这项新发现获得了诺贝尔奖。但是过了很多年人们都没有发现 DDT 的另一项重要用途。在第二次世界大战期间的太平洋地区，由蚊子传染的疟疾严重削弱了美国军队的作战能力。例如，美国第一舰队全体 17000 名士兵中，有 10000 人因疟疾引起的头痛、发烧、发冷而无法上战场。

感染过疟疾的人都会对那剧烈的口渴和刺骨的疼痛刻骨铭心。而疟疾（malaria）源自于意大利文，是脏空气的意思。大约在一百年前，人类才发现疟疾病菌寄生在蚊子体内，人体被蚊子叮咬时就可能被感染。

1943 年，佛罗里达州美军实验室对 DDT 进行试验。当时该实验室区域内有两个养鸭池塘，其中一个加入 DDT，所有蚊子幼虫都迅速死亡。一星期后，不可思议的是，远在几英里外的池塘内的蚊子幼虫也全部死亡。原来，先前加入 DDT 的池塘内的鸭子跑到另一个池塘觅食，它们羽毛上残留的 DDT，就足以杀死另一个池塘的蚊子幼虫。很明显，DDT 是一种威力甚强的杀虫剂。于是它很快就被应用到太平洋战场上。当时，因伊蚊（Aedes）传染的登革热，塞班岛每天有五百人受感染。美军在岛上喷洒大量 DDT 后，登革热的疫情迅速得到了控制，这使美军战斗力大增，终而获得了胜利。收复塞班岛对太平洋战事来说，是一项重大胜利，因为这个岛屿成为一个空军基地，1945 年美国伊诺拉盖伊号轰炸机（Enola Gay）便是从这里起飞，到日本广岛投掷原子弹。

DDT 也被证实是疟蚊的头号杀手。20 世纪 40 年代疟疾是全世界最严重的公共卫生问题。在印度有 7500 万人感染疟疾，平均每年死亡人数更高达 80 万人。此外，在欧洲、亚洲、加勒比海和美国南部地区也有感染案例。当时提出利用 DDT 灭蚊的是弗雷特·索普（Fred Soper），他毕业于美国约翰霍普金斯大学公共卫生研究所，服务于美国洛克菲勒基金会，致力于提升全球的公共卫生。当时索普被尊称为"昆虫学的巴顿"。他有计划地在各地展开扑灭疟蚊行动，首先划出待清理的区域，给每个房子逐一编号。然后每个房子都由专人负责，展开灭蚊行动。在室内的墙面和天花板都喷洒 DDT，因为蚊子在进入室内叮人之前和之后，会在这些地方停留。喷洒到墙面上的 DDT 有效期长达 6 个月，只要蚊子停留在上面就会被杀死。

每个公共卫生人员的工作，都由一位公共卫生主任考核检查，只要这位主任发现有一只幸存的蚊子，他就可以收到一笔小小的奖金，公共卫生人员则会被扣除一天的薪水。索普是位严苛的老板，完全献身于灭蚊运动。一次，巴西里约热内卢附近的军火库发生了爆炸，当索普听到这个消息，便立即检视他的地图，发现一位公共卫生人员当时应该在该地区进行喷药工作。他立即对这位员工的家属发出吊唁，并付上一张支票。但是第二天，这位员工却回来上班了，把大家都吓了一跳。这时索普二话不说便将这位员工开除了，因为他玩忽职守，没有前往预定地点喷药。

会把疟疾传染给人类的 60 种疟蚊中最危险的是冈比亚蚊（Anopheles gambiae），生长在亚洲。这种疟蚊经由船只横渡大西洋来到巴西，很快便在巴西逾 18000 平方英里的海岸地区扩散开来。这让索普和他的 4000 名公共卫生人员花了 1 年时间才把这些冈比亚蚊扑灭。刚开始时，索普灭蚊大队使用的是一种名为"绿色巴黎"的杀虫剂。索普在 1943 年知道 DDT 有机合成杀虫剂后，在日记中写下了这句话："DDT 扑灭疟蚊的效果实在太神奇了！"（Gladwell, 2001）于是他立即在当时欧洲最严重的疟疾地区，即地中海的撒丁岛上，全面展开使用 DDT 扑杀疟蚊的行动。索普训练了 25000 名公共卫生人员和监督人员组成灭蚊大队，历经 5 年，共使用了 256 吨 DDT 杀虫剂，到 1950 年，终于成功地把罹患疟疾的病例，由每年 10000 个减少到 4 个。

撒丁岛灭蚊行动的空前成功之后，索普开始全球性的灭蚊行动。当时他与其他疟疾学者组成联盟，成功说服世界卫生组织推出一项"全球消灭疟疾计划"。这项计划试图藉由扑灭疟蚊来消灭疟疾。在中国台湾以及南太平洋地区、北非、斯里兰卡、巴尔干半岛和澳洲都战果丰硕。在印度，到了20世纪60年代早期，疟疾死亡率下降为0。可以说，世界上有百万人甚至千万人，都受益于索普的灭蚊计划而幸存下来。或许，没有其他人类发明的医疗药物或杀虫剂曾经挽救这么多人的生命。

不过，索普的灭蚊大战不久便遇到了瓶颈。20世纪40年代后期，一位疟疾研究专家在一间喷着高浓度DDT的实验室里，竟发现有只健康的蚊子在飞。怎么会有如此不可思议的事？DDT会破坏蚊子的神经系统，造成它们全身抽搐、不规则飞行，直至死亡。原来，在随机的基因突变中，出现了少数抗DDT的蚊子。这种基因的蚊子皮肤比较厚实，所以杀虫剂无法轻易入侵它们的体内，破坏其神经系统。当其他疟蚊被DDT扑杀之际，这些变种的蚊子却大量繁殖。不久之后，整个新世代的蚊子都能抵抗DDT。还有另外一种索罗门群岛滋长的疟蚊也幸免于DDT的围剿，因为有别于栖息在房子墙角或天花板的一般疟蚊，它们从窗户直接飞进人类的住所，吸食后便飞回丛林，不会停留在墙壁或天花板上，所以也不会受到DDT的影响。

可以抵抗DDT的疟蚊，让索普和他的团队感到十分震惊。在不到几年时间里，不少国家都相继中止索普联盟的灭蚊行动。1969年，世界卫生组织也中止了这项"全球消灭疟疾计划"。索普前往亚洲，眼前情况让他大为吃惊：到处都是蚊子，疟疾病患也增加了。索普强烈谴责当地政府和民众，并把这些失败现象归咎于他们对DDT灭蚊行动的执行不力。但当地有些人却反讽索普为"疟疾的法西斯主义者"。索普仍旧大力呼吁加重 DDT 的份量，可是在高剂量使用 DDT 的地区，具有抗 DDT 基因的疟蚊反而滋长更快速。索普那使全世界免于疟疾蹂躏的梦想便因此破灭了。1962 年名作家瑞秋·卡森（Rachel Carson）在她的畅销书《寂静的春天》（*Silent Spring*）中，更大肆抨击使用 DDT 完全没有考虑到对环境的严重影响。卡森宣称："一旦使用了 DDT，遭到污染的地区就难以复原。"1972 年，美国环境保护署宣布美国境内禁止使用 DDT。当时该署更表示："DDT"好像一名政治犯，而且永远都不会获得假释。"（Spielman, D'Antonio, 2001）

索普是一位狂热的绝对论者，他深信喷洒 DDT 是预防疟疾唯一的方法，对于其他学者提出将蚊子的滋长源头的水源抽干来配合喷洒 DDT，以减少 DDT 用量的建议嗤之以鼻。索普刚正不阿、一丝不苟的个性，使得他无法意识到即使是最有效的科技创新，也有一些不如人意的结果。当索普在 1975 年逝世后，虽然他仍被环境保护人士所讨伐，但对于因他的努力而挽救的生命来说，他仍旧是一位值得称颂的英雄人物。

——葛拉威尔（Gladwell，2001）、斯柏尔曼等（Speilman et al., 2001）

五、创新加剧不公平？

推广人员引进创新时密切互动对象不同，会影响到创新的结果。如果推广人员接触的是社会体系中较贫穷和教育程度较低的人，而不是那些社会上的精英，那么创新带来的好处就会较公平。然而，如果推广人员常常接触的都是体系中的教育程度和社会地位较高的人，推广的创新就会加大社会的贫富差距。

创新结果的划分除了之前所说的合意的与不合意的、直接的与间接的，以及可预料的与无法预料的之外，还可以根据这些结果是增加还是降低社会体系成员之间的公平性来区分。

通常，创新的扩散会使原来的社会贫富差距扩大，原因如下：

（1）创新先驱者和早期采用者对新想法的态度都很积极，也会主动寻找创新技术或事物。他们通常拥有较多资源，较有能力接受高成本的创新，而后期采用者一般不具备这种能力。

（2）专业推广人员通常会把精力集中在创新先驱者和早期采用者身上，期盼能得到意见领袖的支持，可以把创新信息传递给他们的跟随者。但是，在大多数的人际关系网络中，互相有联络的成员所属采用类别和社会地位都大致相同。因此，在体系中的人际沟通网络里，扩散通常是横向传播，而不是纵向的。

（3）因为较其他体系成员更早接受创新，创新先驱者和早期采用者会获得意外利润，这使得他们与后期采用者的经济差距进一步扩大：早期采用者会变得越来越富有，而后期采用者接受创新而得到的获益就相对较少。

举例来说，芬兰拉普兰原住民的雪地摩托车扩散案例具有 2 个方面的结果：（1）雪地摩托车这项新商品使每一个原住民都获得快捷便利的运输工具（总体而言，这项创新是正面的、好的，因为给大家带来了期待的目标）；（2）这个"好的"利益分配却是不平均的，驯鹿的所有者逐渐集中于少数几个拉普兰原住民手中。这就是一个扩大贫富差距的例子。

1.创新前

10%

90%

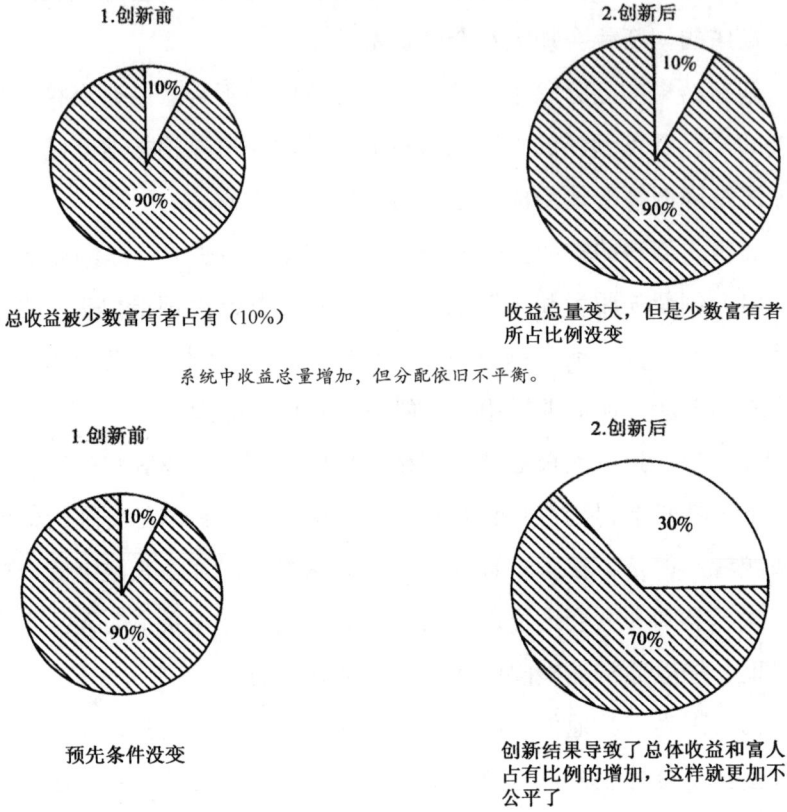

总收益被少数富有者占有（10%）

2.创新后

10%

90%

收益总量变大，但是少数富有者
所占比例没变

系统中收益总量增加，但分配依旧不平衡。

1.创新前

10%

90%

预先条件没变

2.创新后

30%

70%

创新结果导致了总体收益和富人
占有比例的增加，这样就更加不
公平了

图 11-1　创新结果在同一系统中的两个衡量标准：收益水平和公平程度

系统中的收益总量增加，但分配更加集中，也就更加不平等。

六、传播效果的差距

过去大部分的扩散研究都希望了解传播效果的第一个层次，也就是沟通活动对扩散的影响。这个效果是以体系中一群人的知识、态度和行为的平均改变程度来衡量的。

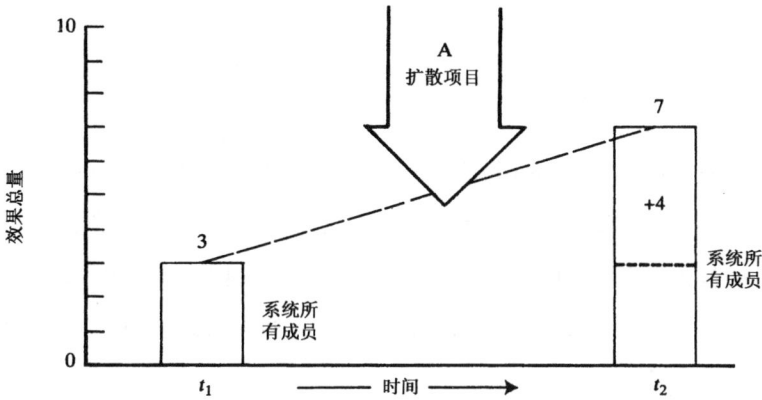

图 11-2a　传播效果的第一个标准（对系统所有成员来说）是从 t_1 到 t_2

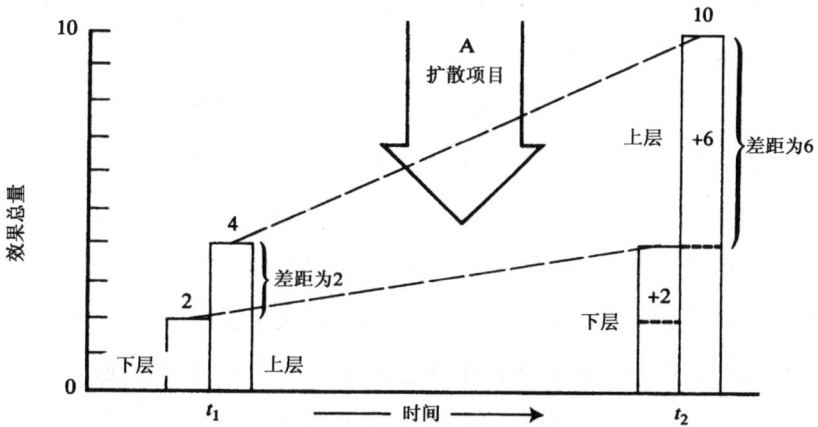

平均提高 4 个单位

图 11-2b　传播效果的第二个标准（上下层分别分析）指出

扩散项目加剧差距

扩散项目导致下层人财富增加（+2），但又相对贫穷（上层人增加 6）。所以富人更加富有，而穷人状况好转。

而沟通传播效果的第二个层次，关注的问题是："这项创新扩散的传播活动，是否对某些人比其他人产生了更重大的影响，或者说是不同的影响？"研究人员要了解的是传播效果的公平性，而不是活动造成的总体（或平均）影响。

关于第二个层次的公平性议题，提奇纳等人（Tichenor et al.,1970）提出一个研究范例，建议在 2 个或 2 个以上的时间点，也就是在介入式扩散之前以及扩散之后，搜集资料；而且效果评量也不应只局限在参加者的行为改变（即第一层次）上，还要包括社会经济地位的差距和对创新信息认知上的差距（即第二层次）。简言之，提奇纳等人建议，应该找出扩散对象中受到影响最大的人，以及受影响最小的人。

这个沟通效果差距研究范例的主张，之后被无数的扩散研究采纳，并获得重大进展（Viswanath, Finnegan, 1996）。其主张就是建议观察整体传播的对象，找出其中某些比其他人更容易受到影响的人。这种分析方法是在寻求创新的扩散对不同的人会产生哪些不同的效果，而不仅止于对全体成员的平均性或整体性的效果。

研究扩散计划是否造成体系成员间差距扩大时，学者会把扩散对象根据以下标准分为 2~3 个版块（可称为"上层"或"下层"）。例如，以社会经济地位来分，可能出现大企业员工和小企业员工；以采用者类别来分，有早期采用者和后期采用者；以个人拥有信息程度来分，则为信息富裕者和信息贫乏者。不管这些"上层"和"下层"如何区分，都可以发现创新结果中的公平或不公平现象。

（一）创新的扩散导致差距加大

结论 11-4：创新扩散结果通常会使体系中的早期采用者与后期采用者之间的社会经济地位差距扩大。

结论 11-5：创新扩散结果通常会使体系中的上层阶级与下层阶级之间的差距扩大。

　　1974 年，哈文斯和芬林（Havens, Flinn, 1974）研究哥伦比亚农民在 1963 年到 1970 年种植咖啡新品种的结果。研究对象为位于安第斯山脉上的塔美西斯市社区，后来成为全球知名的麦德林贩毒集团的根据地，不过，在海文斯和芬林进行研究时，当地主要是靠咖啡获得收入。在安第斯山脉的咖啡树上，生长着世界上最棒的咖啡豆，由哥伦比亚咖啡种植农民公会营销至美国及全球各地。哥伦比亚咖啡的商标是胡安·瓦尔德斯（Juan Valdez）和他的一头骡子。在当地，种植咖啡是一个获利甚丰的产业。

　　在接受调查的 56 位咖啡种植者当中，有 17 位接受咖啡新品种，产量增加了许多。为了增加收成，他们也同时采用新的化学肥料和除草剂。在同步接收这些创新后，这 17 位咖啡农的总收入从 1963 年的 6700 比索，增加到 1970 年的 21000 比索，总共增加了 14300 比索（增幅高达 213%）。至于其他未使用新品种的咖啡农的总收入，则由 4500 比索增加到 12000 比索（即增加 7500 比索，增幅为 166%），只有那些接受新品种的人的一半。咖啡新品种使得采用者与拒绝者的收入差距扩大，从 1963 的 2200 比索，增加到 1970 年的 9000 比索。咖啡新品种扩大了哥伦比亚咖啡种植者收入的不公平。

　　造成当地不公平扩大的原因当中，除去采用新品种创新外，是否也包含拥有大型农场、受过较高的正规教育，以及采用者的其他特征呢？首先，哈因斯和芬林用每亩土地的平均收入进行计算，以消除拥有大型农场这个因素。在 1963 年，采用者和拒绝者每英亩的平均收入相去不远，分别为 290 比索对 222 比索；到了 1970 年，采用者在采用咖啡新品种后，每亩平均收入剧增到 1642 比索（增加 1352 比索），相对地，拒绝者每亩平均收入仅提高到 632 比索（增加 410 比索）。由此可见，造成采用者和拒绝者之间不公平扩大的主要因素是采用咖啡新品种。

　　先发优势群体是如何利用他们增加收入的呢？一些人购买了更

多的土地，1963 年，采用者平均拥有的农场为 19 英亩，而拒绝者为 8 英亩；到了 1970 年，采用者的平均农场面积增加到 33 英亩，而拒绝者则减少到 6 英亩。此外，还有 11 位拒绝者离开种植咖啡行业，有的成为一般工人，有些搬到城市居住。

接受新品种的咖啡能带来如此大的利益，为什么还有 39 位农民拒绝这项创新呢？原来对当地农民来说，接受新品种是一项重大决策，因为种植一棵咖啡树到收成需要 3 年。因此，在投资获得回报之前，很多种植咖啡的农民都需要贷款来维持生活。小咖啡农没有足够的耕地做抵押，无法向银行贷到资金，也就无法采用新品种。因此，哥伦比亚咖啡新品种扩散案例也显示了结论 11-5，创新扩散会造成社会经济阶级之间差距的扩大。

恶性循环的过程，说明了咖啡新品种的创新是如何扩大了采用者和拒绝者之间、社会经济地位较高者和较低者之间的差距。可以说，创新就像一个杠杆，扩大了社会的贫富差距。

（二）社会结构和创新结果的平等性

创新推广的方式从某种程度来说，会决定结果引起的不公平程度。孟加拉和巴基斯坦引进灌溉水井的研究，就是一个例子（Gotsch，1972）。在这两个国家，每口灌溉水井的成本一样，一口井可以灌溉 50～80 英亩的农地。随着"绿色革命"的推广，种植小麦及稻米都需要灌溉用水。不过，由于孟加拉和巴基斯坦的社会组织结构截然不同，所以创新结果造成的公平性差异也很大。

在巴基斯坦，70%的灌溉水井买主都是拥有 25 英亩或以上耕地的农民（即大农场主）；而拥有耕地少于 3 英亩的农民，购买水井的只有 4%。拥有灌溉水井加上使用新的肥料和其他化学农药，让这些农民的平均收入增加了 45%。因此，在巴基斯坦，灌溉水井明显造成了当地农业社会富者愈富、贫者愈贫的现象。

　　然而，孟加拉每个农场平均面积只有1～2英亩，农民无法独自拥有灌溉水井。所以村里的合作社就来建造水井，并提供灌溉用水给属于同一个合作社的农民。结果，在降雨量稀少的时间也能够耕种农作物，使农民的收入足足增加了一倍。由于孟加拉接受灌溉水井是采取集体式决策，有别于巴基斯坦的个人式决策，所以孟加拉接受这项创新的速度较慢。但是这项创新的使用结果在孟加拉的公平性，却比巴基斯坦高许多。

　　由此可见，在孟加拉和巴基斯坦引进灌溉水井这项创新上，影响结果公平性的决定性因素，在于导入创新的社会结构，而不是创新本身。除了这个研究案例，其他研究报告也都有同样的结论。

　　结论11-6：社会结构部分决定了创新结果的公平性和不公平性。一般来说，当体系结论本来就不公平时，引进创新所造成的结果，也大都不公平，从而造成社会贫富差距的扩大。

　　巴基斯坦和孟加拉灌溉水井的结果研究案例，和哥伦比亚咖啡新品种的研究报告一样，创新的采用，及其产生的结果，除了与个人层面的特质相关，也和社会结构特征有密切关系。事实上，当孟加拉引进灌溉水井前，当地农村集体合作的组织形态就已经存在了，所以即使他们并不富裕，但通过集体决策、共同出资，仍可享有这项创新；但是，哥伦比亚的小农民却因无法得到银行贷款，而未能采用新品种。因此社会因素决定了哪些人接受创新、哪些人不能接受创新。在这两个案例中，决定因素是社会层面的，虽然其表现形式是个人的行为选择。

　　当然，社会结构因素也不一定是接受创新及其结果的障碍。例如，孟加拉农业发展署在引进灌溉水井之前，便早已组成农村集体合作组织，通过大家团结合作，帮助小农民采用高成本的创新，如拖拉机和灌溉水井等。在这里可以看到，在社会变革中组织的潜能，当一群人组合成团体时，利用团体的力量可以达到个人无法达成的目标。

（三）缩小差距的策略

创新不可避免地会使社会经济差距扩大，除非推广单位特别努力地阻止它。推广单位应该采用哪些策略来缩小差距？根据造成扩大的主要原因，可以列出以下可行策略。

1. 社会上层较下层更容易接触到创新信息，产生创新意识。

对社会上层来说是多余的或没用的，或是对他们没有好处的信息，推广单位可以把这些信息提供给下层民众。这种策略会帮助社会下层取得信息。这种"上限效应"（Ceiling Effect）扩散策略曾在印度使用，通过特别电视节目来缩小社会的贫富差距（Shingi, Mody，1976）。

根据社会下层的特征，如教育程度、交流习惯等，来定制传播信息。一般来说，传播信息很少针对这部分群体来设计，因此大部分信息都无助于缩小差距。虽然这些信息的内涵与向社会上层传达的一样，但是其设计、方法及呈现形式都应该有所改变。例如，多加一些线条画、图片或其他辅助表达方式，方便教育程度较低的读者阅读。应该为下层民众拟定一套较合适的传播方案，在大量正式推出之前，可先测试一下效果。例如，内容分析显示，大部分有关健康的互联网站点没有高中学历的人根本无法看懂（Berland et al.，2001）。

善用社会下层民众的沟通管道，使得知晓性知识的传递畅通无阻。例如，美国社会的下层民众大多是电视迷，对平面媒体的重视程度不如中上阶层。在发展中国家，大部分下层民众都不认字，所以平面媒体对他们完全无效。在这些国家，下层民众收听广播的概率比看电视更高。

把下层民众集合起来，并变成一个个小组，让他们一起学习和讨论创新信息。这些小团体一起倾听、讨论和实习，让他们感受到自我能量和集体能量，相信他们能够控制周遭的环境。这就是为社会变革成立团体的策略。

推广人员可以把优先接触的对象由原来的创新先驱者和早期采用者，改为后期大众和落后者。一般来说，后期采用者比较不信任专业推广人员，他们很少主动向推广人员寻求创新信息，因为他们相信自己的人际关系。但是，如果推广人员直接、主动地跟后期采用者接触，而且推广的创新刚好能够符合他们需求，通常他们的反应也会是正面的（Roling et al.,1976）。

不妨想象一下推广人员来到农村推广创新，当地有一位拥有100英亩耕地的富农，其余100位农民各有一英亩耕地。推广人员要很努力地说服这100位农民接受新品种和其他农业创新，以期在5年内使每亩平均收成量增加10蒲式耳（1蒲式耳=35.24升）。但是，推广人员其实只需要花较小力气，优先接触那位拥有大农场的富农，因为他具有创新性，而且对新观念较易认同。这位富农接受创新的结果等于辛苦说服100位农民才能获得的结果。这个案例让我们了解，为什么推广人员都会把焦点集中在早期采用者和拥有较高社会地位的人身上。

2. 上层民众获得创新评价信息的机会，较下层民众多。

如果是异质传播，下层民众会快速了解到上层民众的创新经验，并且很快得到实践。但是，在很多社会里，上层民众只和上层民众交流，而下层民众也常和下层民众混在一起（Roling et al.,1976）。该如何解决这个问题呢？

在下层民众当中，找出意见领袖。推广人员应该关注这些人，和他们密切互动，这样可以把创新推广给下层民众。

在下层民众中，挑选辅助推广人员，通过同质性的传播网络传递创新信息。

为下层民众组建团体，在他们进行决策时提供支持。这样的团体也赋予了下层民众在经济、社会和政治方面的力量（如孟加拉农村合作组织，使他们可以采用灌溉水井）。

3. 上层民众比下层民众拥有更多可用资源。

上层民众较下层民众更容易接受创新，特别是那些花费较多和技术复杂的创新。哪些策略可以克服这些差距的扩大？

推荐那些适合下层民众需要的创新。研发计划以社会下层的问题为核心，解决他们的问题。

建立社会组织，为下层调动足够的资源来采用高成本的创新。孟加拉农村合作组织灌溉的例子可以说明这一点。

让下层民众参与扩散方案的策划和执行，其中包括确定创新推出的先后顺序。

指定某些推广人员专门为下层民众服务，让推广人员了解社会下层的特别需求，从而制订切实的解决方案。在哈文斯和芬林（Havens, Flinn, 1974）的哥伦比亚咖啡种植业研究案例里，如果有机构可以提供小农民农业贷款的话，他们就可以采用咖啡新品种。

（四）扩大差距是可以避免的

希格与莫迪（Shingi, Mody, 1976）和罗林等人（Roling et al.），提出了**结论 11-7：只要扩散推广人员经过一定的努力，是可以使社会体系中的贫富差距缩小，或者至少不会使差距再扩大。**

希格与莫迪在印度评估了"上限效应"策略，推广单位把对上层社会来说是多余的、没用的、没好处的，但却适合将下层社会的信息提供给社会下层。这两位印度传播学者在农业电视节目推出前，针对其播出内容进行分析，以确认其中包含了 21 项有关小麦和马铃薯种植法的创新信息。这些信息对已经采纳创新的大农场主来说是多余的，但对小的农民仍是有用的。

希格与莫迪发现，大的农场主因为已经知道了这些农业创新信息，当看到这些节目时，一般就看不下去。但普通农民则非常喜欢收看这些电视节目，因为农业信息对他们来说是新鲜的。政府为每个村庄都提供了电视机，所有农民都可以无条件地观看这个电视节目。希格与莫迪在电视节目播出前后，通过个人访谈评估农民对农业知识的了解。结果显示，由于"上限效应"策略，上层农民和下层农民之间的差距缩小了。他们说："通过选择一些当地大农场主早已知道的农业创新，作为电视节目的主要内容，缩小了两者之间的差距。"

↘ 案例 11-6　数字鸿沟

数字鸿沟是指因互联网而获益的群体和没有收益群体之间的差距。这种现象可能出现在：（1）单一国家内，如美国境内；（2）欧美国家和拉丁美洲、非洲与亚洲等发展中国家之间。在 2001 年，全世界互联网使用者高达 4 亿 5 千万，不同地区每千人平均使用互联网的统计数字如下：

* 北美洲　　　　　每千人/479
* 西欧　　　　　　每千人/188
* 拉丁美洲　　　　每千人/21
* 亚洲　　　　　　每千人/17

　　* 中东/非洲　　　每千人/7

　　* 全世界　　　　　每千人/52

　　全球各地使用互联网的人数出现这种差距，主要原因在于地区经济资源、电力和通信设施的不足，以及政府不鼓励的政策。

　　在美国，数字鸿沟区隔出社会经济地位的高低、农民与城市的差异、老年人与年轻人，以及非裔、西班牙裔与欧裔之间的分割。例如，根据美国国家电信与信息管理局在 2000 年针对 48000 名美国人所做的调查显示，有 43% 的西班牙裔和 33% 非裔美国人在家中或办公室使用互联网，但欧裔美国人却高达 56%。互联网使用者的个人特质，和大部分创新的早期采用者相同。为了使用互联网，必须同时拥有一台电脑（大概有一半的美国家庭拥有一台电脑）和一条电话线路（电话装设率占美国总人口 94%）。

　　到了 2002 年，有 71% 美国成年人成为互联网使用者。相信未来，随着互联网使用率逐渐饱和，数字鸿沟终将消失。但是，数字鸿沟却演变成了其他形式的不公平现象，如学习上的分割（指那些不懂如何使用电脑或互联网的人）和内容分割（指那些教育程度低的人，无法看懂一些由教育程度较高的人建立的网站内容），等等。

　　我们可以采取一些策略在数字鸿沟的族群之间建立一些连接。例如，设立社区电脑中心，像商业中心或一样，提供电脑、咖啡或其他饮料，让民众可以免费上网。这种做法已经普遍在美国较贫穷地区和发展中国家采用，让那些没有经济能力购买电脑和支付上网费用的民众免费使用电脑。此外，设计一些专供较低教育水平的人浏览的网站，也可以使数字鸿沟情况大为改善。例如，撰写网站内容必须以美国教育制度下的八年级教育水平为主，即相当于一般报纸的编撰标准，适合一般大众阅读。此外，互联网可以让个性化的创新信息传递给后期采用者和落后者。不过直到现在，这种为社会下层特别设计创新信息的做法，仅限于很小的规模。

小结

创新结果是指因为接受或拒绝创新，使得个人或社会体系产生的某种改变。没有得到充分研究的理由有：（1）推广企业往往假设创新的结果是正面的；（2）一般的研究方法比较适用于创新性的研究，而不太适用于创新结果的调查；（3）创新结果是很难测量的。

创新结果被分类为：合意与不合意的、直接与间接的、可预料的与无法预料的。令人合意的结果，是指创新为个人或社会体系带来了有效的反馈；而令人不合意的结果则刚好相反，它对个人或社会体系没什么作用。判定创新结果是否有价值，取决于创新是如何影响采用者。大部分的创新同时造成合意的和不合意的结果。每个人都希望得到有益的创新效果，尽可能避免那些不利的。这样做的前提是：科技创新的合意结果，是可以从不合意的结果中区别出来。其中合意的结果包括高效、方便；不利的结果包括对社会价值和风俗习惯的影响。创新包含合意和不合意的结果，通常很难简单分割。

在文化体系的不同要素之间，存在着复杂及看不见的关系，因此，当体系中的一部分发生变化时，常会触发一系列连锁反应，这就是间接的影响。直接结果是指采用或拒绝创新造成个人或社会的改变；而间接结果则是因创新直接的结果影响的变化。也就是说，间接结果是直接结果的结果。

可预料的结果是指创新造成的改变是社会体系成员所了解和期待的。无法预料的结果就是创新造成的改变是社会体系成员无法了解的，也不是他们所期待的。

什么是创新的形式、功能和意义？（1）形式是指可以直接观察到的创新的外观和实体。（2）功能是创新对社会体系成员的生活方式做出的贡献。（3）意义是指体系成员对创新的主观，通常是潜意识的。

稳定平衡状态是指社会体系的结构和功能几乎没有变化。动态平衡状态是指社会体系的变化速度，刚好等于自我调整的速度。在动态平衡下，体系会出现若干变化，但发生变化的速度允许体系适应其变化。不平衡状态是指当变化发生得太快，社会体系来不及调适的状态。

缩小差距的策略：（1）社会上层较下层更容易接触到创新信息，产生创新意识；（2）上层民众获得创新评价信息的机会，较下层民众多；（3）上层民众比下层民众拥有更多可用资源。当创新推广做出努力时，很有可能缩小差距，至少可以防止扩大社会差距。

创新的扩散
大 家 谈

　　创新扩散的过程同创新一样重要。根据创新扩散的规律，推动创新更快更好地改变人类生活，是创新研究的关键问题。《创新的扩散》之所以是经典之作，在于罗杰斯数十年来一直对创新扩散的理论和方法进行不断创新，使得每一版都成为那个时代创新扩散研究的集大成者和引领者。互联网时代是破坏式创新的时代，让我们一起阅读《创新的扩散（第五版）》，共同参与、见证和推动伟大的互联网创新扩散的过程。

北京大学新闻与传播学院副院长　陈刚

　　罗杰斯是一位在社会科学多个学科领域都广为人知的著名学者。这位爱荷华州农场主的儿子，曾经在朝鲜战争中服役两年，在爱荷华大学攻读博士期间兼修社会学和统计学。他对创新扩散现象的关注，最初想必来自他那推崇农机却排斥生化技术，但最终面对现实接受种植杂交玉米的父亲态度上的转变。而罗杰斯的社会学和统计学背景，使他在描述诸如创新扩散的 S 曲线、临界点、早期采纳者等概念时，得以运用一目了然而直达本质的统计模型作为支撑，具有经久不衰且应用广泛的理论解释力。罗杰斯因为《创新的扩散》一书年少成名，此时他年仅 30 岁，还是一名助理教授，多少具有些传奇色彩。米尔斯（Charles Wright Mills）曾说社会科学是一种生活的实践。罗杰斯一生致力于从他人习以为常的生活和社会现象中进行理论提炼，而统计学背景也成为他力图以简洁的方式揭示和理解纷繁复杂的社会现象背后可能存在的规律的利器。

　　而对我本人而言，《创新的扩散》无疑是我"知识树"中的少数几本担当"主干"角色的核心著作，也是我在读博期间为数不多的中、英文版都仔细阅读并做了大量笔记的书。它深深地影响了我传播研究的道路和方法取向，以至于我的第一本书《技术传播：创新扩散的观点》中占主体的内容其实是那几年我阅读的各类与创新扩散相关的文献评述。而此后我关于新媒体乃至社会媒体的采纳、使用、效果等研究，以及公众对科学的信任和态度等，无不深受肇始自创新扩散而集大成于 UTAUT（Unified Theory of Acceptance and Use of Technology）的这一路研究框架的影响。

　　对生活和现实的关怀与关注，运用范式进行观察的自觉，不断创新和自我修正，这是作为社会学家和传播学家的罗杰斯学术人生的缩影。社会在演进，创新扩散理论以系统和历时视角的研究为特色，动态不居，与时俱进。唯有以开放的心态和理论创新的勇气，关注当下，投身社会变革，才是我们对罗杰斯这一代社会科学学者所奉行的精神和追求的最好继承。

清华大学新闻与传播学院党委书记　金兼斌

"创业、创新"不是件说说就能做到的事，也不是人人都能做到的事，更不是喊喊口号就能做好的事，这事首先要有高人高论指导。罗杰斯先生和他的《创新的扩散》当属高人高论。

在这个"大众创业、万众创新"的年代，民族的创新性将得以激发。在冷静之余我常在思考一个问题：如何让创新更有效地落地？每当这个时候，我都会想到罗杰斯先生这本《创新的扩散》，其系统解读创新在不同阶段扩散的规律及策略，正是当下"最应景"的专著，虽然这不是一本新书。

新政策、新观点、新产品在社群里渗透和传播是有规律可循的，他们是特殊类型的传播，在社群内部的信息分享与互动中得以实现。例如移动互联网新产品的扩散，前期需要在广泛宣传的基础上筛选出早期种子客户，中期在说服性上下功夫，后期根据社群的分化采取多元策略，这样可让创新扩散的轨迹和速度更加科学。

中国传媒大学广告学院院长　丁俊杰

　　自从传播学学科创建起来，传播学者先后提出或者借用了 200 多种不同的理论，如议程设置理论、知沟理论、第三人效应理论、涵化理论、框架理论及创新扩散理论等。但这些理论的影响力大多数在新闻传播学领域内，被其他学科关注和引用较少。创新扩散理论是个例外，自从罗杰斯提出这一理论模型以来，该理论被广泛应用于多种不同的学科，是对人类知识体系有重大贡献的经典传播学理论之一。

浙江大学传媒与国际文化学院院长　吴飞

创新扩散研究起源于 19 世纪末 20 世纪初的欧洲社会科学，那时，欧洲各国在工业化进程中涌现出巨大的创新浪潮。19 世纪 60 年代，罗杰斯所著的《创新的扩散》，远绍加布里埃尔·塔德的"模仿定律"，承继布莱斯·瑞安和尼尔·格罗斯的研究精髓，终成创新扩散研究的集大成者和最重要的创新者。今天，罗杰斯的著作已经成为了新闻传播学专业的必读书，他的名字也已成为创新扩散研究的代名词。

我们这个时代，以互联网为核心的技术革命掀起了规模空前的创新、创业浪潮，IOT、互联网+、工业 4.0 已将创新扩散的精髓渗透到人类生活的每一个角落，这与昔年蒸腾创新之气的工业化时代何其相似！形象地说，不懂创新便无法生存，不懂创新扩散便无法持续生存，这一点，无论是一个国家还是一个组织，都概莫能外。

罗杰斯的书引入了"不确定性"和"信息"这两个重要概念。不确定性指一个事件发生的可能性及其他可能发生的概率，它促使人们去获取更多的信息。这两个概念的函数关系，或许也可以解释我们为什么要读《创新的扩散（第五版）》这本书。

今天，当突破性创新(Radical Innovation)、破坏性创新(Disruptive Innovation) 层出不穷时，我们面临着有史以来最多的不确定性。信息论的创始人香农认为"信息是使不确定程度减少的量"，就此而言，阅读《创新的扩散（第五版)》这部饱含知识信息的经典著作，或可使我们在面对这个因剧烈创新而显得极不确定的新世界时，逐步接近确定的答案。

南京大学新闻传播学院执行院长　杜骏飞

　　学界新秀唐兴通先生的最新译作《创新的扩散（第五版）》付梓之际，作为较早在中国大陆鼓吹"创新"的学人之一，我在欣慰和兴奋之余，怎能不强力点赞并严肃推荐这种"更加健康的批判视野"。的确，我们不需要同质化的研究（这类研究不仅造成巨大浪费，而且严重污染学术环境），未来学者们的挑战应该是跨越已有的研究方法和模型，认识到它们的不足和局限，去扩散"创新的扩散"的理论。相信《创新的扩散（第五版）》的出版发行，一定能够很大程度上满足广大读者和社会的需求。

全国政协委员　　顾伯平

　　中国当前正处在发展的关键期,资源优势与人口红利趋弱之时,创新是必要的引擎,而创新并非易事,创新能否扩散更有待推动。

　　罗杰斯的《创新的扩散》一版再版,理论与案例影响深远,对于一个农业大国的升级与成就梦想,颇具现实意义:作者开始研究创新的扩散源于他困惑于家乡的农民为何不接受明显有利于他们发展的创新方法,创新的扩散除了经济因素之外还有什么在起作用?

　　他从农业的创新扩散入手,进行了几十年研究,并把对扩散的研究拓展到传播领域。他提出的两个重要概念:不确定性和信息,这是我们面对各种可能性,借助更丰富信息做出判断的重要前提。《创新的扩散（第五版)》值得研读!

中央电视台前新闻主播　郎永淳

这是一部不乏学理性且充满实用性的精彩著作。"创新"并不是多么新鲜的词汇，"扩散"看起来也是质朴无华，但将二者粘连在一起，"创新的扩散"却给我们打开了境界如此开阔、意涵如此丰富而感觉又如此生动的思维空间与现实空间！

我读这部著作最深体会有三：一是大学问需从小切口入手。"创新扩散"的全新理论框架的建立，竟是从向秘鲁一个边远乡村推广烧开水这个极小实验开启的。宏观理论恰恰更需要这样精准微观的典型案例支撑。二是学术价值常常在于"真问题"的发现与提出。为什么向农民推介新的生活方式和育种方式那么困难？这是"创新的扩散"面临的真问题。三是好的学术要有学理及应用的普遍性意义。相信本书凝练概括的"创新"、"沟通渠道"、"时间"、"社会体系"四要素将给很多领域带来普遍的启示。

中国传媒大学传媒艺术与文化研究中心主任　胡智锋

"长江学者"特聘教授

　　我们需要一种更具参与性和互动性的创新扩散理论，因为罗杰斯的发现固然了不起，然而却存在一个固有的缺憾，即信息流被视为单向的，没有考虑反向信息流的可能性。在社交媒体时代，启动变化的人未必能够完全控制变化的方向和结果。复杂环境下的多种信息流令反馈的作用变得异乎寻常地大。

北京大学新闻与传播学院教授　胡泳

在新媒体浪潮不断涌动的今天，新技术的产生从未如此密集，技术间的竞争也从未如此激烈，但并非每一种新技术都能"画出"一条罗杰斯所描绘的"S"型曲线。要使一种新技术应用在不同人群中得到次第响应，扩散动力学的研究是关键，在这个方面，罗杰斯的"创新的扩散"理论可以给我们足够的启发。尽管今天的"创新"与罗杰斯当年研究的"创新"相比，似乎"高深"了很多，但是，一个手机品牌的推广与一种新玉米种子的普及，仍有很多的共通之处。罗杰斯在他那个时代探求的创新扩散背后的动力，依然可以在很大程度上解释我们今天看到的种种新媒体技术的扩散轨迹。当然，我们也不应只停留在对"S"型曲线的膜拜与印证上。一种新媒体技术既是一种"创新"，又是一种"扩散"渠道，这两者结合在一起，是否可能使新媒体技术扩散出现新的模式？扩散动力系统中，特别是在社会化媒体这样一种新的社会结构中，还有哪些要素需要我们去研究？这些都是在我们读完《创新的扩散（第五版）》这部经典著作后，需要继续寻求的答案。

清华大学新闻与传播学院教授　彭兰

　　一部流传了半个多世纪的经典，也是作者离世前给人类留下的最后的知识财富。从第一版开始，作者就抓住了创新扩散问题的本质，即扩散的社会过程，曾经的农业技术扩散如此，如今的信息技术扩散亦如此。其实，何止是创新和技术，新生事物的扩散都有共同的一个社会过程。因此，了解社会和了解技术，同样重要。对于研究应用技术的自然科学家、工程师，以及研究技术应用的社会科学家，《创新的扩散（第五版）》都是不可忽略的参考文献。

北京大学社会学系教授　邱泽奇

近年来，在推进公共服务均等化过程中，地方政府的创新举措层出不穷且各具特色，但大多昙花一现，难以推广与可持续。究其原因，一方面是错误理解了创新的内涵，认为创新就是创造一个与过去完全不同的东西，而不是在原有基础上的渐进性发展，因此就缺乏连续性与可继承性，也就失去其存在的合法性。另一方面是对创新推广的方法与规律把握不够，缺乏构建一个完整创新体系的思路。碎片化、分散化的创新点不能够形成"线"与"面"，也就没有了架构体系，进而难以被扩散或认同。《创新的扩散（第五版）》一书可以给人们提供相关的理论与经验，值得细细品读并加以应用。

中国人民大学体育与社会发展研究中心主任　于显洋

　　预则立，不预则废。直线的预测就是线性的也是因果成比例，我们已经进入复杂科学领域，无论是产品生产周期、新科技推广应用，还是新思想在人群中的扩散都须经历"S"型曲线。如果我们想理解造成转折点的原因，预知趋势和未来，就需要更好地洞察《创新的扩散（第五版)》。

中国传媒大学教授　沈浩

网络信息技术正在引导我们步入一个前所未有的创新时代，创新显然已经不仅仅局限于有形的技术或产品形态，甚至也不止是更为抽象的思维观念创新。在这个时代，所有创新本质上都是一种全新的关系整合，因为完整的创新形态，不仅是一种静态的要素创新，更是一种动态的过程创新。而创新价值的实现则依赖于创新效果的彰显，因此，创新的扩散显示出前所未有的重要性。

学院式的研究往往疏忽了实践应用的考察，在互联网时代，无论是思维观念还是技术产品，所有初级的创新形态都直接面临扩散的考验，可以说创新价值实现即传播与营销统一的创新。从这个意义上说，当以往传播学研究或多或少把效果的实现过程置于黑箱中时，《创新的扩散（第五版）》则是对创新价值实现的研究创新。

整合营销传播研究专家　　卫军英

　　罗杰斯的《创新的扩散》令人叫绝。在他细腻的笔触下，我们能深刻洞察创新扩散的全过程。它拥有很多发人深省的案例，配以力透纸背的洞见，极具可读性，同时也是能够激发各行各业讨论的作品。创新扩散本质是人们在对新事物主观评价的交互的社会历程，创新的意义在社会发展历程的框架下体现出来。新产品营销其实就是在人际网络的交互及社会示范效应（即采用者对其他人的影响）下的一种扩散。

叶茂中营销策划机构董事长　叶茂中

《创新的扩散》的第一版于 1962 年问世，源于对农业创新的扩散的研究，其第五版内容扩散到对各个领域的研究，这本身也是一种扩散！一本书及其阐述的理论历经半个多世纪，在创新思潮层出不穷的今天还能有如此鲜活的生命力，可见罗杰斯创立的创新扩散模型抓住了事物的根本。君子务本，本立而道生。

"大众创业，万众创新"给创新带来了绝佳的土壤，我们在鼓励创新"从 0 到 1"的同时更要重视其"从 1 到 100"、"从 1 到 1000"、"从 1 到 N"的扩散。iPhone 的扩散颠覆了手机制造业的格局；微信的扩散改变了人们沟通的习惯，纵观苹果、腾讯等企业的发展历程，无一例外将创新作为企业立足的根本，将企业创新的传播扩散作为成长的手段！

苟日新，日日新，又日新！创新的扩散时时刻刻发生在我们身边，正如罗杰斯所说：扩散是一个普遍过程，不应受限于所研究的创新对象、受众、文化、地域等。我们没有理由不重视"创新扩散"，因为它是社会变迁的普通过程，势必改变我们的生活。

小狗电器创始人　檀冲